# “全产业链脉动”：制造业服务化

赵林度　刘丽萍　任雪杰　邱华清　著

科学出版社
北　京

## 内 容 简 介

本书共分3篇8章，围绕“全产业链脉动”（“whole industry chain pulse”）：制造业服务化问题，介绍了制造业服务化概述、“全产业链脉动”服务理论基本框架、基于数据价值的服务理论、基于情景感知的服务理论、基于全景生态的服务理论、“全产业链脉动”：制造业服务化体系设计、“全产业链脉动”：制造业服务化转型路径、“全产业链脉动”：制造业服务化转型发展模式等内容。在推动我国制造业服务化转型目标驱动下，本书从“全产业链脉动”服务理论创新的视角探索制造业服务化转型发展问题，试图为制造业服务化转型发展决策者提供一种可行的理论方法。

本书可以作为高等院校服务管理、运营管理及相关专业，特别是管理科学与工程、工商管理等专业教师、学生的教科书和参考书，也可以作为从事制造业服务化研究人员的工具书。

**图书在版编目（CIP）数据**

“全产业链脉动”：制造业服务化/赵林度等著.—北京：科学出版社，2021.9

ISBN 978-7-03-069445-4

Ⅰ. ①全… Ⅱ. ①赵… Ⅲ. ①制造工业－工业企业管理－服务经济－研究－中国 Ⅳ. ①F426.4

中国版本图书馆 CIP 数据核字（2021）第 148087 号

责任编辑：魏如萍 / 责任校对：王晓茜
责任印制：张 伟 / 封面设计：无极书装

科学出版社 出版
北京东黄城根北街 16 号
邮政编码：100717
http://www.sciencep.com
北京捷迅佳彩印刷有限公司 印刷
科学出版社发行 各地新华书店经销
*
2021 年 9 月第 一 版 开本：720 × 1000 1/16
2021 年11月第二次印刷 印张：19 1/4
字数：400 000

**定价：180.00 元**

（如有印装质量问题，我社负责调换）

# 前　　言

《中国制造 2025》旨在全面推进实施制造强国战略，促进生产型制造向服务型制造转变，迫切需要面向中国实践探索具有中国特色的制造业服务化理论。本书从“全产业链脉动”：制造业服务化的视角提出“全产业链脉动”服务理论，分别从数据价值观、情景感知观和全景生态观提出基于数据价值的服务理论、基于情景感知的服务理论和基于全景生态的服务理论，致力于以更具创新性的理论推动我国制造业服务化转型发展。

本书共 3 篇 8 章，内容具体安排如下。

第一篇为基础篇。第 1 章为制造业服务化概述，重点阐述了制造业生态环境、制造业服务化的基本概念及基本特征，深刻地揭示了制造业在国民经济发展中的重要地位，有助于深入理解和认识制造业服务化在世界各国再工业化战略体系中的价值作用，为“全产业链脉动”服务理论创新奠定基础。

第二篇为理论篇。第 2 ~ 5 章介绍了“全产业链脉动”服务理论基本框架、基于数据价值的服务理论、基于情景感知的服务理论、基于全景生态的服务理论，在系统阐述“全产业链脉动”服务理论的基础上，分别基于数据价值观、情景感知观和全景生态观阐述了相应的理论，从生产环境和市场环境融合的视角阐述了生产服务理论和产品服务理论，为推动我国制造业服务化转型发展奠定了理论基础。

第三篇为应用篇。第 6 ~ 8 章介绍了“全产业链脉动”：制造业服务化体系设计、“全产业链脉动”：制造业服务化转型路径、“全产业链脉动”：制造业服务化转型发展模式。面向数字经济、体验经济和平台经济，突出数据价值转化为服务价值、情景感知转化为服务体验、全景生态转化为服务平台的设计思想，为加快推动我国制造业升级、制造业服务化转型发展探索可行的路径和发展模式。

本书由赵林度、刘丽萍、任雪杰、邱华清分工合作完成，其中，第 1 章和第 2 章由赵林度、刘丽萍完成；第 3 章和第 4 章由赵林度、任雪杰完成；第 5 章和第 8 章由赵林度、邱华清完成；第 6 章和第 7 章由赵林度、邱华清、任雪杰、刘丽萍完成。本书在系统构思、书稿写作和出版过程中，得到了许多同行专家的热情帮助，包括德国亚琛工业大学 Yubao Guo 教授、Michael Herty 教授。在本书出版过程中得到科学出版社魏如萍编辑的帮助，在此表示衷心的感谢。

在研究成果形成过程中得到同事、博士后、博士研究生和硕士研究生孙胜楠、李四杰、薛巍立、赖明辉、周敏、刘兰凤、都牧、王敏、王柯、宫建霞、梁艺馨、贡喜、谢莉萨、苏程、袁鑫、张明慧、肖奕婷等的大力支持，借此机会向他们表示诚挚的谢意。

本书得到了国家自然科学基金国际（地区）合作交流项目——物联网大数据环境下的制造业服务管理与优化（71661147004）、国家自然科学基金面上项目——制造业服务化平台资本控制力模型研究（72071039）、国家自然科学基金重大项目“面向经济、社会和环境协调发展的现代物流管理研究”－“低碳和安全物流运营管理”课题（71390333）的资助。

尽管研究和书稿撰写倾注了作者两年多的精力和努力，但是面对《中国制造2025》制造强国战略，还有许许多多无法准确感知和正确理解的问题，还需要持续不断地学习、探索和深入研究，书中的疏漏和不当之处，恳请读者批评指正。

赵林度

2020 年 9 月

# 目　　录

## 第一篇　基　础　篇



## 第二篇　理　论　篇

## 第三篇 应 用 篇

# 第一篇 基 础 篇

“全产业链脉动”描述了全产业链的关联性、协调性，以共同打造的生态环境孕育数据脉象价值和数据脉动价值。在制造业成为全球竞争焦点的现实环境中，世界各国努力为浸润在社会、市场和技术环境中的制造业培育良好的生态环境，推动制造业可持续健康发展。《中国制造 2025》旨在全面推进实施制造强国战略，促进生产型制造向服务型制造转变，迫切需要面向中国实践探索具有中国特色的制造业服务化理论。

制造业服务化（manufacturing servitization）以科技创新、管理模式创新、商业模式创新为驱动，提高服务要素在产品全生命周期中的比重，在生产服务、产品服务中融入更多的知识、数据等新型生产要素，以推动制造业产出由有形产品向“产品 + 服务”转变。制造业服务化已经成为制造业升级的有效路径，成为制造业与服务业融合发展的重要途径，有助于增强我国制造业的创新发展能力。

“全产业链脉动”制造业服务化，以全生命周期和全产业链空间为节点集聚数据资源，让每一个关键节点汇聚成数据价值喷涌的“泉眼”，以数据作为新型生产要素驱动全产业链生态服务价值创造和制造业升级。“全产业链脉动”服务理论诞生在数字经济、体验经济和平台经济襁褓之中，肩负着探索、创新和颠覆传统的制造业服务理论的重要使命，推动着我国制造业可持续发展。

# 第1章　制造业服务化概述

在国民经济发展和科技创新进程中，制造业发挥了不可或缺的作用，堪称立国之本、兴国之器、强国之基。在世界各国以重振制造业为核心的再工业化战略体系中，制造业服务化成为制造业升级的有效路径，成为推动制造业与服务业融合发展的重要理论。"全产业链脉动"视角下的制造业服务化，贯穿于生产环境和市场环境，有助于提高全产业链供需匹配能力。

## 1.1　概　　述

自第一次工业革命以来，制造业一直是推动工业社会转型发展的动力。新一代尖端技术将人类带入一场新型工业革命之中，智能化、绿色化、平台化成为新型制造业的标志性特征，数据价值、体验价值、平台价值增强了制造业服务价值和价值增值能力，颠覆与颠覆式创新成为制造业服务化创新发展的主题。

### 1. 制造业服务化历程

制造业服务化是制造企业的一个系统性革新历程，从销售产品到销售产品和服务的组合，再到为顾客提供集成化服务的过程，能够为企业和顾客创造更高的价值。制造业服务化转型发展需要一个长期的过程，从以有形产品为主导逐渐转变为以无形服务（集成）为主导；从审视向顾客提供何种产品，到思考为何扩大服务提供范围、如何提供多样化服务。制造企业在这个过程中逐渐加深对服务化的理解，基于现实环境将服务化战略落实为具体行动，实现服务化转型。从服务化驱动到服务化战略，再到服务化转型的制造业服务化历程如图1-1所示。

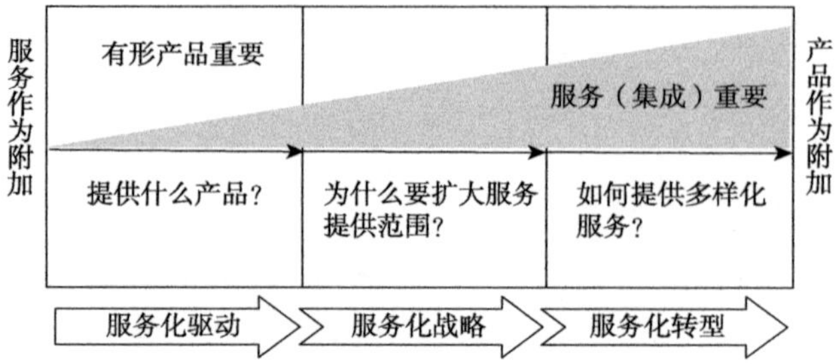


图 1-1　制造业服务化历程

资料来源：王丹（2019）

2. 新时代背景下制造业服务化

美国提出“重塑制造业”目标、德国制定“工业 4.0”战略、中国部署《中国制造 2025》战略……世界各国都将制造业作为争夺国际竞争优势、改善国家就业、优化经济结构的重中之重。制造业服务化已经成为新型制造业重要的发展趋势，新时代赋予制造业服务化转型发展新使命。

科学技术的迅速发展，迎来了制造业升级的新浪潮。智能传感网络可以收集实时、动态数据；人工智能可以实现超人的生产效率和极低的生产误差；区块链技术大大提高了交易的透明度和安全性；边缘计算可确保几乎不间断的连接；第五代移动通信技术（5th-generation，5G）允许随时随地进行海量数据处理；传统工厂逐渐被智能工厂所取代，智能机器人辅助专业化工人创造未来的产品，工业大数据成为人类深入认识生产运作规律、促进产业结构调整、推动制造业服务化转型发展的重要资源。

新时代背景下新型工业革命赋予制造业服务化新技术、新动能，也为制造业服务化转型发展提供新知识、新理论。为深入探索“全产业链脉动”服务理论，本章从制造业服务化生态环境、概念界定、演化发展、内涵特点等方面探讨制造业服务化基本规律。本章结构如图 1-2 所示。

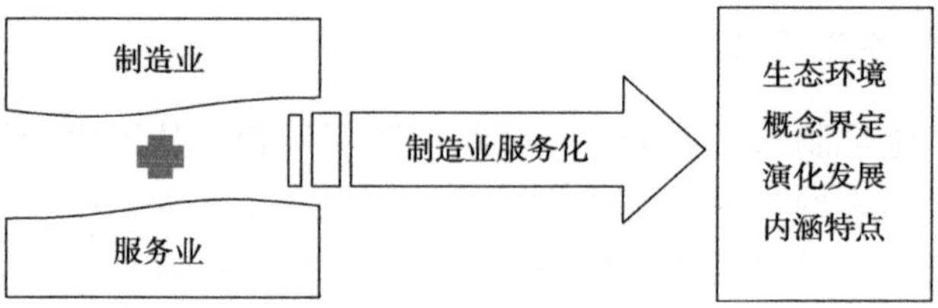


图 1-2　本章结构图

# 1.2　制造业生态环境

全球金融危机后，部分发达国家重新部署制造业发展战略，致力于依托本国强大的研发优势和全球产业链结构优势，以全球产业链布局实现制造业复兴和回归。在制造业成为全球竞争焦点的现实环境中，世界各国均努力为浸润在社会环境、市场环境和技术环境中的制造业培育良好的生态环境，以推动制造业可持续发展。

## 1.2.1　制造业社会环境

制造业发展具有全球化特征，产品制造所需要的原材料、劳动力等生产要素来自全球各地，成品在世界范围内流通，供全球顾客使用。在制造业发展日益全球化背景下，全球制造企业共建、共创一个健康有序、平安稳定的社会环境，已经成为全球制造业可持续发展的重要保障。

### 1. 产业链供应链稳定性需求

全球化生产方式扩大了企业规模、跨越了组织边界，使产业链供应链呈现复杂多变的特性，难以实现信息、资源和能力共享。制造业产业链供应链就如同一根纽带紧密联结着制造企业，任何一个环节出现问题都会影响产业链供应链正常运行，“全产业链脉动”制造业服务化成为制造业关注的焦点。

1）产业链供应链风险防控

经济全球化促使产业链供应链全球化发展，提高了供应中断、供应延迟、需求波动、价格波动、汇率波动等风险发生的概率，使制造业发展面临严峻的考验，如何从产业链供应链视角深入分析复杂多变的国际环境和风险因素，成为保障国际化环境中制造业升级的关键问题。

“全产业链脉动”制造业服务化以稳定为基础，深入刻画制造业产业链供应链不稳定性风险，准确把握制造业产业链供应链风险防控下的稳定性。例如，生产服务环节在全球范围内外包，在产业链供应链垂直一体化体系中，面临知识产权风险，因汇率波动、行业集中度过高而导致的采购风险，因全球化市场变化剧烈、产能柔性不足而导致产能风险，等等。

2）产业链供应链弹性塑造

为有效防控复杂多变的制造业产业链供应链风险，应采取有效措施塑造产业链供应链弹性，避免引发连锁反应给全球制造业带来巨大灾难。为确保产业链供应链稳定，一方面，要实现产业链供应链循环畅通，优化供应链体系；另一方面，要提升产业链供应链水平，以新产业、新业态为动力培育新增长点[①]。

制造业产业链供应链弹性塑造，需要产业链供应链成员共同努力，共同抵御风险、共同塑造弹性、共同提高产业链供应链稳定性。“全产业链脉动”制造业服务化发展，提高了以脉动观察分析产业链供应链风险的能力，奠定了全球化环境下产业链供应链协调发展的基础。

### 2. 生态可持续发展绿色需求

环境变化是推动制造业服务化发展的重要因素。一方面，全球资源约束是人类面临的现实状况，提高资源利用率和使用效率成为制造业发展的必然要求；另一方面，生态环境持续恶化威胁着人类赖以生存的家园，贯彻健康、安全和环境（health，safety，environment，HSE）理念成为制造业发展的必然责任。围绕生态可持续发展目标，应用制造业服务化策略降低制造业对生态发展的负面影响。

1）全生命周期服务

产品服务系统（product service system，PSS）是一个与制造业服务化相关的概念，强调生产者责任延伸制，要求制造企业、服务提供商追踪和负责产品服务全生命周期内的各个环节（Lee and AbuAli，2011）。制造企业通过制订全生命周期内“持续”为顾客创造价值的全方位产品服务方案，而非提供“一次性”服务，延长企业价值创造期。全生命周期服务带来的生态价值体现在三个方面。

（1）企业提供全生命周期服务可以通过无形的服务代替有形产品为顾客创造价值，从而节省产品生产制造所需要的资源消耗。

（2）全生命周期服务需要企业对产品从设计、生产、使用到回收等环节负责，提供回收服务延长产品生命周期，同时以再制造使“废物不废”，体现循环经济理念。

（3）制造企业通过产品使用权转移获得利润，意味着以往一件产品仅能满足单一顾客需求，而服务化模式增加了产品利用空间，在其生命周期内可以满足多个顾客的使用需求，“产品池”的存在降低了企业生产成本。

2）模块化生产

青木昌彦和安藤晴彦（2003）认为模块是指可组成系统的、具有某种确定独立功能的半自律性子系统，可通过标准的界面和其他同样的子系统按照一定的规则相互联系而构成更加复杂的系统或过程。模块内部各元素以紧密的联系保证模块稳定性，相互独立的模块通过共同发挥作用实现系统整体功能。

模块化生产的重要驱动因素是以各企业的资源、技术优势为基础而产生的专业化分工。高水平的模块划分能够降低成本、缩短产品开发周期、促进组织间协

① 《发展和改革委：全力以赴保持产业链和供应链稳定》，http：//www.scio.gov.cn/video/42502/42511/Document/1681054/1681054.htm[2020-05-24]。

同和信息共享，以汽车生产为例，当企业采用非模块化生产时，企业按照预先设定的工艺流程进行串行生产，这种生产方式不灵活、成本高。为降低成本、加快生产周期，汽车集成制造商首先基于汽车产品架构将其分解为不同的模块系统，如动力系统、电子控制系统等模块，然后将不同的模块外包给模块供应商，集成制造商将不同的模块在总装线上组装即可得到整车产品。

模块化生产能够提高制造企业的经济效益、社会效益和生态效益。一方面，模块化生产能够协调各企业资源、技术，共同完成产品制造，提高制造企业生产柔性化、降低生产成本（Jacobs et al.，2007）；另一方面，模块化生产不仅大大提高了资源利用效率，其可“移植”性扩展了使用性能，便于维修、再制造或其他用途（Ma and Kremer，2016）。

3）共享制造

共享制造是共享经济理念在制造业领域的融合和应用，共享制造能够集聚分散的生产资源、提升资源配置效率，充分利用优势企业的信息、资源和能力，通过创新能力、设计能力、制造能力、服务能力共享，为全产业链成员在生产环境中创建优势互补、协同发展的良好生态。

共享制造的生态价值主要体现在资源利用率和使用效率的提高，共享制造能够将闲置的资源聚集在一起，通过合理的机制实现共享资源供需匹配。共享制造方式不仅可以降低供需双方的交易成本，而且可以最大化人才、技术等生产要素的使用价值，实现低投入向高输出的转化。

### 3. 不确定性风险控制需求

经济全球化发展使世界大环境聚集了更多的不确定性风险因素，包括自然环境风险和社会环境风险。面向不确定性风险聚集的全球化环境，制造企业如何预防、控制及应对风险，以最大限度地减少企业损失、降低全产业链波动带来的不利影响，已经成为制造业服务化稳健发展、可持续发展的紧迫问题。

1）自然环境风险

在自然环境中，地震、台风等事件往往具有突发性、毁灭性等特点，大多数自然环境风险事件不可预测、不可控制，成为人类社会不可抗力的主要来源。自然环境风险对制造业发展的影响，可以分别从产业链和制造企业视角进行分析。研究表明：自然环境稳定是社会环境稳定的前提和保证。

（1）从产业链视角分析，风险事件一旦影响制造业某一环节的正常运营，就会导致上游环节供应过剩、下游环节供不应求，从而给整个产业链带来巨大的影响。

（2）从制造企业视角分析，自然环境中的风险事件往往导致制造企业与顾客无法面对面解决问题，无法保证服务质量，从而对制造企业开发远程运维服务、多渠道互动服务提出新的要求。

2）社会环境风险

在社会环境中，微观层面和宏观层面的风险形成因素不同、涉及的利益相关者范围不同，通常面临不同类型、不同等级的风险。

（1）微观层面的风险因素，来源于企业生产过程、销售过程、监管过程及服务过程。传统业务模式利润逐渐下降，促使企业不断压缩经营成本，推广数字化经营模式；顾客更加倾向于定制产品和服务，促使企业增强生产柔性并提高效率；新技术、新方法持续融入全产业链迭代创新过程，也释放了大量的不确定性风险。

（2）从宏观层面看，在制造业服务化全球化布局和发展过程中，利益相关者处于价值链的不同环节、不同位置，具有不同的价值增值能力和风险抵抗能力。如何协同价值链上多元主体的利益、构建有效的监管体系，以共同提升价值链价值增值能力、共同促进价值链稳定发展，已经成为价值链成员的共同责任与担当。

### 1.2.2 制造业市场环境

物联网大数据环境下，顾客需求和行为规律都能得到精准的分析和描述，使订单驱动的生产环节能够制订更加科学精准的生产计划，能够通过交互引导培育顾客需求。市场环境的变化会实时作用于生产过程，促进制造企业以制造业服务化提升生产过程柔性，通过动态调整生产过程满足不断变化的市场需求。

1. 供给侧与需求侧协同

在生产环境中，通过产业链运营状况大数据分析得到制造企业运营状况和产业链位置；在市场环境中，通过顾客行为大数据分析得到“客户画像”。大数据技术的应用，不仅提升了工业大数据价值，而且增强了供给侧与需求侧协同运营能力，形成数据驱动的制造业服务化转型发展路径。

1）供给侧运作机理

服务是制造业提升竞争力的重要因素，也是推动供给侧与需求侧协同发展的有利因素。服务中蕴含了需求端的个性化要求和生产端的集成化知识，需要运用新的管理理念和先进技术整合制造业与服务业集成运营所涉及的多元化资源，依托新的管理、新的技术向顾客提供产品服务。

“全产业链脉动”制造业服务化依赖于供给侧强大的生产服务、产品服务能力，在将服务资源和服务能力从生产环境延伸到市场环境，数据、体验和平台等新型生产要素中发挥了重要作用。供给侧运作机理如图 1-3 所示，主要描述了数据驱动的生产要素共同提升服务价值的过程。

图 1-3　供给侧运作机理

在物联网大数据环境下，数据作为新型生产要素加入传统劳动力、土地、资本和技术四大要素中，并以服务为形式成为供给侧价值增值切入点，制造业服务化供给侧重点关注数据要素融入后如何形成新的配置关系、如何观察分析供给侧运作机理。制造企业基于生产要素优化组织结构、创新商业模式、促进资源要素高效配置，实现生产系统、服务系统升级，为制造业服务化发展奠定基础。

2）需求侧运作机理

制造业服务化本质上是一种顾客需求驱动的供给侧创新，创新动力来源于多样化的顾客需求。顾客的新服务需求及对便捷化购买方式的期望，催生了新服务供给和经营组织新模式（张磊和刘长庚，2017）。需求侧顾客需求预测分析和精准描述成为制造企业坚持不懈的追求，以提升供给侧精准生产、精准服务能力。

“全产业链脉动”制造业服务化离不开需求侧消费需求的持续增长，离不开将市场环境中的真实需求及时、准确传递给生产环境的能力，从而实现供给侧与需求侧协同运营、供需精准匹配。需求侧运作机理如图 1-4 所示，主要描述了数据驱动的服务要素共同提升产品价值的过程。

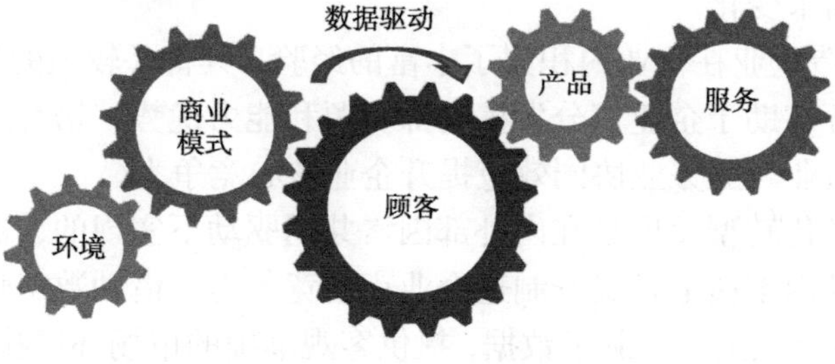


图 1-4　需求侧运作机理

在物联网大数据环境下，顾客行为在数据驱动下得以被精准捕捉，促使商业模式与产品服务融合、不断创新应用场景，制造业服务化需求侧重点是关注以顾客为核心的运作机理。制造企业从市场环境中提炼生产端发展的驱动因素，通过商业模式创新、制造方式升级等实现供给侧与需求侧协同运营。制造企业可以根据顾客需求等级数据细分市场，通过提供可拓展的产品服务方案满足顾客需求。

2. 产品与产品服务竞争

随着消费需求升级、市场竞争加剧，制造企业大规模生产的同质化产品难以提升企业竞争力，制造业陷入一片“红海”。然而服务具有不可复制的特点，从提供产品转向提供高质量产品服务可以引领制造企业走向“蓝海”市场。产品与产品服务竞争，成为制造业服务化的新型驱动力。

1）制造业服务化外部驱动因素

产品与产品服务竞争受外部环境影响，从制造企业产品竞争环境来看，制造业服务化外部驱动因素可以总结为以下三类。

（1）基于产品提供服务，有助于制造企业实现与竞争对手的差异化竞争，避免同质化竞争和价格战。

（2）资源约束和劳动力成本上升的双重压力，迫使制造企业发展基于制造业主营业务的资源消耗低、附加值高的服务类业务。

（3）全球制造业的梯次转移和细化分工，为制造业服务化转型提供了市场机遇和发展空间。

2）制造业服务化内部驱动因素

产品与产品服务竞争受内部因素影响，从制造企业产品服务竞争内生动因来看，制造业服务化内部驱动因素可以总结为以下三类。

（1）制造业服务化有助于企业向价值链高端环节延伸，通过提升服务和品牌，向价值链高端转移。

（2）制造业服务化有助于制造企业更加贴近市场，力争在瞬息万变的市场环境中快速反应需求变化。

（3）当制造企业在行业内积累了丰富的经验，具备了较强的专业技能时，开发新的服务业务有助于企业充分发挥内部资源和能力优势，培育企业未来的价值增长点，以制造业与服务业协同效应提升企业核心竞争力。

制造业服务化转型发展是在内外部因素共同驱动下实现的，制造业服务化转型发展的内生动因本质上是提升制造企业市场竞争力。借助数字化技术的深层次应用，帮助制造企业全方位洞察数据，提供客观准确的市场环境状况和发展趋势，向顾客提供高质量产品服务，提升制造企业的市场竞争力。

### 1.2.3 制造业技术环境

数字化技术在制造业领域的应用，使数据从静态到动态、从局部到系统、从黑箱到透明，实现全产业链数据集聚。制造组织实体资产虚拟化、资产结构调整和资源重组，促进全产业链服务管理的精确化（accuracy）、完全性（completeness）和及时性（timeliness）。探讨制造业技术环境，有助于推动制造业深入应用技术、精心培育新技术，以技术创新驱动制造业发展、以制造业发展推动技术创新。

1. 技术环境的价值

新技术的发展促使传统制造业以物理系统为基础的发展模式发生改变，数字赋能制造业改变了制造业运营模式和管理模式。德国工业 4.0 以信息化技术推动产业创新，数字与物理融合改变了制造工厂和供应链的每一个细节（Olsen and Tomlin，2020），先进技术深刻影响着制造业发展趋势，具体如表 1-1 所示。

**表 1-1　先进制造技术未来重要性排名**

| 先进的制造技术 | 美国 | 中国 | 欧洲 |
|---|---|---|---|
| 预测分析 | 1 | 1 | 4 |
| 智能互联产品 | 2 | 7 | 2 |
| 先进材料 | 3 | 4 | 5 |
| 智能工厂 | 4 | 2 | 1 |
| 数字化设计、仿真和集成 | 5 | 5 | 3 |
| 高性能技术 | 6 | 3 | 7 |
| 先进机器人技术 | 7 | 8 | 6 |
| 增材制造 | 8 | 11 | 9 |
| 开源设计/客户直接输入 | 9 | 10 | 10 |
| 增强现实技术（改进质量、培训、输出知识） | 10 | 6 | 8 |
| 增强现实技术（提升客户服务和体验） | 11 | 9 | 11 |

资料来源：德勤 2016 年发布的《2016 全球制造业竞争力指数》

新产业形成和传统产业升级使新技术、新范式得以传播，新技术、新范式以生产链为媒介在工业体系内部传播。社会化生产背景下，同一条生产链上某一部门的技术变革会引起其他部门的生产方式变革（苏立君，2017）。增材制造、物联网、区块链等新兴技术各具优势，能够从不同的角度为制造业注入活力。新兴技术的关键特征如图 1-5 所示。

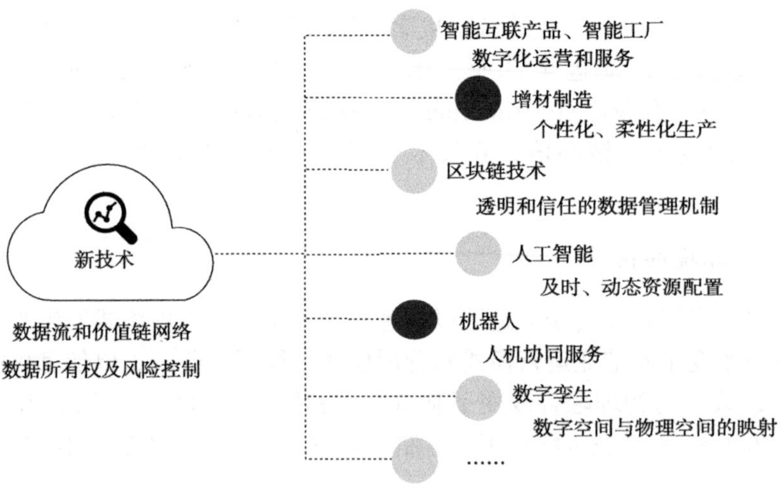


图 1-5 新兴技术的关键特征

1）增材制造

增材制造（additive manufacturing，AM）又称三维（three-dimensions，3D）打印，是依据计算机辅助设计（computer aided design，CAD）数据将材料逐层累加最终制造实体产品的过程（卢秉恒和李涤尘，2013）。增材制造全程数字化控制，不需要昂贵的专属模具和制造投资，新产品开发时间快、前期生产成本低，有利于小批量产品生产。不同的材料需要不同的增材制造技术，因此限制了增材制造机器的灵活性及其生产多种材料产品的能力。通过增材制造特点分析，可以总结其对制造业的价值，主要有以下三点。

（1）传统制造模式下，零部件供给数量、区域难以预测，库存成本昂贵，增材制造技术的应用可以缓解备品备件库存问题，避免资源浪费。

（2）3D 打印能够快速成型，应用于工业设计领域，可以以模型的方式验证产品设计的合理性。

（3）3D 打印适用于小批量生产场景，生产方式灵活高效，将其应用于产品定制领域能以较低的成本生产出多样化产品。

2）物联网

物联网（Internet of things，IoT）概念起源于无线射频识别（radio frequency identification，RFID）技术，它扩展了沟通维度，能够实现任何时间、任何地点、任何物体的“万物连接”（孙其博等，2010）。物联网技术应用能够清晰地描述“全产业链脉动”状态，极具经济效益、社会效益和广泛的应用价值。

（1）物联网应用状况。物联网具有的信息完整性、高质量和及时性奠定了产业数据跟踪和预测的基础，推动着物联网广泛应用于产业运营管理之中。近年来，物联网得到蓬勃发展和广泛应用，全球物联网连接数从 2016 年的 148.7 亿个持续增加至 2021 年的 361.3 亿个[①]。

随着物联网的广泛应用，运营成本不断降低、运营效率持续提高。例如，传感器的平均价格在 1992 年至 2014 年之间下降了 90%以上，从 22.00 美元降至 1.40 美元；微处理器时钟速度提高了 990 多倍，从 2900 万赫兹提升至 287.51 亿赫兹（Holdowsky et al.，2015）。据麦肯锡估计，到 2025 年，物联网的经济影响将达到数万亿美元[②]。

（2）物联网在制造业的优势。物联网在制造业领域的优势十分明显，经数字化描述的“全产业链脉动”状态在生产环境和市场环境中透明可见，生产能力、服务能力可追溯、可预测，主要归因于物联网在库存、维护、劳动力等运营领域的应用[③]。物联网提升了制造业可感知能力，奠定了智能制造的技术基础。

“全产业链脉动”状态可视化能力可以促进运营时间、风险因素等系统关键性能指标持续优化，为未来工厂和产品改进提供可制造性设计思路。物联网的应用使生产环境和市场环境联通成为可能，制造企业可以通过实时跟踪产品使用状况向顾客提供状态维护（condition-based maintenance，CBM）服务，远程制定产品维修或更换策略。

3）区块链

无处不在的连接性和计算功能正在改善整个产业链供应链的关联方式，区块链（blockchain）为信息存储提供更大的透明度和更强的信任度。区块链技术是采用去中心化思想设立的一种分布式的安全记账模式，能够低成本、高效率地存储、更新和操作数据（袁勇和王飞跃，2016）。

区块链在制造业的应用场景具有一定的优势，能够有力支持基于数据资产的制造业商业模式实现深度变革，加快推进制造业数字化转型和升级。在区块链技术具体应用领域，借助区块链技术能够有效处理产品召回，提高产品安全性、减少欺诈，更好地保障民生；应用区块链技术增加产业链供应链透明度，提高产业链供应链成员责任感。

4）先进机器人

先进机器人是自动执行工作的机器装置，可以根据预定设置完成相应的工作。先进机器人是国际公认的战略性技术，是一个国家关键设备制造、空间探索、社会服务等各领域发展的关键性支撑技术。人机协同工作是机器人技术发展的重要趋势，先进机器人在制造业领域具有广泛的应用价值。

---

① Microsoft dynamics 365 发布的 2019 Manufacturing trends report。

② 2015 年 McKinsey Global Institute 发布的 The Internet of things：mapping the value beyond the hype。

③ 2015 年 McKinsey Global Institute 发布的 The Internet of things：mapping the value beyond the hype。

在需要大量重复动作或危险的工作环境中，机器人能带来明显的效率提升、成本节约和安全性增加。例如，采用机器人进行库存管理，能够减少出错率、动态调整和优化库存。在精密设备生产场景中，每一颗螺钉都发挥着重要的作用，机器人可以高效、精准地完成预定任务，避免人为因素导致的风险事件发生。

5）人工智能

人工智能（artificial intelligence，AI）致力于探索和扩展人类智能，通过一定的技术方法使智能机器能够模拟人类智能做出反应，包括机器人、视觉感知、语言识别等（顾基发等，2020）。人工智能凭借强大优势为制造业发展带来巨大的动力，有助于通过海量数据分析检测异常情况，为制造业决策者提供生产运营、市场营销的精准洞察力。

在制造过程中，传统的人工检测成本高、准确度低，人工智能应用可以识别故障产品，预测机器维护需求及工厂潜在的安全问题，还可以监测和改进操作规范性，通过标记或改进异常降低运营风险。在生产环境中，针对传感器识别出的潜在问题，人工智能辅助决策及时响应，通过自动调整资源配置以最大限度地减少浪费、降低成本。在市场环境中，人工智能通过评估顾客行为数据进行市场细分，从而快速响应不同顾客需求、提供精准服务。

6）数字孪生

数字孪生（digital twin）是一种充分利用模型和数据的技术，能够将物理实体以数字化方法表达为虚拟模型，在产品全生命周期中帮助促进物理系统与信息系统连接（陶飞等，2018）。数字孪生可以模拟物理对象或流程，能够在制造业服务化数据集成中发挥作用。基于数字孪生技术创建顾客行为轨迹链或产业链供应链数字化仿真，可以提供富有洞察力的宏观运营观点，实现对产业链供应链的全生命周期运营管理优化。

数字化能在很大程度上实现顾客与制造企业间的权力平等。在市场环境中，数字孪生技术释放了顾客个性化需求，提升了顾客参与产品设计生产的意愿，促使了“以顾客为中心”的理念从营销口号落实为企业经营的价值判断（戚聿东和肖旭，2020）。在生产环境中，新兴技术融入工业场景，将传统基于物理世界的运作管理映射到数字化空间，可以以更低的成本实施高效管理。

### 2. 技术环境的培育

技术环境的培育过程，就是技术环境的持续创新过程。熊彼特（2017）指出，技术创新是指将一种从来没有过的关于生产要素的新组合引入生产体系。新思想、新概念是技术创新的源头，技术创新通过不断地解决问题促使创新思想逐渐落地，通过实际应用展现创新性项目的经济价值和社会价值（黄倩，2012）。

技术环境的培育需要从不同的视角来阐释，在技术工艺创新方面需要考虑物质和非物质的区别、产品和工艺的组合，因此衍生出不同的创新视角。技术环境的培育应该是技术工艺创新联合组织创新、产品创新和服务创新，共同培育技术环境、共同发展的结果。制造企业的创新领域如图 1-6 所示。

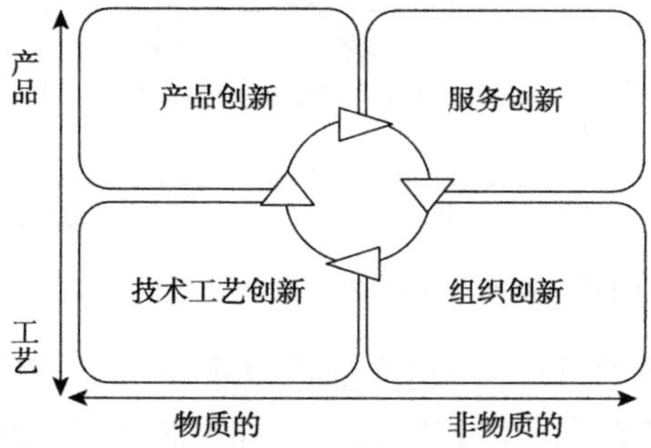


图 1-6　制造企业的创新领域

资料来源：索姆和柯娜尔（2016）

不同类型的制造企业从不同的侧重点培育创新环境。制造企业在技术环境培育过程中应注重吸收外来创新要素，通过聘请咨询顾问、研发外包等帮助制造企业获得一定的技术优势（索姆和柯娜尔，2016）。制造企业可以依托所在行业、区域优势，集聚产业链供应链资源和能力共同培育技术环境，创建“利益共享，风险共担”的可持续发展生态环境。

3. 技术环境的风险

技术风险是指企业投入新兴技术或尝试新商业模式带来的不确定性影响，如盲目量产未经验证的新技术产品则可能给企业带来风险。一项新技术从产生到完善的过程是价值逐步实现的过程，同时伴随着风险孕育、风险发生的过程。因此，新技术应用应该严格监管，采取有效的措施进行关键风险点评估、分析、预警和控制。

技术创新过程蕴含着潜在风险，技术创新风险来源于环境不确定性、技术创新项目复杂性、创新者自身能力有限性等因素导致的技术创新结果达不到预期目标的后果（谢科范，1999）。风险具有客观普遍性、损害性、不确定性和社会性等特点，从风险因素的来源来看，风险因素包括内部因素和外部因素。

内部因素主要包括技术本身不确定性、技术创新资金是否充足、技术人员能力和管理水平是否达标、信息沟通是否及时通畅等；外部因素集中在政策、市场、产业和宏观经济基本状况及变化趋势等方面（黄倩，2012）。面对复杂的技术环境风险，确定技术环境的风险来源、风险程度，有助于探索风险控制路径（图 1-7）。

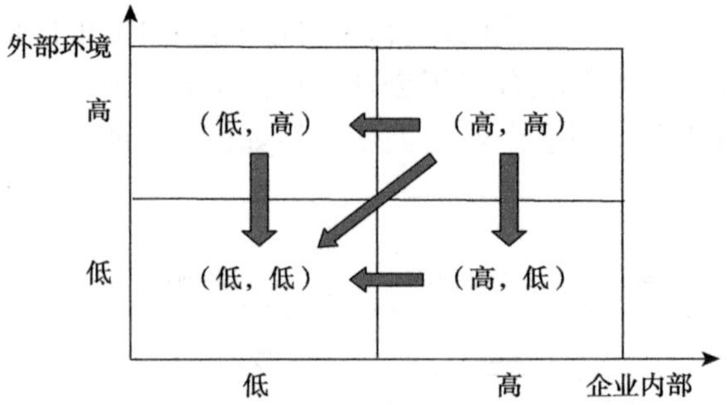


图 1-7　技术环境的风险来源及风险控制路径

面对技术环境存在的风险，制造企业应以企业、行业和区域现实状况为基础，选择适合的技术创新策略和风险控制路径。如果脱离现实状况在未知或不擅长领域投资，制造企业很可能会因缺乏必要的生产技术和管理经验而导致风险增加，难以获得预期的技术创新回报。基于现实状况和未来发展趋势制定技术创新策略，有助于充分利用企业、行业、区域资源和能力，在良好的技术环境中实现自身发展的目标。

## 1.3　制造业服务化基本概念

随着新兴技术的发展，蕴含更多知识要素的服务在制造业中扮演着越来越重要的角色，从而吸引更多的研究人员多角度、全方位开展探索与实践。制造业服务化基本概念形成本身就是一个复杂的演化过程，并随着制造业生态环境的变化和实践探索不断发展。因此，需要更加深入地理解制造业服务化的概念、发展和趋势。

### 1.3.1　制造业服务化概念

通常工业制造借助先进的生产技术，为人们的衣食住行提供丰富的物质资料，满足人们日益增长的需要。一方面，每一次工业革命的出现，都伴随着颠覆式新兴技术的出现，颠覆工业制造的生产方式；另一方面，人类不断变化发展的内在需求，也有力地推动着工业革命的进程。从 18 世纪末第一次工业革命开始，每一次工业革命都蕴含着产生的必然性和显著特点（图 1-8）。

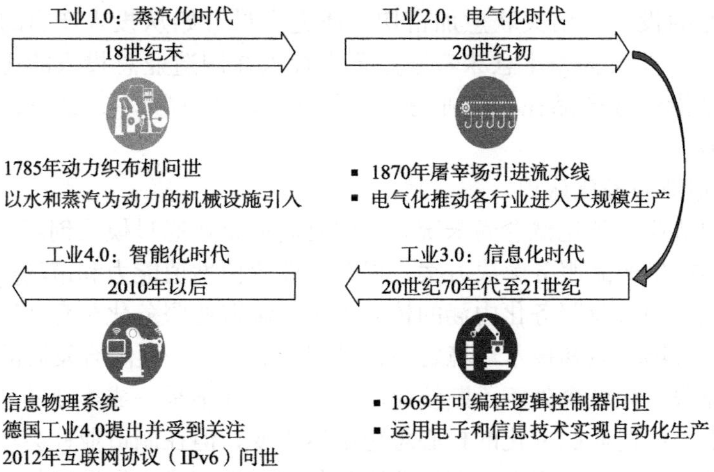


图 1-8　工业革命的历史进程

资料来源：2018 年德勤发布的《工业 4.0 与制造业生态圈 探索互联企业世界》

1. 制造业服务化概念研究

随着工业革命的发展，制造业服务化进入人们的视野，成为理论研究和实践探索的重要课题。制造业服务化概念的形成过程，始终伴随着制造业实践探索和创新过程，体现了源于实践的理论创新思想和制造企业对价值最大化的追求。从物理产品制造商到服务提供商角色的转变，体现了制造业与服务业融合发展的趋势，无形的服务更有利于企业获取竞争优势、增加客户黏性，驱动着服务成为企业价值增值的主要来源。

1）制造业服务化概念

Vandermerwe 和 Rada（1988）提出服务化概念，并将服务化定义为“通过提供更全面的市场套餐或捆绑，将以顾客为中心的商品、服务、支持和知识等进行组合，为其核心产品提供增值服务”，制造企业从提供单纯物品或者物品附加简单服务的模式最终转向“产品+服务包”集成方案的供给模式。定义中指出制造从“以产品为中心”向“以服务为中心”转移，服务成为企业价值增值的核心内容。

Reiskin 等（1999）的研究指出服务化是制造商由提供物理产品向提供服务创造价值的动态转型过程。Baines 等（2009）将制造业服务化定义为“组织能力和流程的创新，从销售产品转向销售提供使用价值的产品服务集成”。Homburg 等（2002）从战略层面研究制造业服务化，认为服务是一种能够为客户创造价值的战略形态，其中包含服务顾客量、服务提供量、服务重视度三个维度。

周大鹏（2016）指出制造业服务化现象从产业层面反映了全球价值链上劳动分工的不断深化，产生于知识要素在制造业生产要素中的比重提高、服务在价值创造中的作用增加等复杂经济背景下。随着生产性服务业逐渐发展，制造业与服务业的投入产出关联愈加密切，研究人员开始从投入产出的角度定义制造业服务化。投入服务化意味着服务要素投入在制造业总投入的比重增大，产出服务化是指服务产品在制造业总产出的比重增大（罗军，2018；刘继国和李江帆，2007）。

2）制造业服务化认识

尽管制造业服务化概念尚未统一，但是制造企业通过模式创新、制造升级等方式向顾客提供产品服务解决方案，提升企业价值增值能力和市场竞争力，成为研究人员探索制造业服务化内涵的核心思想。制造业服务化孕育在制造业发展的社会环境、市场环境和技术环境之中，是制造业与服务业融合发展的必然产物。

制造业服务化概念处于不断演化的过程中，并不是一成不变的。在物联网大数据环境下，制造业服务化的核心思想虽然不变，但在制造业社会环境、市场环境和技术环境的共同作用下，制造业服务化的实现方式、发展路径、组织运营模式等与早期制造业服务化转型有明显的区别。

经济全球化孕育的产业链供应链等社会环境因素，使制造业服务化发展更加依赖于产业链供应链成员的共同推动；市场竞争日益激烈、供需矛盾突出等市场环境因素对制造业升级提出了更高的要求，产品服务提供渠道、企业与顾客交互方式等需要不断创新；物联网、人工智能等技术环境因素推动着制造业以更加智能化、数字化方式实现服务化转型。

### 2. 制造业服务化相关术语

全球范围内的制造业正在发生着深刻的变革，第二产业和第三产业不断融合，制造业与服务业之间的界限日益模糊，服务在制造企业利润中的比重不断增加，从而使越来越多的制造企业向顾客提供“产品+服务”解决方案。围绕制造业服务化，研究人员提出许多相关术语，如产品服务系统（product service system，PSS）、工业产品服务系统（industrial product service system，IPS2）、基于服务的制造（service based manufacturing）、功能产品（functional products，FP）、服务嵌入式制造（service-embedded manufacturing，SEM）、面向服务的制造（service-oriented manufacturing，SOM）、服务型制造等（表 1-2）。

**表 1-2 制造业服务化相关术语**

| 术语 | 术语描述 |
| --- | --- |
| 产品服务系统 | 一组满足顾客需求的产品服务组合（Tukker and Tischner，2006） |
| 工业产品服务系统 | 面向工业领域，从 PSS 概念演化而来（Zheng et al.，2017） |
| 基于服务的制造 | 独立开发产品服务功能，由中央系统统一协调（Rosa et al.，2019） |
| 功能产品 | 用于保持产品正常使用的服务集合（Alonso-Rasgado et al.，2004） |

续表

| 术语 | 术语描述 |
| --- | --- |
| 服务嵌入式制造 | 服务与产品融合满足顾客需求（Wang et al.，2011） |
| 面向服务的制造 | 利用服务能力而非库存能力满足顾客需求（Fry et al.，1994） |
| 服务型制造 | 通过产品服务融合、顾客参与等方式实现资源整合和运作协同，是基于制造的服务（孙林岩等，2007） |

制造业服务化相关概念很多，但是研究内容和主题基本相近，从本质上讲都是产品与服务集成。服务型制造是一个具有中国特色的概念，国外研究中对制造业服务化的描述也有 servicizing（Rothenberg，2007）、servitization（Wang et al.，2011）、servitisation（Parry et al.，2012）和 servicisation（Cheng et al.，2010）等不同的表达。产品服务系统概念关注制造企业绩效、倡导绿色可持续发展，自提出后就被广泛关注，已经形成相对成熟的理论成果。

3. 制造业服务化服务活动

在理论研究和实践探索双轮推动下，从制造业服务化概念转向具体的服务活动，制造业服务化进入实质性探索阶段。从理论上通过向顾客提供产品服务组合扩大利润空间，到制造企业开展对应的服务活动，是制造业服务化探索过程中从理论到实践的飞跃。结合理论研究成果和实践探索经验，可以将制造企业提供的服务类型归纳为三类，如图 1-9 所示。

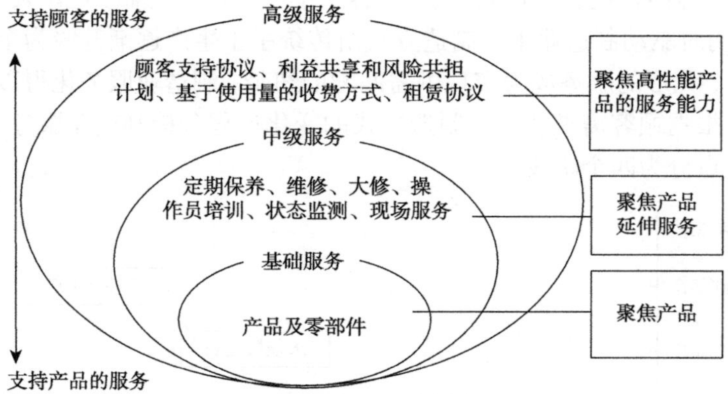


图 1-9　制造企业提供的服务活动类型

资料来源：Baines 和 Lightfoot（2013）

由图 1-9 可见，制造企业提供的服务活动可以分为基础服务、中级服务和高级服务三类，从支持产品的服务逐渐转向支持顾客的服务，每一类服务活动都对应具体的服务内容。制造企业开展基础服务活动意味着企业聚焦于产品提供，通过有形的产品满足顾客需求；中级服务活动从“以产品为中心”转向“以顾客为中心”提供延伸服务，致力于发挥服务对产品功能、使用的增强作用；高级服务活动以产品为载体向顾客提供服务，服务能力成为参与市场竞争和扩大利润空间的必备能力。

### 1.3.2 制造业服务化发展

Vandermerwe 和 Rada（1988）提出服务化用于描述制造业与服务业融合发展的趋势。制造业服务化从最初的萌芽发展到如今的水平，经历了长时间的理论研究和实践探索过程。纵观制造业服务化发展历程，在不同的时间段、不同的区域表现出不同的服务化水平和服务化模式，由此可见，时间和空间是探索制造业服务化发展状况的两个重要维度。

1. 时间维度：制造业服务化演化

服务经济的兴起是在社会经济发展、市场需求升级和科学技术进步等因素的共同作用下实现的，服务业与制造业融合也由最初的简单相加逐渐演化为协同发展。生产环境、市场环境通过服务提供得以有机连接，相应地，制造业服务化演化过程分析不能脱离制造、顾客和服务三个关键要素。

实际上，顾客需求在近百年来不断发生变化，制造企业的生产制造模式也随之转变以适应顾客需求，顾客需求的变化过程和生产制造方式的变化过程如图 1-10 所示。随着社会经济的发展，顾客从单一、同质化需求逐渐发展为个性化定制需求，同时驱动制造业生产制造方式由传统手工生产逐渐升级为个性化生产，在此过程中，无形的服务成为实现供需匹配的纽带，制造业服务化得以深入发展。因此，可以根据顾客需求和生产制造方式的变化过程分析制造业服务化演化，并按照时间节点分为四个阶段。

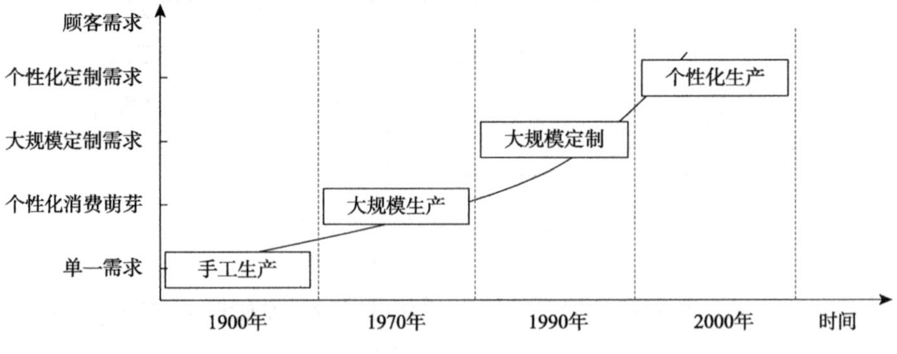


图 1-10 顾客需求的变化过程和生产制造方式的变化过程

资料来源：Zhang 等（2019a）

1）第一阶段（20 世纪 70 年代起）

20 世纪 70 年代，世界经济经历了 20 年的黄金增长后，世界多极化正式形成，部分发达国家第三产业的产值超过了国民经济的一半，纷纷进入服务社会阶段，中国也进入现代化建设新时期。世界经济发展推动着顾客需求升级，单一需求升级后的个性化消费开始萌芽。

未来学家托夫勒（2018）在《未来的冲击》中写道："几千年人类经济发展的总历史将表现为三个阶段：产品经济时代、服务经济时代和体验经济时代"，提出产业服务化发展趋势。随着顾客需求升级和第三次工业革命到来，制造企业建立工业化生产车间，通过生产流水线和机器自动化实现大规模生产，以低成本满足顾客单一需求。在这一阶段，制造业服务化发展表现为金融、物流等第三产业的发展，并未进行制造业服务化转型。

2）第二阶段（20 世纪 90 年代初起）

从 20 世纪 80 年代末期到 90 年代初，世界经济全球化发展趋势进一步加速，美国经济进入萧条期，制造业领头企业已经获得相对稳定的市场空间，但是难以对其进行进一步开拓；随着人均收入水平的进一步增加，顾客定制化需求逐渐显现，成为大规模定制生产的核心驱动力。

20 世纪 80 年代初期，美国传统制造业开始走下坡路，GE、IBM 等企业改革业务领域和经营模式，开始尝试从产品向服务转型。学术界出现了服务嵌入制造（Fry et al.，1994）、服务化（Vandermerwe and Rada，1988）等概念，制造业服务化转型发展受到广泛关注。制造企业逐渐关注顾客个性化需求，以大规模定制生产方式提升企业竞争力，但是仍然停留在传统供应链、库存管理和柔性化生产阶段。

3）第三阶段（21 世纪初起）

21 世纪迎来互联网蓬勃发展的机遇期，世界各国纷纷开展技术革命，以科技创新引领产业发展，部分制造业领头企业的服务化策略初见成效。在此背景下，人均收入水平不断提高，科学技术逐渐深入制造业领域，为制造业与服务业融合发展带来新的机遇和挑战，制造业服务化进入新的发展阶段。顾客消费需求不断升级，个性化生产开始出现。

21 世纪初，国内外制造企业纷纷完成服务化转型。GE 服务化转型策略为企业带来巨大的收益，IBM 正式转型成为产品服务方案提供商。陕鼓、海尔等国内制造企业在国际化大趋势下开始服务化转型，带动国内制造业服务化发展。制造业服务化领域的理论研究成果，为实践探索奠定了坚实的理论基础。制造企业更加关注顾客需求，服务主导逻辑（service dominant logic，S-D 逻辑）在制造企业实践中得以体现，制造企业升级制造新模式、不断拓展与顾客的沟通渠道。

4）第四阶段（2010 年至今）

物联网、大数据、人工智能等新兴技术的发展和应用，标志着智能化时代的到来。德国在2011年提出的“工业4.0”概念，预示着新一轮工业革命正式到来。在新时代、新一轮工业革命背景下，我国人均收入水平迅速提升，个性化定制需求释放，制造业服务化转型进入高速发展阶段。

2010年以来，经济全球化趋势不可阻挡，制造业市场竞争更加激烈，高质量、个性化产品服务需求日益强烈。新兴技术的发展推动着制造业生产制造模式升级，也便捷了制造企业与顾客的沟通，从渠道拓展转向场景创造，顾客可以参与产品全生命周期的每一个阶段。制造业服务化处于动态发展过程中，并随着全产业链生态环境的发展呈现不同的特点。

### 2. 空间维度：典型国家制造业服务化发展状况

在一次次工业革命的推动下，制造业服务化发展日益成熟，通过产品和服务在全球布局产业价值链。各个国家和区域不同程度地嵌入产业链供应链不同环节，使彼此间关联越发紧密，尤其是制造业大国、强国的发展战略与实践时刻影响着全球制造业服务化发展的格局和走向。在战略定位和发展规划上，制造业大国、强国依托自身优势定位于全球价值链，以国家集聚的集群形式在制造价值链上彼此嵌入、融合，进一步促进全球制造业发展。

1）制造业区域集群状况

根据《2016 全球制造业竞争力指数》，制造业在全球价值链重组演化的过程中，全球制造业竞争力、经济市场格局及制造业优势区域均发生变化，呈现出围绕着实力最强的制造业国家聚合发展的制造业区域集群方式，以北美集群、欧洲集群和亚太集群为主导，进而推动着制造业霸权的持续竞争。

北美集群以美国、加拿大和墨西哥为典型代表，其区域中丰富的创新能力、高素质的人才、完善的基础设施和强大的能源布局吸引最高水平的制造业投资，美国成为这个集群的强大轴心。欧洲集群以德国和法国为轴心，引领着欧盟经济的复苏发展，其中德国具有深厚的工业发展底蕴、连续的创新能力、熟练的劳动力和雄厚的经济实力，在制造业发展中仍然强劲并推动着该区域的集群化发展。亚太集群以中国、日本和韩国为轴心，新加坡和中国台湾地区的高技术出口发挥强化作用。中国以低成本劳动力优势、健全而体量巨大的制造业体系优势在全球制造业中占据优势地位，而且中国、印度又以理工科毕业生数量领先形成人才优势，更加注重技术创新，逐步形成依靠成本优势提升制造业竞争力的新格局。

2）典型国家制造业服务化发展状况

从制造业大国、强国的战略定位和发展规划可见，全球主要国家掀起的新一轮工业革命以“信息技术与制造业融合”为特征，加速发展新一代信息技术，并推动信息技术与制造业深入融合，以抢占新一轮产业竞争的制高点。无论是欧美国家制造业重振，还是中国制造业升级，经济全球化背景下各国制定制造业战略定位和发展规划，参与全球制造业价值链均呈现不同的特征。

（1）美国。顺应国际发展趋势和国内现状，美国为实现制造业升级，制定了制造业回归战略决策。近年来，美国制订了多项关于制造业回归的项目计划，涵盖科技、投融资、人才培养、能源、市场拓展和投资环境等多方面的政策法规（潘辉和汤毅，2018）。可见，美国制造业回归战略是创造就业机会、刺激经济增长的重要措施。通过强大的科技创新能力，在高附加值的价值链上游创造价值、获得竞争力，是美国制造业参与全球价值链的突出特征。

以 GE、IBM 公司为代表，美国很早就开始了制造业服务化尝试，也取得了显著的成效。美国科技水平一直处于世界领先地位，掌握着芯片、精密仪器等核心技术。美国制造业发展强调技术创新、设计创新，在全球制造业价值链上游占据重要的位置。例如，NIKE 公司只专注做服饰、鞋类的设计及材料创新，而将低附加值的生产制造环节外包到中国、印度等发展中国家。

（2）德国。德国工业 4.0 战略是德国再工业化战略，是德国制造业升级的重大战略部署。物联网、大数据等新一代信息技术高速发展是工业 4.0 战略的触发器，制造业服务化发展也起到了支撑作用（丁纯和李君扬，2014）。在新一轮工业革命背景下，信息化是促进产业革命的关键手段，德国产业结构以绿色、数字、智能和可持续为调整方向（张富禄，2019）。

德国从工业 1.0 开始逐渐探索工业化道路，积累了大量高精尖的科学技术和经营管理经验，具备制造业全面升级的条件。德国制造业全球价值链参与度较低，处于价值链中游加工制造环节。德国制造业基础深厚，是典型的工业强国，全球价值链参与方式与德国注重专业化制造分工、高端制造模式、不断优化的产业结构具有较大的关联（王厚双和盛新宇，2020）。

德国制造业全球价值链参与分工具有高竞争力的典型特征。德国制造业依据自身深厚的制造基础和产业优势，即使处于价值链低端位置也能形成极强的价值增值能力、创造丰富的价值增值。德国制造业服务化转型充分说明，转型并不意味着完全放弃制造业务，产品制造仍然是制造企业的主营业务。

（3）日本。《日本制造业白皮书（2018）》是日本工业发展到 4.0 的一个标志，强调日本制造业已经处于一个“非连续创新”的时期。日本制造业发展的战略定位紧密结合自身工业发展基础和优势，并结合其外围环境资源，极力将其价值链嵌入全球既有的产业格局中。因此，日本制造业转型呈现向内和向外同时并行的战略特点。

日本制造业转型在海外发展时，以确保国内生产制造的核心地位为基础再向外发展为思路：一方面，利用发展中国家和区域富有比较优势的劳动力和原材料资源组织加工生产，在价值链低端位置创造高附加值；另一方面，融入欧美等先进科技发展生态圈，通过对先进技术的收购兼并促进国内制造业短板的快速提升，促成日本制造业在全球价值链高端位置的强势发展（杨超等，2018）。

日本制造业转型在国内发展注重高附加值产品的研发和生产，强化核心零部件开发与服务，以核心知识产权主导制造模式占据价值链高增值环节。“控心化”战略思想促使日本制造企业掌握着生产制造关键技术，以保证日本制造企业制造能力持续处于“高精尖”水平（林丽敏，2019）。

日本制造业经历了从“贸易立国”向“对外投资立国”的转变，通过对价值链各环节比较优势的分析，在全球范围内优化配置人力资本、研发要素等资源，强调制造企业对外投资不能是一个完全的自由市场经济过程，以避免成本导向的对外投资有可能导致产业空心化而形成“脱实向虚”的不利产业格局。

（4）中国。近年来，发展制造业、促进制造业与服务业融合已经成为中国发展的重大战略，《中国制造 2025》《关于进一步促进服务型制造发展的指导意见》（工信部联政法〔2020〕101 号）等一系列政策法规的出台，标志着大力实施制造业服务化、促进制造业升级、培育制造业竞争优势被提上日程，中国制造业进入新时期、新的发展阶段。

多年来，我国以劳动密集型产业为主，劳动力充足、劳动力成本低、大而不强成为制造业的特征。我国也因此成为世界的“代工厂”，依靠价格优势和劳动力优势获得利润。为跻身全球价值链重要位置，我国对制造业进行全面改革，鼓励并支持制造企业增加设计研发投入、促进生产制造模式升级。

总体来说，我国研发经费较多用于技术引进而非技术创新，科技创新水平低、缺乏核心技术和知名自主品牌，处于全球价值链中低端环节，仍需要不断提升产品研发水平、培育自主品牌。在《中国制造 2025》目标驱动下，我国应瞄准全球价值链高端位置创造高附加值，依托“全产业链脉动”服务理论推动制造业服务化转型发展。

### 1.3.3 制造业服务化趋势

作为一种供给创新，服务业新业态呈现“互联网+”可加性、第一产业和第二产业服务化、服务生产化（制造化）、服务业内部融合、专业化内生成长和空间形态集聚化等趋势特征（张磊和刘长庚，2017）。工业 4.0 意味着制造业发展进入新的阶段，在新时代背景下社会环境、市场环境和技术环境的共同孕育下，制造业服务化呈现数字化、体验化和平台化发展趋势。

1. 数字化与服务化融合

数字化与服务化不同，服务化通过服务环节获取收益，数字化则通过数字技术的应用获取收益，数字化和服务化都对企业财务绩效有一定的影响（Kharlamov and Parry，2021）。数字化技术应用与服务提供之间存在紧密的联系，数字化技术的应用有助于制造业服务化转型发展。Kharlamov 和 Parry（2021）认为数字化可以通过改变产品服务交付方式、提升企业服务能力促进服务化。为充分挖掘数据价值，可以通过数据要素融入制造业促进服务化。

1）改变产品服务交付方式

基于 S-D 逻辑的数字化产品重构了顾客价值，以音乐传播为例，数字化音乐传播改变了传统的实体唱片传播方式，顾客按需付费后获得音乐服务，数字化音乐的价值主张也在社交媒体中得到进一步增强。数字化改变的产品服务交付方式，实现按需付费、按需服务，表面上是改变产品服务交付方式，本质上打破了产品标准化制造界面下的需求边界，是通过服务实现对产品使用价值的再分配，一方面向内剥离不必要的资源占用，另一方面向外对有更多需求的用户提供增值服务，塑造了以数据价值提升服务价值的能力。

制造企业通过数字化技术而非物理实体向顾客提供产品服务，不仅可以更方便、更快捷地响应顾客需求，而且可以降低资源消耗和成本（Kharlamov and Parry，2021）。数字化技术赋能产品和服务更多的增值功能，以提升的沟通能力、共享能力、价值增值能力，提升制造业服务化转型发展能力。

2）提升企业服务提供能力

数字化技术可以提升企业提供高级服务、中级服务和基础服务的能力，对制造企业具有重要的战略意义。数字化技术应用能够清晰地描述“全产业链脉动”状态，以精准的“客户画像”将数据价值转化为服务价值，通过高效的供需匹配、适合的服务方式满足不同顾客多样化需求。

数字化技术应用创造了数据赋能、数据驱动的制造业发展驱动力，提升了制造企业提供服务的能力。个性化定制服务、远程维护服务、问题诊断服务、产品追溯服务等服务内容的实现都需要数字化技术的支持，制造企业与顾客的互动都是建立在良好的沟通渠道基础上的，而沟通渠道拓展、场景创造都以数字化技术的应用为前提。

3）数据要素融入制造业

工业 4.0 意味着要充分利用新一代信息技术驱动产业升级，物联网、互联网、区块链和人工智能等技术在制造业领域表现出巨大的活力，数据采集、存储、管理、分析和使用成为制造业全产业链协同合作的基础。数字化技术应用将数据要素融入全产业链，数据作为新型生产要素推动着制造业服务化发展。

数字化技术应用能够降低数据采集、数据分析成本，并以多种形态、多种形式呈现数据价值，海量数据的集聚共享及个性化呈现为制造业服务化新型商业模式、互动模式创新提供了支持。数据要素融入制造业提供了以数字化方式将生产环境和市场环境嵌入全产业链的途径，依托数据价值链的价值增值能力提升制造业服务化能力。

### 2. 体验化与服务化融合

体验经济是企业以产品、服务作为素材和媒介，通过顾客参与为其塑造感官感知和思想共鸣的一种经济形态（覃京燕等，2007）。托夫勒（2018）认为体验经济是农业经济、制造经济和服务经济后的最新发展浪潮。体验化以场景为纽带连接制造企业与顾客，在互动交流中实现价值共创，共同推动制造业服务化转型发展。

1）以场景创造挖掘服务价值

无论是大规模定制服务、个性化定制服务，还是基础服务、中级服务、高级服务，制造业服务化的目的在于挖掘服务价值。场景创造通过设计生活、工作情景将顾客带入企业提供的产品和服务，让顾客在理解产品和服务内容的同时加深情感认同。关键是刺激形成非购物场景下的消费需求，实现对潜在需求的挖掘，也就是增加挖掘形成增量需求的能力。场景创造能够帮助制造企业挖掘服务价值，以科学有效的场景创造拓展顾客交流的渠道、提升顾客黏性。

场景创造的体验化场景贴近真实的生活、工作情景，正如“农产品是可加工的，商品是有实体的，服务是无形的，而体验是难忘的”（派恩和吉尔摩，2012）。场景创造的体验化场景能够真实呈现制造业服务化价值，拉近顾客与产品和服务之间的距离，推动顾客成为制造业服务化转型发展的驱动力。

2）以价值共创提升服务价值

体验化场景增加了制造企业与顾客共同观察“全产业链脉动”状态的机会，能够置身于同一场景中思考和解决同一问题，创造了价值共创的时空场景。制造企业和顾客在体验场景互动过程中实现价值共创，不仅有助于提高顾客满意度，而且有助于制造企业提升服务价值、开拓潜在市场空间。

顾客直接参与制造企业生产和服务过程，能够将顾客智慧的设计思想、设计方法融入产品和服务之中，以价值共创创造出让顾客满意的产品和服务。制造企业需要摈弃与顾客之间简单的买卖关系，建立共同设计、共同生产、共同服务的协同合作关系，以顾客体验价值提升制造企业产品价值和服务价值，提高顾客与全产业链成员价值共创的收益。

### 3. 平台化与服务化融合

近年来，随着互联网、大数据等技术的应用，平台经济兴起并融入各个领域。平台在各个领域的应用扮演着桥梁纽带作用，能够有机连接各利益相关者与相关要素，推动组织变革、提升服务化价值。制造业服务化涉及全产业链供应商、制造商、集成商及机械设备、技术能力等各种资源，平台经济与制造业服务化融合势必会产生“1+1>2”的效果。

1）创造平台生态系统

社会化大生产背景下，制造业服务化发展离不开各利益相关者的合作，连接、互动、协同是制造业服务化过程中生态化研究的关键要素。平台生态系统可以描述为供需双方与平台运营方的集合（万兴和邵菲菲，2017；Zhang et al.，2019b）、各利益相关者与相关要素的集合（钱平凡和钱鹏展，2017）等。

制造业服务化发展依赖于服务价值和价值增值能力，以服务价值驱动全产业链成员共同参与服务化过程，共同创造具有服务价值孕育、转化功能的平台生态系统。在平台生态系统中，各利益相关者、相关要素提供孕育、转化服务价值的资源和能力，从而提高制造业服务化能力和水平。

2）提升平台服务价值

服务化转型要求制造企业改变传统金字塔式组织结构，向着有利于价值共创、协同发展的去中心化组织结构方向发展。平台化能将制造企业的业务流程、运营规则、商业模式等经营环境数字化，将人力、设备、技术创新等资源和能力虚拟化，统一在一个平台上调度、配置，促使全时间域和全空间域资源和能力集成，从而提升平台的服务价值。

平台服务价值提升有助于提升制造企业信息共享效率，增进对组织行为模式、组织心智模式的理解，帮助制造企业在服务化转型中保持内部组织、人员的战略一致性（赵振，2016）。平台能以自身的服务价值推动组织结构扁平化变革，推动各利益相关者共享信息、资源和能力，从而最大限度地提升平台服务价值。

## 1.4　制造业服务化基本特征

制造业服务化发展有着复杂的社会经济背景，处于不同发展阶段的服务化带有明显的时代特征、不同的内涵和特点。从制造业服务化的内涵、特点和表现挖掘制造业服务化本质特征，有助于深刻理解制造业服务化转型发展的内在动因，探索制造业服务化转型路径和发展模式。

### 1.4.1　制造业服务化内涵

制造业服务化内涵是以服务换取“产品+服务”的综合价值，以产品为纽带、服务为核心，将新型生产要素融入全产业链各个环节拓展价值链增值空间。制造业服务化内涵可以从制造业服务化理论依据、价值链和价值增值三个方面进行理解，以深入揭示制造业服务化价值的内在来源。

1. 制造业服务化理论依据

制造业服务化理论依据尚不明确和统一，需要深入的理论研究和实践探索。目前常见的制造业服务化理论分析基础，包括价值链理论、交易费用理论、资源依赖理论和生态系统理论。不同的理论从不同的视角阐述了制造业服务化的内在机理，从不同的方面指导着制造业服务化实践。

1）价值链理论

随着专业化分工程度加深，制造业分工更加复杂，产品停留在生产过程和流通过程中的时间比约为 1∶19，生产过程创造的价值低于产品价格的 2/5，超过 3/5 的价值创造来源于服务环节（韩江波等，2019）。价值链具有的相对独立特性有助于分离、融合产品生产环节和服务环节，促进基于服务外包的服务专业化发展（刘建国，2012）。

依据价值链理论，制造业服务化转型发展就是从价值链低端的生产环节向高端的服务环节转移，就是依托数据价值、体验价值和平台价值创造高附加值的过程。制造业服务化从“以产品为中心”逐渐转向“以服务为中心”，充分体现了价值链理论中价值及其价值增值的核心思想，以服务价值和价值增值能力增强制造业服务化转型发展动力。

2）交易费用理论

Coase（1937）从交易成本的视角解释市场与企业之间的关系，当交易成本比较小时，企业倾向于在市场中完成某项业务；当交易成本比较大时，企业倾向于通过内部投入完成某项业务。交易费用理论说明当市场存在交易费用的时候，企业需要考虑企业的边界问题，换言之，过高的交易成本对企业间的协同、交流起到阻碍作用。

制造企业发展初期自制原材料，发展到一定规模后才开始将部分非核心业务外包给专业厂商（楚明钦和刘志彪，2014）。制造业服务化的迅速发展，与新时代背景下持续下降的交易成本密切相关，制造企业不断探索业务外包渠道、形式和均衡博弈关系，追求交易费用最小化的“产品+服务”运营方式。

3）资源依赖理论

资源依赖理论认为组织无法做到自给自足，需要与外界进行物质、信息和能量交换才能获得生存空间，这种获取外界资源的需求迫使组织对外部环境产生资源依赖（马迎贤，2005）。在资源依赖理论下，企业的转型路径和发展模式选择并非随心所欲，也不能仅仅实现自身的预期成果（Pfeffer and Salancik，2003）。

制造业发展依赖社会环境、市场环境和技术环境中的资源，这些资源推动着制造业走进信息化时代、迈向智能化时代持续升级迭代。生产要素的集聚，包括人才、土地、资本、技术等传统生产要素和数据、体验、平台等新型生产要素。集聚的生产要素形成能量池，有利于制造业服务化的创新培育、推动。

4）生态系统理论

制造服务生态系统（manufacturing service ecosystem，MSE）概念的出现（Chesbrough，2011；Opresnik and Taisch，2015），标志着基于生态系统理论的制造业服务化水平的进一步提升，制造企业通过能力输出为顾客提供集成解决方案。制造业服务化已经不是制造企业的优势，而成为企业拓展利润空间的必备能力之一。

基于生态视角的制造业服务化融入不同利益相关者协同发展的理念，涉及制造企业与服务提供商之间的协同（Zhang et al.，2017；Wiesner and Thoben，2017）、制造企业与利益相关者之间的协调（Parida et al.，2019）、服务网络参与者之间的合作（Reim et al.，2019）。基于生态系统理论的制造业服务化，充分体现了全产业链成员之间的协同、协调、合作关系。

2. 制造业服务化价值链

全球价值链分工揭示了不同国家在价值链上的位置，不同等级的位置获取相应等级的附加值。制造业服务化发展推动着关键增值点从生产环节向服务环节转移，产业升级路径比传统产业之间的分工更加复杂，出现了高端产业有低附加值环节、低端产业有高附加值环节的现象。图 1-11[①]是根据 Shih[②]观察得到的计算机技术（Internet technology，IT）行业硬件生产领域基本情况绘制的，用于表示价值链不同部分增加价值的潜力及随时间变化情况，也就是著名的“微笑曲线”。

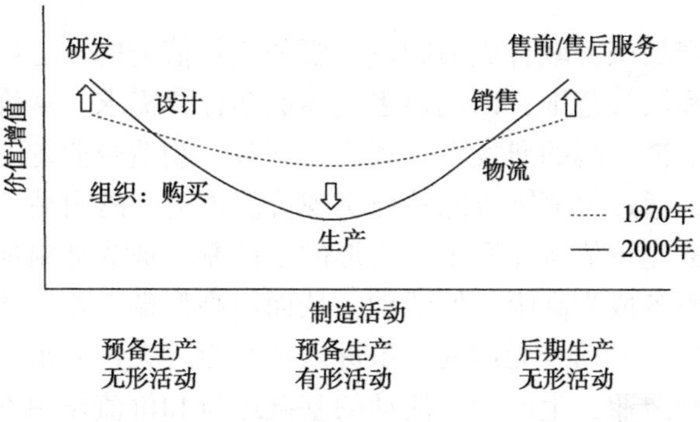


图 1-11　价值链不同部分增加价值的潜力及随时间变化情况

① Veugelers 2013 年发表的 Manufacturing Europe’s Future。

② Shih 1992 年发表的 Empowering technology-making your life easier。

1）“微笑曲线”分析

“微笑曲线”被广泛用于价值链附加值创造分析中，“微笑曲线”越陡峭代表价值链分配越不均衡。Shih 认为价值链两端环节能比中间环节产生更高附加值，而且这种差异随着时间的推移更加明显。在附加值观念指导下，制造企业逐渐将核心关注力从产品加工制造环节转向产品研发设计和品牌营销、服务管理环节，即从“微笑曲线”的底部向两端延伸。

通过对“微笑曲线”的观察分析可知，20 世纪 70 年代从设计到销售展现的有形产品价值链，90 年代从研发到售后服务展现的有形无形融合的“产品+服务”价值链，彻底颠覆了传统的以价值链上下游位置确定产业高低、附加值高低的思想。“微笑曲线”展现的附加值观念，成为制造业服务化转型发展的内在动因。

2）制造业服务化价值链分析

随着制造业服务化的发展成熟，服务化程度从产品导向服务、使用导向服务到结果导向服务逐步提高。制造业服务化从基于产品主导逻辑（good dominant logic，G-D 逻辑）发展到 S-D 逻辑，创新模式也由个体企业的封闭式创新发展到整个生态系统的开放式创新，制造业服务化过程中涉及越来越多的利益相关者（张培等，2019）。制造业服务化价值链如图 1-12 所示。

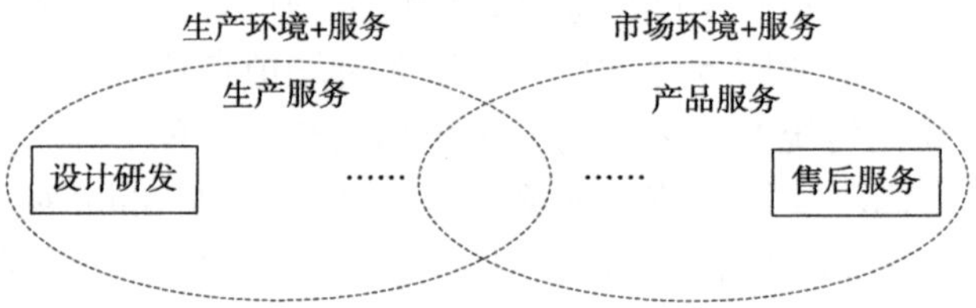


图 1-12　制造业服务化价值链

生产服务与产品服务融合成为制造业服务化价值链的核心趋势，制造企业不断拓展服务内容和服务范围，以满足多主体的多样化需求。从价值链中端的生产制造，拓展到价值链两端的研发设计和售后服务，制造企业越来越注重与利益相关者的协同合作，通过价值链资源整合实现价值创造（高明晶，2019）。

在制造业服务化价值链体系中，有形的生产制造成为低附加值活动，无形的研发设计、售后服务成为高附加值活动，从而使高低端产业、高低附加值活动进入新视野、新格局，驱动着无声的竞争进入新境界。无论未来产业格局、附加值高低如何变化，制造业、生产制造活动的基础地位和价值作用不会动摇，制造业与服务业融合发展的趋势不可逆转。

3. 制造业服务化价值增值

社会环境、市场环境、技术环境持续改变着制造业与服务业的格局，在新的运营模式、商业模式驱动下。制造业与服务业呈现协同、融合、一体化发展趋势。根据 Vandermerwe 和 Rada（1988）的研究成果，制造企业和服务企业的服务形式存在较大差异，以计算机制造商、信息供应商为例，如图 1-13 所示。

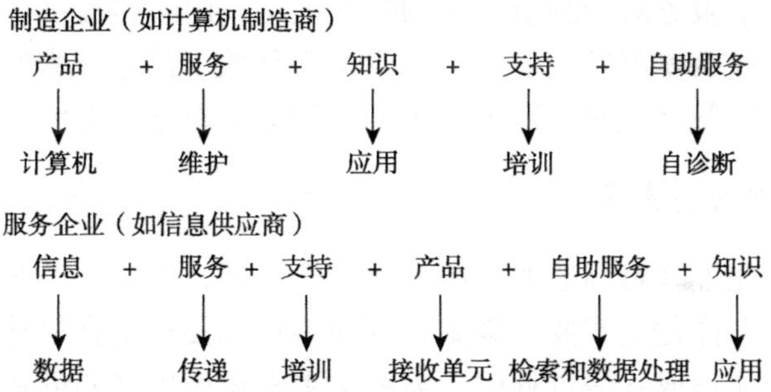


图 1-13　制造企业和服务企业不同的服务形式

资料来源：Vandermerwe 和 Rada（1988）

1）制造业服务化价值增值源

从“微笑曲线”、制造企业和服务企业不同的服务形式分析可知，制造企业“以产品为中心”提供服务，产品与产品服务之间存在相互补偿的作用；服务企业“以服务为中心”提供服务，注重服务技能、专业化服务能力，为顾客解决问题或帮助顾客获得相应的能力。尽管制造企业和服务企业有着不同的价值增值源，但是都注重顾客主导逻辑（customer dominant logic，C-D 逻辑）。

制造业服务化价值增值来源于产品及其附加价值，如图 1-11 所示，沿着“微笑曲线”向价值链上游延伸到研发设计阶段、向下游延伸到售后服务阶段，服务附加值呈现双向双增值的现象。在“微笑曲线”的两端，数据价值、体验价值和平台价值更能融入服务价值，以新型生产要素提高价值增值能力。

2）制造业服务化价值增值效应

价值增值是制造业升级、制造业服务化转型发展的内在驱动力，是制造企业追求高附加值的期望结果。制造业服务化价值链的不同环节具有不同的附加值，处于同一环节的不同制造企业也会呈现不同的价值增值能力，附加值、价值增值能力直接受产品、服务市场竞争力影响，最直接的来源在于最终顾客的支付意愿。

制造业服务化价值增值效应体现在制造企业服务收益的增长、服务增值能力的增长、顾客支付意愿的增长，从而带动制造业产业地位的提高、竞争力的提高。制造业服务化价值增值效应会引发“全产业链脉动”价值的连锁反应，带动数据价值、体验价值、平台价值更好、更快、更稳定地融入制造业服务化领域，从而产生更大的价值增值能力。

## 1.4.2　制造业服务化特点

传统制造企业以有形的产品作为主要价值来源，服务仅是产品的附加。服务经济的兴起改变了服务对于制造企业的战略地位，向顾客提供产品服务解决方案能够帮助制造企业获得市场竞争力。工业 4.0 释放了信息技术的应用价值，与传统以产品制造为主营业务的制造企业相比，制造业服务化也呈现出不同的特点。

### 1. 产业的创新要素多

制造业服务化推动着制造业与服务业融合发展，以新型产业集聚创新资源、创新能力，通过多样化生产要素集聚、创新型资源要素整合提升新型产业的创新能力。在新型产业形成发展过程中，需要集聚和运用更多的创新要素以增强转型动力，抢占价值链高端位置创造高附加值。

1）多样化生产要素集聚

从生产要素来看，传统制造模式以资本、劳动力、土地和技术等四大要素为主，制造业服务化强调数据、体验、平台等新型生产要素及新知识、新技术、创新能力等智力要素对新型产业竞争力形成发展的重要作用。全球制造业竞争力驱动因素如图 1-14 所示，描述了政府力量、市场力量在全球制造业竞争力形成发展中的作用。

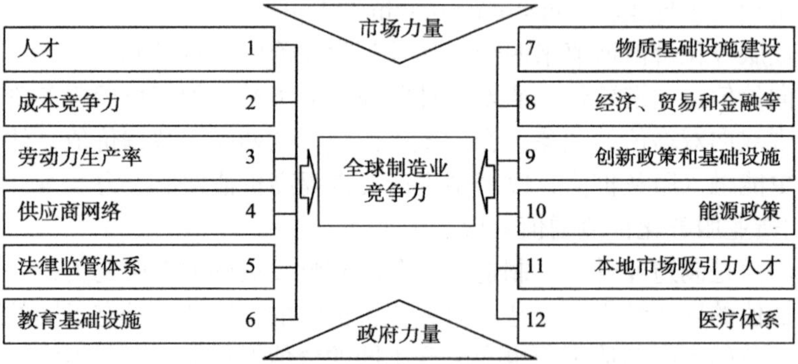


图 1-14　全球制造业竞争力驱动因素

资料来源：《2016 全球制造业竞争力指数》

由图 1-14 可知，人才、成本竞争力、劳动力生产率成为影响全球制造业竞争力的前三类驱动因素。人才、劳动力生产率反映了人力资本的重要性，这与服务经济兴起的逻辑是一致的，即服务经济以人力资本作为基本要素，不消耗资源环境且具有无限性，人力资本的利用效率越高，越能以更低成本为企业创造更高价值。

传统生产要素和新型生产要素在制造业全产业链上的集聚，有助于更加精准地描述“全产业链脉动”状态，更加精准地为终端顾客提供满意的产品和服务。新型生产要素、智力要素与产业链融合，能够释放出更大的价值增值空间、提升价值增值能力，推动制造业服务化转型发展。

2）创新型资源要素整合

产业集群是制造业在一定空间范围内由大量利益相关者通过分工协作和网络关系形成的组织，能够为制造企业带来资源获取优势、市场效率优势、创新创业优势和扩展优势（董宇鸿，2010）。制造业服务化类似产业集群，能够以创新型资源要素整合提高制造企业资源获取优势，提升新型产业竞争优势。

制造业服务化创新型资源要素整合能够充分挖掘资源要素价值，实现颠覆式创新。一方面，依据一定的原则、机制面向全产业链整合人才、技术等创新型资源要素，增强全产业链创新能力；另一方面，依托整合的创新型资源要素深入探索未知的创新型资源要素，提升全产业链创新活力。

在经济全球化背景下，创新型资源要素在全球范围内流动、配置，集聚成制造业服务化创新内核，从而驱动着不同的制造企业进入具有不同附加值的价值链环节。“全产业链脉动”状态能够清晰呈现不同环节的创新内核，有助于深入观察分析处于不同环节制造企业的创新能力，增强制造业服务化转型动力。

### 2. 产品生产的服务价值高

制造业服务化以产品为支撑点、以服务为利润源，有效提升了基于产品生产的服务价值，形成了新的高附加值环节。制造业服务化从产品到“产品+服务”的转变，提升了产品生产上的生产服务价值和产品服务价值，带来生产服务价值和产品服务价值的“双增-双高”，如同“微笑曲线”两端延伸的服务价值链，分别连着研发设计和售后服务两个高附加值环节。

1）生产的生产服务价值

在制造企业生产环境中，生产服务水平充分展现了制造企业产品研发设计能力，体现在产品质量的提高、售后服务成本的降低上。制造企业“以产品为中心”致力于打造比竞争对手更具竞争优势的产品，以高质量、低成本唤起终端顾客的支付意愿，从而激励制造企业投入资源、能力等提高生产服务努力水平。

生产的生产服务价值逐步提高的趋势，逐步驱动着高附加值的研发设计服务向着专业化方向发展，从而形成一类新型的价值链高端服务产业。从制造企业的生产环境转入专业化服务企业，生产服务以维持制造企业核心竞争力为基础的价值增值能力进一步提升，生产服务价值成为制造企业竞争力的重要衡量指标。

2）产品的产品服务价值

在制造企业市场环境中，产品服务水平充分展现了制造企业面向终端顾客的售后服务能力，体现在顾客满意度的提高、顾客支付意愿的提高。制造企业“以服务为中心”致力于增强产品竞争力，以满意的售后服务提高产品的附加价值，以终端顾客黏性、复购率等指标驱动制造企业提高产品服务努力水平。

高附加值的售后服务向着专业化、平台化方向发展的趋势，推动着产品的产品服务价值逐步提高，逐步与生产的生产服务融合为一个更具价值增值能力的价值链高端服务产业。由于产品服务价值直接来源于终端顾客，产品服务满足终端顾客的能力至关重要，这从根本上决定着整个价值链价值增值能力。

### 3. 服务的顾客价值高

“微笑曲线”向两端延伸形成的“双增–双高”具有不同的内涵，上游体现了创新价值、下游体现了顾客价值，而且更重要的是创新价值最终也要通过顾客价值实现。从这个意义上讲，制造业服务化以顾客价值最大化为目标，顾客价值最大化又会转化为制造业服务化强劲的驱动力。

1）追求顾客价值最大化

“以顾客为中心”的价值主张，进一步将制造企业的生命与顾客需求绑定在一起，以最大限度地满足顾客需求为核心追求顾客价值最大化，意味着制造企业需要时刻关注市场动态、顾客需求变化。“全产业链脉动”服务理论先要捕捉市场环境中的产业链脉动状态，以此挖掘顾客真实需求、需求动态，为实现精准的供需匹配创造条件。

顾客价值源于产品使用或接受服务的过程之中，是一类以产品价值和服务价值为基础、由顾客感官体验描述的综合价值，难以直观度量、量化分析，但却深刻影响着产品服务的存在价值。制造业服务化以顾客价值最大化为目标，生产服务、产品服务贯穿产品全生命周期，致力于优化制造企业面向目标顾客的市场行为。

2）主动培育顾客价值

由于顾客需求具有个性化、多样化、动态性等特点，所以制造企业难以精准地把握顾客真实的需求、需求动态，难以建立“雪中送炭”式的服务体系。在顾客价值最大化目标驱动下，制造企业更加注重理解顾客需求、引领顾客需求发展趋势，主动以产品价值、服务价值培育顾客价值。

制造业服务化本身就是顺应顾客需求发展趋势的产物，深入探究顾客需求、寻找顾客痛点，有针对性地提供产品服务解决方案。在深入挖掘顾客价值主张、向顾客传达产品服务方案的过程中，深度融合数据价值、体验价值和平台价值，创建“雪中送炭”式的价值共创服务体系。

### 1.4.3　制造业服务化表现

通过制造业服务化内涵、特点分析可知，服务化有助于激发产品附加值，以服务价值驱动“产品+服务”价值增值。制造业服务化是一个连续发展的过程，主要表现在顾客价值增值的过程、制造企业竞争力提升的过程、“全产业链脉动”状态稳定的过程，制造业服务化表现可以在转型发展描述的基础上进行深层次分析。

1. 制造业服务化转型发展

制造业服务化已经成为制造业的发展趋势，在服务化转型过程中，制造企业为增强顾客黏性、维持企业竞争优势，从不同的渠道向顾客提供不同层次的服务。制造业服务化转型过程经历了转型酝酿、转型实施和转型实现（图 1-15），以独特的过程展现制造企业价值增值、竞争力提升的过程。

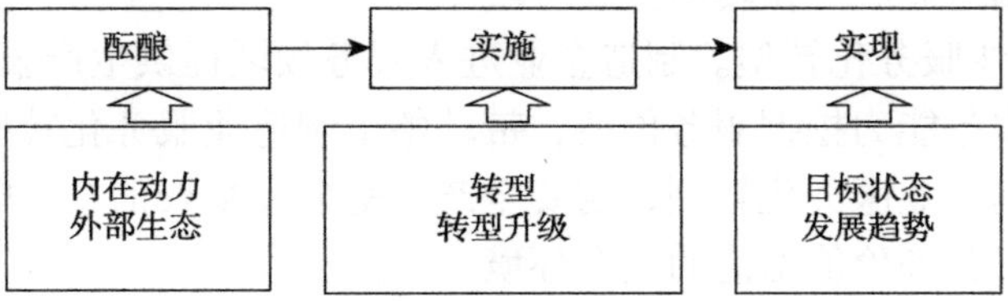


图 1-15　制造业服务化转型过程

1）制造业服务化转型酝酿

制造业服务化转型需要一定的资源和能力，不仅需要制造企业培育内在动力，而且需要全产业链共同培育外部生态环境。面对激烈的竞争环境，制造企业不再满足隔着市场环境分析顾客需求，而是希望通过服务增强与顾客的沟通交流能力，直接体验顾客的真实感受、真实需求。

（1）制造企业内在动力培育。制造业服务化推动着制造企业由传统的产品制造商转型为产品服务提供商，依托产品的服务能力成为制造企业的核心竞争力。为提升企业面向市场环境的动力和能力，制造企业必须做好充分的准备工作，如设计服务体系、明确转型路径、探索发展模式，以培育制造企业内在动力。

“服务悖论”现象的产生具有一定的土壤环境和影响力，制造企业必须想方设法避免这一现象的影响。一方面，制造企业需要重新制订战略规划、实施路径，重组企业组织流程，变革企业组织文化，最大限度地保证组织变革与服务化战略一致；另一方面，制造企业必须以颠覆式创新思想探索发展模式，增强面向新场景、新需求的服务创新能力。

（2）外部生态环境培育。制造业服务化的形成发展依赖于一定的生态环境，其中最重要的是消费行为转变和制造企业间关系转变。随着全球经济的发展，终端顾客对产品功能的追求转变为基于产品的个性化消费体验和心理满足的追求。制造企业在服务化转型过程中，要在产品全生命周期范围内向顾客提供更加贴近顾客需求和心理满足的服务，注重与顾客沟通交流、培育顾客需求和顾客消费行为。

经济全球化背景下，资源配置日益精准化、专业分工日益精细化，仅依靠单一制造企业难以完成复杂的任务。制造业服务化创造了改变制造企业关系的机遇，“全产业链脉动”状态能够清晰描述成员之间的关系，以共同的利益推动利益相关者间相互合作。在制造业服务化过程中，制造企业依据自身特点和外界环境条件逐渐形成动态稳定的集群，并形成协同合作、优劣互补的协同发展关系。

2）制造业服务化转型实施

制造业服务化包含转型、转型升级两个递进过程，即制造企业进入服务领域提供基于产品的专业化服务、持续提升服务能力和水平。在高附加值目标驱动下，制造企业集聚专业化信息、资源和能力向着研发设计、售后服务两个方向发展，推动企业进入制造业服务化转型实施阶段。

（1）制造业服务化转型。制造企业进入服务领域提供生产服务、产品服务，以逐步提升的服务能力挖掘服务价值，带动整个制造业服务化转型。从制造企业服务化转型到制造业服务化转型，需要全产业链成员集聚信息、资源和能力共同推动，共同培育服务价值增值的生态环境。

制造业服务化转型需要来自社会、市场和技术环境中力量的支持，需要“全产业链脉动”呈现价值增值能力，从而可以推动生产服务、产品服务走向价值链高附加值环节。制造业服务化转型成为新的支撑和动力，推动制造经济与服务经济、制造业与服务业融合，从而奠定制造业服务化转型升级的基础。

（2）制造业服务化转型升级。制造业服务化向着研发设计、售后服务方向逐级递进，以吸引更多的制造企业进行服务化转型升级，从而形成一个层次分明的专业化制造业服务化体系。制造业服务化转型升级带动数据、体验、平台等新型生产要素融入制造业服务化体系，推动共享思想向全产业链渗透、融合。

制造业服务化转型升级进入数字化、体验化和平台化发展阶段，数据价值、体验价值和平台价值逐步提升，以“全产业链脉动”服务为目标的数据价值观、情景感知观、全景生态观逐步形成。面对快速发展的制造业服务化，迫切需要全产业链视角的服务理论，以创新理论支持制造业服务化转型升级。

3）制造业服务化转型实现

从制造业服务化转型酝酿、转型实施到转型实现，描述了制造业服务化转型过程和愿景目标，即预期达到的目标状态和发展趋势。制造业服务化转型实现只是达到了预期的一个阶段目标，仍然需要基于当前的状态进行描述，探索未来更具创新性的服务模式，以此推动制造业服务化健康可持续发展。

（1）制造业服务化转型目标状态。制造业服务化转型实现描述了一个阶段的状态，需要观察分析当前状态的前瞻性、稳定性、可持续性，帮助决策者更好地把握制造业服务化转型发展的方向。制造业服务化转型目标状态，包含制造业服务化某一时间点的表现，更多地体现了一类制造企业、整个制造业服务化的综合状态。

如果从未来理想的目标状态视角理解，制造业服务化转型目标状态就是一个暂时性、阶段性的状态，可以用“全产业链脉动”状态描述。正是制造企业的目标动态性驱动着制造业服务化持续创新、持续提高服务能力和水平，制造业服务化转型目标状态才会持续更新、持续升级。

（2）制造业服务化转型发展趋势。制造业与服务业融合推动着信息、资源和能力集成，专业化的研发设计、售后服务成为共同的职责，使制造业服务化“转型”成为历史。制造业服务化进入快速发展的轨道，制造经济、服务经济成为孕育新兴经济的重要环境，孕育着推动制造业服务化发展的新力量。

随着新兴技术的发展，数字经济、体验经济、平台经济孕育的新型生产要素推动了制造业服务化发展，形成了新的营销模式、运营模式、商业模式，彻底颠覆了传统的服务主体、服务渠道、服务方式。制造业服务化转型发展呈现拓展融合、精准定位趋势，融合前端制造企业、终端顾客，精准定位顾客需求、生产供应，实现供需匹配基础上的顾客满意度最大化。

2. 制造业服务化表现分析

制造业服务化从转型酝酿、实施到实现的过程，充分展现了顾客价值增值、制造企业竞争力提升、“全产业链脉动”状态稳定的内在过程，以及顾客支付意愿提高、制造企业服务化转型率增加、服务经济地位提升的外部过程。因此，制造业服务化表现可以从内在表现和外部表现两个方面进行分析（图 1-16）。

图 1-16 制造业服务化表现

1）制造业服务化内在表现

制造业服务化内在表现可以依据“价值增值—竞争力提升—状态稳定”逻辑主线进行观察分析，以更深刻地理解和认识制造业服务化深层次内在表现。以顾客、制造企业、全产业链为对象，沿着逻辑主线探讨制造业服务化内在表现，能够从微观到宏观以变换的视角观察分析制造业服务化内在表现。

（1）顾客价值增值。在制造业服务化过程中，受益最大的应该就是终端顾客，获得产品价值叠加的使用价值和服务价值，实现顾客价值增值最大化目标。在现实环境中，顾客价值增值最大化应该成为制造企业，甚至整个制造业的价值主张，也应该成为制造业服务化最核心的内在表现。

（2）制造企业竞争力提升。制造企业竞争力提升不是由制造企业绩效衡量的，而是由制造企业成本控制能力、服务能力衡量的。制造业服务化水平与制造企业绩效具有正相关关系、负相关关系、马鞍型曲线关系及“U”形曲线关系等不同的表现（李松庆和梁碧云，2012）。制造业服务化强调制造企业生产责任延伸制，激励制造企业设计和生产更加耐用、更高效率的产品来降低运营成本（Örsdemir et al.，2019）。制造企业创新服务模式维护一个满足顾客需求的产品池，以更少的产品单位数量满足更多的顾客需求（Agrawal and Bellos，2017）。

（3）“全产业链脉动”状态稳定。“服务悖论”现象表明，制造业服务化战略兼具优势和风险，需要制造企业有效监控“全产业链脉动”状态。制造业服务化能够带来相对稳定的“全产业链脉动”状态，在高附加值产生的利益驱动下，产业链成员之间、产业链与环境之间以合作代替竞争，共同“以顾客为中心”适时提供产品服务解决方案。

2）制造业服务化外部表现

制造业服务化外部表现可以依据“意愿提高—转型率增加—地位提升”逻辑主线进行观察分析，以更深刻地理解和认识制造业服务化深层次外部表现。以顾客、制造企业、服务经济为对象，沿着逻辑主线探讨制造业服务化外部表现，能够从微观到宏观以变换的视角观察分析制造业服务化外部表现。

（1）顾客支付意愿提高。顾客支付意愿反映了顾客满意度，能够以良好的口碑提高产品和服务市场价值。服务化战略基于产品使用付费的模式，实际是将与产品生产相关的固定成本转化为与产品使用相关的可变成本，顾客支付费用与使用量成正比，这种方式可以在一定程度上减小顾客的产品使用量（Agrawal and Bellos，2017）。

（2）制造企业服务化转型率增加。在市场竞争压力和高附加值利益驱动下，越来越多的制造企业依托逐步提高的生产服务、产品服务能力进入服务领域提供服务，从而使制造业服务化转型率逐步提高。制造企业服务化转型率用于描述制造业服务化意愿高低，反映了市场环境中制造业服务化企业占比的高低和服务化生态环境的好坏。

（3）服务经济地位提升。在服务化生态环境孕育下，服务经济逐步形成和发展，制造经济主导逐步被服务经济主导所取代。服务经济地位的提高意味着服务业成为国民经济的主战场，制造业服务化被更多的人理解和认识，更多的制造企业愿意实施服务化转型发展。随着社会的进步和发展，数字经济、体验经济和平台经济等新型经济形态逐步成长、成熟，并成为新时代的主流经济。

## 1.5 本章小结

制造业服务化能够提高服务要素在设计、生产、销售、消费环节中的比重，推动制造企业从提供产品向提供“产品 + 服务”转变，从而获得产品价值和服务价值。在社会环境、市场环境和技术环境的共同作用下，制造业服务化不断发展，在不同的时代背景下表现出不同的特征。制造业服务化是一个动态可持续发展的过程，随着技术创新和管理模式创新与应用，制造业服务化会越来越成熟、附加值会越来越大，必将成为服务经济孕育的摇篮。

# 第二篇　理　论　篇

“全产业链脉动”服务理论源于推动制造业服务化发展的物联网大数据环境下，涵盖基于数据价值的服务理论、基于情景感知的服务理论和基于全景生态的服务理论，致力于以数据脉象价值、数据脉动价值颠覆制造业生产服务方式、产品服务方式。“全产业链脉动”服务理论以数据价值观、情景感知观和全景生态观为核心，能够以数字经济、体验经济和平台经济转化的新型动能推动制造业服务化转型发展。

基于数据价值的服务理论致力于将数据价值转化为服务价值，实现数据价值观的根本性系统思维、系统性服务价值和综合性体验增值；基于情景感知的服务理论致力于将情景感知转化为服务体验，实现“全产业链脉动”管理、场景切换管理和颠覆与颠覆管理；基于全景生态的服务理论致力于将全景生态转化为服务平台，实现全产业链闭环管理、全生命周期服务管理和服务生态孵化。

“全产业链脉动”服务理论孕育在社会、市场和技术生态环境中，从生产环境和市场环境融合的视角阐述生产服务理论和产品服务理论，面向实际应用场景提高数据、体验和平台价值，为推动我国制造业服务化转型发展奠定理论基础。数据、体验、平台已经成为最重要的新型生产要素，“产品＋服务”必将成为终端顾客最重要的购物方式、消费方式，中国制造必将在激烈的竞争中走向全球制造业高地、登临峰顶。

# 第 2 章 “全产业链脉动”服务理论基本框架

在物联网大数据环境下，能够更加精准地分析描述客户需求和行为规律，使订单驱动的生产环境能够制订更加科学精准的生产计划，全产业链成员的知识和经验能够在市场环境中有效融合。“全产业链脉动”服务理论提供了充分挖掘数据脉象价值和数据脉动价值的理论方法、创新基于大数据的管理决策方法、有效集成生产服务和产品服务的理论方法。

## 2.1 概　　述

物联网、大数据、人工智能等新兴技术的应用，增强了数据价值链的价值增值能力，为“全产业链脉动”服务理论的形成和发展奠定了重要的基础。在数据脉象价值和数据脉动价值中蕴含着丰富的内核知识，“全产业链脉动”服务理论主要依托数据脉象价值和数据脉动价值提供精准的生产服务、产品服务。

1. “全产业链脉动”服务理论基本框架

“全产业链脉动”服务理论涵盖了生产服务理论和产品服务理论，充分展现了数据脉象价值和数据脉动价值，充分体现了数据、体验、平台等新型生产要素的价值作用。“全产业链脉动”服务理论提供了智能化数据分析、场景创造、平台创建的理论方法，推动了全产业链颠覆式的创新发展。“全产业链脉动”服务理论基本框架如图 2-1 所示。

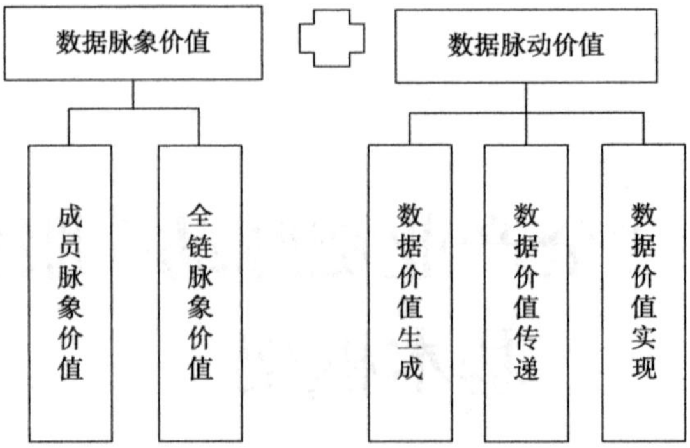


图 2-1 “全产业链脉动”服务理论基本框架

“全产业链脉动”服务理论能够贯穿生产环境和市场环境，通过把握全产业链个体成员、群体成员脉象价值精准地刻画“全产业链脉动”状态，在数据价值生成、传递和实现过程中精准地感知数据脉动价值，从而更加精准地创造全产业链可持续发展的生态环境。

2. “全产业链脉动”服务理论基本观点

制造业服务化体现了“产品+服务”综合价值，描述了高附加值环节从生产转向服务的价值增值过程，展现了服务价值持续提升的新动能。“全产业链脉动”服务理论涵盖了数据价值观、情景感知观和全景生态观（图 2-2），集聚数字经济、体验经济和平台经济新动能，推动制造业服务化转型发展。

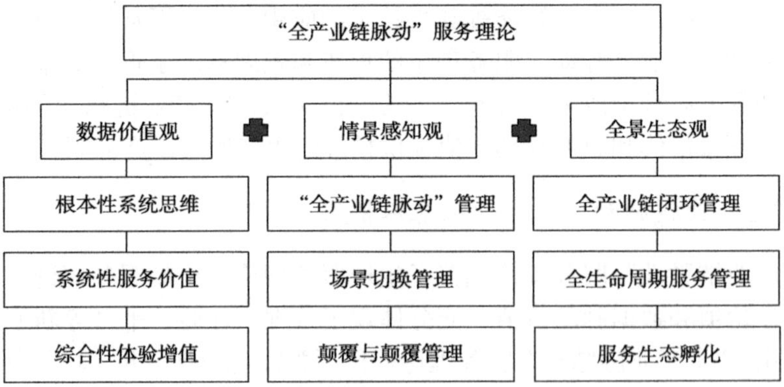


图 2-2 “全产业链脉动”服务理论基本观点

1）数据价值观

在第四次工业革命大环境下，新兴技术旨在实现从物理向数字转化，以数字经济提升数据价值。在数字经济推动下，制造业服务化必然走向依据数据赋能开辟创造服务价值的创新路径，通过数据价值增值实现制造企业生产运营的根本职能，数据价值成为制造业服务化价值增值、制造企业价值攀升的必然维度。

（1）根本性系统思维。数据价值观体现了大数据思维，形成了基于数据价值的根本性系统思维方式。数据驱动的循数决策已经成为物联网大数据时代重要的决策方式，数据价值成为有效决策的重要影响因素，能够更加精准、更加全面地反映“全产业链脉动”状态，引导制造业服务化转型发展。根本性系统思维提供了解决复杂问题的新思路、新方法，对大数据的数据数量、数据质量和内核知识提出更高的要求。

（2）系统性服务价值。在数据价值观体系中，系统性服务价值体现了数据来源的广泛性、数据资源的共享性和数据价值的透明性，具备了全面提升全产业链服务能力的基本条件。“全产业链脉动”传递的数据价值，能够支持生产服务、产品服务，提高“产品+服务”系统性服务价值。系统性服务价值提供了贯穿生产环境、市场环境的系统性服务解决方案，对数据价值链增值能力提出更高的要求。

（3）综合性体验增值。研究认为，服务是一类无形的付出和努力，服务价值是一类无形的体验和感受。制造业服务化从有形的“以产品为中心”向无形的“以服务为中心”的转变依赖于无形的数据价值，数据价值与服务价值融合形成的价值增值需要有效的、有形的体验方式。综合性体验增值提供了基于数据价值动态评估模型的服务价值增值体验综合性解决方案，对所有利益相关者的精准画像能力提出更高的要求。

2）情景感知观

体验经济给顾客带来更加丰富的场景体验，制造企业在生产环境和市场环境中的情景感知能力持续增强，从而提高情景感知基础上的“全产业链脉动”管理、场景切换管理和颠覆与颠覆管理能力。在制造业服务化过程中，制造企业应用场景创造增强情景感知能力，实现全产业链研发设计、售后服务的透明化管理。

（1）“全产业链脉动”管理。“全产业链脉动”描述的关联性、协调性都是不可见属性，如何通过“全产业链脉动”状态观察分析全产业链状态，从而刻画全产业链成员之间的关联性、协调性，有助于更加精准地挖掘数据脉象价值和数据脉动价值。“全产业链脉动”管理提供了基于情景感知的“全产业链脉动”状态分析方法，以“利益共享，风险共担”思想完善管理体系。

（2）场景切换管理。物联网大数据环境下，制造企业有效融合生产环境和市场环境的能力增强，具备了依托情景感知随顾客需求场景转换而切换场景的能力。场景切换管理突出了“以顾客为中心”的管理理念，致力于提高可感知的顾客体验价值增值能力。场景切换管理提供了满足顾客需求多样性、动态性的场景切换管理方法，以有效的情景感知方法支持制造企业多场景、多目标管理。

（3）颠覆与颠覆管理。制造业服务化本身就是一个颠覆与颠覆式创新过程，需要制造企业持续感知情景变换的内在机理，深层次理解颠覆的动因和动力，以更加精准地把握制造业服务化转型发展的价值根源。颠覆与颠覆管理提供了深层次观察分析根本性、彻底性跨界融合，以及持续创新的理论方法，为基于情景感知的场景创造提供了新素材、新元素，全面推动制造业服务化转型发展。

3）全景生态观

“全产业链脉动”描述了全产业链的全景状态，有效融合了数据、体验和平台等新型生产要素与人才、资本、技术等传统生产要素，提供了孕育制造业服务化形成发展的生态环境。“全产业链脉动”全景生态观，从空间维度实施全产业链闭环管理、从时间轴线提供全生命周期服务管理，以更好地开展服务生态孵化。

（1）全产业链闭环管理。“全产业链脉动”的空间维度描述了产业布局、产业结构，以及全产业链信息、资源和能力的共享，以制造业服务化增强全产业链闭环管理能力。制造业服务化需要融合生产环境和市场环境，需要增强空间维度的全景生态管理能力。全产业链闭环管理提供了从空间维度集聚信息、资源和能力的能力，实现了全产业链制造业服务化闭环管理。

（2）全生命周期服务管理。“全产业链脉动”的时间轴线描述了产品全生命周期过程，涉及产品供应链、服务供应链集成运营过程，以及“产品+服务”综合价值增值过程。制造企业依赖全生命周期服务管理能力，以提升的服务价值增强制造业服务化转型发展动力。全生命周期服务管理提供了连接研发设计与售后服务价值主线的解决方案，以高附加值创造制造业服务化转型路径、发展模式。

（3）服务生态孵化。“全产业链脉动”呈现的全景生态需要全产业链共同培育，以创新生态、工业生态、客到厂（customer to manufacturer，C2M）生态孵化服务生态，孕育制造业服务化转型发展的新动能。制造企业从产品到“产品+服务”的转变，需要持续增强内在的服务价值增值能力、需要持续地服务生态孵化。服务生态孵化提供了增强制造业服务化转型发展动力的解决方案，以数据、体验、平台等新型生产要素赋能增强服务价值增值能力，推动制造业服务化转型发展。

将生产环境的生产服务和市场环境的产品服务集成融合形成研究脉络，以提高制造业服务化转型发展能力为研究目标，系统而深入地刻画“全产业链脉动”服务理论基本框架和基本观点。“全产业链脉动”服务理论涵盖生产服务理论和产品服务理论，突出体现了数据脉象价值和数据脉动价值。本章结构如图 2-3 所示。

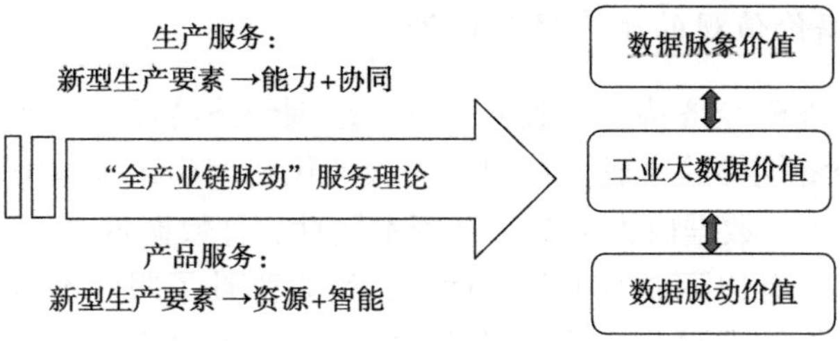


图 2-3 本章结构图

## 2.2 生产驱动的服务理论

增材制造、物联网、人工智能等新兴技术进一步推进万物互联，制造企业生产过程实现从物理向数字的转变，实现物与物相联、物与人相联、人与人相联，促进从数据到信息、知识和行动的秩序化、智能化转型。为保障制造企业生产全过程高效运行和有效决策提供预警或预见，需要将全产业链和产品全生命周期集聚的工业大数据转化为制造企业的新型资产。

### 2.2.1 生产驱动的服务理论形成机理

在生产环境中，数据价值的释放在于数据赋能后企业运作机理与顾客行为精准预测结合后的数字化服务；情景感知价值的释放在于将企业生产能力描述与“客户画像”匹配后的互动式服务；全景生态价值的释放在于生态利益相关者价值共创成长的平台化服务。数据价值观、情景感知观和全景生态观共同驱动着生产环境中生产服务能力协同，孕育生产驱动的服务理论。生产驱动的服务机理如图 2-4 所示。

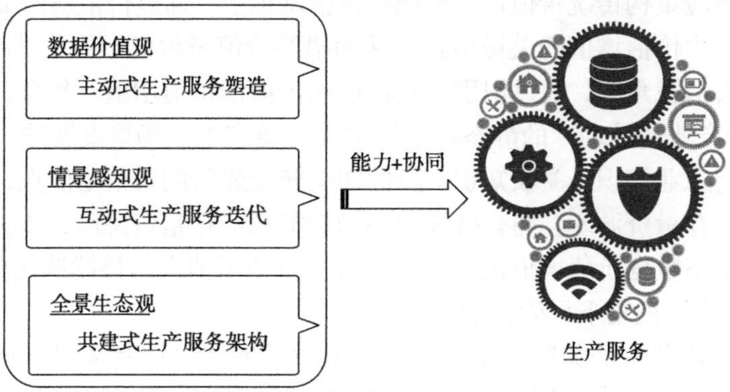


图 2-4 生产驱动的服务机理

1. 基于数据价值观的生产服务理论

制造业具有规模经济特征、服务业具有范围经济特征，二者的融合意味着规模经济与范围经济优势的集成，在制造业服务化转型中正是范围经济属性成为制造企业转型的难点。数据成为资源具有资本属性，且数据具有的可复制、可共享、规模性特点使其赋有边际成本下降的优势，恰好弥补了服务不易形成规模性的不足，从而使数据价值观驱动下的数字经济能够充分融合规模经济和范围经济的优势，规避规模经济和范围经济的不足。

1）数据价值视角下生产要素重新配置

企业数字化转型视角下，需要应用静态存量资源和动态增量资源数字化管理功能。企业内部生产环节和生产部门的工业知识、新技术应用带来的关联知识、技术人员长期实践积累的隐性知识，都将通过数据分析转化为孕育新生命力的新型生产要素进入资源配置流程，架构出新型生产关系。数据视角下，生产场景中的管理透明可见，可以实时动态调整错配、及时纠偏价值低估或高估，实现价值再分配、再优化，从底线维度抬升价值链位置。

制造企业以“业务数字化、数据业务化”为着力点，将数据这一新型生产要素与传统生产要素融合，以数据驱动重塑工业场景的全流程信息化管理架构、业务架构和组织架构，形成依托数据进行生产、服务、决策和创新的制造业升级模式，推动生产力发展。因此，如何挖掘数据价值以支持生产服务，需要从管理维度和技术维度交叉融合的视角统一数据价值链各个环节，形成“业务数字化、数据业务化”基础上的数据标准化。

2）数据价值视角下价值增值点选择

数据蕴含的丰富价值促使数据成为推动生产力发展的新型生产要素，这意味着生产环境必须改变传统生产要素的供给结构和资源配置方式，在作用于传统价值链实现价值增值的过程中，依托数字技术映射出富有能动性的虚拟价值链。因此，数据价值视角下应重构传统价值链，再识别价值增值点。通过价值链产品和服务价值分析，标注产生价值增值的关键节点，从而描绘价值链价值增值关键路径。

在数据价值视角下，通过识别、确认形成价值链价值增值点集合，聚集成为制造企业、“全产业链脉动”的静态存量资源库，奠定工业场景发展迭代的基础。通过数据分析将工业知识、关联知识、隐性知识转变成新的价值增值点，以动态增量资源持续扩大存量资源库。拥有持续动态增量资源的存量资源库，能够孕育出如同有源之水的动态数据价值增值池，形成对既有价值增值点的持续迭代更新。

3）数据价值视角下风险控制点设置

错配是造成危机的关键因素之一，数据驱动的风险控制是制造企业重要的风险管理方法，能够基于数据价值进行风险控制点设置。数据价值在风险管理中被赋予一双“慧眼”，可以识别工业场景中的错配点，动态、精准地缓解错配程度或消除错配而化解风险。数据价值视角下的风险控制点设置依赖于数字空间映射下的价值链分析，依据风险危害程度、风险发生概率、风险可控程度等的综合分析结果设置风险控制点，形成基于关键控制点的风险管理体系。

不同类型企业、不同组织框架、不同转型阶段企业面临的风险面源和深度并不相同，面对风险时的容忍度也千差万别，所以应提炼价值链关键风险点，依据关键风险点的需求提供差异化的风险管理服务。数据价值视角下的风险控制点设置，能够形成基于关键控制点的“哨点”网络，能够根据制造企业的需求及时传播风险预警信息，引导制造企业及时有效地做好风险防范工作。

## 2. 基于情景感知观的生产服务理论

基于情景感知的生产服务价值源于对工业场景的系统化捕捉，有助于促进生产要素重新配置、价值增值点选择和风险控制点设置。情景感知促使工业场景呈现从泛化状态走向精细状态，使生产管理从粗放走向精益、从被动走向主动，形成可记录、可持续、易迭代的精细化发展模式。

1）情景感知视角下生产要素重新配置

情景感知架构了现实世界与数字世界之间的桥梁，使数据价值以不同的服务形式附着于不同的生产环节，从而增强价值链价值增值能力。情景感知改变了生产要素投入方式和组合方式，能够及时捕获工业场景中生产流程、资源要素、生产决策等的变动，为生产要素优化配置决策提供支持。情景感知视角下能够挖掘颠覆生产要素结构的隐性价值，有助于弥补显性价值主导的生产组织方式存在的弊端，促使生产组织方式演化出自适应能力。

情景感知视角下生产要素重新配置，一方面，源于工业场景精准感知能力，大量隐性价值要素以增量方式呈现并加入既有生产要素池，从而促进生产要素配置结构、数量持续优化升级，颠覆传统工业场景发展的基本面；另一方面，对于市场环境的周期性波动、突发事件可以产生更加柔性、弹性的协作生产组织方式，从而优化生产要素配置、促进工业场景生产效率的提高。

2）情景感知视角下价值增值点选择

传统制造企业生产运营管理主要是基于物理设备的管理，具有较强的模糊感和黑箱效应。情景感知视角下透明化的工业场景，使价值生成机理、关键价值增值点剖析成为现实，经营管理者可以应用明晰的价值增值点进行场景创造，从而孕育新的需求导向、以创造的场景触发客户新的需求。基于场景创造的情景感知，能够形成业务流转和价值传递的正向机制，构建新的价值分配原则、推进价值链重塑。

情景感知视角下价值增值点选择，一方面基于工业场景感知、刻画和识别，经过工业知识、关联知识、隐性知识的识别进行提取、界定和标识，使基于设备的管理从模糊的黑箱中走向清晰透明的场景中；另一方面情景感知视角下价值增值点选择具有能动性，在新兴技术支持下，已经选择标识的价值增值点会“富有生命力”地继续融合迭代，以形成新的价值增长点。

3）情景感知视角下风险控制点设置

传统工业场景中的风险管理通常在风险发生后启动，尽管风险从孕育到发生存在一定的发展过程，情景感知视角下风险控制的逻辑演变成前置、主动的风险管理。基于情景感知的前置、主动的风险管理，必然颠覆传统的管理思路、管理架构，必须强化落实风险控制的主动能力。在时间轴线上，情景感知提供了提前介入工业场景风险管理的方法，能够将风险遏制在“摇篮”中。

情景感知有助于监测工业场景中的设备运行状况和风险控制点状况，将风险控制在萌芽状态，及时有效地进行风险预警、防范和化解风险。面对动态变化的风险控制点，基于情景感知的风险控制点设置应呈现动态性、适应性，以更加精准地反映工业场景中的复杂性和动态性。情景感知的深度和广度，依赖于技术发展的程度，也依赖于新兴技术与运营融合的深度，因此情景感知本身就需要一个循序渐进的发展过程。

### 3. 基于全景生态观的生产服务理论

基于全景生态观的生产服务理论，涵盖全景生态视角下生产环境中生产要素重新配置、价值增值点选择和风险控制点设置，呈现全景生态观下工业场景价值生成、价值传递和价值实现全过程。全景生态成员以产品和服务为载体，以提供更加丰富的生产服务共创价值，实现生产服务价值增值最大化目标。

1）全景生态视角下生产要素重新配置

生态成员自有的价值主张是加入生态发展的原动力，成员之间一致的价值主张则是价值共创得以实现的逻辑起点。在个性价值主张和共性价值主张的共同作用下，全景生态视角下生产要素互补性、兼容性、创造性地在工业场景下被捕获、被加载、被重构，不断塑造出丰富多彩的价值“泉眼”。全景生态视角下生产要素重新配置依赖于平台价值，全景生态视角下各种资源要素通过平台连接，平台被赋予新型生产要素的特征参与生产力创新发展。

全景生态视角下丰富的内容在生态中被呈现、在平台上被连接、在价值链上被重构，从而形成基于平台价值的产品和服务触发机制、有效的顾客沟通渠道。一方面，驱动工业场景中生产要素重新配置，促进从制造企业到全产业链的协同制造和服务；另一方面，让生产端与客户端在共建式生产服务中保持持久而又新鲜的关系，从而以新的平台生产要素创造新的价值增值点。

2）全景生态视角下价值增值点选择

物联网、人工智能等新兴技术可以实现对全景生态的数字化描摹，并且结合经营管理者的隐性知识将工业场景中的人、机、料、法、环的数据进行集成、计算、分析，增强感知能力、认知能力、决策能力和优化能力，帮助经营管理者形成对价值增值路径和关键价值增值点的识别，通过工业知识与关联知识融合帮助人类释放潜能、超越极限，形成价值增值点选择的精准迭代。

全景生态视角下价值增值点选择主要集中于在工业场景中创造价值的机械设备上，提高机械设备利用率和使用效率。在智能制造和大数据环境下，监测系统主要提供状态监测与预警服务，能够实时监测机械设备运行状态，提高机械设备满负荷运营能力。在工业场景中应用监测系统，能够帮助制造企业实现透明化、规范化的产业化经营，降低劳动力成本，为制造企业创造良好的工作环境。

3）全景生态视角下风险控制点设置

生态价值共创程度越大意味着生态价值体系的广度和深度越大、风险也越大，可见风险控制程度决定了生态价值共创的下限，也决定了风险控制点设置的基本原则。全景生态视角下风险控制点设置需要面对复杂的场景，如存在多种风险来源，来自不同的工业场景、商业模式，不同的来源呈现不同的特征和属性，因此风险控制点设置需要具备复杂性和系统性思维方式。

生态价值共创需要以共识为前提，需要生态成员共建“利益共享，风险共担”的风险控制体系。因为生态成员具有不同的价值立场，所以呈现不同的风险认知角度、风险认知能力和风险承担能力。全景生态视角下风险控制点设置需要考虑所有生态成员的价值立场，从生态系统中诊断可能的风险点，并对潜在风险点进行评估、评级，并且依据评估、评级结果设置风险控制点和阈值，建立有效的有助于规避协同风险的预警机制。

### 2.2.2 生产驱动的服务理论应用场景

场景应用是理论转化和发展的前提。如果场景创造跟不上技术进步和理论发展的要求，将会大大降低制造业服务化转型效率和效果。生产驱动的服务理论的核心，在于借助数字、体验、平台等新型生产要素实现生产环境中生产服务能力协同。数据价值观、情景感知观和全景生态观分别从不同的视角塑造着生产驱动的服务理论，探讨着生产驱动的服务理论的应用场景，如生产优化、资源协同和生态培育的应用场景（图 2-5）。

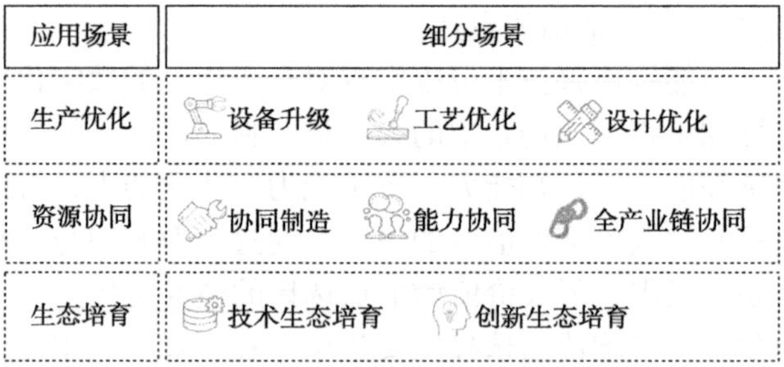


图 2-5　生产驱动的服务理论应用场景

### 1. 生产优化的应用场景

生产优化服务侧重于把握工业场景中具体的运营环节，在生产优化系统中合理嵌入价值增值点。生产驱动的服务理论在生产优化应用场景中的主要功能，能够保证生产环境中所有与产品研发、设计、生产相关的业务活动正常进行，顺利达到产品研发、设计和生产目标，主要体现在设备升级、工艺优化和设计优化三类细分应用场景中。

（1）设备升级。在生产环境中，各利益相关者协同合作的首要目标是保证生产服务方案的有效实施，保障机械设备的正常运行。在生产驱动的服务理论指导下，生产优化系统具有连接、分析和共享设备数据的服务功能，能够基于设备数据实时监测设备运行状态、预警设备运行风险、预测设备运维计划。

（2）工艺优化。生产环境中的所有工艺流程数据经过整合分析后，能够全面反映生产工艺质量。在生产驱动的服务理论指导下，生产优化系统能够为不同的设备配置不同的生产能力、技术能力和服务能力，能够基于工艺流程数据制定合理的工艺水平，保证以低成本提供高质量生产服务方案。

（3）设计优化。制造业服务化成功的关键是满足顾客个性化需求，这对生产服务方案设计提出更高的要求。在生产驱动的服务理论指导下，一方面，制造企业通过互联网平台与顾客沟通，以场景创造将顾客融入产品设计过程；另一方面，制造企业可以开展设计服务外包，学习借鉴竞争对手的设计优势。

### 2. 资源协同的应用场景

资源协同服务侧重于尽可能避免关键生产要素资源的错配。生产驱动的服务理论在资源协同应用场景中的主要功能，是基于物联网、互联网等新兴技术对全产业链资源统筹配置，以提升资源利用率、促进资源协同参与主体共同发展，主要体现在协同制造、能力协同、全产业链协同三类细分应用场景中。

（1）协同制造。互联网技术提供了摆脱时间和空间束缚的工具，能够实现全产业链互联互通，倡导将传统的串行工作模式升级为并行工作模式。在生产驱动的服务理论指导下，以“全产业链脉动”共享数据资源，以合理有效的机制引导参与主体有序合作，缩短产品生产服务周期，以更加柔性化的产品研发、设计和生产方式响应顾客个性化需求。

（2）能力协同。在充分整合资源服务能力、运营服务能力等服务能力的基础上，从能力协同的视角合理配置服务能力，以发挥最大的资源价值。在生产驱动的服务理论指导下，基于互联网平台实现资源数字化、流程虚拟化，以价值目标为驱动合理配置服务能力，以能力协同实现服务能力效用最大化。

（3）全产业链协同。在价值共创目标驱动下，参与主体以协同运营提升生产服务能力。在生产驱动的服务理论指导下，数据价值观、情景感知观、全景生态观分别从不同的角度、以不同的方式推动全产业链协同发展。数据、体验和平台等新型生产要素融入生产环境，增强了全产业链协同运营能力和生产服务能力。

#### 3. 生态培育的应用场景

生态培育侧重于依据生产要素的变化创新制造企业价值转换的机制。在生态培育应用场景中，生产驱动的服务理论指导制造企业不断积累经验、增加投入，培育良好的生产环境，以保证生产目标的实现和参与主体的发展，主要体现在技术生态培育和创新生态培育两类细分应用场景中。

（1）技术生态培育。工业4.0时代，将信息技术转化为产业发展动力是制造业升级的关键驱动力，技术水平直接决定了制造业服务化发展水平。在生产驱动的服务理论指导下，一方面，技术水平在一定程度上决定了制造业服务化转型路径和发展模式，即技术发展影响着制造业服务化转型发展；另一方面，制造企业可以通过工艺创新和组织创新在生产实践中积累经验，在促进技术发展的同时为自身发展培育良好的技术生态。

（2）创新生态培育。良好的创新生态能够为参与主体的发展提供源源不断的创新动力，为参与主体价值创造提供基本保障。在生产驱动的服务理论指导下，每一个参与主体都能孕育在创新生态环境之中，并能依托拥有的信息、资源和能力培育更富有活力和吸引力的创新生态。

## 2.3 产品驱动的服务理论

制造业服务化明确了从“以产品为中心”转向“以服务为中心”的经营理念，更加关注市场环境的“产品+服务”优化组合策略。数据价值观、情景感知观和全景生态观，分别从不同的视角为产品驱动的服务理论创造服务场景，致力于打造生产环境与市场环境服务资源充分共享的智能化服务链。

### 2.3.1 产品驱动的服务理论形成机理

在市场环境中，数据价值的释放在于数据赋能后的消费者心理洞悉和精准行为预测转化为数字化服务；情景感知价值的释放在于场景创造中消费连接与情景体验中互动转化的体验式服务；全景生态价值的释放在于资源连接和利益共创转化的平台化服务。数据价值观、情景感知观和全景生态观共同推动着市场环境中产品服务资源智能化，促进产品驱动的服务理论形成。产品驱动的服务机理如图 2-6 所示。

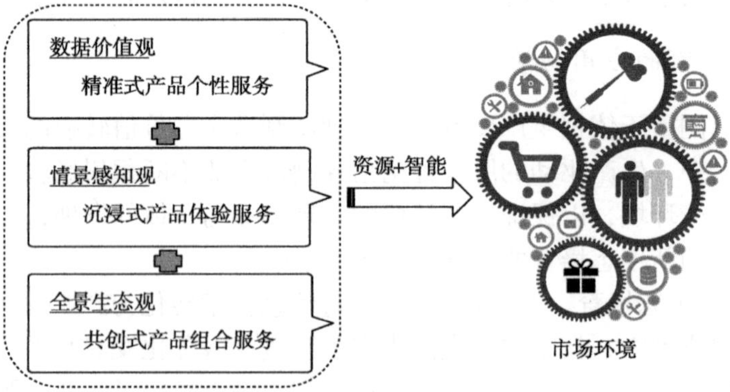


图 2-6 产品驱动的服务机理

1. 基于数据价值观的产品服务理论

在信息化促进制造业数字化转型过程中，制造业制造模式、商业模式持续创新，产生了柔性生产、定制化生产、智能生产、服务外包等新模式；通过跨系统的全数据信息整合提升信息整合能力，实现对物理制造世界的完全数字化再现，价值创造的着力点则在如何实现资源数字化与数字化资源的有效协同上。生产服务、产品服务的投入，均旨在更好地服务于终端客户，最终也需要在客户端实现价值变现。

1）数据价值视角下的产品服务模式创造

数据价值视角下产品服务模式创造的关键是如何依据数据分析实现对客户精准画像和定位，提供精准式产品个性服务。精准式产品个性服务的实施，需要依靠数据驱动实现生产环境和市场环境及时响应客户需求，需要生产环境与市场环境协同制造，以及从产业链到供应链的全链协同。

产品服务模式创造的思路，一方面，需要深入挖掘、分析客户数据，精准定位目标客户群，有的放矢地设置并实施服务策略，在最大限度地满足客户需求的同时促进服务效率的提升；另一方面，洞悉客户数据中蕴含的趋势性，面向未来培育和引导客户价值，在全产业链形成主动式生产服务与主动式产品服务协同发展的格局。

2）数据价值视角下的产品服务价值增值点选择

数据价值视角下产品服务价值增值点选择的依据在于如何实现从被动式供给转型为主动式供给，制造企业需要平衡自身服务能力和服务水平，关键是对客户需求的精确分类和价值重组，形成精准而有效服务的目标客户群，提升产品服务价值增值能力。供给方式的转变，意味着更大的客户接触可能性和更强的客户黏性，建立在对客户持续接触和深入了解客户痛点的基础上。客户痛点的精准领悟，恰是制造企业产品服务价值增值点的来源。

在消费者行为研究方面，传统的营销体系采用的方式集中在调研、采样、简单的数据统计等方面，这些方式虽然具有一定的效果但是在精准度上还是比较低，无法完全代表消费群体的需求。数据价值视角下制造企业与客户的关系变得更加紧密和牢固，客户能够参与到产品创新设计、产品改进活动中，能够参与制定和调整产品服务策略，在源头上融入有效的价值需求。

3）数据价值视角下的产品服务风险点控制

数据价值视角下价值增值主要基于精准式产品服务供给，形成个性化服务模式，但也由此带来成本增加的不确定性，衍生出产品服务风险防范的需求。在市场环境中，技术先进与否未必是决定条件，主要受制造企业市场策略、消费者消费习惯、消费成本、市场规模因素影响，从而使产品服务风险点控制呈现复杂性。

数据价值视角下产品风险控制最大的便利在于数据痕迹，可溯源以探究风险发生的根源、可追踪以预测风险演化的趋势。产品服务在供给侧的生命周期、波动情况、变化幅度等都会形成清晰的发展轨迹，而产品服务风险点恰好蕴含在其中。在数据维度上应用技术手段和管理手段标识产品服务风险点、设置阈值，有助于形成有效的产品服务风险点预警体系，增强制造企业规避产品服务风险的能力。

### 2. 基于情景感知观的产品服务理论

体验性场景创造的商业逻辑以服务导向战略引领服务平台建设，致力于搭建以产品展现和消费者互动为中心、连接消费者与供应商的平台。基于消费者的体验互动、服务平台的连接分析，制造企业可以有效地调配用户的价值创造力资源和供应商的生产要素资源，通过价值共创创造更佳的用户体验。

1）情景感知视角下产品服务模式创造

情景感知具有普适性和个性化特征，用户情景、商业情景、技术情景及社会情景共同塑造着情景感知视角下产品服务模式创造，而这些不同场景之间切换管理的焦点始终落于用户情景，因为用户需求始终是一切商业运作的逻辑起点，用户在场景中的体验价值是实现最终产品服务价值转化的动力。

情景感知视角下产品服务的核心是为用户创造沉浸式产品服务体验，并在用户体验互动中触发其内心需求点，将服务精准嵌入用户感知的环境中，在为用户创造价值的同时为制造企业创造价值。在这样的服务逻辑下，场景创造是企业开启其产品服务模式的落脚点，如何设计、搭建合适的场景连接消费者并促成消费者的融入和体验，则是实施的关键问题。

直播带货的兴起实现了制造企业与消费者之间的场景化连接，有助于持续提升消费者体验。在线上线下融合的特定场景中，消费者将自己置身其中、精准地释放自己真实的需求，并通过网络直播媒介的“互动性”行为确认需求。消费者体验恰是基于情景感知视角下的产品服务模式创造，价值寓于消费者情景感知的体验之中。

2）情景感知视角下产品服务价值增值点选择

情景感知视角下产品服务价值增值点，蕴含在搭建的场景中、孕育在客户真实的体验中。通过与客户的持续互动，逐步触发客户需求，从而形成产品服务价值增值点。客户需求具有多元化、多变性、复杂性等特点，所以产品服务价值增值点触发具有一定的随机性和偶然性，有可能与预设并不一致。

传统的生产关系注重制造商与供应商之间的强连接关系，强调供应链成员之间以合作代替竞争的紧密型战略伙伴关系。情景感知视角下产品服务强调在客户体验中形成连接效应，以场景创造支持新型强客户关系的形成和发展，有助于弥补传统制造企业与客户关系中黏性的不足。

新型强客户关系能够促使激发更多互动、触发更多服务情景，情景感知能够促使大量潜在的产品服务价值增值点浮出水面，最终哪些价值增值点富有典型意义，需要在实践中持续不断地检验、选择、淘汰和优化，从而形成产品服务价值判断机理，加快支持产品服务价值增值点的有效选择，形成有效的正向反馈促进机制。

3）情景感知视角下产品服务风险点控制

情景感知视角下产品服务风险源自场景创造与用户体验的不一致性。一方面，用户群体的分散性、差异性、复杂性促使即便同样的产品服务也依然面临不同的体验感受，带来不同的选择结果；另一方面，场景创造始终有其局限性，不可能面面俱到，因此对关键价值点的捕获亦是降低风险的有效措施。

对数据驱动的用户精准画像进行有效管理和目标定位，在场景创造中明确目标，形成场景创造下风险控制的基本面。情景感知会触及市场端用户的隐私，用户容易产生抵触心理而形成不利的商业影响。情景感知视角下产品服务风险点控制应把握合适的用户接触程度，提高场景创造与用户体验的一致性，避免次生风险的触发。

### 3. 基于全景生态观的产品服务理论

准确识别机会是资源整合有效性的前提和保障，资源整合绩效则是准确识别机会后的反应和验证，平台提供了机会识别和资源整合的实践路径。制造企业积极构建或融入产业平台，通过共享式产品组合服务实现平台化发展迭代升级，形成共建、共创、共享的全景生态化发展模式。

1）全景生态视角下产品服务模式创造

全景生态视角下产品服务模式创造，主要基于生态成员价值共创理念而形成丰富的共创式产品组合服务。生态成员置身于多样化生态系统中，不仅需要明确自身的产品服务定位，而且需要注重自身发展与生态系统的互动，逐步以平台为连接推进共享式产品服务核心要素和核心资源的形成和发展。

生态成员需要不断地调整优化自身的组织结构和形态，强化资源共享协同能力，实现客户需求的有效连接及价值共创的生态化发展目标。处于服务化转型不同层级的制造企业，依赖自身资源禀赋选择自建平台或加入平台，通过贡献资源、共享资源形成产品服务组合化供给模式创新。

2）全景生态视角下产品服务价值增值点选择

全景生态视角给产品服务价值增值带来多样化、多元化选择，既有传统价值链增值方式的选择，也有新创造、新涌现的价值增值模式。全景生态视角下产品服务价值增值点选择和价值链形成的逻辑框架，在于制造企业如何设置运营边界、如何构成用户价值闭环、如何搭建商业闭环。一方面，制造企业需要融入生态环境选择适合的产品服务价值增值方式；另一方面，制造企业必须充分考虑自身发展的基础和优势，只有内外资源彼此契合才有助于自身发展的正确定位。

产品服务价值增值点来源于平台化连接后的产品组合服务，具有多渠道、共享性、共创性等显著特征。多方利益主体共同利益诉求的变现，则是推动价值增值点形成的关键所在。因此，需要有效识别生态成员产品服务价值增值点，构筑生态成员彼此合作的前提和基础。在产品服务价值增值点存量基准上，持续开发产品服务价值增值点增量，从而提升生态成员产品服务能力。

3）全景生态视角下产品服务风险点控制

由于生态成员数量众多、类型丰富，彼此形成的利益关系复杂，在价值共创愿景下必须预先考虑合适的边界、明确的责任和可能的风险。生态成员价值共创会形成成员之间彼此促进的力量，但是必须考虑协同的困难、把握合适的机遇，促进形成良好的生态发展平衡态，并理解平衡态是一个动态变化的状态，动态平衡才是永恒的。

生态成员以价值共创创造价值的过程中蕴含着风险，制造企业应在深刻理解全景生态系统结构多样性、复杂性的基础上，构建产品服务风险评估预警机制，及时、有效地调度应急资源防范和化解风险。全景生态视角下产品服务风险点控制，需要结合生态发展及时更新升级，避免风险在生态系统中随着分散的客户群扩散。

### 2.3.2　产品驱动的服务理论应用场景

在新一轮工业革命中，制造企业依托数字化技术提升服务能力走向智能化，创造新的制造模式和商业模式。产品驱动的服务理论的核心，在于借助数字、体验、平台等新型生产要素实现市场环境中产品服务资源智能化。数据价值观、情景感知观和全景生态观分别从不同的视角塑造着产品驱动的服务理论，探讨着产品驱动的服务理论的应用场景，如服务创新和需求培育的应用场景（图 2-7）。

| 应用场景 | 细分场景 | |
| --- | --- | --- |
| 服务创新 | 服务模式拓展 | 服务内容延伸 |
| 需求培育 | 顾客需求培育 | 顾客消费行为培育 |

图 2-7　产品驱动的服务理论应用场景

1. 服务创新的应用场景

制造业服务化发展趋势使产品所有权弱化，使顾客更加关注产品使用权，意味着顾客决策方式转变为关心结果的结果思维，这种发展趋势必然促使商业规则的变化。产品驱动的服务理论在服务创新应用场景中的主要功能，是围绕顾客需求开展相应的服务活动，以产品为载体将顾客价值主张以产品服务方案的形式呈现，体现在服务模式拓展、服务内容延伸两类细分应用场景中。

（1）服务模式拓展。制造企业在市场环境中直面消费者，在向顾客提供便利服务的同时也提出了更高的要求，制造企业需要不断探索与顾客沟通的渠道，更加便捷地向顾客传递产品服务方案。在产品驱动的服务理论指导下，制造企业以互联网平台作为与顾客沟通的桥梁，设计新场景、拓宽新渠道，不断挖掘和创新与顾客的沟通方式、创新服务模式。

（2）服务内容延伸。顾客需求个性化趋势日益凸显，能否提供多样化、个性化服务内容是制造企业获得竞争优势的关键问题。服务内容提供的最终目的是满足顾客需求，因此服务内容并非越多越好，而是需要有针对性地直击顾客痛点。

在产品驱动的服务理论指导下，制造企业能够更加方便地获取顾客需求信息，为服务内容延伸决策提供依据。

2. 需求培育的应用场景

培育需求的前提是理解顾客需求、把握顾客痛点，从而形成服务嵌入的价值增长点。产品驱动的服务理论在需求培育应用场景中的主要功能，是在与顾客交互过程中帮助顾客发现自身的实际需求，并且引导顾客需求发展趋势，主要体现在顾客需求培育和顾客消费行为培育两类细分应用场景中。

（1）顾客需求培育。制造企业在市场环境中的产品服务活动围绕顾客需求展开，如何准确把握顾客需求及其发展趋势对制造企业的战略制定尤为重要。在产品驱动的服务理论指导下，制造企业可以通过生动的场景创造与顾客进行场景化沟通，在服务顾客体验过程中引导顾客需求发展趋势，逐步促成需求的确认和实现。

（2）顾客消费行为培育。顾客消费行为是一个连续的过程，从需求产生到方案选择，再到购买和售后服务，蕴含着顾客对产品服务的评价和态度。在产品驱动的服务理论指导下，制造企业能够利用大数据技术追踪顾客行为轨迹，不仅可以形成生动形象的“客户画像”，而且能够通过广告宣传、场景体验等方式培育顾客消费行为。

## 2.4 “全产业链脉动”服务体系

在制造业服务化进程中，关键的价值增值逻辑起点发生改变，从传统的以产品增值产生收益转变为以服务增值产生收益，产品服务定价、促销和销售渠道必然发生颠覆性变化。数据脉象价值和数据脉动价值驱动数字、体验和平台服务精准对焦客户，形成稳定持久的客户服务关系，意味着服务成为价值创造的“泉眼”，具有持久、稳定的价值增值特征。

### 2.4.1 工业大数据价值分析

新兴技术与制造业融合创新，使工业大数据成为提升制造业生产力、竞争力和创新能力的关键要素，生产过程数字化、管理可视化、服务精准化成为支撑制造业服务化转型、创新制造业服务化生态的重要基础。对于现代制造企业而言，制造业供应链从上游生产端到下游客户端的工业大数据中蕴含着丰富的价值，正融合激发出制造企业蓬勃发展的契机。

### 1. 工业大数据概念

工业大数据是指在工业场景中，以智能制造模式为发展中心，从客户需求到销售、订单、计划、研发、设计、工艺、制造、采购、供应、库存、发货和交付、售后服务、运维、报废或回收再制造等整个产品全生命周期各个环节所产生的各类数据及相关技术和应用的总称①。工业大数据的核心是产品数据，涵盖并扩大了传统工业数据范围，包括工业大数据相关技术和应用。

工业大数据技术是指用以挖掘、呈现应用工业大数据中所蕴含价值的一系列方法和技术，包括数据采集、预处理、存储、分析挖掘、可视化和智能控制等。工业大数据应用是基于具体的工业大数据集，借助工业大数据技术实现工业大数据价值的过程。工业大数据技术的深入发展旨在从复杂的数据集中探求新知识、新价值，促进制造企业产品服务创新、经营水平提升和运作效率提高，创新制造模式和商业模式。

工业大数据具有价值和产权双重属性②。价值属性表现在依据工业大数据分析核心技术可以实现设计、工艺、生产、服务、管理等各个环节智能化水平提升，满足用户个性化定制需求，降低生产成本，提高生产效率，实现全生命周期价值增值。产权属性是指工业大数据应用需明晰权属关系、评估资产价值，从而确定企业数据使用权的方式和边界。工业大数据价值属性阐释了工业场景中大数据价值如何在大数据技术帮助下得以实现，而工业大数据产权属性规范了价值属性实现的前提。工业大数据在具有明确产权属性时，必然意味着使用权的适用范围和条件应该得到落实。对此，可以依据相关管理机制和法律法规等加以明晰资产权属和边界，便于工业大数据价值的可持续深入发展。

### 2. 工业大数据分类

工业场景及相关环境都提供了工业大数据来源，主要有三类③。

（1）企业运营管理层面的业务数据。企业在信息化发展过程中，促使相关业务流程逐步数字化，形成制造企业的存量数据资源和资产，具体包括企业资源计划、产品生命周期管理、能耗管理系统、供应链管理和客户关系管理等。

（2）工业制造过程产生的数据。依赖于物联网等先进技术的发展而形成的增量数据资源，处于动态持续增加的过程中，具体包括工业场景中物料、设备、进程、环境等反映生产状态的参数。

（3）企业生产场景外部的数据。其具体指产品销售之后的投入使用、运营状

---

① 中国电子技术标准化研究院 2019 年发布的《大数据系列报告之一：工业大数据白皮书（2019 版）》。

② 中国电子技术标准化研究院 2019 年发布的《大数据系列报告之一：工业大数据白皮书（2019 版）》。

③ 中国电子技术标准化研究院 2019 年发布的《大数据系列报告之一：工业大数据白皮书（2019 版）》。

态等数据，并且包含用户、供应商及互联网支持性数据。

工业大数据来源和分类提供了工业大数据作为资源或资产的价值边界划分依据。工业大数据是针对每一个特定工业场景，以工业场景相关的大数据集为基础，集成工业大数据系列技术与方法获得有价值信息的过程。工业大数据应用的目标是从复杂的数据集中发现新知识、新价值，促进制造企业产品创新、运营提质和管理增效。

3. 工业大数据特征

工业大数据是大数据的一种类型，是工业领域智能化过程中产生的大数据。通过对数量巨大、来源分散、格式多样的工业系统数据采集、存储和分析，从中发现有关产品、服务和商业的新知识、新价值、新能力。大数据与工业大数据主要区别如表 2-1 所示（谢嘉劼，2016）。

**表 2-1　大数据与工业大数据主要区别**

| 区别点 | 大数据 | 工业大数据 |
|---|---|---|
| 来源 | 互联网数据整合 | 工业领域的智能化数据 |
| 大小 | 大 | 相对较小 |
| 价值 | 小 | 相对较大 |
| 服务对象 | 不固定 | 固定于工业领域 |
| 存在周期 | 时间较长 | 时间较短 |
| 科研手段 | 统计分析 | 数据流分析 |
| 分析结果 | 低 | 相对较高 |

工业大数据除了具有大数据特征，如海量性、多样性等之外，还具有价值性（value）、实时性（real-time）、准确性（accuracy）、闭环性（closed-loop）四个典型特征。通常，业界认为工业大数据还具有集成性、透明性、预测性等特征。

1）价值性

可以应用大数据技术实现工业大数据价值生成，通过驱动用户价值实现而实现工业大数据价值。通过产品运营状态数字化呈现和分析提供精准服务，帮助用户节约能耗、预警风险，促使工业大数据价值实现。

2）实时性

工业制造通常是一个实时动态的连续过程。应用物联网、大数据等先进技术进行生产过程数字化，能够实时呈现动态的生产过程，通过实时分析工业大数据及时精准地掌控制造企业生产过程。

3）准确性

工业制造过程越来越细致、越来越精准，由此产生的工业大数据越来越准确、价值越来越高。工业大数据采集、存储、管理、分析和使用方法的准确性，进一步提升了工业大数据价值的准确性。

4）闭环性

物联网、大数据等先进技术的应用，推动着制造企业产品全生命周期闭环管理数字化，可以实现基于工业大数据的市场环境中分散化产品的定位、回收、控制，实现“生产环境→市场环境→生产环境”的闭环管理。

### 4. 工业大数据服务价值

工业大数据来源于生产环境和市场环境，能够以工业全景生态的数字化描述清晰呈现全产业链价值脉络和脉动状态，可以将增值服务精准切入全产业链。工业大数据提供了展现“全产业链脉动”状态的工具，提供了终端客户产品使用价值提升的途径，以及应用数据脉象价值和数据脉动价值评估工业大数据服务价值的方法。

1）工业大数据生产服务价值

在生产环境中，制造企业可以运用物联网技术实时记载产品生产过程，实现研发设计、原料采购、生产制造、库存控制等全过程生产管理。工业大数据在生产环境中的共享与交流，奠定了工业大数据生产服务的基础，有助于更加深刻地揭示生产场景数据脉象价值和数据脉动价值。

（1）生产场景数据脉象价值。物联网大数据技术的应用，使生产场景数据脉象具备机械设备故障诊断、生产运营状态识别、产品质量监测等功能，能够在一定程度上综合反映制造企业生产状况，如机械设备状况、生产组织状况、产品质量状况等。生产场景数据脉象价值体现在以脉象判断生产环境的产出状况，从寻找约束、消除约束的视角提高生产能力。

（2）生产场景数据脉动价值。在生产场景数据脉象基础上，生产场景数据脉动能够将制造企业数据脉象传播出去，汇聚成反映全产业链运营状况的全产业链脉象和反映全产业链协同状况的“全产业链脉动”。生产场景数据脉动价值蕴含在“全产业链脉动”状态之中，体现在数据脉象增强的全产业链协同运营能力，以及数据脉动激发的全产业链生产能力上。

2）工业大数据产品服务价值

在市场环境中，制造企业可以运用大数据技术精准描述用户产品使用习惯、产品使用状况，形成有效的互动交流、反馈机制，促进制造企业对产品全生命周期主动服务的供给。工业大数据在市场环境中的共享与交流，奠定了工业大数据产品服务的基础，有助于更加深刻地揭示市场场景数据脉象价值和数据脉动价值。

（1）市场场景数据脉象价值。市场场景数据脉象能够综合反映制造企业产品在市场环境中的销售、使用、回收状况，真实准确地反映终端客户需求及其演化趋势。市场场景数据脉象价值体现在数据脉象描述的市场状况、产品生命力和客户需求中，力求以真实的市场场景数据脉象创造供需匹配的产品生产场景。

（2）市场场景数据脉动价值。在市场场景数据脉象基础上，市场场景数据脉动能够载着“客户画像”传播市场状况信息，汇聚成反映市场环境中产品供需状况的“全产业链脉动”。市场场景数据脉动价值蕴含在“全产业链脉动”状态之中，体现在数据脉象呈现的真实市场环境增加的可观性、可控性，以及数据脉动引导的全产业链供需匹配能力上。

### 2.4.2 数据脉象价值体系

数据脉象是用于表征数据来源主体正常状况的指标，在数据脉象辨识方法中集聚了全产业链的相关知识和经验。数据脉象价值体现在数据脉象反映数据来源主体状况的真实性、可靠性中，涵盖成员脉象价值和全链脉象价值，有能力融合数据价值、体验价值和平台价值提升“全产业链脉动”服务价值。

1. 数据脉象基本概念

在“全产业链脉动”服务体系中，数据脉象辨识依赖于多主体、多层次、多角度的数据资源及大数据技术，依赖于数据脉象描述数据来源主体状况。面对复杂的数据脉象及其应用场景，需要深入理解数据脉象定义、分类、特点和属性，有助于提高数据脉象价值和“全产业链脉动”服务能力。

1）数据脉象定义

中医的脉象是脉动应指的形象（刘峰，2007），而数据脉象是数据来源主体正常状况。数据脉象来源于技术手段下大数据分析的结果，能够全面客观地反映数据来源主体的状况，如制造企业、全产业链。数据数量、数据质量和内核知识等数据资源影响着数据价值生成（赵林度，2019），也影响着数据脉象价值。

（1）数据数量。数据数量是准确捕捉数据脉象的基本条件，也是形成大数据的基本条件。大数据时代推动着数据采集、数据存储技术的快速发展，驱动着制造企业、全产业链等数据数量呈指数式增长，奠定了准确捕捉数据脉象的数据数量基础。数据数量来源于数据载体长期积累的结果，能够反映时间、空间和形态价值。

（2）数据质量。数据质量用于描述数据的真实性、可靠性，能够真实反映数据载体的真实状况。尽管世界各国在着力推动工业大数据规范化、标准化发展，但是仍然存在数据标准不一致、商业核心知识产权等数据不能集成共享的问题，一定程度上影响了工业大数据质量，需要应用大数据技术提高数据质量。

（3）内核知识。数据数量、数据质量仅是数据外在表现，数据价值应体现在内在的内核知识上。内核知识是全产业链数据资源水平积蓄的内在动力，缺乏内核知识的数据不具有积蓄资源水平的价值。颠覆性大数据技术亦促进着全产业链数据管理的颠覆性变革，进一步全方位、深层次揭示内核知识蕴含的数据价值。

在“全产业链脉动”服务理论体系中，数据资源能力水平可以从时间价值、空间价值、形态价值三个维度进行描述。在宏观层面上，数据积蓄的时间长短、数据覆盖的空间大小、数据呈现的形态优劣会直接影响数据价值；在微观层面上，全产业链数据价值水平依赖于数据数量、数据质量和内核知识等数据资源，大数据技术能不断释放数据价值增值能力。

2）数据脉象分类

数据脉象包括成员脉象和全链脉象，分别对应个体和群体的脉象，反映了数据载体个性和共性特征。一个个成员脉象聚集成为全链脉象，促成一个个数字化管理基本原理的形成，全链脉象演化恰似一个个成员脉象变化的必然驱动。一切脉象关系的价值总和构成“全产业链脉动”服务的基础和保证。

3）数据脉象特点

数据脉象反映了数据来源主体的真实状况。制造企业、全产业链的数据脉象以工业大数据为加工原料、新兴技术为加工手段、大数据分析原理为加工工艺，不仅使捕捉到的数据脉象呈现显著的差异性、动态性、模糊性、辩证性和复杂性，而且对清晰准确的数据脉象辨识提出更高的要求。

（1）差异性。由于制造企业、全产业链等数据载体类型不同、价值目标不同、运营策略不同、市场环境不同，不同的制造企业呈现不同的脉象。

（2）动态性。同一制造企业、全产业链等数据载体的脉象，会因市场环境变化、技术手段变化和运营策略变化而变化。

（3）模糊性。制造企业、全产业链等数据载体的脉象会随着数据数量、数据质量和内核知识的变化而变化，只能是当时数据载体状况的模糊呈现。

（4）辩证性。在生产经营过程中，制造企业、全产业链等数据载体发生问题经常是多种因素共同作用的结果，经常会出现相同问题脉象不同或不同问题脉象相同。

（5）复杂性。由于制造企业、全产业链等数据载体生存环境及其数据互联互通的复杂性，用于表征数据载体的数据脉象也呈现复杂性。

从现代科学的角度分析，数据脉象就是复杂系统的输出信号，系统内外部因素都会对数据脉象产生影响，在时间维度和空间维度上发生变化。数据脉象在总体上存在一定的规律，细节上仍存在一定的非线性和无序性信号，需要数据脉象辨识人员具有系统性、全局性、前瞻性思维能力。

4）数据脉象属性

在人体内流动的血液中蕴含着人体丰富的生理和病理信息，中医的脉象成为人体状态脉象诊断的指标。制造企业、全产业链中流动的数据蕴含着数据载体丰富的正常和异常信息，数据脉象成为数据载体正常状况脉象诊断的指标。无论是成员脉象还是全链脉象，均包括脉位、脉数、脉形、脉势四个属性（图 2-8）。

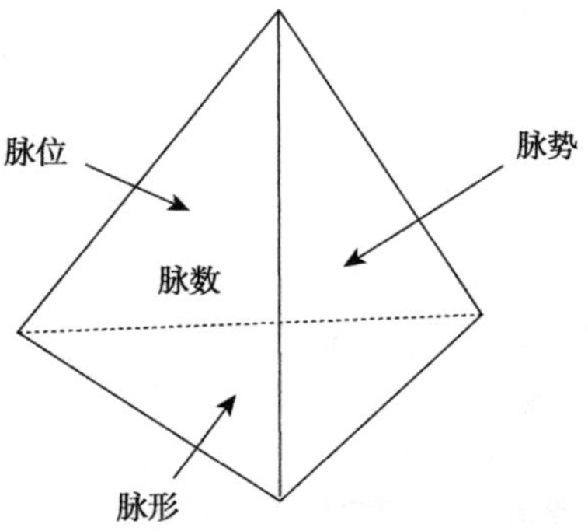


图 2-8 数据脉象的四个属性

（1）脉位。脉位指数据在数据载体中流动所显现的部位，通常其是数据脉象辨识进行特征提取的关键位置。

（2）脉数。脉数指数据在数据载体中流动的节拍和节律，其是制造企业、全产业链生产经营节奏的体现。

（3）脉形。脉形指数据在数据载体中流动所呈现的广度，其与组织结构大小、数字化技术应用程度等因素有关。

（4）脉势。脉势指数据在数据载体中流动所呈现的强度，受制造企业、全产业链数字化能力等因素的影响。

2. 数据脉象价值实现的前提

数据脉象价值实现的前提是数据互联互通，在价值共创视角下不同利益主体实现数据资源共享。数据脉象辨识的核心在于数据数量、数据质量和内核知识能否真实、可靠地反映数据载体的状况，在于能否建立数据脉象属性特征与正常状况特征之间的对应关系。如果每一种脉象所具有的属性恰是数据来源主体某种正常状况特征的体现，而正常状况特征也必定映射在数据脉象上（图 2-9），那么数据脉象就能真实、可靠地反映数据载体的状况。

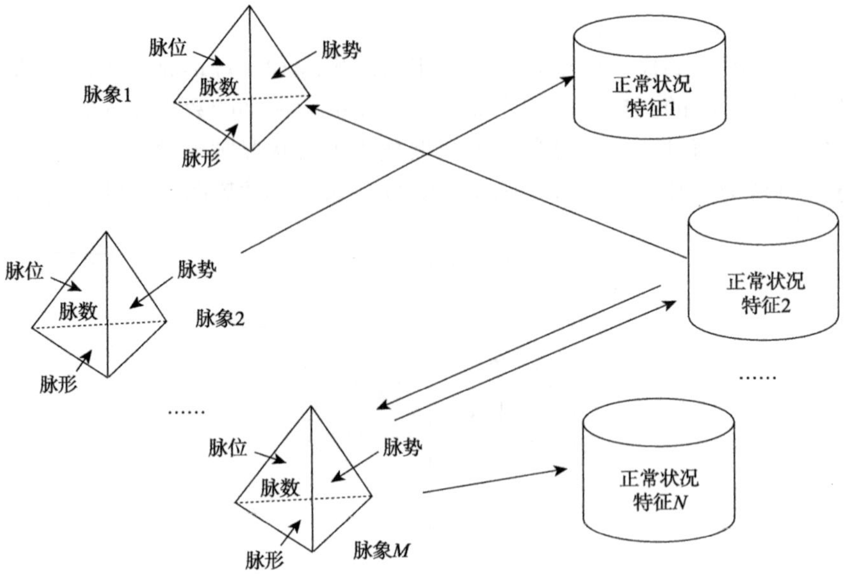


图 2-9　数据脉象与正常状况特征的对应关系

如图 2-9 所示，数据脉象与正常状况特征之间并非一一对应关系，而是一对多、多对一的关系。一种数据脉象可以具有多种正常状况，一种正常状况也可能存在多种数据脉象。一种数据脉象可能是多种正常状况的叠加，某种正常状况也可能是多种数据脉象叠加的结果，需要综合应用复杂系统理论进行分析。

数据是信息的载体，数据脉象呈现的数据价值将成为制造企业、全产业链价值创造、价值增值的新源泉。在“全产业链脉动”服务体系中，分散于全产业链制造企业中，处于静态、孤立状态的数据尚无价值可言，只有经过价值挖掘、价值关联、价值酿造的数据才能被赋能而实现真正的价值创造。

### 3. 数据脉象价值分析

数据脉象价值在于准确辨识数据载体的真实状况，为制造企业、全产业链等数据载体提供辅助决策支持。“全产业链脉动”服务体系创建了由不同利益主体驱动的复杂数据网络，从现实空间向数字空间的映射能够客观反映全产业链物理运作场景，数据脉象能够真实反映“全产业链脉动”状态。制造企业生产经营过程中的物流、信息流、资金流蕴含着不同维度的数据脉象价值，集中体现在时间价值、空间价值和形态价值之中。数据脉象价值体系如图 2-10 所示。

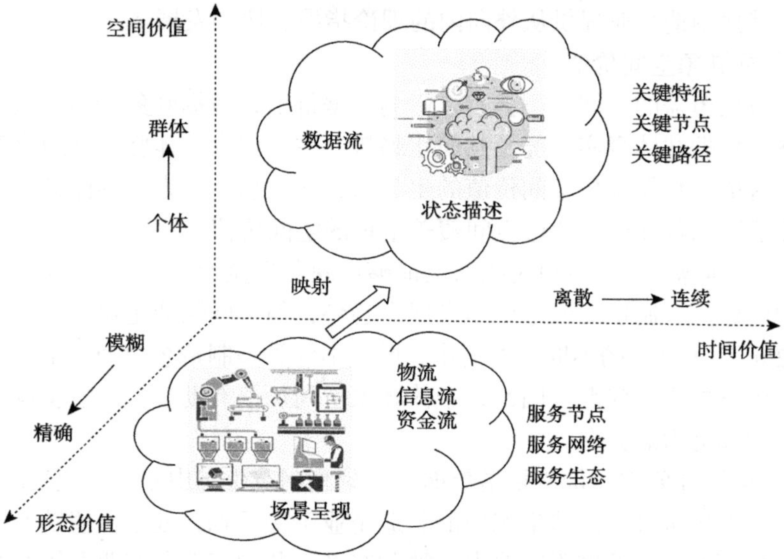


图 2-10　数据脉象价值体系

数字化技术能够将现实场景映射到虚拟场景，形成数字化场景描述、场景创造，以重塑工业场景可深入发展的基础。数据脉象价值是现实场景映射到虚拟场景后的结果，反映了制造企业生产经营从具体走向抽象、从黑箱走向透明的过程。在数据脉象价值体系中，如何将现实场景的服务节点、服务网络和服务生态映射到虚拟场景的关键特征、关键节点和关键路径直接影响着数据脉象价值。

1）数据脉象时间价值

由于数据积蓄的时间长短会直接影响数据价值，数据脉象时间价值从时间维度上描述了数据载体真实状况及其演化趋势，主要包含个体脉象时间价值和群体脉象时间价值。数据脉象时间价值的生命力，在于从离散走向连续带来的变化和增值，在于数据载体全生命周期呈现的时间价值。

（1）个体脉象时间价值是指数据能够绘制制造企业个体发展的状态特征及其所处的生命阶段，从全生命周期视角去优化迭代自身的发展。每一个制造企业个体都有自身的内核特质，并以此内核特质结合外界环境因素形成自己的发展脉络，具有不可复制的竞争优势，但也面临难以突破自身发展瓶颈的困境。时间维度上的个体脉象能够洞悉制造企业自身发展机理，形成从内向外的内生力，把握自身的发展历程。

（2）群体脉象时间价值是指数据能够呈现产业群体在不同发展阶段的状态特征及其所处的生命阶段。虽然制造企业千差万别，但类似的制造企业、行业和区域在发展的相同阶段也仍然具有共性特征，可以形成富有借鉴意义的规律总结或原理，为其他制造企业提供从外向内的理论指导、协同发展。

2）数据脉象空间价值

由于数据覆盖的空间大小会直接影响数据价值，数据脉象空间价值从空间维度上描述了数据载体真实状况及其演化趋势，主要包含个体脉象空间价值和群体脉象空间价值。数据脉象空间价值的生命力，在于从个体走向群体带来的变化和增值，在于数据载体全产业链空间覆盖呈现的空间价值。

（1）个体脉象空间价值是指数据能够反映制造企业个体在价值链、供应链、产业链中的定位。制造业服务化是发展大趋势，但不同制造企业本身可能处于工业 1.0、2.0、3.0、4.0 的不同版本之中，形成不同类型制造企业拥有不同的资源基础和环境生态的现实状况。因此，个体脉象空间价值有助于让制造企业明晰自己所处的位置和努力的方向。

（2）群体脉象空间价值是指数据能够刻画制造生态中制造企业之间的关联、布局和相互作用机理。制造生态中的制造企业千差万别，处于价值链不同位置、供应链不同环节、产业链不同节点，彼此交叉、共同塑造着产业群体的特征和变化。群体脉象空间价值能够梳理处于产业生态中个体之间的互动机理及形成互动机理的关键因素，从而可设置关键因素以能动性地促进产业群体演化发展。

3）数据脉象形态价值

由于数据呈现的形态优劣会直接影响数据价值，数据脉象形态价值从形态维度上描述了数据载体真实状况及其演化趋势，主要包含个体脉象形态价值和群体脉象形态价值。数据脉象形态价值的生命力，在于从模糊走向精确带来的变化和增值，在于数据载体多种形态呈现的形态价值。

（1）个体脉象形态价值是指数据数量、数据质量和内核知识的综合作用驱动人们基于数据视角对制造企业运营机理的认知程度。数据数量越大、数据质量越高、内核知识越丰富，制造企业运营机理在数据视角下的呈现就越清晰，从而为生产经营决策带来更精准的决策判断力，以便制造企业对自身发展目标精准定位，形成有利的生态竞争发力点。

（2）群体脉象形态价值是指数据数量、数据质量和内核知识的综合作用驱动人们基于数据视角对全产业生态发展演化机理的认知程度。数据数量越大、数据质量越高、内核知识越丰富，全产业链发展演化机理在数据视角下的呈现就越清晰，对全产业链的发展趋势判断就会越精准，有利于产业生态格局的优化和协同发展。

### 4. 数据脉象价值服务机理

数据脉象是可用数据经分析后用于描述数据载体状况的指标，不同类型数据、不同运营机理的数据脉象表现不同。数据脉象呈现丰富性和复杂性，意味着需要从纷繁复杂的数据脉象中寻找关键节点和关键路径，从而以精准的状态描述提升数据脉象价值，为“全产业链脉动”服务奠定基础。

1）数据脉象价值服务机理描述

在“全产业链脉动”服务体系中，数据脉象价值在于以脉象诊断辨识数据载体真实的状况，并依据形成的数据脉象分类提供相应的服务。数据脉象价值服务机理如图 2-11 所示，数据脉象反映了制造企业工业场景的运营状况，通过脉象诊断建立不同工业场景数据脉象与服务特征组合之间的对应关系。

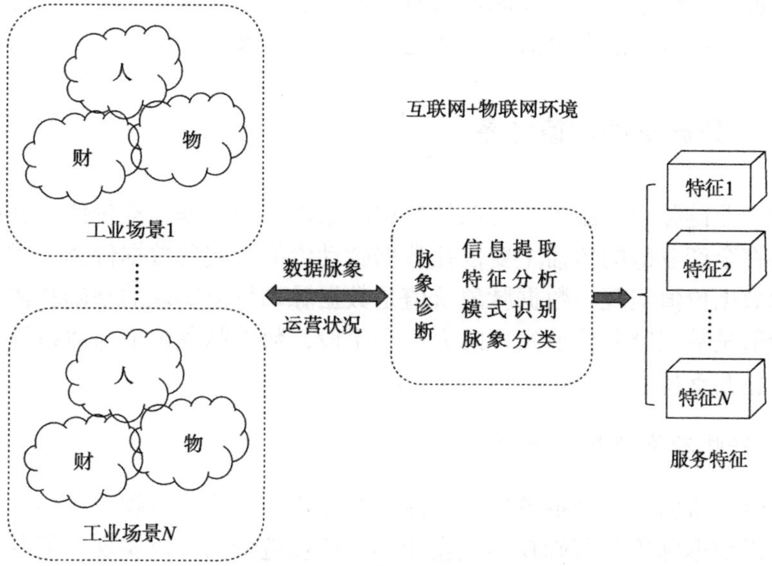


图 2-11 数据脉象价值服务机理

物联网大数据技术提供了数据采集、存储、分析功能，能够实时采集工业场景中人、财、物等生产要素动态数据构建数据脉象集；应用信息提取、特征分析、模式识别和脉象分类技术进行脉象诊断，辨识不同工业场景的运营状况；依据脉象诊断结果，建立数据脉象与服务特征组合之间的对应关系，以提供对应的服务供给。

2）数据脉象价值服务机理分析

数据脉象辨识是一个持续动态优化的过程，基于脉象诊断的数据脉象价值服务更是一个持续动态优化的过程。数据脉象价值服务的关键是如何设置数据“泉眼”、把握各环节的关键特征形成关键路径，体现了蕴含着“泉眼”与“路径”识别、正常与异常识别、已知与未知识别的动态持续优化过程。

（1）“泉眼”与“路径”识别。在物联网大数据技术支持下，数据采集、存储向着低成本、便捷的方向发展，但数据价值涌现的关键节点却更加重要，因为关键节点“泉眼”集聚的数据更能体现工业场景运营中的关键特征、更富有决策力。由关键节点形成的关键路径会成为价值集聚的典型体现。

（2）正常与异常识别。制造企业工业场景运营状况正常、异常应该与数据呈现的脉象正常或异常一致，如当工业场景运营出现异常时，数据流动阻力增加或发生中断，脉象诊断能够辨识这一数据脉象并及时预警。正常与异常识别是数据脉象的基本功能和数据脉象价值的具体体现。

（3）已知与未知识别。数据脉象既可以反映已知状况也可以反映未知状况，经脉象诊断形成的脉象分类中会存在一类脉象对应着未知状况。大数据技术应用的最大价值就是探索未知，以深入的研究逐步缩小未知状况的集合。已知与未知识别反映了面向未来潜在价值的创新能力和创新需求。

### 2.4.3　数据脉动价值体系

“全产业链脉动”服务主要依托数据脉象价值和数据脉动价值，其中，数据脉象价值在全产业链的传播主要依托数据脉动价值，实现数据价值生成、数据价值传递和数据价值实现。数据脉象价值是数据脉动价值实现的基础和依据，而数据脉动价值是数据脉象价值实现的方法和手段，数据脉象价值与数据脉动价值相互依存、相互支持。

1. 数据脉动价值基本概念

数据脉动价值是一个抽象概念，涵盖数据价值生成、数据价值传递和数据价值实现，以数据脉象为基础在制造企业和全产业链传播，以实现价值共创、协同运营。数据脉动价值不同于数据脉象价值，数据脉象价值在于“能量的积蓄”，数据脉动价值在于“能量的传播”，以数据脉象优化“全产业链脉动”状态。数据脉动价值具有如下特性。

（1）动态性。数据脉象价值体现在对数据载体状况的真实描述上，在动态变化中呈现一定的规律性和动态性。时间维度、空间维度的数据脉动价值，以数据脉象积蓄的能量为起点，在传播中嵌入价值增值点、调节价值链不均衡点、孕育新的服务增值空间。

（2）差异性。数据脉动价值能够反映“全产业链脉动”状态，具有规律的普遍性和普适性。制造企业、全产业链等数据载体客观上存在差异，数据脉动价值在传播过程中必然会产生一定的差异性。

（3）个体性。在激烈的市场竞争环境中，制造企业以个性化追求生存发展之本。以成员脉象价值为基础的数据脉动价值，更多地体现了制造企业、全产业链的核心价值，易于形成制造业服务化个性特征和竞争力。

（4）群体性。“全产业链脉动”状态体现了群体数据脉象价值，数据脉动价值在于寻找价值链、供应链、产业链痛点进行群体性突破和协同创新，在全生命周期的脉络和全产业链空间的关联上形成可追溯、可互动、可演化的关键特征。

### 2. 数据脉动价值实现的前提

数据脉动价值实现需要具备一定的前提条件，需要全产业链建立互联互通的信息渠道和资源优化配置基础上的价值共创、协同运营。“全产业链脉动”传播的成员脉象价值或全链脉象价值，内涵清晰明确的协调、协同、创新信息，有助于制造企业交互迭代下形成一种不断创新的路径依赖，增强制造企业价值共创、协同运营能力。

1）制造企业数据脉动价值基础

成员脉象价值反映了制造企业运营状况，如果能及时将成员脉象价值传播到生产环境和市场环境中，不仅有助于消除数据脉象锁定的系统约束，而且有助于以工业场景进行数据价值生成、数据价值传递和数据价值实现。制造企业数据脉动价值基础，也体现了处于价值链不同位置、供应链不同环节、产业链不同节点的制造企业的需求。

在价值共创、协同运营的视角下，需要制造企业建立互联互通的渠道，一方面，需要生产环境的生产要素重配、生产流程优化、组织结构调整，以实现生产环境数据脉动价值；另一方面，需要市场环境的商业模式创新，解构出全新的服务要素和服务机理。在成员脉象价值引导下，制造企业以精准定位、精准运营增强价值共创和协同运营能力。

2）全产业链数据脉动价值基础

全链脉象价值反映了全产业链运营状况，以“全产业链脉动”传播全链脉象价值有助于提升全产业链运营能力。“全产业链脉动”管理有助于增强全产业链成员之间的关联性、协调性，以生态视角洞悉全产业链发展规律，培育成员之间价值共创、协同运营的目标理念，从而奠定全产业链数据脉动价值基础。

在全生命周期、全工业空间价值共创和协同运营的视角下，需要推进落实技术发展环境、政策支持环境、跨境组织管理环境等全产业链生态环境。数据脉动价值驱使研发、设计、制造、服务每一个环节创新从过去线性模式向现在的非线性复合模式转变，以用户场景需求和生态价值共创为目标，全面提升全产业链协同创新能力。

### 3. 数据脉动价值分析

数据脉动价值体系形成的逻辑起点是“服务是交换的根本”，通过资源整合和服务交换共创价值（Vargo and Lusch，2016）。遵循动因→行为→价值→演化的逻辑发展，数据脉动价值在于精准地传播成员脉象价值和全链脉象价值，并在数据价值生成、数据价值传递和数据价值实现中提升数据价值、体验价值和平台价值。数据脉动价值体系如图 2-12 所示。

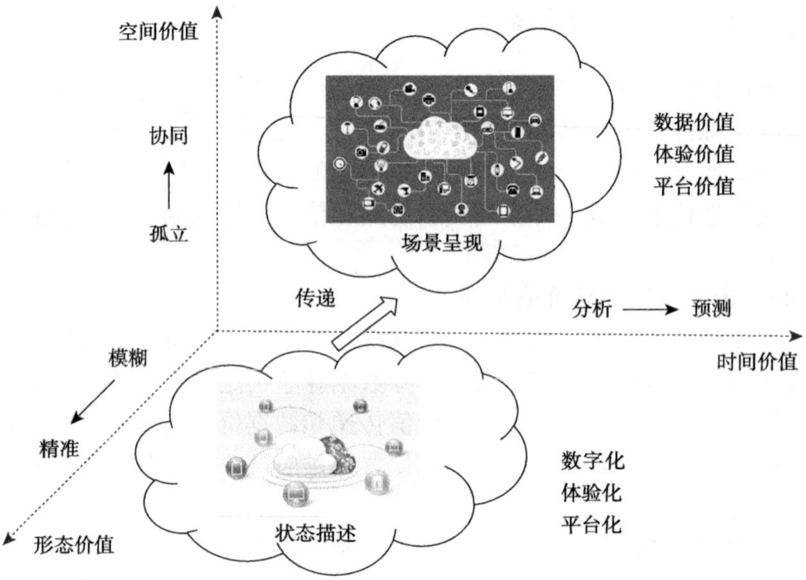


图 2-12　数据脉动价值体系

1）数据脉动空间价值

数据脉动空间价值体现了数据价值生成、数据价值传递和数据价值实现在空间维度上的发展，其生命力在于致力于驱动全产业链从个体走向群体、从孤立走向协同的价值共创、协同运营。数据脉动空间价值需要跨组织、跨系统传播，从数据价值到数据脉象价值提升了跨界传播能力，有助于形成一个数据价值、数据脉象价值弥漫的虚拟空间。

数据脉动空间价值随着空间范围的扩大而增加，主要向两个维度释放，一是制造企业数据脉象价值传递和协同运营；二是全产业链数据脉象价值传递和协同运营。数据脉动空间价值的增加对“全产业链脉动”管理提出更高的要求，以数字化、体验化和平台化提升全产业链成员之间的关联性、协调性成为必然趋势。

2）数据脉动时间价值

数据脉动时间价值体现了数据价值生成、数据价值传递和数据价值实现在时间维度上的发展，其生命力在于致力于驱动全产业链从被动式管理走向主动式管理、从事后分析走向事前预测的价值感知。数据脉动时间价值蕴含了全生命周期管理思想，以每时每刻的数据脉象价值赋能制造企业和全产业链。

数据脉动时间价值随着时间的积累而增加，主要向两个维度释放，一是赋能制造企业进行全生命周期管理、产品服务竞争优势管理；二是赋能全产业链进行成员关联性、协调性管理。数据脉动时间价值的增加有助于增强数据价值链价值增值能力，提升制造企业和全产业链竞争优势。

3）数据脉动形态价值

数据脉动形态价值体现了数据价值生成、数据价值传递和数据价值实现在形态维度上的发展，其生命力在于致力于驱动全产业链管理决策从模糊走向精准、从外部走向内核的价值判断。数据脉动形态价值突出了价值链管理的价值作用，以可视化管理、精准的画像能力提升形态价值。

数据脉动形态价值随着形态价值的增长而增长，主要向两个维度释放，一是赋能价值链高度的攀升；二是赋能在不同的价值链之间迁移。数据脉动形态价值的增长有助于新兴技术与运营融为一体迭代升级提升精准服务能力，以内核价值打破边界重塑价值链、供应链、产业链格局。

### 4. 数据脉动价值服务机理

数据脉动价值的核心在于传递价值、共创价值，在于提供基于数据脉象价值的精准服务。“全产业链脉动”传播的数据脉象价值来自客观化、规范化的辨识结果，能够规避传统管理中存在的经验、感觉和表述差异等主观因素影响。数据脉动价值服务以数据脉象为基础，在精准服务中实现价值增值。

1）数据脉动价值服务机理描述

在“全产业链脉动”服务体系中，数据脉动价值服务机理蕴含在“运营数字化、辨识智能化、服务行为化”循环作用之中，通过数据价值生成、数据价值传递和数据价值实现完成“全产业链脉动”服务过程。数据脉动价值服务机理如图 2-13 所示，通过脉象诊断建立工业场景、数据脉象与服务包组合之间的对应关系。

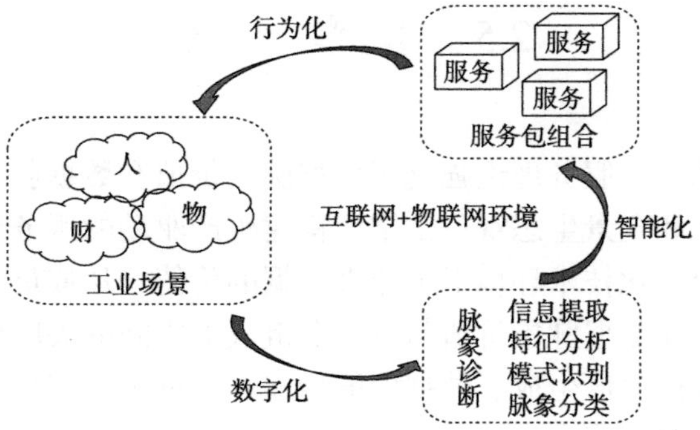


图 2-13 数据脉动价值服务机理

人、财、物等生产要素进入工业场景，在生产经营过程中产生价值增值；物联网大数据环境促使运营数字化，应用信息提取、特征分析、模式识别和脉象分类进行脉象诊断；数据脉象辨识智能化，在工业场景中智能化传播数据脉象价值，数据脉动价值转化为精准的服务包组合供给；以服务行为化作用于工业场景生产运营，形成正向价值增值激励。

2）数据脉动价值服务机理分析

数据脉动价值服务是一个持续动态优化的过程，需要紧密结合内外部环境动态调整、不断优化。数据脉动价值服务的关键在于对数据脉动规律的精准把握，在于正确理解“全产业链脉动”的方向性、协同性和差异性，形成制造企业个体与全产业链群体相结合的发展模式。

（1）方向性。数据脉动价值在于数据脉象价值传播中的增值能力，脉动的方向性把控至关重要。一是起点方向识别能力，解决制造企业、全产业链从哪里出发的问题；二是发展中即时纠偏能力，及时化解制造企业、全产业链潜在风险。“全产业链脉动”具有更宽阔的方向识别视角，能够精准把控数据脉动方向朝着最具价值增值的方向释放。

（2）协同性。数据脉动价值体现在生态成员价值共创和协同运营能力上，脉动的协同性至关重要。一是生态成员协同发展节奏的一致性，促进价值链的整体抬升；二是生态成员协同程度，有助于提高价值链稳定性。“全产业链脉动”协同有助于促进全产业链从个体到群体的发展速度和发展空间的增强效应，提高数据脉动价值服务能力。

（3）差异性。数据脉动价值共创和协同运营需要考虑主体间差异，脉动的差异性辨识至关重要。一是协调不同主体之间的脉动频率以促成“共振”状态，避免混乱局面和能量耗费；二是尊重不同主体发展的步幅和规律，实现个性化价值创造。“全产业链脉动”差异性辨识，有助于增强多主体协调、协同能力。

## 2.5　本章小结

“全产业链脉动”服务理论强化了数据脉象价值和数据脉动价值，从数据价值观、情景感知观和全景生态观三个维度构建生产驱动的服务理论和产品驱动的服务理论。结合数字化技术环境下工业大数据的价值，从成员脉象价值和全链脉象价值两个视角阐述数据脉象价值与全产业链成员之间的关联性、协调性，以脉动价值传播展现数据价值生成、数据价值传递和数据价值实现的价值作用，提高“全产业链脉动”服务能力。

# 第3章　基于数据价值的服务理论

“全产业链脉动”服务理论涵盖数据价值观，孕育了基于数据价值的服务理论，成功将数据价值引入生产服务和产品服务领域。大数据时代的数据价值不可估量，大数据正以新型生产力的身份提升“全产业链脉动”服务能力，致力于将数据价值嵌入全产业链生产服务和产品服务之中。

## 3.1　概　　述

大数据正在改变人们的生活方式、工作方式，甚至正重新定义人与人、人与机、人与社会的交互方式，数据价值就在蕴含、集聚、生成、传递和实现的过程中不断增值。在制造业服务化进程中，基于数据价值的服务理论将重点探讨生产服务、产品服务决策理论方法，推动制造业与服务业深度融合，全面提升制造业服务化价值增值能力。

### 1. 生产数据价值观和产品数据价值观

生产数据价值观体现在大量生产数据集聚后，生产者可以通过数据筛选、分析，从中挖掘出生产环境蕴含的规律，用于指导实践活动。它构建的并不是仅包含数据、算法和机器的冰冷世界，人类的作用依然无法被完全替代。数据为决策者提供的不是最终答案，而是参考答案，生产数据价值观的直接效用就是指导生产者如何牢牢掌握主动权。

产品数据价值观体现在产品数据对外的盈利和变现作用上。产品数据价值观是对人类思维方式的变革，这主要表现在数据分析和预测不再全部依赖于传统的概率统计意义下的随机取样，而是重视全部样本；不再追求数据的精确性，而是允许数据混杂性存在；不再追根究底式探寻事物的因果关系，而是相关关系（迈尔-舍恩伯格和库克耶，2013）。

### 2. 基于数据价值的生产服务

基于数据价值的生产服务聚焦于产品生产环境，涵盖产品需求预测、生产计划制订、原料采购、产品生产和回收再制造五个生产环节。五个环节产生的数据，经过采集、存储、分析后作用于生产活动，指导各方主体合理制订生产计划、实施生产。

基于数据价值的生产服务虽然发生在生产端，但它仍以顾客为中心，而不是以产品为中心。具体而言，在产品需求预测阶段，致力于捕获顾客的消费观念和偏好、获取“客户画像”；在生产计划制订阶段，设计个性化产品，以满足顾客的多样化需求；在原料采购阶段，基于环保、绿色、可回收等可持续生态发展导向的生产策略，更能吸引顾客；在产品生产阶段，采用智能化生产线，并实时监测市场环境的变化，以及时调整生产数量等；在回收再制造阶段，形成闭环生产体系，逆向作用于原料采购和产品生产环节，极大降低环境负面效应。数据驱动的生产过程闭环化、智能化、集约化，有效提升了基于数据价值的生产服务，创造出更多价值增值点。

### 3. 基于数据价值的产品服务

基于数据价值的产品服务聚焦于产品市场环境，涵盖广告推广、物流运输、产品销售、产品使用和售后服务五个市场环节。数据价值涌现的过程就是五个环节产生的数据价值指导产品市场实践的过程。数据价值涌现表现为两条相互交融的链，数据链传播包含数据产生、采集、存储、分析和应用，价值链传播包含价值蕴含、集聚、生成、传递和实现。

基于数据价值的产品服务表现在主动式和个性化服务形式上。具体而言，广告推广依托数据池中的“客户画像”实现精准营销；根据产品对运输条件的要求、距离远近、成本和顾客预期等待时间等制订物流运输方案，提高顾客对产品物流服务满意度；产品销售环节是产品服务链中的重要一环，是所有努力能否转化成利润的关键，基于数据价值布局线上线下双渠道，照顾年轻化网购群体的同时兼顾老年组的实体店购物；产品使用是顾客综合性价值体验增值的过程，顾客既能通过线上发表购物评价来影响未来销售，也可通过线下“口口相传”的方式，发挥影响力，而线上评价和线下“口口相传”的内容也是新的数据资源；售后服务不再局限于产品维护或维修，而是拓展到依托数据池中的顾客数据提供精准的增值服务。

### 4. 基于数据价值的全生命周期服务

基于数据价值的全生命周期服务理论的核心思想是根本性系统思维、系统性服务价值和综合性体验增值。根本性系统思维是指运用系统观点，将对象内部互相联系的各个要素及其结构和功能从根源上进行系统认识的一种思维方法；系统性服务价值是指以全局观、整体观为指导，始终将服务价值的实现放在系统高度上考量并形成供给；综合性体验增值是指立足整体，综合性感受整体与部分、整体与环境的相互作用，注重服务的先导性、后验性和延续性，实现体验的过程化增值。

基于数据价值的全生命周期服务理论体现了生产服务和产品服务在数据价值视角的融合发展，有助于推动生产端生态化制造和产品端绿色化服务，形成线上线下多渠道共存的服务格局。基于数据价值的服务理论依托新型数据价值观，采用根本性系统思维、系统性服务价值和综合性体验增值来整合个性化生产服务和主动式产品服务；以生产服务与产品服务有机融合涌现“1+1>2”的服务价值，探讨数据驱动的全生命周期服务决策原理和理论体系；基于数据、技术和思维有机集成的视角，探讨制造业服务化价值链价值增值的基本原理。本章结构如图 3-1 所示。

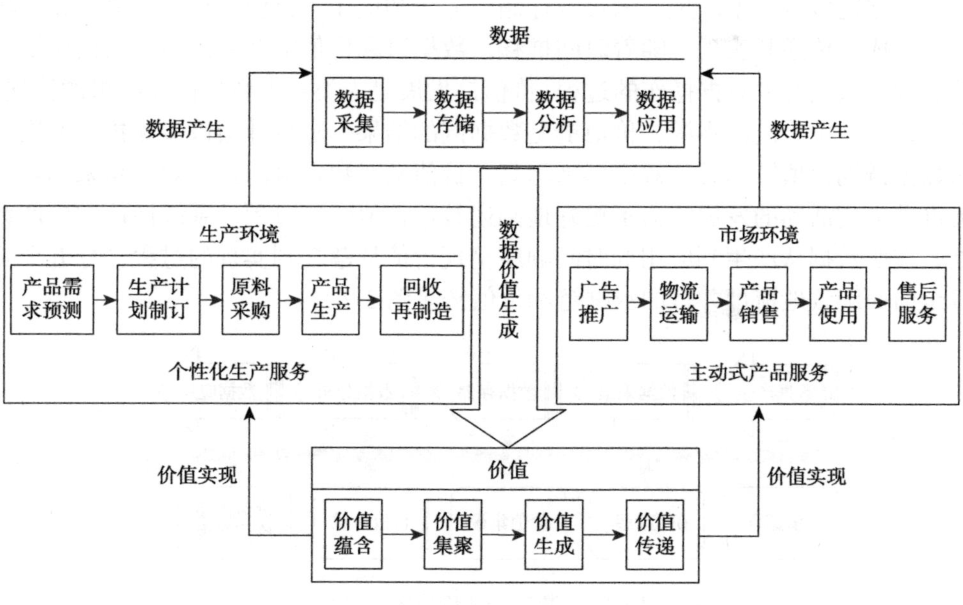


图 3-1　本章结构图

## 3.2　基于数据价值的生产服务理论

制造业服务化依赖于大数据技术，生产链嵌入数据链，有助于促进生产决策智能化，提高决策效率。大数据的应用不仅更新了信息获取的方式，而且极大地降低了信息获取的成本，深远地影响着信息成本、顾客消费偏好和企业运营模式。基于数据价值的生产服务理论，从“全产业链脉动”的视角挖掘数据价值，探讨基于数据价值的生产服务决策原理。

### 3.2.1　生产数据及数据价值观

生产数据及数据价值观描述了在人类实践活动中，生产数据从产生、采集、存储、分析到应用的过程，伴随着数据价值的蕴含、集聚、生成、传递和实现。生产数据依据数据价值观进一步释放蕴含在生产实践活动中的运作机理，而数据价值观会在生产数据实践中得到迭代和更新。

1. 生产数据观

数据链包含数据产生、采集、存储、分析和应用，价值链包含价值蕴含、集聚、生成、传递和实现。随着时间推移，数据链和价值链并列向前，数据链发展的过程是人类对大数据操作的过程，价值链发展是人类对大数据操作结果的体现，即数据链是价值链的本源，价值链是数据链的结果。随着社会进步和技术发展，从数据链到价值链的转化效率越来越高，价值链对数据链的指导效应越来越好，促进着人类活动的发展。为了更好地阐述数据价值转化过程、系统性认知生产数据，按照数据从产生到应用的时间顺序呈现价值从蕴含到实现的过程，分五个阶段全面而细致地梳理并行的数据链和价值链（图 3-2）。

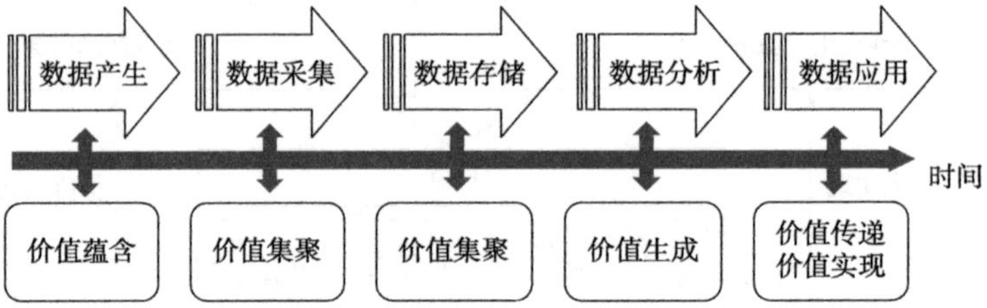


图 3-2　数据链和价值链的关系

第一阶段是数据产生，数据产生过程中蕴含着价值。大数据是怎样产生的？谁生产了数据？其实，每个个体、每个场景都是大数据的“生产者”。人类交流使用的语言、符号，知识和事件的记录、传承，人类艺术，如画作、诗句等所有人类文明沉淀下来的信息、知识都可称为数据。漫漫历史长河，这些数据为人类发展提供了难以估量的价值。制造业服务化生产环境中，与产品需求预测、生产计划制订、原料采购、产品生产和回收再制造等环节相关的个体、活动及信息等都是生产数据的来源。可以认为，数据是由个体在每天的生活中产生的，数据一旦产生就蕴含着价值，只是这一阶段的价值较低，不能直接变现，也因此才产生了后续过程。

第二阶段是数据采集，数据采集过程对应价值集聚的过程。制造企业时刻关注着个体在社交平台的浏览记录、看不见的社交关系、网络视频观看类型和频率等。例如，在食品安全领域，食品加工企业和顾客都关心食品的来源、化肥农药残留、添加剂的分量等。可以说，数据采集是利益相关者为获得顾客需求信息、满足其消费意愿、提高产品竞争力而进行的必要活动。但是，数据采集是对个人隐私的窥探，数据收集后如何管理，如何在保证数据使用效益的同时保护个人隐私，是大数据时代的巨大挑战之一。

第三阶段是数据存储，数据只有保留下来才能传递价值。计算机等先进技术产物的应用，使得数据记录不再受到笔墨纸砚的限制，所有信息都可以转化为计算机识别的 01 二进制代码，以低成本存储海量数据变成现实。手机、可穿戴设备等的极大普及，为数据的存储提供了必要的基础。用户和设备的双向交互不仅满足了用户衣食住行等基本社会需求，也让企业获悉了他们的消费偏好。因此，数据不仅保留在私人设备里，还保留在企业和网络里。数据存储的过程可形象地理解为价值集聚的过程，海量数据的存储汇聚成具有巨大价值的数据池，为后续价值生成奠定了牢固的基础。

第四阶段是数据分析，数据分析是数据价值生成的过程，而数据分析需依赖相关先进技术，如云计算、分布式处理技术、存储技术和感知技术等。互联网企业是重要的数据分析者，他们拥有先进的信息技术并致力于推动技术进一步发展。以技术为核心竞争力，数据分析者能够洞悉大数据的发展趋势、分析人的状态并预测其行为。借助这种“读心术”，互联网企业服务于中小型企业并由此获利，常见的例子是互联网企业设置的用户研究部门可以帮助制造企业进行市场需求的精准预测。因此，数据分析就是借助技术手段，如统计学、数据挖掘等，对收集来的海量数据加以挖掘、概括和总结，提取有用信息并形成结论的过程。

第五阶段是数据应用，应用是大数据价值的最终体现。在互联网大数据层面上，人工智能已成功应用。在政府大数据层面上，新生儿登记、婚姻登记和人口管理等重要系统都已实现电子化，给居民提供了便利条件；在企业大数据层面上，通过公开、监测和分析企业注册、行政许可、行政处罚、消费投诉调解及经营过程中的行为信息等，可提早发现企业异常行为，对可能导致重大失信风险的异常行为进行预警；在个人大数据层面上，人们可以更好地管理健康数据、个人征信数据等。大数据已经展现出巨大的价值潜力。

总体而言，大数据从产生、采集、存储、分析到应用的整个过程就是数据价值从集聚到转化应用的过程，也是数据价值增值的过程。由数据链和价值链集成的数据价值链，能够实现从数据采集到数据使用的价值增值，为更好地管理和使用数据资源提供了可行的方法。

2. 生产数据集合

随着数字经济的发展，制造业数据的采集、使用范围逐步加大。例如，泰勒拿着秒表计算工人用铁锹送煤到锅炉的时间，体现了供应链上游生产数据的管理，而丰田的精益生产模式则将生产数据的管理扩大到供应链下游。生产环境按照业务流程可以划分为产品需求预测、生产计划制订、原料采购、产品生产和回收再制造五个环节的数据，如图 3-3 所示。

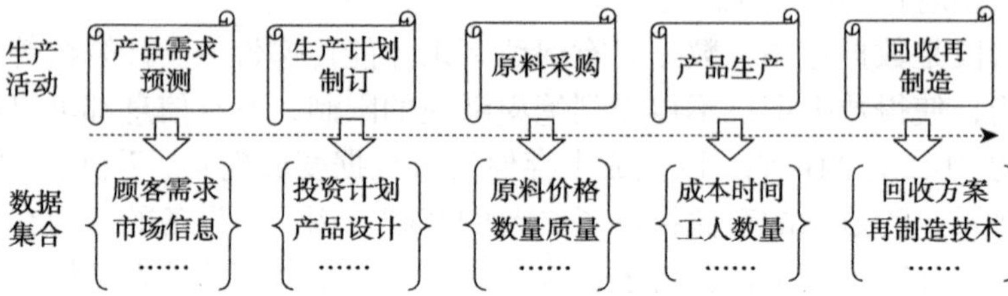


图 3-3　生产数据集合

1）产品需求预测

任何有目的、有计划的生产实践都应该从产品需求预测开始，通过市场调研倾听“顾客的声音”，分析引起市场供需变化的各种因素及其动态和趋势。这一过程就是搜集有关资料并转化为数据的过程，然后借助数据分析相关方法探索和挖掘市场变化的规律，掌握顾客对产品种类、功能、规格、质量、性能和价格的偏好，形成对顾客需求的准确定位。产品需求预测为决策者合理制订生产计划和竞争策略提供科学依据，也为宏观经济发展布局提供决策参考依据。

2）生产计划制订

制造企业完成市场调研之后，开始有针对性地制订生产计划。企业统筹安排生产任务，拟定产品的种类、数量、质量和预期进度，并依据前期市场调研获得的顾客偏好开展个性化生产和柔性制造。生产计划是制造企业经营计划的重要组成部分，是其进行生产管理的重要依据。生产计划不仅要满足顾客对交货期、品质和成本的要求，还要合理利用有限的资源，最大限度地减少闲置和浪费，实现利益最大化。

3）原料采购

原料采购是制造商在市场中购买生产所需原材料的过程，是控制生产成本的重要环节。采购位于企业及其所有供应商和合作伙伴之间交互的海量数据的汇合处，占据重要位置。基于数据价值的采购策略不同于传统采购，不再是成本优先战略，而是统筹全产业链的成本和利润。数据价值体现在可以根据市场波动或环境改变做出应变，动态地、应急地调整采购数量和原料质量等。

4）产品生产

产品生产是将原材料加工，制造成可获益产品的各个相互联系的劳动过程的总和。生产过程以连续性、比例性、节奏性和适应性为指导思想。连续性强调不发生或少发生不必要的中断、停顿和等待；比例性强调生产资料的投入配置合理、科学；节奏性用于避免前松后紧的现象，合理利用劳动资源，减少时间的浪费和损失；适应性刻画了对顾客需求越来越多样化的满足。可以认为，产品生产在朝着个性化、低风险、灵活转向、应急应变性强方向发展的进程中，数据发挥着关键作用。

5）回收再制造

回收再制造是让废旧产品重新焕发生命活力的过程，而数据价值在于可以实现对产品生命状态的监测和判断，可以实现对产品回收的精准定位，因此这一生产环节的加入实现了对产品全生命周期的闭环管理。在资源和能源相对紧缺的今天，再制造能最大限度地挖掘废旧产品的潜在价值，极大地降低成本并最大化减少资源浪费。此外，在共享经济和绿色经济的价值理念下，政府部门和大众群体的环境保护意识逐步加强，顾客更关注产品的使用和体验，对再制造产品和新产品的区分有所下降，再制造产品的市场接受度大大提高，成为再制造产业发展的动力。

3. 生产数据价值观

生产数据是互联网、大数据和制造产业结合的产物，是《中国制造 2025》的落脚点。在生产实践中，无时无刻不在产生数据。生产机床的转速、能耗，食品加工的温度、湿度，火力发电机组的燃烧和燃煤消耗，工人的位置和工作效率等，都是生产过程中产生的数据。对企业而言，了解生产数据产生的过程有助于实现从数据视角推动产业的价值创造、重塑制造业价值流程，具有重要的现实意义。

1）生产数据价值

数据已经渗透到每一个行业和业务职能领域，成为重要的新型生产要素。生产数据的价值是其隐含的对工业实践场景的指导作用。基于生产数据的价值挖掘和创新将带来颠覆性的变革，促使生产要素重组、生产流程和组织流程重构及商业模式持续创新，促进生产效率提升和生产力发展。人类对于海量生产数据的挖掘和应用，预示着新一波生产率的增长。

2）生产数据价值应用现状

数据价值虽然被社会各界重视起来，但真正的应用比例极小。2018 年，华为发布的《全球产业展望 GIV2025》显示[①]，到 2025 年，全球年存储数据量将高达 180 泽字节（zettabyte，ZB），不过企业生产经营中产生的数据只有 2%被保存，而且 2%的数据中仅有 10%的数据得到分析利用。产生这种现象的主要原因是技术限制和专业人才紧缺。物联网、可穿戴设备等新技术的发展和应用，为制造企业更便捷地获取海量生产数据奠定了基础。制造业服务化生产数据蕴含着丰富的价值，基于数据价值进行生产服务循数决策是新时代背景下的重要决策方式，对海量数据进行系统性应用具有迫切需求。然而，生产数据价值的生成、传递和实现仍处于起步阶段，具有广阔的发展空间。

### 3.2.2　基于数据价值的生产服务内核

随着人们生活水平的提高，顾客不再满足于商品的基本功能需求，他们对多样化、个性化消费的渴望被激发，而制造企业能否提供这种“私人服务”，已经成为顾客购物决策的主要影响因素。因此，越来越多的制造企业不再固守传统规模生产模式，而是根据顾客偏好进行柔性生产。

1. 生产服务新需求

生产服务简单的理解就是满足生产所需要的服务，与制造业生产过程直接配套，本身并不向消费者提供直接的、独立的服务效用，而是作用于生产过程形成价值增值，最终在市场端实现服务价值变现。

在海量商品面前，顾客更希望有符合自己偏好，甚至是私人定制化的产品服务。随着物联网大数据技术的发展，为顾客提供个性化产品服务已经成为制造企业提升核心竞争力的重要途径。在生产经营过程中，制造企业与顾客之间基于互联网的互动、交流和联系变得十分普遍和频繁，所产生的数据对顾客购买决策、企业经营绩效及企业与顾客关系产生了深远的影响。

随着定制化、个性化需求的不断增长，产品前和产品后服务需求越来越高，给制造企业发展带来了挑战，单纯依靠产品维持竞争优势越来越困难。如何在生产端提高产品和服务的竞争力、集成应用顾客行为数据、开展定制化产品制造，已经成为制造企业亟待解决的一个重要问题。

2. 基于数据价值的生产服务

基于数据价值的生产服务包含一切以数据价值为决策依据的生产性服务。数据的产生和应用过程也是价值生成和实现的过程。在产品生产端，包含产品需求

---

① https:www.huawei.com/minisite/giv/cn/index.html#predictions[2019-05-25]。

预测、生产计划制订、原料采购、产品生产和回收再制造五个生产环节，生产环境中的生产实践活动产生了海量的数据，硬盘、网盘、云盘等硬件和软件能够保留和存储生产数据，经过智能化计算和分析，输出生产服务方案，包括最优的市场需求量、最佳的生产计划、最契合的个性化服务方案、最精准的营销定位等，为五个生产环节健康运行提供决策依据。

数据价值的实现依赖于海量数据的快速流动，即数据分析、数据计算及数据应用高效地连接。数据产生于生产活动，数据蕴含的价值经过价值集聚、价值生成、价值传递，反向作用于生产活动并最终实现数据价值。值得注意的是，虽然数据价值的转化是生产服务的终极目标，但并不能忽略“人”的重要性，包括数据生成者（如顾客）和数据使用者（如决策者）。

3. 基于数据价值的生产服务范围

根据《国务院关于加快发展生产性服务业促进产业结构调整升级的指导意见》（国发〔2014〕26 号），生产性服务业主要包括研发设计、第三方物流、融资租赁、信息技术服务、节能环保服务、检验检测认证、电子商务、商务咨询、服务外包、售后服务、人力资源服务和品牌建设[①]。

在物联网大数据背景下，根据生产服务与生产连接紧密程度的不同，可以将生产服务分为核心层、外围层和相关层（图 3-4）。越向内，表明生产服务与生产连接的紧密程度越高，生产服务对生产环节产生的影响也越深刻。从内到外，可以用直接关系、间接关系和相关关系来描述。

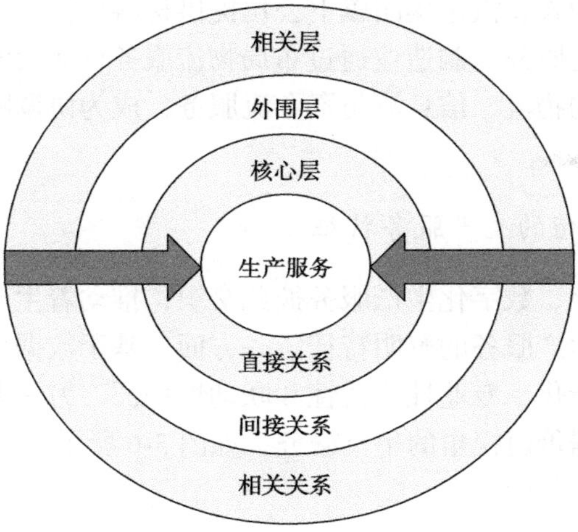


图 3-4　生产服务划分层级

① http://www.gov.cn/zhengce/content/2014-08/06/content_8955.htm[2014-08-06]。

核心层主要包括产品研发设计与其他相关的专业技术服务、大数据信息技术服务等；外围层主要包括搬运、包装和代理服务、机械设备维修和售后服务、其他生产性商务服务如广告、生产性支持服务；相关层主要包括金融服务、资本市场服务、生产性保险服务、节能与环保服务、环境与污染治理服务、知识产权及相关法律服务等。

基于数据价值的生产服务决策打破了传统制造企业决策的边界，将制造业服务化生产责任向供应链上游、下游延伸至产品服务全生命周期的各个环节，能够更加充分地展现数据价值在生产服务决策中的指导作用（图 3-5）。生产责任向供应链上游延伸表现为模块供应商不仅负责模块生产制造，同时也向顾客提供模块服务；生产责任向供应链下游延伸表现为制造企业不仅负责产品生产制造，同时也为下游利益相关者提供物流方案等服务。因此，全产业链的系统决策会突破传统局部决策的限制，触发颠覆式管理并带来颠覆式变化。

图 3-5　基于数据价值的生产服务决策边界

以制造企业向物流服务延伸发展为例，2000 年上汽集团全资成立上汽安吉物流股份有限公司，专业从事汽车物流业务，2015 年上汽安吉物流股份有限公司构建“车好运”互联网物流平台，为汽车等特殊商品提供整车运输的供需匹配服务[①]；长安民生物流主要为长安汽车集团旗下公司提供材料运输、汽车零部件配送、整车发运等一整套物流服务[②]。制造业通过布局物流服务行业，为整个供应链的协调、同步运作提供畅通的物流、信息流与资金流服务，成为协调顾客及其供应商运作的中心枢纽。

4. 基于数据价值的生产服务特征

生产过程数字化、数字化生产服务彼此交织，推动着生产服务的发展，并形成数据价值视角下生产服务的鲜明特征。一方面，基于数据价值的生产服务逐步呈现出模块化、智能化、专业性、柔性和联动性特征，另一方面，这些典型特征也进一步塑造着数据价值视角的生产服务，如图 3-6 所示。

① 上汽安吉物流股份有限公司官方网站：http://www.anji-logistics.com/。

② 长安民生物流官方网站：http://www.camsl.com/。

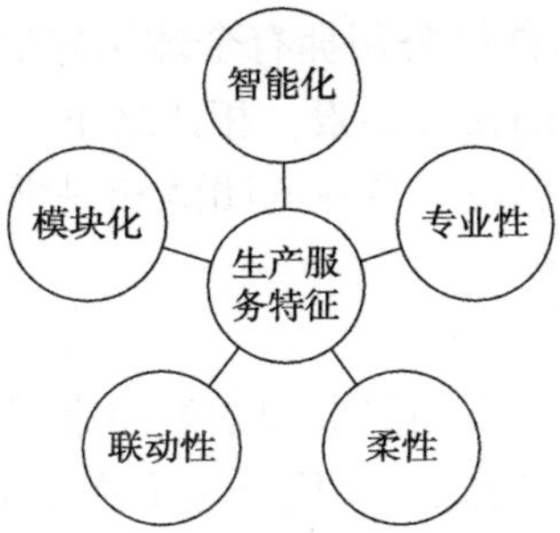


图 3-6　基于数据价值的生产服务特征

1）模块化

产品模块化生产可以有效促进产品创新、满足顾客个性化产品需求，已经成为替代流水化生产方式的新型产品生产范式。近年来，许多行业的制造型企业已经从传统的最终端组装模式转向模块化组装模式，如手机、汽车、电梯、航空发动机等制造企业。

Olivas 和 Aragonez（2013）将模块化思想用于集装箱建造，认为模块化建造方法不仅实现了“即插即用”，具有高度灵活性，同时使建造成本比传统的建造方式节省了 85%。在模块化情景下，产品不同模块服务渠道的选择及优化，将成为供应链高效配置服务资源、提高服务效率的关键。

2）智能化

对于关乎国计民生的制造业发展来说，大数据分析技术提供了有力的工具和手段，它使得制造转变为“智造”。大数据决策下的生产管理方案，适用于不同行业的制造企业，帮助实现从生产订单到成品入库整个制造环节的数字化、网络化、透明化和智能化管控。

大数据分析平台使得制造企业成为智能化生产服务的提供者，因为大数据能够提供全方位的服务。从产品设计到制造、从使用到维护维修等售后服务阶段，产生的正向数据及逆向数据都将得到全面应用，智能制造也将越来越广泛，能够助力制造业登上更高的台阶。

3）专业性

生产过程和组织结构的专业化有助于提升服务效率，增加顾客黏性，使制造业服务化得以高效实施。同时，专业化技能也是实施服务外包的基础，可以充分发挥自身优势、汲取他人专业化能力，通过专业化协同合作推动制造业服务化发展。

以卡特彼勒公司为例，它是全球最大的工程机械制造商，是国际上最大的土方工程机械和建筑机械的生产商，也是全世界柴油机、天然气发动机和工业燃气涡轮机的主要供应商①。卡特彼勒公司拥有全球领先的专家和技术人员、垄断性的生产技术和发明专利等生产的核心要素。相比之下，许多中小型制造企业没有充足的资金投入技术研发中，也没有专业的团队和科学的设计理念，在激烈的市场竞争中失去了专业性竞争优势。

4）柔性

柔性生产是为适应多变的市场需求和激烈的市场竞争而产生的，是以市场为导向进行按需生产的先进生产方式。其优点是增强制造企业的灵活性和应变能力，缩短产品生产周期，提高设备利用率和员工劳动生产率，改善产品质量。

柔性生产是一种可以灵活应变市场多样化需求的生产模式，是一种具有旺盛需求和强大生命力的生产模式。随着社会经济的发展，顾客倾向于追求个性化、高性价比的消费方式，制造企业需要具备“小单快反”的生产能力，传统串行生产方式显然无法满足生产需求。柔性化生产组织需要制造企业将串行生产线重组为“U”形生产线或其他灵活组织形式，以最快的效率完成个性化生产任务。

5）联动性

生产服务将生产环节相关的各个部门、合作公司等联动到一起，共同为顾客提供高效的产品和服务支持。在社会化大生产背景下，单个企业很难完成复杂的生产任务，可运用信息技术、网络技术和通信技术将生产环节有机连接，将各参与主体的信息、资源和能力以数字化形式整合，从而提升生产环节运作效率。

以卡特彼勒（中国）投资有限公司为例，该公司认识到仅仅依靠生产商和代理商是不可能承担遍布全国各地的工程机械服务的，生产商必须联合各地的维修企业和租赁企业组成一个服务系统，这就给修理企业和租赁企业提供了广阔的市场。所以，推行生产商客户支持合约（customer support agreements，CSA）可以给施工企业、生产商、代理商和修理企业、租赁企业带来利益。

基于数据价值的生产服务理论充分体现了数据在生产环节的价值作用，描述了如何在生产服务领域将数据价值转化为生产服务价值。基于数据价值的生产服务理论得益于云计算、大数据、区块链等先进技术支持，能够采集、存储、分析和应用数据，提供最优化的设计方案、协同制造、个性化定制，最终实现智能化生产和服务。

### 3.2.3 基于数据价值的生产服务决策原理

在物联网大数据环境下，顾客需求和行为规律都能得到精准的分析和描述，使订单驱动的生产环节能够制订更加科学精准的生产计划。从数据价值生成和价

---

① 卡特彼勒官方网站：https://www.cat.com/zh_CN.html。

值实现的视角分析可知，大数据有助于推进“互联网+制造”相互融合，深入探讨基于数据价值的生产服务决策原理更具实践意义。

1. 基于数据价值的生产服务决策内涵

基于数据价值的生产服务决策重心不同于传统的生产服务决策。传统的生产模式以产品为中心进行大规模制造，而基于数据价值的生产模式以顾客为中心，实现数据驱动的智能化生产。数据价值可以挖掘和发现参与主体的心理预期，有效捕捉顾客偏好形成“客户画像”，并以此为导向，有针对性地向顾客提供个性化服务。

制造企业不再单一地生产某个产品，也注重生产能更好传递服务的产品部件，以满足顾客使用效用需求并增加顾客黏性。例如，苹果公司以苹果手机为核心产品，配套耳机、手表向顾客提供 iTunes 音乐及健康管理等个性化服务。顾客已经成为“生产主导者”，其个性化、定制化的需求全程贯穿于生产环节并主导生产计划制订。

2. 基于数据价值的生产服务决策路径

基于数据价值的生产服务决策原理，用于描述制造业服务化场景中实现“全产业链脉动”生产端的普遍或基本规律。决策原理在动态层面的结论和观点称为决策路径，如图 3-7 所示，针对生产环境中五个环节相关的生产性服务给予指导，帮助实现生产服务智能化、专业性、柔性和联动性。

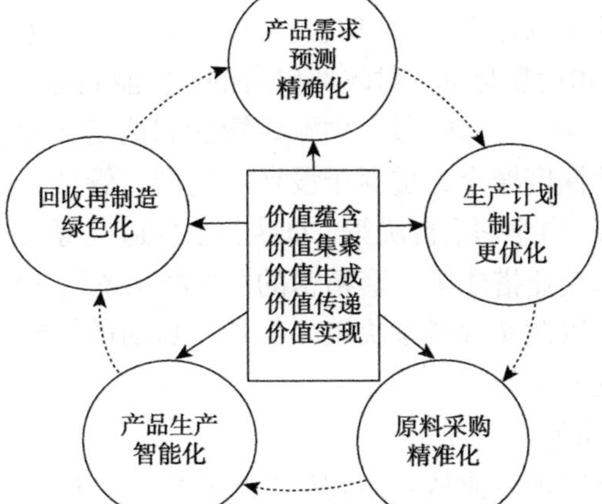


图 3-7　基于数据价值的生产服务决策路径

1）产品需求预测精确化

大数据技术已经在不同的领域得到广泛应用，强大的预测能力是大数据技术的基本优势。制造企业利用大数据的预测能力可以精准地了解市场发展趋势、顾客需求及行业走向，从而为制造企业的发展制订更适合的战略规划。制造企业通过大数据的预测结果，可以得到潜在顾客的订单，然后直接进入产品的设计和制造环节，大大缩减生产周期，提高制造企业利润。

2）生产计划制订更优化

借助大数据技术，人们可以对原物料的品质进行监控，发现潜在问题立即做出预警，以便能及早解决问题从而维持产品品质。大数据技术还能监控并预测加工设备的故障发生概率，以便让工程师及时执行最优决策。大数据技术还能应用于精准预测零件的生命周期，在需要更换的最佳时机提出建议，帮助制造企业达到品质提升、成本减少及风险控制的目的。

3）原料采购精准化

大数据技术可以从数据分析中获得所需信息并推测趋势，可以对制造企业原料采购的供求信息进行更大范围的归并、匹配，效率更高。大数据通过高度整合的方式，将相对独立的制造企业各部门信息汇集起来，打破了现存的信息壁垒。制造企业可以根据流程当中每一个环节的轻重缓急来更加科学地安排企业的费用支出，同时，还可以利用海量存储的大数据更加精细化地描述原料的属性，从而更加精准地采购原料。

4）产品生产智能化

智能制造是一种可以让企业在研发、生产、管理、服务等方面变得更加“智慧”的方法。在工业和信息化部、财政部出台的《智能制造发展规划（2016—2020年）》（工信部联规〔2016〕349 号）中，将智能制造定义为基于新一代信息通信技术与先进制造技术深度融合，贯穿于设计、生产、管理、服务等制造活动的各个环节，具有自感知、自学习、自决策、自执行、自适应等功能的新型生产方式①。智能化相当于为制造企业搭建了一套精密的“神经系统”，能够自主感知环境、分析环境、传递指令，以此实现科学决策。但是，目前的智能制造还做不到完全智能化，尚有很大的发展空间。

5）回收再制造绿色化

回收再制造可以实现企业从采购到最终销售的完整闭环供应链，包括了产品回收与生命周期支持的逆向物流。其目的是对资源的流动进行封闭处理，减少污染排放和剩余废物，同时以较低的成本为顾客提供服务。开环供应链一般以经济效益为中心，以降低成本、提高竞争力为目的，缺乏对可持续发展的必要认识，

① http:www.gov.cn/xinwen/2016-12/09/content_5145438.htm[2019-07-11]。

是一种产品单向流动的线性结构，在生产中消耗大量的资源以求得增长，从生产到消费系统产生的废弃物让生态环境恶化。

在开环供应链的基础上新增回收、检测、筛选、再处理、再配送或报废处理等一系列作业环节和相关网络，将各个逆向活动置于传统供应链框架下，并对原来框架流程进行重组，形成一个新的闭环结构，使所有资源都在其中循环流动，实现对产品全生命周期的有效管理，减少供应链活动对环境的不利影响。

基于数据价值的生产服务理论旨在从“全产业链脉动”的视角挖掘生产环境中的数据价值，以基于数据价值的生产服务决策指导生产实践，实现从“制造”向“智造”转型。基于数据价值的生产服务决策理论与《中国制造 2025》战略思想相吻合，有助于推动我国制造业数字化转型发展，实现《中国制造 2025》的宏伟目标。

## 3.3　基于数据价值的产品服务理论

伴随经济全球化、人类生活智能化发展趋势，传统制造业面临更加激烈的竞争压力。与以往产品购买相比，顾客更注重自己的需求是否得到了满足，而非仅仅获得产品所有权。基于数据价值的产品服务理论，从“全产业链脉动”的视角挖掘数据价值，探讨基于数据价值的产品服务决策原理。

### 3.3.1　产品数据及数据价值观

通过销售产品并额外提供服务来创新运营管理模式已经成为提高制造企业核心竞争力、增加顾客黏性、创造价值和利润的有效方法。为了深入分析基于数据价值的产品服务决策问题，需要阐述产品数据和价值观，以更加深入地挖掘产品数据价值。

1. 产品数据观

产品在市场环境的流动过程，贯穿广告推广、物流运输、产品销售、产品使用和售后服务五个环节，生产的数据可据此划分为五个产品数据集合（图 3-8）。产品数据观是对产品数据价值的理解和认识，它孕育并成熟于这五个环节中，反映了产品数据价值对市场的指导作用。

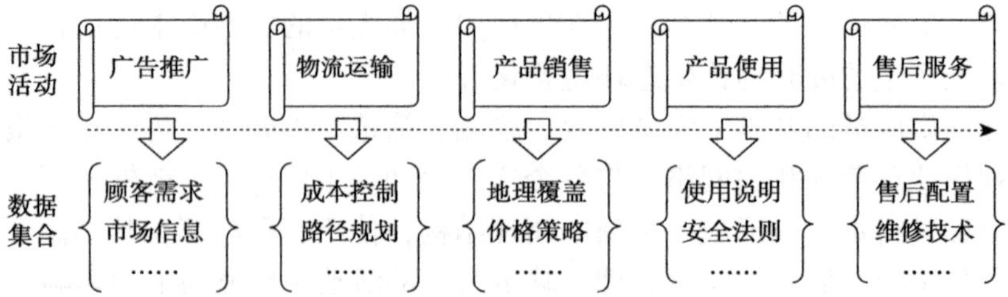


图 3-8　产品数据集合

1）广告推广

广告推广是典型的市场营销手段，目的是向市场推荐产品，以吸引更多的潜在顾客，泛指为了自身及利益相关者的利益而创造、沟通、传播和传递客户价值，为顾客、合作伙伴及整个社会带来经济价值的活动、过程和体系。常见的形式是广告营销人员针对市场开展调研活动、销售行为。广告推广是否成功在于产品需求、价值、成本和满意度等基本要素数据是否能够真实地反映现实。不同于传统营销方式，大数据可以实现精准营销，提高广告推广的效率。

2）物流运输

现代物流和经济发展密切相关，物流效率关系着产品在市场环境中的流动效率。在全球化经济发展背景下，制造企业为了增加竞争力要大力发展核心业务，制造企业分工趋于专业化，第三方物流企业得到快速发展，有利于物流的专业化、规模化、合理化，从而提高物流系统的效率和降低物流成本。物流的成本控制、路径规划、效率提高等都需要数据支持（Zhong et al.，2016）。

3）产品销售

产品销售是将产品送达顾客端的途径。目前，市场上运用较多的销售模式分别是直销、代销、经销、网络销售和电话销售等，双渠道甚至多渠道销售竞争和协调策略也成为管理学界的一个重要课题。销售价格、数量、质保年限和顾客反馈等基本数据及团购模式、C2M 模式等新型商业模式数据等都是需要保存的数据。销售数据是产品需求预测中使用最频繁的数据（Boone et al.，2019）。

4）产品使用

产品使用是顾客使用产品满足需求的过程，如手机购买后通过打电话、使用微信、微博等网络软件满足社交和购物需求。产品使用感受，如产品功能是否如宣传一样流畅、产品质量是否与价格匹配，将影响顾客效用。在网络时代，顾客可以将产品体验、感受发布到网络上，对任何人可见，基于顾客的直接感受也直接影响潜在顾客的心理；还可以通过线下口头传播，正面或负面地影响其他顾客的购买欲望。因此，产品使用环节顾客的评价数据是不可缺少的数据资源。

5）售后服务

售后服务就是在商品出售以后所提供的各种服务活动。售后服务同时也是一种促销手段，是吸引新顾客的有效方式，亦能增加顾客黏性。售后维修人员要采取各种形式的配合步骤，通过售后服务来提高制造企业的信誉，扩大产品的市场占有率，提高销售的效率及收益。实际上，制造业服务化远不局限于售后服务。Xu 等（2015）将服务延伸到“大服务”，即从大数据发展而来，为处理大数据相互协作、相互关联的服务集合。大数据背景下，制造业的“大服务”包含所有由产品附加而来的服务。

2. 产品数据价值观

产品数据价值蕴含在基于顾客偏好描绘的“客户画像”中，制造企业通过整合顾客浏览、关注、收藏、购买、评价、社交等方面的数据，利用强大的数据筛选、分类、分析、挖掘等手段精准定位和预测顾客偏好，从而使制造企业生产的产品更加符合市场需求，更能提高顾客满意度。

1）产品数据价值体现

产品数据价值体现在数据对制造企业的帮助作用上，具体为数据辅助决策、数据对外变现、数据驱动业务发展和数据创新商业模式四个方面（图 3-9）。

图 3-9　产品数据价值体现

（1）数据辅助决策。数据为制造企业提供基础的数据统计、分析服务。数据分析报告可用于指导制造企业生产运营，产品经理能够通过统计数据完善产品功能和改善顾客体验，运营人员可以通过数据发现运营问题并确定运营的策略和方向，管理层可以通过数据掌握制造企业业务运营状况，更精准地进行战略决策。

例如，某零售商通过数据研究发现，其 90%的同比销售下降集中在特定市场的 12%的顾客中，因此，将问题集中在理解根本原因上，并通过针对性的本地市场销售策略迅速扭转了这一趋势①。

（2）数据对外变现。数据对外变现是指通过对数据的精心包装，对外提供数据服务，从而获得现金收入。市面上比较常见的案例是，大数据公司利用自己掌握的大数据，提供风险管控查询、验证、反欺诈服务，提供导客、导流、精准营销服务、数据开放平台服务等。

（3）数据驱动业务发展。通过数据产品、数据挖掘模型实现制造企业产品和运营的智能化，从而极大地提高制造企业的整体产出。最直接也是最有效的方式莫过于利用数据分析找到当前业务的痛点并针对性地解决。既直接体验了数据分析对业务的促进作用，这种切身体会又带来长远的影响，让未来的数据分析工作事半功倍。

常见的数据驱动业务发展的应用领域，有基于个性化推荐技术的精准营销服务、广告服务，以及基于模型算法的风险控制服务、反欺诈服务和征信服务等。

（4）数据创新商业模式。商业模式创新主要体现在制造企业对外能提供什么样的创新性商业产品和服务，是否能通过提供创新性商业模式降低生产成本和经营风险、获得更多的顾客，发掘更多的蓝海市场，赢取更多的利润上。

例如，GE 公司不销售发动机，而是将发动机租赁给航空公司使用，按照运行时间收取费用。这种模式通过引入大数据技术监测发动机运行状态，科学诊断和维护提升发动机使用寿命，获得的经济回报高于发动机销售。

2）产品数据价值风险管控

在循数决策占主导地位的社会环境中，顾客时刻暴露在“第三只眼”之下。例如，亚马逊监控着顾客的购物习惯，百度保留了顾客的网页浏览记录，而微博似乎知道一切，牢牢掌握着顾客的社交关系网。甚至，“棱镜门”事件证实了隐私监控已经成为达到政治目的的工具。因此，产品数据价值的过度挖掘很可能带来隐私泄露风险，从而催生了风险管理要求。

在挖掘产品数据价值的同时，需要时刻关注数据风险管控。在数据的使用过程中，要注重保护个人隐私、获得个人许可；要反对大数据的垄断，构建合理的数据治理框架和方案，以促进基于数据共享的生产服务协同；培养数据拥有者和使用者间的信任感，即向适当的人公开为什么使用数据、如何使用数据；建立良好的大数据管理生态系统，明确大数据生态中不同主体的责任，推进大数据管理立法，加强网络安全与隐私保护。

---

① Meyer C 等 2013 年发表的 Four steps to turn big data into action。

### 3.3.2　基于数据价值的产品服务内核

随着人类生活水平的提高，消费者对产品的要求不再是基本的功能性需求，还多了心理效用需求。因此，制造企业仅在产品生产环境中提高产品质量，已经不足以满足消费者多元化、个性化的需求。如何在产品市场环境中提高产品和服务的竞争力，成为服务提供者亟须思考的课题。

1. 产品服务概念

如果将产品视为“硬”要素，服务可以理解为围绕硬要素的“软”要素。随着社会经济的发展，服务化水平进一步提升，产品服务的概念并不局限于以产品为基础的产品延伸服务，产品成为服务传递的载体。制造企业向顾客提供产品服务解决方案，最终目的是在满足顾客需求的过程中实现自身发展。

产品的质量保证、服务承诺、服务态度和服务效率，已成为顾客判定产品质量的重要依据；产品服务方案能够以最便捷的方式传递给顾客、提升顾客满意度，也直接关系到顾客的消费决策。对于生产各种设备和耐用消费品的企业，做好产品服务工作显得尤为重要，可以提高企业的竞争能力，以赢得顾客重复购买的机会。

2. 基于数据价值的产品服务内容

基于数据价值的产品服务，包含数据服务、知识或互联网服务、物流服务、产品售后服务、金融或租赁服务等，以市场环境中进行的广告推广、物流运输、产品销售、产品使用和售后服务环节中产生的数据为依据，确定各项产品服务的具体内容。

数据服务主要指数据处理与存储中涉及的服务；知识或互联网服务主要指知识库建设、运行维护和信息安全等服务；物流服务主要指电子商务综合服务、物流信息服务等；产品售后服务主要指产品设备运营维护、技术支持等售后服务，以及以旧换新、再生资源回收、废弃物逆向物流等全生命周期服务；金融或租赁服务主要指互联网信贷、融资租赁服务等。

3. 基于数据价值的产品服务边界

传统的产品服务按照时间节点可明确区分为售前、售中和售后服务三个阶段，每个阶段的服务由相关或独立的主体承担。

售前服务是指在产品销售之前向顾客提供的服务，如提供各种技术咨询，为顾客勘察、设计、介绍产品、提供导购服务及迅速报价等，以激发顾客购买意愿，提高顾客购买转化率。售前服务是一项未必能够获得回报的服务，但是如果没有售前服务，顾客的消费意愿会大大降低。

售中服务是指产品在销售过程中提供的服务，如热情接待、为顾客精心挑选产品、解答顾客提出的有关产品的各种疑虑、操作使用的示范表演等，以影响顾客心理感受，增强信赖感，促成交易。售中服务会对顾客购买行为产生直接影响，无法满足顾客需求的售中服务很可能会将售前服务付之东流，售后服务也不会出现。

售后服务是指产品售出后向顾客提供的服务，如送货上门、安装调试、维修保证、技术培训、定期保养、以旧换新等，减少顾客产品使用过程中可能的障碍，以保证顾客所购商品价值的充分发挥，提高顾客满意度促进重复购买。很多中小型制造企业不够重视售后服务，以为“买定离手”，无形中流失了很多顾客。

基于数据价值的产品服务边界在数据驱动的制造业服务化中表现出向外延伸和多阶段融合的特点，服务不再局限于某个特定阶段，而是组合为具有系统性和综合性的服务包（图 3-10）。

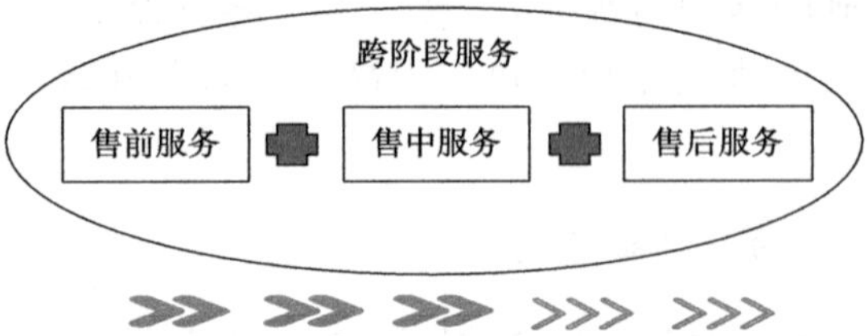


图 3-10　基于数据价值的产品服务边界

在物流领域内，传统物流装备制造企业正逐步向智能化物流装备制造商转型，主要表现为向其下游客户提供故障诊断、物流车辆调度方案等附加的增值服务（许灼炎，2018）。这种服务化模式能够帮助制造企业占领并进一步扩张市场，形成更大的市场格局。

4. 基于数据价值的产品服务特征

数据驱动下的产品服务既保留了传统产品服务的特征，又因与数据的结合发展而衍生出新的个性特征，塑造出富有融合特点的新型产品服务。基于数据价值的产品服务最显著的特征是智能化，兼具灵活性、专业性、完善性、无形性、服务时间可延后等特征（图 3-11）。

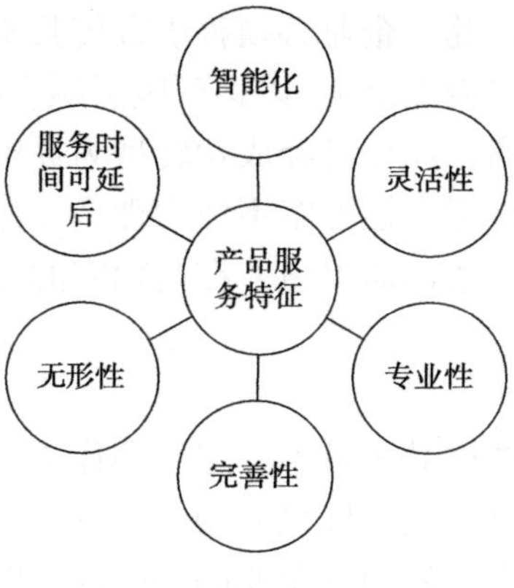


图 3-11　基于数据价值的产品服务特征

1）灵活性

以卡特彼勒公司为例，其通过全球的代理商网络建立了服务系统，并提供生产商客户支持合约。合约是由生产商的代理商为顾客提供的一种定制服务，它是按顾客需求确定的，服务内容高度灵活。灵活性主要体现在 CSA 包含多项内容，顾客可根据具体情况灵活定制，可以是周期性的维护保养、设备检查，也可以是全部的维护保养和修理，更有灵活的融资和支付方式服务可供顾客选择。灵活性解决了施工企业的后顾之忧，制造商和代理商的销售额也大幅提高。

2）专业性

CSA 将预防性维护保养的责任交给经验丰富的专业人员，无论是在生产车间中还是顾客的产品使用场景中，所有服务都是按照工厂生产规范操作。其重要部件，如发动机系统、驱动系统和变速系统等的维修和保养都由培训精良的技术人员利用多年经验和最先进的诊断工具提供完整的检查。这种专业化服务模式提高了对顾客需求的响应性，提升了顾客满意度并降低了故障风险。

3）完善性

卡特彼勒公司在全球 1600 多个网点形成租赁店网络化系统向整个建筑行业提供短期和长期的租赁服务①，不仅将生产基地扩展到全球各地，同时还将技术中心、供应商和分销商体系、融资租赁及再制造等网络铺设到了能够为公司带来销售收入与利润的每个战略市场，如在美国、英国和中国建设有全球三大再制造中心。全球范围之内构建的一条完整产业生态链，涵盖产品、技术与服务，成为卡特彼勒品牌国际竞争力的源泉。

4）无形性

产品服务具有无形性特点，顾客在购买服务以前是看不见也摸不着的，它只

① 《深度观点|22 家制造业服务化案例（上）》，https://www.sohu.com/a/106353995_359503[2016-07-18]。

能被消费而不能被占有。因此，企业必须善于宣传其所提供服务的价值，使无形的服务通过有形的场景塑造表现出来，以达到吸引顾客的效果。以 IBM 公司为例，其前身是单纯的硬件制造商，如今已经成功转型为提供硬件、网络和软件服务的整体解决方案供应商，这种无形性方案不像物理产品那样可以给顾客带来直观的感受，需要企业不断创新创造沟通渠道，在与顾客的交互过程中提升顾客感知服务价值。

5）服务时间可延后

制造企业向顾客提供的产品服务不一定立即作用于顾客，而是被延后至产品使用过程中的需求产生时刻。以全球最大的航空发动机制造商罗尔斯·罗伊斯公司为例，作为波音、空客等飞机制造企业的供应商，罗尔斯·罗伊斯公司的销售策略并不是出售发动机，而是对顾客出租发动机使用时间，并在每个大型机场常驻专业维修人员，在出租时间段内承担全部保养、维修、换新等服务。可见，顾客签订出租协议时并没有立刻享受到制造企业提供的服务，而是在当发动机发生故障等问题时才得到相应的服务。

基于数据价值的产品服务不仅包含随产品附加或延伸的支撑性服务，还包括技术方案、健康管理方案等不直接依托于物理产品的服务。基于数据价值的产品服务决策更加精确化，数据价值在产品服务中得以实现，充分体现了发展数字经济的意义。

### 3.3.3　基于数据价值的产品服务决策原理

在物联网大数据环境下，产品服务体系设计的核心思想逐步从顾客请求服务的被动式服务，向精准预测型和个性满足型主动式服务转变，产品服务体系呈现智能化、人性化特性。从数据价值生成、价值传递和价值实现的视角分析可知，大数据有助于推进“产品+服务”相互融合和渗透，深入探讨基于数据价值的产品服务决策原理有助于更好地指导产品服务实践。

1. 基于数据价值的产品服务决策

基于数据价值的产品服务决策不同于传统的产品服务决策。首先，获益模式从“产品是利润来源，服务是锦上添花”向“产品是提供服务的载体，服务是获取利润的主要来源”转变。传统的产品服务只单纯依靠产品的买卖获取收益，而基于数据价值的产品服务则会被制造企业额外定价或者与产品捆绑定价。其次，产品概念延伸到“服务即产品”，产品不再局限于可见的物理产品，还可以是无形的要素，如物流运输中路径优化方案、车辆调度算法等。最后，基于数据价值的产品服务是一种保障机制，如苹果手机一年保修服务，顾客购买后并不一定能够使用，但无须担心产品故障带来的不便。

基于数据价值的产品服务决策范围比传统的产品服务决策更广，有直接依托于物理产品的服务决策和间接依托的附加产品服务决策两种，如图3-12所示。

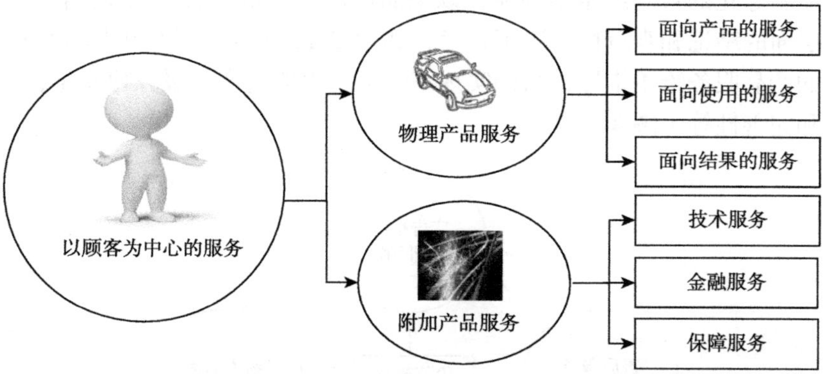


图3-12　以顾客为中心的产品服务

（1）面向产品的服务侧重于产品，服务决策主要是对产品和服务捆绑的定价和销售策略的制定。生产者以传统方式销售产品，将实物产品的所有权全部转移给顾客，顾客拥有产品的所有权、使用权、收益权及处置权。制造企业为顾客提供相应的服务则保证产品在一定时间内的使用效用。

（2）面向使用的服务因为服务化程度更高，决策也就更加复杂，需要考虑的因素更多，产品定价不再是重点，而是转移到服务定价和服务方式确定上。制造企业由生产者转变为服务提供者，通过出租、共享的方式向顾客提供产品，制造企业保留产品的所有权、处置权，顾客仅付费获得产品一定时期内的使用权、收益权，并享有相关的支持服务，从而实现其效用。

（3）面向结果的服务是服务化程度最高的，主要以集成方案的形式作为服务供给。在该类服务中，服务提供者向顾客提供服务结果，顾客不再拥有产品也不直接使用产品，仅拥有产品和服务带来的功能满足，享受产品和服务提供的效用。由于顾客直接接触的只有服务，服务成为满足客户需求、赢得市场竞争、获取销售收入和利润的主要因素，制造企业仅为顾客获得的效用定价，产品属性特征不再是客户需求的焦点（杨才君等，2011）。

现有的研究多是以物理产品为载体的服务决策，重点参考产品生产成本、服务成本，而附加产品服务，如技术服务、金融服务和保障服务等不直接依托于物理产品，服务决策重点参考服务带来的价值。例如，赵林度（2019）提出的基于数据价值的个体健康管理精准化服务，更侧重于如何实现健康管理精准化服务的作用效果和服务价值，而非单纯的成本投入。

2. 基于数据价值的产品服务决策路径

基于数据价值的产品服务决策原理，用于描述实现“全产业链脉动”市场环境中制造业服务化的普遍或基本规律，以全面促进“产品+服务”的融合。决策原理在动态层面的结论和观点称为决策路径，如图 3-13 所示，针对市场环境中五个环节相关的产品服务给予指导，帮助实现基于数据价值的产品服务智能化、灵活性、专业性和完善性等（图 3-13）。

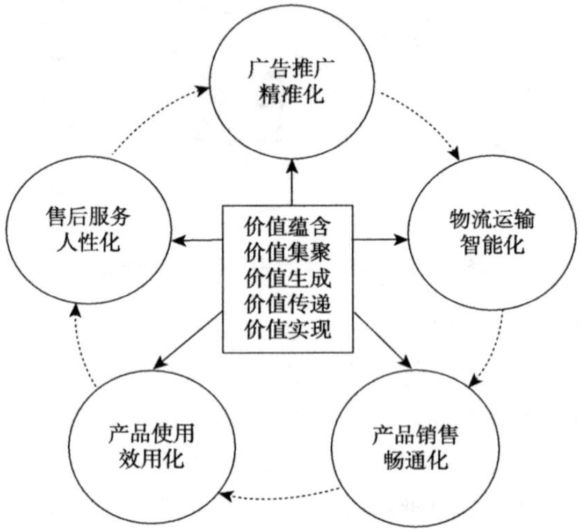


图 3-13　基于数据价值的产品服务决策路径

1）广告推广精准化

依托大数据系统平台，将制造企业自有数据源、合作方数据源及第三方数据源进行整合，实现内部数据和外部数据的融合、大数据与小数据的融合。在数据融合的基础上帮助制造企业进行营销决策的调整与优化，也有助于制造企业抓住机遇、应对挑战，在挖掘新顾客、新市场和新规律的同时识别潜在威胁并回避风险、潜在威胁。

2）物流运输智能化

利用大数据突破现有仓库不同商品、不同作业模式的限制，大数据驱动的策略引擎根据当前的订单结构和仓库物流产能，自主调控对不同订单、不同业务流程的作业模式，从而解决全领域、全业务形态、全品类商品的同仓物流问题。大数据为仓储物流的精细化作业、智能化运输提供了无限的发展空间，为有效收集、处理和分析指数级增长的分散数据以服务于仓储、配送物流的现场运营和决策做指引。

3）产品销售畅通化

对于企业来说，供应链方面的业务需求是制造企业整体运作当中非常重要的一环。零售行业融入大数据技术后，将每一家零售门店的销售和库存情况大数据分析结果向各相关部门和供应商定期分享。供应商可以实现提前自动补货，这不仅降低了门店断货现象的发生频率，而且大规模减少了供应链的总库存水平，提高了整个供应链和零售生态系统的投入回报率，创造了非常高的商业价值。

4）产品使用效用化

效用是指产品满足顾客欲望和需要的程度，即顾客在消费产品时所感受到的满意程度。在现代市场经济中，顾客作为市场经济活动的主体，追求以明智的方式实现自身效用最大化的目标，即在个人可支配资源的约束条件下，使得个人的欲望和需要得到最大限度满足。因此，生产者在产品服务中力求产品能最大化满足顾客偏好。

5）售后服务人性化

人性化服务以人为本，为顾客全心全意提供优质服务，给顾客以人文关怀，从而有效地提高消费者满意度，进而提高制造企业效益。售后服务人性化要求服务提供者首先考虑的服务对象是人，应该细心地为人设想；其次需要考虑人的差异，否定千篇一律式服务。做好人性化服务可以帮助服务提供者树立良好社会形象和品牌声誉，最终实现市场空间拓展。

基于数据价值的产品服务理论强调市场环境数据价值对产品服务的指导作用，辅助企业决策、对外变现，在驱动业务发展的同时创新商业模式。基于数据价值的产品服务理论是基于数据价值的全生命周期服务理论的重要组成部分，体现了数字经济时代数据在产品服务中的核心地位。

## 3.4　基于数据价值的全生命周期服务理论

大数据时代可以实现经济社会的离散化解构和全息化重构，从而推动着市场各参与主体及其作用关系的不断变革。科学合理地应用认知计算、大数据技术，能够深入挖掘大数据内在的关联性和规律，支持服务从生产环境向市场环境和顾客产品使用环境延伸，更有效地支持制造业服务化的创新，并形成制造业服务化发展过程中新的理论方法。

### 3.4.1　全生命周期数据及其价值观

大数据技术的蓬勃发展驱动了多个行业的变革，由此产生了新的管理与决策问题（徐宗本等，2014）。在制造行业，产品从生产到使用报废所有相关环节产生的数据总和，称为产品全生命周期数据（图 3-14）。本质上，产品全生命周期数据管理贯穿于产品从无到有再到无的实践过程。管理决策者需要从系统角度长期周密地设计和运营，而不局限于一个节点、一台设备、甚至一个阶段。换言之，要对产品调研、规划、设计、生产、运输、销售、售后维修、回收再制造等环节不断进行优化和改进，实现数据中心的全生命周期管理（Tao et al.，2018）。

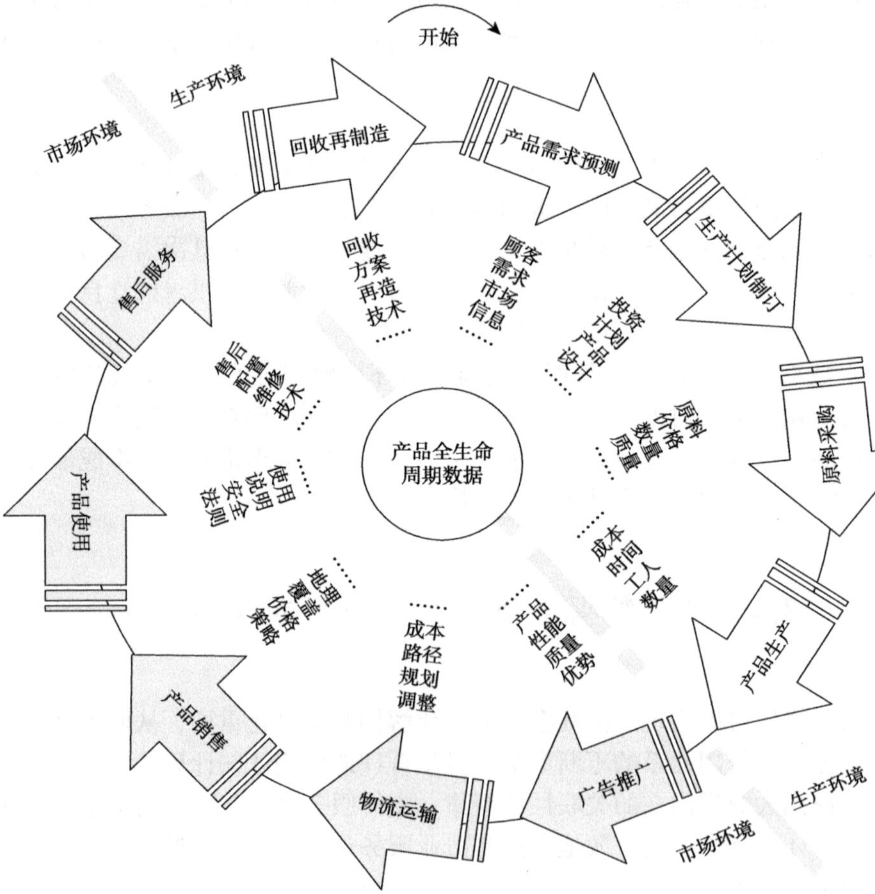


图 3-14　产品全生命周期数据

#### 1. 全生命周期数据观

产品全生命周期数据是对生产环境和市场环境的数据集成，十个环节的全生命周期数据实现了数据闭环（图3-14）。全生命周期数据观强调产品服务管理的全面性、系统性和环保性。全面性指单个环节的数据价值密度低，只有整合使用所有环节数据才可使数据价值最大化；系统性指从系统角度管理供应链的各个环节，上游到下游的物流、信息流、资金流等统一为一个系统，相互辅证；环保性是指从产品生产端选取节能环保原料，到产品淘汰报废后回收再制造，以减少对环境的污染和自然资源的浪费。

#### 2. 全生命周期数据价值观

从产品全生命周期视角看待数据及其蕴藏的价值，能够从宏观上整合数据，避免数据孤岛的形成，也规避了产品在生产环境和市场环境中人为割裂的状况。全生命周期数据价值不仅仅是生产数据价值和产品数据价值的简单叠加，更重要的价值在于生产端和市场端双向促进和相互支撑。

1）提升服务型生产

提升服务型生产就是增加服务在生产环境和市场环境中的投入比重和价值比重，对服务提供内容和服务提供方式进行远景规划。全生命周期数据价值观使产品服务和全生命周期服务紧密联系，服务既可以实现前向延伸，又可以实现后向延伸。

（1）服务可前向延伸，即在售前阶段，通过顾客参与、个性化设计等方式，吸引、引导和锁定用户。比如，红领西服的服装定制，通过精准的量体裁衣，在其他成衣服装店大规模关闭的背景下，能保持一年150%的收入和利润增长。这归功于耗时12年，投入2.6亿元成本，通过研究220多万名顾客而研发出的不同体型、身材、尺寸集合而成的大数据处理系统，足以满足全球99%的人量体裁衣的个性化定制需求（佚名，2015）。

（2）服务可后向延伸，即在销售时并不立刻提供服务，而是在售后阶段当顾客发出服务请求时，制造企业立刻进行服务响应。例如，手机等电子产品销售时，顾客可自行选择是否参加一年或多年的质保服务。服务的后向延伸，通过与顾客长时间的互动，增加了品牌的知名度和顾客黏性，产生持续性品牌价值。

2）优化生产线运营

制造业服务化并不意味着完全放弃制造，而是通过服务化策略提升生产制造效率，生产环境中的生产线运营反映了制造企业的生产能力，也直接影响着对市场环境的响应。全生命周期数据价值观实现了全产业链数据资源集聚，顾客行为、商业模式运行状态等数据都能反馈到生产环境中，为优化生产线运营提供了客观的决策依据。

（1）互联网时代的顾客行为数字化。顾客使用产品的行为直接反映了自己的真实需求和实际感受，例如，顾客用搜索引擎在淘宝浏览商品，机器学习算法的自我优化使得淘宝运营部门可以实时持续地对产品和服务做出相应的优化，产品市场的数据在云端不断地发挥作用。

（2）智能商业模式形成闭环反馈。通过真实的顾客联结、互动交流，以了解顾客对产品和服务的真实反馈，并以此为基础不断优化和调整生产。物联网技术的应用，使顾客反馈信息的获取更加智能化，提高了信息获取的可行性和真实性，例如，顾客购车过程中的试驾行为、购买服饰过程中的试衣行为等行为信息都能进行智能化获取和处理，并反馈到生产环境指导生产决策。

3）扩大数据维度

从全生命周期视角看待数据，使得数据维度不断扩大。数据时间维度延长、数据范围维度扩大、数据精度细化，数据在这三个维度的拓展使得制造业全产业链数据呈指数增长，构成了全产业链全生命周期数据集合，为数据从量变到质变奠定了坚实的基础。

（1）时间维度不断延长。时间维度的延长是数据“成长”为大数据的重要助力，赋予数据时间价值。例如，通过分析制造企业得以保留多年的数据，可得出其发展历程中的重要时间节点。

（2）数据范围不断扩大。数据范围的扩大使得数据逐渐发展成数据价值网络，赋予数据空间价值。例如，以原材料、研发、工艺等为代表的生产性数据，以财务、资产、人事等为代表的经营性数据，以设备诊断系统，库房和车间的温湿度、能耗、废水废气的排放等数据为代表的环境类数据。

（3）数据精度不断细化。数据精度不断细化提高了数据的价值，使得产品从单一款衍生到多款、多系列。例如，根据存储空间的不同，手机可区分为 64 吉字节、128 吉字节等。

全生命周期数据是十个环节活动产生的数据集合，全生命周期数据价值观肯定了数据对于服务型生产的提升作用、生产线运营的优化作用，涵盖了产品服务前向延伸和后向延伸。从全生命周期考量数据，契合“全产业链脉动”的思想，有利于“全产业链脉动”服务理论的构建。

### 3.4.2 基于数据价值的全生命周期服务内核

随着数据资源的集聚和数据价值的提升，数据驱动的生产管理和基于大数据的决策能力得以提高，为个性化生产服务和主动式产品服务理论研究创造了条件。数据价值推动全球制造企业向产品全生命周期服务管理转型，为供应链下游顾客提供包括产品、服务、支持、自我服务和知识等在内的更加完整的一体化解决方案。

数据库连接了数据所有者、数据经营者和数据使用者，其中蕴含的数据价值将驱动制造业服务化转型升级。基于数据价值的全生命周期服务内核集中在全产业链服务化上，涵盖生产服务和产品服务融合、生态化制造和绿色化服务、多服务渠道共存、全生命周期管理（图 3-15）。

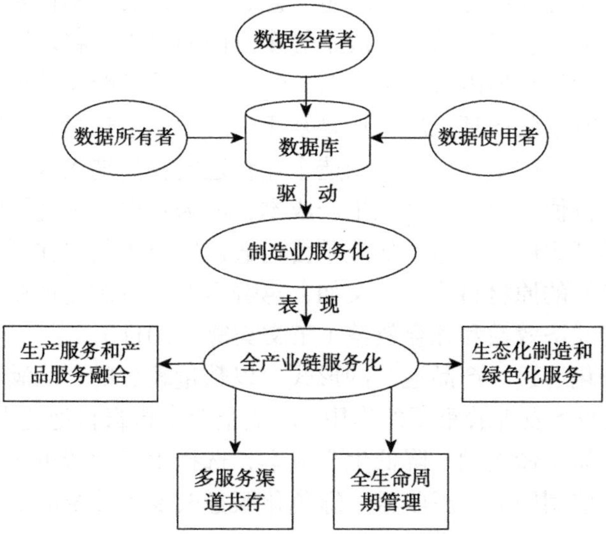


图 3-15　基于数据价值的全生命周期服务内核

1. 生产服务和产品服务融合

工业经济时代，生产环境和市场环境是两个相对独立的系统，产品及其附带的交换价值是两者之间的纽带。研究范式是产品主导型，强调生产者是价值的唯一创造者，顾客是价值消费者，产品的生产过程即价值创造的过程，企业提供的维修等售后服务只是辅助产品交易完成的手段，不是利润增长点，反而增加成本。

基于数据价值的新型服务系统将生产环境和市场环境融合到一起，构成产品服务系统。目前绝大多数的产品服务仍表现为一个冗杂的服务包，包含产品所有部件的各类服务，并多由第三方服务商统一承担。但是，制造企业对产品结构和特点比较了解，也具备专业的服务资源和能力，如果可以直接面对顾客提供服务，会促进优质服务资源的重新配置，从而改变传统供应链、产业链的产品服务架构和产品服务体系。

2. 生态化制造和绿色化服务

生态化制造是一种新的经营理念，核心是“以少生多，绿色生产”，对可持续发展具有重要意义，成为供应链管理的一个新的发展趋势。制造业作为国民经济的支柱产业，承担着产品制造的一系列过程，是创造财富的源泉，但同时也是环境污染的主要源头。因此，如何实现制造业和环境的和谐发展，是全社会可持续发展的一个重要课题。

生态化制造强调将绿色生产、绿色制造理念融入生产制造全过程。因此，生态化制造首先应该选择绿色材料、绿色工艺、绿色包装，不仅要符合绿色环保主题，还要符合产品的功能、质量、成本等多方面的要求。将环境因素考虑到材料选择过程中，在满足环境需求的基础上，使成本最低、能耗最小、废弃物最少。

考虑回收再制造的闭环供应链也是基于生态化制造理念，废旧产品的回收再制造日益受到企业界的重视。不少制造企业将逆向物流纳入战略规划，从废弃产品中捕获的剩余价值可以极大降低生产成本，成为获取竞争优势的新源泉。部分制造企业已经尝试实施再制造，如施乐公司通过回收再制造在不到五年的时间里节约了约两亿美元的原材料成本。又如，惠普生产的可重复填充利用的打印机墨盒已产生可观的经济效益和社会效益（王文宾等，2011）。

制造业服务化通过“产品池”的形式，以数量较少的产品满足更多顾客的使用需求，绿色化服务发挥着重要的作用。制造企业不再盲目地追求产品生产数量，而是为了延长产品生命周期、降低生产成本，选择生产制造更加耐用的产品，以向顾客提供产品使用服务获得收益。绿色化服务改变了传统的量产理念，追求产品高性能、高质量，能够产生巨大的环境效益。

### 3. 多服务渠道共存

互联网具有更便捷、更经济、更直观、更有效地连接供给方和需求方的特点，促使产品和服务的供给和配置拥有更多的渠道和机会。制造企业在互联网平台能够充分捕捉顾客需求并抓住市场机会，形成不同的产品服务组合提供给顾客，推进服务模式的创新发展。

近年来，共享经济发展迅猛，利用互联网等现代信息技术，以使用权分享为主要特征，整合海量、分散化资源，满足多样化需求的经济活动逐渐渗透到人类生活的衣食住行中。共享经济的可持续性、可享受性、经济收益等使得人们有足够的动力参与其中。

在制造行业，共享概念也很活跃。《中国制造业产能共享发展报告（2018）》认为[①]，制造业产能共享创新已取得积极进展，初步形成了四个主要模式：一是中介型，特点是平台提供撮合及交易相关服务，但本身没有制造资源；二是众创型，特点是平台开放自身优势资源，打造面向企业内部和行业的创新创业生态系统；

---

① http://www.sic.gov.cn/News/79/8861.htm[2018-03-02]。

三是服务型，特点是平台以工业系统、软件、智能控制、云服务等共享为中心，为用户提供全方位的生产技术服务；四是协同型，特点是多个企业共同使用制造资源，实现订单共享和协同生产。

服务渠道作为连接制造企业和顾客的绳索，其选择和协调不但对顾客的满意度和忠诚度有着深远的影响，还影响着制造企业的利润，更是有效配置社会资源、加速社会高效运转的重要因素。互联网的存在使得供应链结构不再是单一的从制造商到零售商，而是扩展到制造商到电商平台，形成双渠道、多渠道及全渠道共存的制造业服务化模式。

4. 全生命周期管理

全生命周期管理理念是指从全产业链角度出发，综合考虑产品、价值、服务在系统内的流通。基于数据价值的新型服务体系包含产品全生命周期内十个阶段（产品需求预测、生产计划制订、原料采购、产品生产、广告推广、物流运输、产品销售、产品使用、售后服务、回收再制造）的产品和服务融合。其服务应包含核心层、外围层和相关层的生产性服务，以及售前、售中、售后的产品服务。制造商不仅是产品生产者，更是服务提供者。

大数据未来会越来越多地以创新的方式存在，成为智能制造和全生命周期服务的强大推动力。正如《中国制造 2025》所强调，“促进工业互联网、云计算、大数据在企业研发设计、生产制造、经营管理、销售服务等全流程和全产业链的综合集成应用”，制造产业链将基于新一代信息技术，利用大数据贯穿产品生命周期的十个阶段，推动生产服务和产品服务全面发展。

### 3.4.3　基于数据价值的全生命周期服务决策原理

大数据技术是制造业服务化得以实现的技术基础，大数据拓宽了信息获取的方式，而且大幅度降低了信息获取成本，它对信息成本、顾客偏好和企业运营模式有着深远的影响。制造企业可以通过整合消费者浏览、关注、收藏、购买、评价和社交等方面的数据，利用强大的数据挖掘、筛选、分类和分析等手段，精准地预测顾客偏好并激发其购买意愿。

基于数据价值的全生命周期服务决策原理，其基本内容是基于数据价值的生产服务原理和基于数据价值的产品服务原理，但更核心的理念是基于“1+1>2”的思想，产生正向积极的“四效”作用，即通过个性化生产服务和主动式产品服务的融合产生涌现效应、通过生产和服务能力的共享形成叠加效应、通过多方联动产生从众效应、通过合作共赢实现双赢效应（图 3-16）。

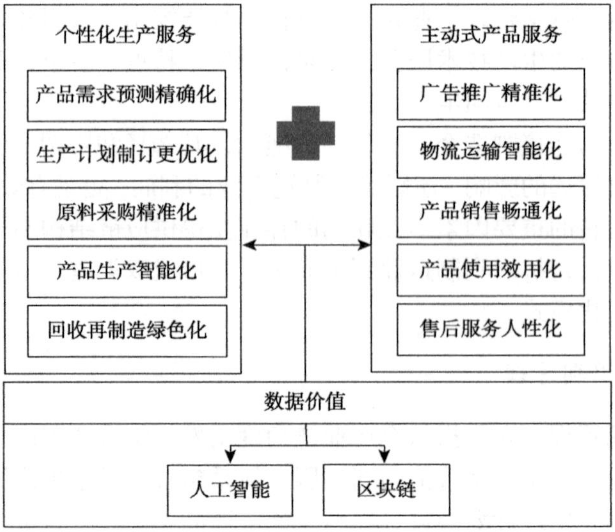


图 3-16 基于数据价值的全生命周期服务

### 1. 涌现效应：生产服务和产品服务融合

基于数据价值的全生命周期服务致力于促进生产服务和产品服务融合，实现“全产业链脉动”服务体系中的产品服务全生命周期管理。涌现效应得益于人工智能与区块链集成的数据价值网络，制造企业既可以实现面向个性化定制的柔性生产，又可以承担主动式产品服务。产品服务以产品为载体面向终端顾客，产品与服务相互依存、相互促进，生产服务和产品服务倾向于融为一体，以更好地实现产品价值。

在“全产业链脉动”服务理论体系中，生产服务和产品服务融合产生的涌现效应，有效集聚了生产环境和市场环境的信息、资源和能力，以增强数据价值向产品全生命周期的渗透，从而转化成产品价值、产品竞争力。制造业服务化的目标在于延伸服务的时间跨度、拓展服务的空间范围，提升产品生命周期内随时随地提供服务的能力，以基于数据价值的服务价值提高产品的生命力。

### 2. 叠加效应：生产和服务能力共享

制造业产能共享主要是指以互联网平台为基础，以使用权共享为特征，围绕制造过程各个环节，整合和配置分散的制造资源和制造能力，最大化提升制造业生产效率的新型经济形态①。制造业生产和服务能力共享的主要特征有：以制造企

① 《中国制造业产能共享发展年度报告（2018）》，http://www.sic.gov.cn/archiver/SIC/UpFile/Files/Default/20180320144909212700.pdf[2018-03-02]。

业和生产性服务企业为主的主体特征、基于互联网平台的技术特征、实现生产资料和制造能力的高效配置的效果特征。从共享内容看，制造业产能共享包括设备、技术服务、生产能力和综合性服务的共享。

共享性还体现在信息的透明化上，全产业链中各方主体主动分享其生产和服务数据，提高整体的发展动力和对外部的竞争力。信息共享可以提高全产业链的整体反应能力、资源配置能力、成员协调能力和动态适应能力，促进产业链成员之间的交流，拉近成员之间的时空距离，缩短服务提供者对外部环境和内部自身状况变化反应的时间，推进动态适应性的形成和发展。发展制造业和服务业的共享，能够催生中国经济增长新动能、重构供需结构、激发创新活力。

### 3. 从众效应：多方联动

多方联动通过整合全产业链中各方主体的资源，共享数据和信息，共同发展大数据相关的技术，积极开始基于数据价值的实践活动，形成资源共享、优势互补、相互促进的良好局面。实现多方联动，首先应加强纵向合作、创新合作模式，构建全面合作交流机制。其次，加强横向联系、共享多个主体间的信息，降低产品和服务在全产业链流通环节中的成本。最后，政府应该起到积极的引导作用，建立激励机制或补贴机制，同时健全相关法律法规。

为充分凝聚多方力量，需要加快智能制造商向服务提供商的转变，以技术和资本为纽带，组建产学研用联合体或产业创新联盟，推动装备、自动化、软件、信息技术等不同领域企业紧密合作、协同创新，推动全产业链成员分工协作、共同发展，逐步形成以智能化制造和服务集成商为核心、各领域领先企业联合推进、一大批定位于细分领域的“专精特”企业深度参与的智能制造发展生态体系。

### 4. 双赢效应：合作共赢

合作共赢是服务业价值链提升的重要手段，表现为合作增益、补偿增益等多种形式，以合作代替竞争的理念推动着全产业链要素之间持续的互动和演变。尤其是从商业模式创新的视角来看，合作共赢模式的持续创新性非常重要，应在长久的合作中持续地创新多方合作共赢模式。

以海尔集团为例，海尔发布了众创汇和海达汇两个模块升级版，众创汇注册用户通过手机端即可与来自全球的设计师、优秀资源进行交互，满足定制需求；而海达汇则打破了传统的采购模式，建立起一个以用户为中心的生态圈，帮助更多第三方资源复制智能化制造体系，实现生态圈的共创共赢①。基于数据价值的全生命周期服务理论系统而深入地诠释了“全产业链脉动”服务理论中基于数据价

① 《海尔互联发布 COSMO 平台实现“产消合一”》，https://www.jiaheu.com/topic/42858.html[2015-01-12]。

值的新型服务体系的内涵，引领制造业服务化产业集聚和创新发展，为数据的进一步实践提供理论指导。

## 3.5 本 章 小 结

物联网大数据环境下，生产环境和市场环境积累了丰富的海量数据资源。本章首先阐述了数据从产生到应用过程中伴随着价值蕴含、价值集聚、价值生成、价值传递和价值实现的演化路径。其次，依次从生产环境和市场环境视角，详细刻画了基于数据价值的服务理论。最后，从生产环境和市场环境集成融合视角，诠释“全产业链脉动”服务理论中基于数据价值的新型服务体系的内涵，形成以提高数据价值和基于大数据管理的全产业链制造服务研究脉络和管理决策，为制造业服务化转型发展提供理论借鉴。

# 第 4 章　基于情景感知的服务理论

“全产业链脉动”服务理论涵盖情景感知观，孕育了基于情景感知的服务理论，成功将情景感知引入生产服务和产品服务领域。情景感知基于顾客场景化实时数据，更好地预测顾客个性化、动态性需求，是为顾客带来智能化消费体验、生活体验的重要途径。基于情景感知的新型服务理论，必将成为制造业服务化转型发展的重要理论依据。

## 4.1　概　　述

随着可穿戴设备的普及应用，人类逐渐“沦为”一个个信息处理单元，被巨大的互联网“连接”成一个巨大的网络，形成一种“人类+信息+算法”的新型社会。情景感知计算是一种对场景的建模计算技术，可实现场景的信息获取、信息分析，能够为信息检索、智能服务等多种应用提供信息支撑。

1. 生产环境和市场环境的情景感知观

情景或情境（context）泛指上下文语境，情景感知（context awareness）就是通过传感器及其相关的技术使智能化移动设备能够“感知”到用户当前的情景，可从出行、购物、喜好、关注等多维度获取用户动态，然后根据时间、地点、位置、环境等一系列数据维度预测用户行为、构建智能显示提醒方式。情景感知技术的关键是计算能力。计算是人类永恒的需求，也是智能世界的原动力。

生产环境和市场环境的情景感知观分别对应生产情景和市场情景的感知，用于表达通过传感器等设备感知当前情景、传递数据到服务器、分析并预测用户行为，进而提供精准服务这一过程中的观点和理念。在生产环境中，情景感知观强调个性化生产；在市场环境中，情景感知观侧重主动式服务。综合而言，情景感知观描述了情景性、实时性、泛在性、交互性、自适应性的服务体系，是“全产业链脉动”服务理论中重要的观点。

2. 基于情景感知的生产服务

基于情景感知的生产服务理论聚焦于生产环境，旨在提出实时情景驱动的生产决策，从动态性和协同性角度，整合产业链中的所有参与主体，探究基于情景感知的新型生产服务体系。基于情景感知的生产服务理论是基于实时数据信息、计算算法的智能化预测，侧重于依靠生产的实时数据，如生产环境、天气情况、当前时间、地理位置等，而历史数据起到辅助作用。例如，模块供应商能够实时地了解自己的产品在装备制造商生产环节中的进程，情景感知能够获得模块工作异常的预警，促使供应商主动进入并提供精准服务，在为客户创造价值的同时，提升客户的黏性并形成自己的市场竞争力。

3. 基于情景感知的产品服务

基于情景感知的产品服务理论聚焦于产品市场环境，其核心思想是根据情景的不同提供符合情景需求的服务。情景感知作用于产品市场，是对当前实时环境、位置等信息的采集，并在此信息暗示下实现对顾客行为特征的提取，进而快速响应，向顾客提供信息提醒、方案推荐等个性化服务。基于情景感知的产品服务需要多个主体之间的广泛协调，它超越了传统的大数据领域涉及的前端业务和营销问题，被扩展到下游体验式服务。这样一个复杂的系统工程需要在整个个性化和主动式决策过程中进行系统性的管理。

4. 基于情景感知的双向服务

基于情景感知的双向服务理论通过情景感知技术获悉产品生产环境和市场环境的情景信息，基于人工智能算法的计算和分析，挖掘和探究产品服务全产业链参与主体的动态协同机制，旨在精准定位每一位顾客，为其提供主动式和个性化服务。正向服务流是远景规划，指基于当前情景的感知数据，为后续时间点的服务场景做出规划；逆向服务流是场景创造，结合现实生活情景和未来发展趋势，以设想和推理描述未来新场景的方法，用于商业模式、运营模式和营销模式等新型模式创新中（赵林度，2020）。正向性可理解为从现在指向未来，而逆向性则指从未来指向现在。双向服务流的构建，充分契合情景感知的理念，为人类智能服务提供了超前的思路和架构。

基于情景感知的服务理论的核心思想是“全产业链脉动”管理、场景切换管理和颠覆与颠覆管理。“全产业链脉动”管理是在同一个目标驱动下的多环节、多品类、多功能有机结合的、整体运作的管理，各环节相互衔接，整个产业链贯通；人类生活是由无数场景连贯衔接形成的一幅幅画面，场景切换管理正是对生产环境和市场环境中各主体所处场景的感知和分析，精准预测下一个场景，实现场景无缝切换的过程；颠覆与颠覆管理则是指借助情景感知这一新型高科技技术，对传统制造业发起强烈冲击，促使事物本质发生变化的过程。本章结构如图 4-1 所示。

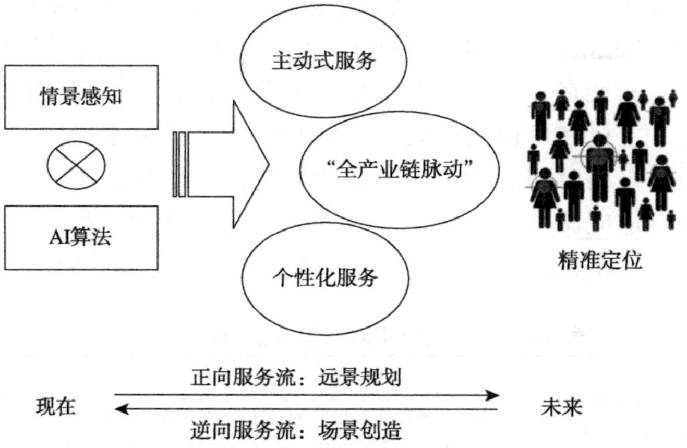


图 4-1　本章结构图

AI 即 artificial intelligence，人工智能

# 4.2　基于情景感知的生产服务理论

面对移动互联网环境中随时随地产生的个性化生产需求、连续生产过程中出现的海量多样化和动态变化的事实，基于历史经验和数据的生产服务决策不能利用当前场景信息，缺乏一定严谨性。情景感知作为新的理念和方法，可以通过感知当前情景，使生产系统做出自适应性调整，进而提供更加合理的生产方案。

## 4.2.1　情景和情景感知观

情景感知观以情景和情景感知为基础，能够让决策者更好地融入场景之中进行观察、分析和决策，从而提高决策的真实性、可靠性。在近几年的研究文献中，情景和情景感知属于高频词汇。在物联网大数据背景下，情景感知技术得到学术界和企业界的高度重视和广泛应用。

1. 情景和情景感知定义

情景也称情境、上下文，用于描述活动主体及其所处状态的全部信息，包括主体、位置、时间、环境、行为、偏好等要素（袁静，2018）。姜毅（2015）认为上下文代表某一词语或句子相连的上文和下文，多用于文本处理中；情景中的景是具体、直观和吸引人的，而情境中的境是指在情景中的那些相互交织的因素及其相互之间的关系，因此，情境比情景更适合对英文单词 context 的翻译。

Schilit 和 Theimer（1994）、Schilit 等（1994）认为情景包括三个重要方面——在哪儿、和谁在一起、附近有什么资源；情景感知就是获取地理位置，获知附近的人、主机和可使用的设备，以及这些主体关于环境的变化情况。情景感知是指通过自动感知活动主体当前所处的情景信息，进而分析获取主体需求，建立一种自适应调整机制，以提高活动目的的准确性和实践可靠性，更好地服务于主体。表 4-1 总结了不同文献中情景或情景感知的定义。

**表 4-1　不同文献中对情景或情景感知的定义**

| 文献 | 情景或情景感知定义 |
|---|---|
| 宗蓓华（1994） | 情景是对事物所有可能的未来发展态势的描述。描述的内容既包括对各种态势基本特征定性和定量的描述，也包括对各种态势发生可能性的描述 |
| Dey（2000） | 情景是描述任何实体情况的信息，实体可以是人、场所，以及任何与用户和应用系统交互过程相关的对象 |
| 林德格伦和班德霍尔德（2003） | 情景既不是预测，也不是想象，情景是一种被期望的未来 |
| Barbarosoğlu 和 Arda（2004） | 情景是一种简化的假定，一般用于描述突发事件在事中和事后的情况，用来满足评价应急资源的需求，是规划、配置应急资源时的重要根据 |
| 刘永等（2005） | 情景是对一些有合理性和不确定性的事件在未来一段时间内可能呈现的态势的一种假定 |
| 蔡文和石勇（2006） | 情景感知是指在顾客需要时利用情景信息向顾客提供适合于当前情形（如任务、地点、时间和人物等）的信息或服务，通过感知顾客情景自动地获取和发现顾客需求，实现信息服务与顾客的自适应，并提高信息服务的准确性和可靠性，是协助信息服务系统提高性能和质量的重要支持手段和方法 |
| 孙斌（2009） | 将情景定义为：未来环境可能发展态势，是通过关注环境发展的因果关系和内部一致性，按照时间的发展对环境进行的细节描写 |
| 黄晓斌和马芳（2009） | 情景是一种构想，用来描述未来发展的图景 |
| Hong 等（2009） | 上下文感知系统的目标是获取和利用为了提供服务而在设备的上下文中提供的信息，适合于特定的人、地点、时间、事件等 |
| 陈媛媛和刘正捷（2011） | 情景是能够描述实体状况的任何信息。该实体是用户和应用程序交互相关的人、位置或者其他对象，也包括用户和应用程序本身 |
| 仲秋雁等（2012） | 情景是事件发生、发展演变过程中在某一时刻所有相关要素的状态集合 |
| Colombo-Mendoza 等（2015） | 引用 Schilit 等（1994）相关文献的定义 |
| Champiri 等（2015） | 引用 Hong 等（2009）相关文献的定义 |
| Amina 等（2019） | 引用 Dey（2000）相关文献的定义 |

2. 情景分类

Schilit 和 Theimer（1994）将情景划分为物理情景、计算情景和用户情景三类。物理情景包括用户所处的地理位置、交通状况、天气等；计算情景包括网络连通性、通信成本、通信带宽及附近资源等；用户情景包括用户特征和偏好等。考虑到秒、分、时、日、月、年等时间单位和法律、惯例等社会性特点，情景可补充时间情景和社会情景。因此，情景可细分为物理情景、计算情景、用户情景、时间情景和社会情景五种类型（图 4-2）。

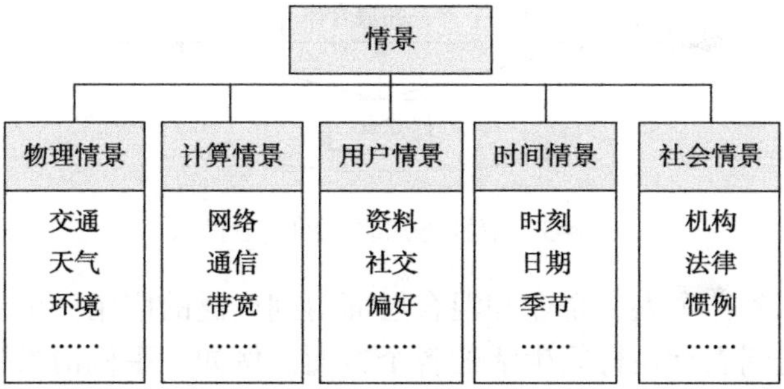


图 4-2　情景分类

在不同的实践中，情景感知的分类略有不同。例如，窦金花和覃京燕（2017）认为用户情景还包括生理和心理两个方面；环境情景包括用户所处环境中对使用产品构成影响的物理因素，如温度、湿度、光线和噪声等；任务情景和设备情景也应被重视。姜毅（2015）根据情景作用和获取方法的不同，将情景简单区分为物理情景和逻辑情景两大类。前者用来表达用户行为发生时的客观物理环境，是一种从传感器或传感源中获得的低层情景；后者用来描述用户的主观状况，如用户心情、状态等，是一种通过分析、推理后得到的高层情景。

3. 商业模式

根据使用主体的不同，情景感知的应用区分为个人、企业和混合应用三类，并分别形成了不同的商业模式（图 4-3）（陈建忠和赵世明，2020）。个人应用主要得益于智能手机、电脑等设备的普及，包括内容提供商模式、移动门户模式、无线应用协议（wireless application protocol，WAP）网关提供商模式、服务提供商模式。企业应用更加复杂、规模更大，技术实现更难，包括集团合作模式、产品拓展合作模式、合作运营模式。混合应用是一种介于个人和企业之间、难以明确界定的应用，包括通信模式、信息模式、广告模式、销售模式、支持模式。

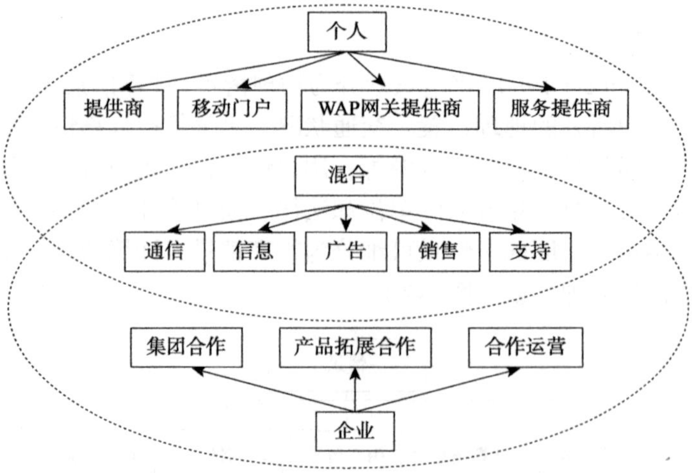


图 4-3　情景感知服务的商业模式

情景感知服务在个人、企业和混合层面得到广泛的应用。个人层面，情景感知服务已经渗透到衣食住行等生活的各个方面。例如，手机情景智能模式推荐给用户距离最近的餐厅、外卖；为出差的用户推荐本地区的住宿、当地特色饮食等。企业层面，情景感知技术在智能家居控制、智慧医疗等领域已初露锋芒。混合层面，公共交通导航、自行车导航等都是情景感知的成功应用案例。

4. *应用场景*

情景感知可广泛应用于人类生活实践中，如电子商务、新闻与广告推荐、电影与音乐推荐、电子旅游、移动学习、图书馆服务和智慧农业等。目前，已经成熟的应用实例包括移动商务、推荐系统、图书馆服务和智慧农业等。

张亚明等（2018）指出，互联网用户对位置的敏感性和服务的及时性有较高要求，而情景感知技术能够对用户实时场景予以感知并快速响应，极大提高网民的网络满意度。林一等（2016）从计算机硬件角度，提出了一种能够主动向用户推送服务的系统。李建军等（2019）从建模角度，提出了基于情景感知的兴趣推荐方法。吴晓强等（2019）指出，农业物联网信息感知可高效获取、处理与农作物生长状况和生长环境相关的各种信息，为精准农业栽培管理、农产品质量安全追溯提供便利。

情景感知技术应用广泛，以此为基础主动触及智能设备用户所置身的场景并捕获、响应用户需求，创造新型服务供给。例如，情景感知为个体用户提供衣食住行等生活方面的便利，并帮助保障盲人、视障群体出行安全。在公共事业服务层面，图书馆、医院、农场、地图导航等都已有情景感知的应用先例。可穿戴设备将成为情景感知平台最为重要的数据来源之一，并随着物联网的发展成为一种新型生活方式的标配。

5. 市场优势

情景感知未来的应用场景将更加广泛，也驱动着情景感知技术和情景感知服务的快速发展。智能设备会主动与周围的社会互动，通过分析智能设备用户所处的环境、状态，甚至是说话语气等，更有预见性地做出相应准备和推荐。情景感知已是各家公司争夺未来市场的重点，如 Google Now，微软的 Cortana 等技术，都在试图将情景感知及后续的辅助行为变得更主动、更贴心。情景感知的载体和市场优势如图 4-4 所示。

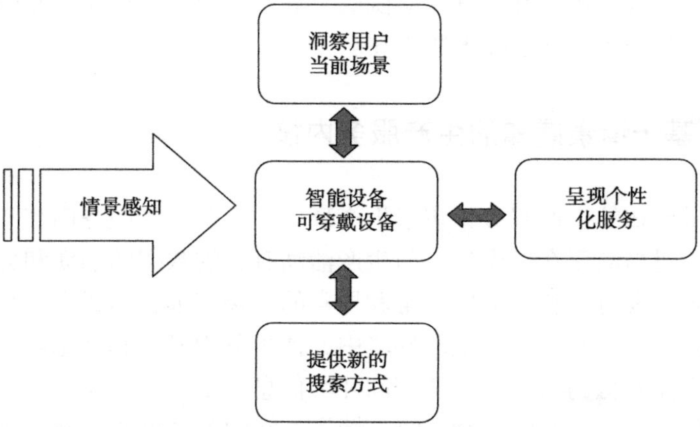


图 4-4　情景感知的载体和市场优势

情景感知的载体是智能设备、可穿戴设备。智能手机和平板电脑将最终支持情景感知功能，可穿戴设备的优势更为明显。在硬件设备提供载体的基础上，相关应用软件成为情景感知获取的入口，如“个人助手”这样的应用。物联网的本质是互联的传感器，核心是互通互联的移动生态，因此需要将体感识别设备、可穿戴设备附着或植入用户身体，洞察、捕捉有效信息，从而支持情景感知。

（1）情景感知的突出优势是可以洞察用户当前场景。制造企业以其生产的物理设备为载体，通过互联网、社交网等线上渠道探知用户行为、获取应用和内容偏好。这些数据集合经加工形成“客户画像”、生成用户标签、构建 360 度用户导图。但是，实时场景的价值只能借助情景感知技术挖掘。洞察用户的情景只是开始，基于情景采取行动才能产生效果。情景感知仍然依赖大数据，大数据分析是情景感知实现的手段，但情景感知则聚焦于对当前场景的洞察和特征的把握。

（2）情景感知提供了新的智能搜索方式。基于情景感知的移动搜索在地点、目的、结果等方面具有较高的准确性，借助手机等智能设备，能够便捷地进行随时随地的搜索。搜索服务将打破现有条形码扫描和谷歌图片搜索等方式，这种新型搜索最典型的代表就是 Slyce 虚拟搜索平台，能够在用户生成的移动图片中辨识产品（汪月鹏，2016）。

（3）情景感知助力呈现个性化服务。情景感知个性化概括为在合适的时间和地点、为用户提供所需的产品和服务。实现个性化就是将情景识别能力与用户偏好、用户标签关联，充分挖掘用户实时场景信息。情景感知的对象并非“千篇一律”，而是针对不同的用户提供差异化情景服务，甚至是“一人一策”的个性化服务。

情景感知应用广泛，未来必将是统一、无缝、无处不在的，尤其是情景感知技术在智慧城市、智慧医疗、智能家居等领域的广泛应用，融入生活、工作场景之中惠及每一个人。正如麻省理工学院的“氧气”项目所描绘的蓝图：情景感知服务使得信息服务像空气一样无所不在。

### 4.2.2　基于情景感知的生产服务内核

基于情景感知的生产服务聚焦于生产环境，涉及生产服务内容和生产服务保障机制。基于对当前正在发生的、与生产活动有关的数据的捕获和分析，预测、判断生产计划，及时调整以适应正常和异常的市场需求，形成更加智能化和人性化的产品生产线。在制造企业生产环境中，情景分为静态和动态两种，主要包括生产环境中主体的行为活动、生产车间环境信息、生产设备运行状态等。情景感知系统是一种动态、并发的复杂系统，情景之间的关系可能是顺序或并发的。

1. 基于情景感知的生产服务内容

基于情景感知的生产服务涵盖在产品需求预测、生产计划制订、原料采购、产品生产、回收再制造五个环节中（图 4-5）。需要指出的是，基于数据价值的生产服务和基于情景感知的生产服务并不是矛盾的，而是相互支持的关系，即情景感知依然是对数据的计算，只是数据集合主要是对实时场景的描述。

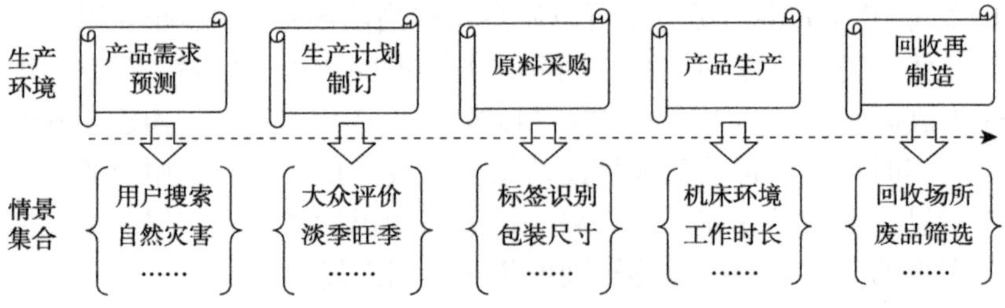


图 4-5　基于情景感知的生产服务

1）基于情景感知的产品需求预测服务

产品生产规模的预测主要以历史数据为依据，即基于数据价值的产品需求预测，但是，情景感知在突发应急场景下的作用更加突出。例如，当发生地震时，可通过感知受灾地区的严重程度，为不同地域预测受损产品的需求情况。这种情形下，实时情景的数据起到决定性作用，为灾情救助提供指导。

2）基于情景感知的生产计划制订服务

情景感知在生产计划制订环节的应用主要是动态调整已制订的生产计划，使其符合当前日期、月份、季度和年份等不同时间的变化。例如，生产计划制订者可以通过情景感知技术获悉市场环境、大众评价、售后服务反馈等，如果市场环境是淡季或者上游供应环节出现问题，可及时调整相应产品的生产计划。

3）基于情景感知的原料采购服务

产品批量生产前和生产过程中，都需要原料采购和补充，由特定部门依据生产计划制订零部件采购计划，包括供应商名称、零部件名称、计划数量及到货时间等。在一个基于情景感知的原料采购案例中应用了 RFID 技术，因为 RFID 物品标签具有唯一性、便捷性和对顾客的透明性，RFID 技术能够帮助快速识别采购物品，及时调整采购计划。

4）基于情景感知的产品生产服务

情景感知在产品生产环节的服务非常有效，它能按照顾客需求定制化地进行产品生产，并能快速响应市场需求和波动。感知能力使技术人员能够更有效、更方便地利用生产过程中产生的情景信息。例如，当生产系统中有设备发生故障时，控制中心可以快速获取异常信息，同时相关维护人员可以通过手机等移动设备获取故障预警或实时故障信息，并根据预定的处理方案及故障信息，快速获取工具，定位故障地点，进行设备维修。

5）基于情景感知的回收再制造服务

在全球环保的大背景下，回收利用成为减少资源浪费和保护生态环境的重要措施。例如，共享单车三年使用期满后面临报废，不仅占用公共空间和土地资源，还产生万吨级别的城市垃圾。情景感知技术的应用使得回收部门准确掌握报废单车的位置，使回收活动更容易完成。此外，情景感知技术可以根据单车部件的材质差异进行归纳分类，自动筛选破碎单车部件，回收的金属材料可循环利用，塑料则可以生产成各种塑料制品。

### 2. 基于情景感知的生产服务保障机制

作为一种新型移动商务应用模式，情景感知服务正在被越来越多的移动商务用户所接受。因此，产品生产端的利益相关者有动力去研发内嵌情景感知功能的产品。同时，在生产过程中应用情景感知技术可以提高生产效率。基于情景感知的生产服务实施，需要生产端的各参与主体设置一定的保障机制（图 4-6）。

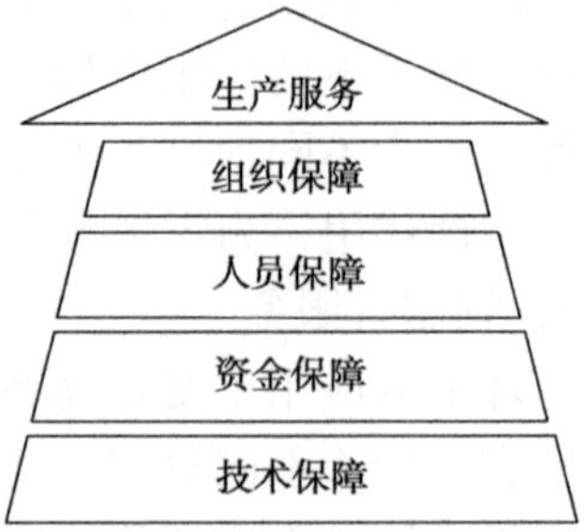


图 4-6　基于情景感知的生产服务保障机制

1）技术保障

技术支撑是一切的开始，也是生产服务的关键环节。纵观科技发展的轨迹，它的每一次重大突破都会引起经济的深刻变革和社会的巨大进步。当今世界，科学技术日益渗透到经济、社会等人类进步的各个领域，成为生产力中最活跃的因素，也是第一生产力。制造业的发展离不开科学技术的进步，情景感知技术的背后聚焦了物联网、人工智能、情景计算（situation calculus）、大数据等一系列技术支撑。

2）资金保障

任何一项新技术的开发和利用都需要足够的资金给予支持。因此，基于情景感知的生产系统需要强化资金层面的保障。一方面，设立专项基金，用于对情景感知技术研发的投资。另一方面，实现专款专用，真正实现促进情景感知下生产服务协同系统健康运营的目的，避免专项资金使用混乱。

3）人员保障

信息时代更加需要专业化人才的支撑，人员保障是确保情景感知下生产服务系统健康运行的关键。一方面，强化对现有生产技术人员的培训，通过短期和长期培训项目，提升从业者对情景感知技术的应用能力。另一方面，吸引相关人才、完善人才引进机制，制造企业应与各利益相关企业、科研院所和高校等合作，联合培养专业化、高素质的情景感知技术人才，保障情景感知下生产服务系统的高效运行。

4）组织保障

基于情景感知的生产服务需要强化组织层面的保障，提升参与主体对情景感知技术重要性的认识，重视在实际生产作业中应用情景感知技术。组织内部应确立情景感知技术在生产服务中的领导作用，制订和完善情景感知技术的应用计划，并积极执行，为生产环境中的生产服务实施提供组织保障。

基于情景感知的生产服务内核刻画了情景视角的生产服务内容，蕴含在产品需求预测、生产计划制订、原料采购、产品生产和回收再制造等环节，同时提供了生产服务保障机制。基于情景感知的生产服务内核侧重于实时生产情景的捕捉，有利于及时调整生产状态以适应生产环境的变化。同时，为市场环境中的产品服务提供支持。

### 4.2.3　基于情景感知的生产服务决策原理

基于情景感知的生产服务决策原理旨在反映生产情景之间的动态和依赖关系、支持生产情景的推理，并且清晰地表达生产情景感知服务的控制流程。基于情景感知的生产服务决策的核心是生产活动相关的参与主体，统称为情景感知服务的用户，他们按照产品需求预测、生产计划制订、原料采购、产品生产和回收再制造的顺序开展实践活动。

对于不断变化的生产环境，用户仅依靠生产知识和经验的传统模式已经不足以应对及时调整生产计划变动的要求，而通过实时感知生产环境状态，判别事件是否发生、发生的起因、过程和结果，能够为不断变化的生产计划调整提供决策依据。

基于情景感知的生产服务决策原理蕴含在由传感器、服务器、知识库和执行器四个模块构成的决策系统中（图 4-7），其中，服务器是决策的枢纽；传感器属于信号输入环节；知识库是基础层，是所有判断和决策的依据；执行器是最终环节，实现命令传递和反馈。

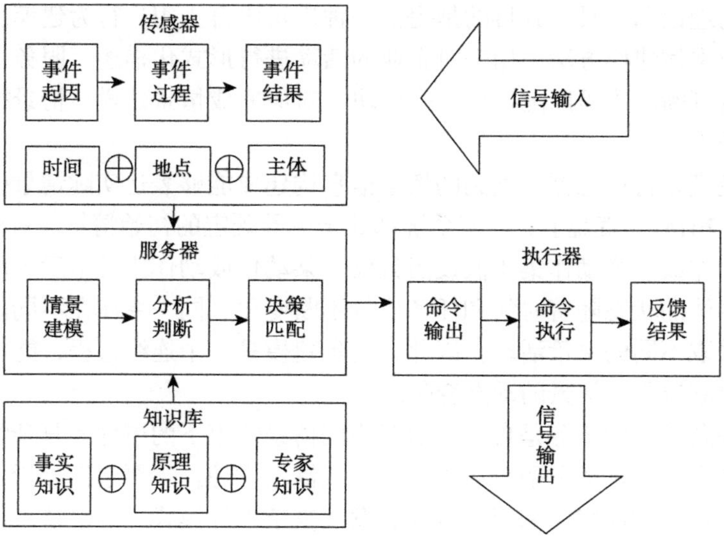


图 4-7　基于情景感知的生产服务决策原理

### 1. 传感器——情景采集

传感器主要完成情景采集任务。生产过程中的任务变化、自然环境转变、电力水平约束、自然灾害的影响等外界因素制约着生产环境各环节的正常运行。传感器通过物联网技术、信息物理系统感知当前所处环境的信息，借助嵌入式设备采集生产相关的信息并记录（任磊和任明仑，2019）。

传感器的情景采集功能具有良好的应用价值，可以实时监控运行数据、掌握设备运行状态、发现故障或预警报警。①随时随地查看设备状态和趋势，全面了解设备信息；②维修保护服务的自动触发，设备报警自动实时提醒，缩短故障响应时间；③自动提供故障处理建议，提高故障排除效率。传感器具备数据预处理功能，可对采集到的物体、环境和决策单元等数据进行预操作，分析数据集合之间的关联、构建数据矩阵，为情景计算提供数据依据。

移动设备已拥有多重传感功能，包括视频、语音、全球定位系统（global positioning system，GPS）、重力感应、加速度感应和红外感应等，获得感知信息已不再是困难和昂贵的事情。具有不同功能和特点的物理设备为不同需求的情景感知提供了必要的物理基础，推进并深化基于情景感知的服务场景应用。在情景感知应用和反馈过程中，检验理论架构和应用设置的不足，形成从物理设备到情景感知应用的升级发展机制。

### 2. 服务器——情景计算

服务器是完成情景计算的场所，情景计算用于表示动作和变化，是一种基于情景概念的理论和工具，其目的是提供一种逻辑语言为用户行为建模。情景计算在制造企业本体建模方法中用来对企业的活动进行形式化描述。服务器包括情景建模、分析判断、决策匹配模块三个模块，对应完成情景建模、情景推理、情景分配三项任务。

情景建模是将传感器采集到的情景信息构建成能够表达实际情景模型的过程（牛晓鹏，2018）。直观上，任何系统都处于一种既定的初始情景，一种情景可以通过一个动作或一个动作集（假设当且仅当某动作或动作集发生后）而产生另一种情景。主体的状态随着时间和任务执行不断变化，同一主体在不同的状态下对同一情景采取不同的决策活动。因此，情景建模是一个连续过程，能够表达情景感知服务控制流程中情景的动态变化。

分析判断模块的任务是自适应地对不同情景约束下的事件和复杂情形及时理解和判断，在事件驱动下融合环境信息完成情景推理。主要包括分析当前的情景约束信息、识别物体状态和简单事件、发现复杂事件模式、构建情景模型，在此基础上分析情景的演化模式和规律并对未来情景进行预测，实现预测性制造。这些事件、情景识别需要的知识规则，通过专家定义和线下的机器学习获取。

决策匹配模块的功能是在分析判断模块根据主体状态、价值偏好等规律得出的初步结论的基础上，匹配个性化决策方案。主要过程是在情景识别后，与知识库中的规则进行匹配并根据决策主体的状态，利用现有的知识对识别的情景采取最为合理的决策活动和响应，实现生产服务效果最优的目标。

3. 知识库——情景分析

知识库包含事实知识和原理知识等基本知识，以及专家知识，如专家掌握的经验知识为情景识别、计算、分析判断和决策匹配提供依据。知识库可以通过专家定义和机器学习不断丰富和完善。每完成一次任务执行或调整后，系统会对过程中的数据进行记录，进一步学习以优化对信息的理解和与决策活动的匹配，不断地更新知识库。

4. 执行器——服务输出

执行器是生产服务决策中非常重要的一个环节，它处在最终的执行位置，相当于执行命令和任务的“手脚”。执行器依据服务器送出的命令信号，对生产过程实施相应的操作活动、完成当前任务，并反馈执行结果。如果未完成，则重新进行循环的实时调整过程。

基于情景感知的生产服务理论通过对生产环境的感知，推理、预测生产情景的动态变化，用于指导个性化产品生产，提供精准对标实时场景的生产服务。基于情景感知的生产服务理论强调了静态和动态情景的作用，提供了一种及时的生产服务响应机制，有助于生产成本的降低和生产效率的提高。作为“全产业链脉动”服务理论体系的组成部分，有助于从场景视角理解现代服务的深刻内涵。

## 4.3　基于情景感知的产品服务理论

情景感知技术可以准确地感知和识别顾客行为和实践活动，像人类大脑一样理解顾客的意图，进而提供主动式和个性化服务。情景感知技术应用于市场环境，可以大幅度满足顾客个性化服务需求，提高顾客满意度。基于情景感知的推荐服务可以精准地迎合顾客需求，提高顾客采纳推荐产品和服务的概率，有助于降低服务成本，提高服务效率和产品竞争力。

### 4.3.1　产品情景感知及服务

情景感知的价值主张在于促进顾客对产品服务的体验并实现价值增值。价值创造的过程蕴含于顾客置身的情景中，通过顾客的体验互动逐步完成。制造企业和顾客都可以是情景体验的控制者和创造者，可以基于制造企业与顾客互动、顾客与顾客互动而形成不同的体验场景，而服务在互动过程中被传递、确认和实现。

科技水平的提高使智能设备的使用趋于便捷，计算机的受众从需要具备一定计算机知识的人员普及到普通大众。计算机不再局限于桌面，它融入工作、生活空间中，成为手持或可穿戴设备，甚至与日常生活中使用的各种器具融合在一起。智能设备的普及使得基于情景感知的产品服务成为现实。中国互联网络信息中心发布的《第 44 次中国互联网络发展状况统计报告》称，截至 2019 年 6 月，我国网民规模已经达到了 8.54 亿人，互联网普及率达 61.2%。其中，手机网民规模达到了 8.47 亿人，网民使用手机上网的比例达 99.1%。

根据服务内容，基于情景感知的产品服务可分为基础服务、安全服务、内容服务、生活服务、深度智能服务、产业外延服务和虚拟个人助手[①]，如图 4-8 所示。

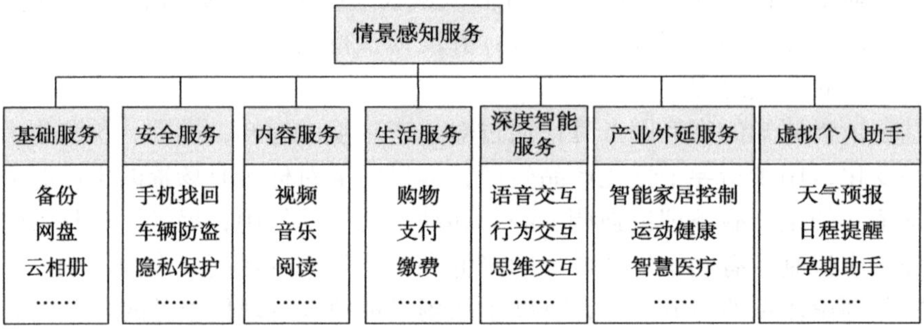


图 4-8　情景感知服务

基础服务包括存储服务，如备份、网盘和云相册等；安全服务包括提供手机找回、车辆防盗等服务；内容服务包括提供视频、音乐、阅读和游戏等服务；生活服务包括提供购物、支付、缴费、订餐、订票、打车出行及金融理财等服务；深度智能服务包括提供全面的语音交互、行为交互和思维交互等服务；产业外延服务包括提供智能家居控制、运动健康及智慧医疗等服务；虚拟个人助手服务主要是智能设备端提供的连接用户的服务，如天气预报、日程提醒等。

① 《“情景感知”已不再是虚幻，帮你解读智能终端的大数据新实践》，https://baijiahao.baidu.com/s?id=1601158212604144194&wfr=spider&for=pc[2018-05-24]。

### 4.3.2　基于情景感知的产品服务内核

产品服务主要面向终端顾客，当顾客的体验、观察和行动受到环境因素，如社会结构、共享经济新形态等的影响时，积极的人机互动过程通常有助于实现可靠和高效的需求激增。从这个意义上说，顾客、产品、服务和环境因素正日益编织成一个生态系统，形成“个体+事物+环境”交互的范例。通过情景感知理解个性化行为对于正确地理解“事件全部”并赢得顾客至关重要。

1. 基于情景感知的产品服务内容

依据产品流和服务流在市场环境的传递，将基于情景感知的产品服务划分为五个环节，并针对具体环节分析提取特征，形成对应的情景集合。基于情景感知的产品服务包含广告推广、物流运输、产品销售、产品使用和售后服务五个环节( 图 4-9 )。

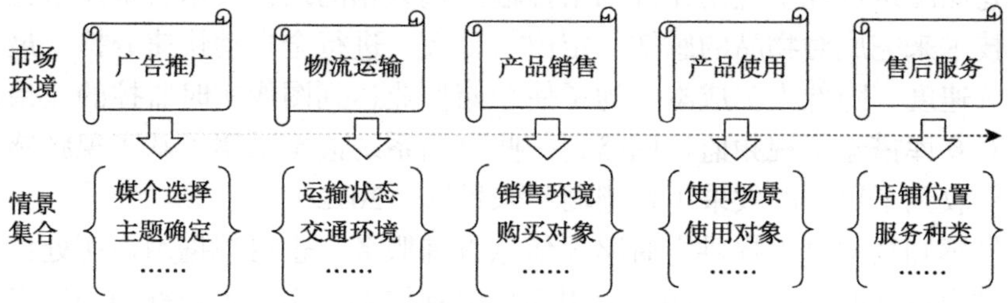


图 4-9　基于情景感知的产品服务

1）基于情景感知的广告推广服务

广告商在出租车、公交车、地铁移动电视等上面投放广告的传统模式非常被动，而情景感知可以根据顾客需求提供个性化服务，所以对顾客需求了如指掌（Vinh and Thinh，2019）。整合制造企业的产品服务信息后，根据顾客需求提供精确化营销，可以使企业、顾客和运营商实现共赢（Nofal et al.，2020）。

基于情景感知的广告推广服务的基本思想是：用户通过移动设备，如短信或彩信获得来自商家的基于位置和个人偏好的广告信息。该服务要求服务提供商之间密切合作：移动广告服务提供商主要关注广告的准备；而用户数据库所有方负责确定广告将被送达的目标群体；移动运营商的主要任务是选择适合作为目标群体的那些用户，并提供这些用户位置信息。

值得注意的是，广告的有效实现应是在用户事先同意接收来自移动运营商广告信息的前提下。如果用户对智能广告服务感兴趣，可以通过移动运营商直接与移动广告服务提供商连接，购买这种产品或服务。这项服务的主要优势体现在商家通过分析用户资料，可以找到那些可能愿意购买其产品或服务的潜在顾客。

2）基于情景感知的物流运输服务

物流是国民经济的重要支撑产业，是商品流通中非常重要的环节。环境剧烈变化增加了从制造企业到供应链的风险或不确定性，需要对物流运输的重点环节建立监测体系，基于情景感知的服务有助于增强对物流运输风险和不确定性的防范和控制。

需求波动、生产能力限制、库存管理的柔性要求等，使供应和物流网络需要适应性地变化和重塑。例如，快速发展的电子商务促使物流体量急剧上升并逐步成为常态化现象，使物品的识别、分拣操作频繁。因此，物流管理者通过 RFID 来感知计算场景中与交互任务相关的情景，实现交互的隐式化，从而让计算终端和日常物体具有与人–环境和谐交互的能力。例如，情景感知终端在物流中转站实现存货控制与监管，提高空间、人员和设备的使用率及缩短入库、出库流程和查货时间等，提高流程控制和管理的有效性。

在仓储配送过程中应用无线网络传输拣选数据的通信技术，采用激光、红外等无线技术来完成对物品的感知、定位与计数，进行全自动快速分拣，最大程度提高拣选速度、降低人工成本。为了使仓储作业达到图像实时监控的效果，仓储系统还对仓库搭建了视频监控网络，一些仓储系统甚至采用了基于视频感知的监控系统，收到了很好的效果（程珊珊和朱景锋，2012）。

情景感知技术可以提供实时路况信息查询服务，也可根据用户所处位置主动实时提供附近路况信息。例如，运用语言识别技术，实现语音查询和语音应答服务；基于短信网关技术，采用短信方式实现文字路况信息服务；基于电子地图数据，运用电子地图移动终端展现技术实现电子地图路况信息实时更新服务。

3）基于情景感知的产品销售服务

无线传感器网络的定位是智能物联网提供的自动发现服务的主要功能之一，而定位精度是评价服务质量的关键问题。情景感知技术正是利用了用户当前地理位置信息，推荐距离最近的产品销售门店、商场等购物和娱乐场所（高永梅和鲍福光，2018），主动从前端切入消费者体验场景。基于情景感知的产品销售服务对大量的信息进行整合，然后根据用户的个人信息和情景提供最贴心的服务，省去用户查找阶段，极大地便利了用户、增强了用户体验感受。

4）基于情景感知的产品使用服务

用户在使用具有情景感知功能的产品时，有一个适应过程。在产品使用过程中，用户逐渐形成某种态度，并应用语言文字表达自己对产品价值的评价情况，然后通过网络或者社交软件上传，评价情况对其他用户可见，有利于优质产品的推广和劣质产品的淘汰。

情景感知还可以管理产品的使用、监视设备实时位置，加强设备使用与管理的规范化。例如，控制设备运营区域，云端管理设备行动范围；设备租赁商指定出租设备的作业区域，超出指定区域时会第一时间接到报警；已出租设备随时可以定位到当前的工作位置；追溯设备的运行轨迹等。情景感知技术应用不仅能够实时监测高价值产品的使用状态，产生防偷防盗的效果，还能防止用户利用公司资产获得私人收益的现象。

5）基于情景感知的产品售后服务

在设备用户开启位置服务的情况下，制造企业可以方便地获取用户位置信息，而且随着定位技术的不断进步，手机等智能设备的定位精度越来越高。不同于需要投入大量监控设备采集信息的其他方法，基于情景感知的售后服务利用现有的设备资源提供额外的增值服务，成本较低、信息获取方式便捷。

一个典型案例是用户绩效监控器的使用，将实时监控的数据加工后用于分析产品绩效，并向制造企业上报所有负面信号。海尔正是采用了这种模式，数据引擎主动、自发地从用户的产品序列号中检索性能数据，确定导致该问题的根本原因后，采取正确的行动方案。它可以实现产品线的全流程责任定位和追溯，一方面，有助于促进生产端的责任意识，另一方面，促进了用户服务体验的正向作用。如果是车间工人的失误导致故障，车间奖金系统则会加入这项个人记录；如果是零件故障，则会检查组件性能，以确定合适的解决方案，防止后续问题的发生[①]。

### 2. 基于情景感知的产品服务设计原则

基于情景感知的产品服务更新了顾客购买和使用产品的方式，但也映射出新的问题，服务提供者需要考虑和解决顾客对服务成本的承受能力、对服务风险的承受能力及对隐私泄露的担忧。因此，控制服务成本、规避服务风险、保护顾客隐私成为基于情景感知的产品服务设计中需要遵守的三个原则（图 4-10）。

图 4-10　产品服务设计原则

① 世界经济论坛和麦肯锡在 2020 年共同发布的《全球“灯塔工厂”网络：来自第四次工业革命前沿的最新洞见》。

1）控制服务成本

当涉及利益时，顾客会变得非常谨慎，当顾客在考虑是否采纳情景感知服务时，会在潜意识里考虑采纳行为可能带来的成本。情景感知服务的成本主要包括有形成本和无形成本，其中，有形成本主要指在使用情景感知服务时需要实实在在花费的金钱，如购买移动设备、支付上网费用等；无形成本主要指学习成本，面对一种新型事物，顾客必然需要花费精力去学习和使用。

2）规避服务风险

顾客具有自我防御意识，趋利避害的本能使得其在消费时有自己的效用感受，保护自己利益不受损失。由于无法预估消费结果，每一次消费都是一种赌博，无形中就存在风险。不同顾客对待风险的态度是不一样的，具体来说，用户风险态度可分为三种：风险偏好者、风险中立者和风险规避者。不同的风险态度会导致不同的决策结果，情景感知服务提供者尤其要关注风险规避型的顾客。

3）保护顾客隐私

在情景感知为未来生活带来无限便利的同时，个人隐私面临巨大的泄露风险，顾客对个人隐私的安全产生了担忧（李刚等，2008）。情景感知服务会在设备用户不自知的情况下不断获取其活动信息，如果有人恶意攻击，用户的隐私信息，如位置、行为习惯等将遭到泄露，威胁生命和财产安全。因此，在为顾客提供便捷、有效服务的前提下，如何将私人隐私的泄露限制在无害的范围内成为情景感知服务的一大难题。

自适应的情景感知服务让顾客感觉不到计算的存在，却无时无刻不在享受着信息服务的人性化和便利性，情景计算主要以服务的形态体现，并自然地融入社会环境。虽然攻克其技术障碍、构建统一和开放的标准体系仍然前路艰辛，但是商业模式的初步成功也给情景感知技术发展注入新的驱动力。

### 4.3.3　基于情景感知的产品服务决策原理

基于情景感知的产品服务决策原理旨在通过市场环境中有关场景的感知，提取并深入分析产品服务的时间数据和空间数据，为产品个性化和主动式服务提供依据。用户的每次活动都伴随着连续的场景转换，具有时间属性和空间属性，从而产生和积累了海量、动态、异构、无规律的并分布在系统各处的数据。时空数据显示了在何时、何地、哪个时空对象、发生何种变化及如何变化的基本状态。情景感知将时空数据利用起来，并进行分析、识别和定位，推动产品服务个性化和主动式发展。

### 1. 基于情景感知的产品服务决策内核原理

在基于情景感知的产品服务决策过程中，情景是产品服务的核心，情景技术使得制造企业精准地把握顾客信息，同时需要卓越的计算能力充分发挥感知情景的价值。其中，计算包括模型建立和算法求解两个环节，二者缺一不可。情景感知领域的代表性模型包括神经网络模型、线性和非线性回归模型、机理模型等；先进算法技术包括人工智能、区块链等，模型和算法赋予的计算能力帮助决策者发现规律并提供智能决策支持。基于情景感知的产品服务决策内核原理如图 4-11 所示。

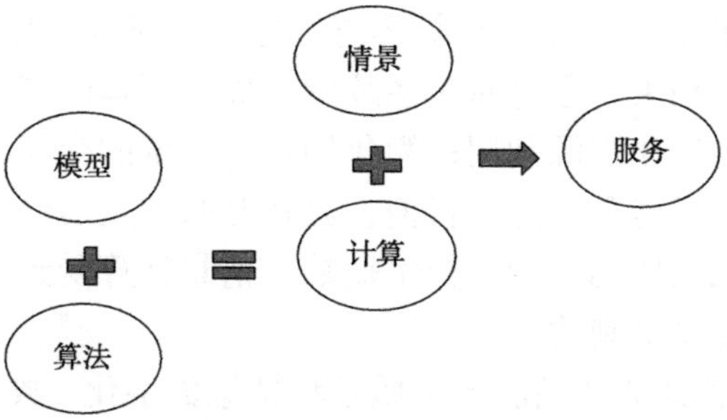


图 4-11　基于情景感知的产品服务决策内核原理

基于情景感知和模型算法驱动的服务应用，构成了智能化服务流。只有形成顺畅的服务流，才能够释放情景感知价值、满足用户需求、创造直接或间接的经济效益。按照情景感知流程，产品服务内核计算模块包括情景采集、情景分析、情景计算、服务输出四个部分（图 4-12）。

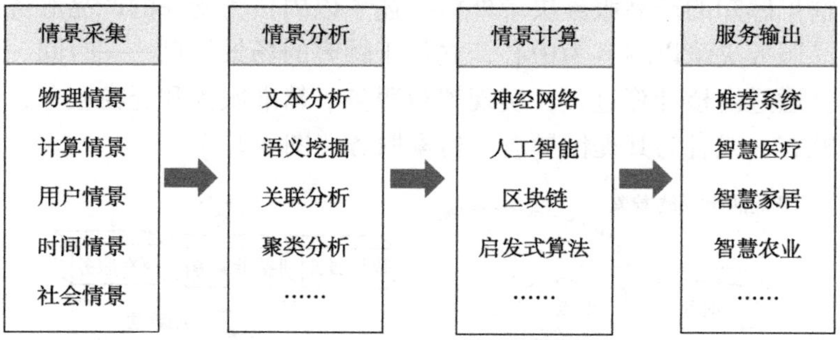


图 4-12　产品服务内核计算模块

（1）情景采集主要是通过界面分析、日志分析、语义分析或者传感器感知等方法实现物理情景、计算情景、用户情景等市场环境各情景的采集。通常，根据情景采集指令发起端的不同可以分为主动式情景采集和被动式情景采集。主动式情景采集指情景采集设备根据预先设定的情景信息采集相应的情景信息的策略，并将采集到的信息通过物联网上传到数据服务器。被动式情景采集指情景信息的采集由特定的情景感知服务发起，通过向情景信息采集设备发送请求，适时地采集特定的情景信息。情景感知采集技术有 GPS、红外、RFID、基于视觉技术的定位系统等。主动采集和被动采集从不同视角实现情景信息采集，彼此促进、互补。

（2）情景分析是通过将智能信息处理技术融入情景感知计算中，来获得更加准确、深入的情景信息。情景信息采集后采取合适的表示方式来存储数据，并通过索引来保证有效的访问。常采用文本分析、语义挖掘、关联分析和聚类分析等分析方法对可访问的情景信息数据进行深入的分析处理。

（3）情景计算作为一种新的计算形态，与神经网络、人工智能、区块链和启发式算法等技术密切相关。通过赋予系统感知周围环境的能力，来促进系统内部主动调整自身行为、优化资源利用；简化用户与系统的交互，提升使用体验，使系统变得更加流畅、智能和友好。目前，万物互联的发展趋势使得现有的计算算力供应不足、数据无法协同、专业技术短缺，情景计算受到限制，从而也会形成基于情景感知的服务供给制约。

（4）基于情景感知的产品服务本质是将情景数字化、数字智能化，最终实现智能化服务。数字化和智能化是数据中心基础设施演进的必由之路。随着物联网和人工智能技术的不断完善，数据中心将逐步实现由运维、节能、运营等单域的数字化，向规划、建设、运维、优化的全生命周期数字化演进，形成丰富多样的智能化服务场景。

2. 基于情景感知的产品服务决策外核原理

基于情景感知的产品服务决策外核描述了以内核为支撑的产品服务决策外部流程。产品服务决策以顾客为中心，立足于顾客的场景信息——时间、地点、人物、事件，通过内核计算过程，实现智慧服务、精准服务和泛在服务，并智能化地推荐给顾客，或者为其提供导航、检索服务（图 4-13）。

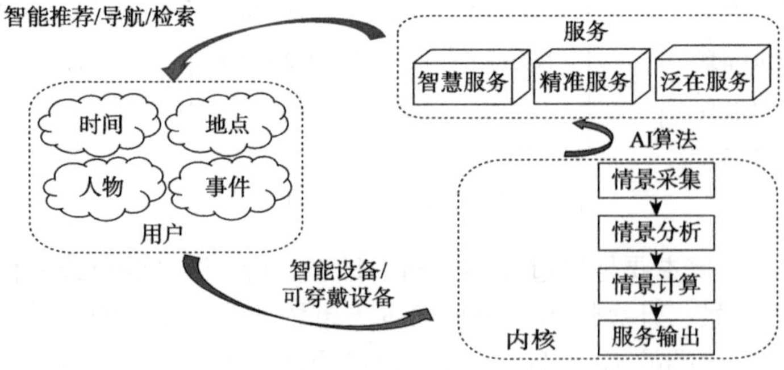


图 4-13　基于情景感知的产品服务决策外核原理

基于情景感知的产品服务决策外核显示了服务的三种属性：智慧性、精准性、泛在性。智慧性是指生命所具有的基于感官感知、大脑运算的一种高级创造和思维能力；精准性是指在时间轴线、空间位置上对每一位顾客需求的准确定位；泛在性是指无时无刻、无处不在，突破时间与空间限制，可实时获取。情景感知技术可以赋予每一项服务都具备上述三种属性。

（1）智慧性服务的实现依赖于将情景感知技术打造成生物所具有的神经元和器官，包含有感知、知识、记忆、理解、联想、情感、逻辑、辨别、计算、分析、判断和决策等多种能力，最终升级成一种具有高级思考能力的“生物”，做出成功的决策。

（2）精准性服务的实现依赖于将内嵌情景感知技术、人工智能算法、数据储存元件的智能设备和可穿戴设备打造成超级大脑的支撑。神经元和感知器官得到的数据是血液，流通到超级大脑后，可以深刻地理解顾客、事件、物体、社会、宇宙及现在、过去、将来，拥有探索、思考、分析和决策的能力。

（3）泛在性服务的实现依赖于搭建全范围覆盖、具有更快传输率的移动通信网络，实现数据共享、资料交换。数据的爆炸式增长导致量级越来越大，高数据速率、减少延迟、节省能源、降低成本、提高系统容量和设备连接将成为未来移动通信领域的基本要求。

基于情景感知的产品服务决策内核原理提供了从情景到计算的实现路径，呈现了基于情景感知的产品服务的内部计算过程。基于情景感知的产品服务决策外核原理从思想层面，总结了智慧性、精准性和泛在性服务的实现方法。内核和外核共同构成了基于情景感知的产品服务决策理论，有助于促进制造企业向情景感知型服务提供商转变，在节约产品服务成本的同时，通过市场拓展获得更丰厚的收益。

## 4.4　基于情景感知的双向服务理论

基于情景感知的双向服务理论描述了制造企业随顾客场景切换而自适应动态变化的机制，有助于揭示全产业链利益相关者协同生产、提供产品服务的原理。基于情景感知的双向服务理论，涵盖了现在指向未来的远景规划和未来指向现在的场景创造双向过程，展现了现在与未来相拥的虚拟场景。

### 4.4.1　全产业链情景感知服务

基于情景感知的全产业链服务是一种新型的服务形式，泛指利用情景感知理论向参与主体推荐适合当前情景的服务。基于情景感知的全产业链服务强调服务请求时的场景，即用户、物理环境和信息媒介存在的空间。情景感知包括用于刻画场景的六维数据：时间、地点、用户、事件起因、事件过程、事件结果。此数据矩阵的关注点是当前时刻的信息，而不是大数据强调的跨时间长度的海量数据集合。

1. 全产业链情景感知服务内容

全产业链情景感知服务是指一切以情景感知技术为基础的服务形式，蕴含在全产业链的各个环节，服务于各个主体。情景感知服务需要运营商、地图提供商、软件开发商等大量主体的共同参与，通过协同合作为顾客提供有效的情景感知服务。因此，部分主体既是服务提供者，又是服务需求者。

基于情景感知的全产业链服务包括生产环境和市场环境的服务。根据产品的流通环节，可分为产品需求预测、生产计划制订、原料采购、产品生产、广告推广、物流运输、产品销售、产品使用、售后服务和回收再制造十个环节，基于情景感知的服务基于各个环节的健康运行需求确定具体的服务内容。

2. 全产业链情景感知服务分类

Barkhuus 和 Dey（2003）将情景感知服务分为个性化情景感知服务、被动式情景感知服务和主动式情景感知服务三类，如图 4-14 所示。全产业链情景感知服务可以参照 Barkhuus 和 Dey（2003）的服务分类，将情景感知服务分为个性化、被动式和主动式三类。

图 4-14　全产业链情景感知服务分类

个性化情景感知服务体现了企业以人为本的经营理念，是提高核心竞争力的重要手段。个性化情景感知服务重视与顾客的交互，服务方式更加灵活多样，主要形式有个性化信息检索、个性化信息推荐、个性化内容定制、个性化界面定制等。主动式情景感知服务是一种“即推”形式的服务，应用系统主动向顾客推送各种个性化资源，是核心研究点。被动式情景感知服务是一种“即拉”形式的服务，只有顾客主动请求服务时，情景感知模块才会介入，如顾客主动查询附近的电影院位置和电影提档信息等。目前，检索、用户界面、内容定制等均属于被动服务模式。

伴随着智能设备科技水平的进一步提升，手机传感器技术对顾客研究具有重大意义。同时，情景感知对于设备用户体验设计至关重要，"主动服务设计"是其中更为重要的研究方向，即智能化移动设备可以通过情景感知自适应地发生改变，从而为设备用户提供基于场景的服务体验。

一个典型案例是华为情景智能模式，其通过识别设备中的飞机、火车、酒店等订票信息及备忘录和待办事项信息，自动生成出行备忘、待办事项列表、出行方案、目的地天气等多种提醒卡片，方便用户快速浏览，还会提醒用户注意时间节点①。华为情景感知技术存在的意义就在于可以根据设备用户的使用习惯和场景进行智能推荐，集合智慧搜索、服务直达、运动数据、稍后阅读、新闻等快捷显示页面，自动生成各项提醒卡片，适时提供智能推荐和提醒服务。

### 4.4.2　基于情景感知的双向服务内核

基于情景感知的全产业链服务，需要全产业链成员协作、协调和协同，成员之间既有竞争又有合作，任何一个成员都无法独立完成全产业链的所有工作。全产业链参与主体、生产要素、服务要素和供应链本身构成一个复杂系统，各要素之间存在相互作用、相互影响的竞合关系，在内部动态演化和外部政策等环境因素影响下共同发展，致力于推动情景感知技术的提高，提升基于情景感知的双向服务质量。

1. 基于情景感知的双向服务体系要素

用户、情景和系统构成了基于情景感知的双向服务体系三要素。情景感知服务的主体是智能设备用户，是整个服务架构的核心；情景是整个服务架构的基础；系统是整个服务架构的工具。基于情景感知的双向服务体系要素如图 4-15 所示，清晰地描述了用户、情景和系统三要素之间的关系。

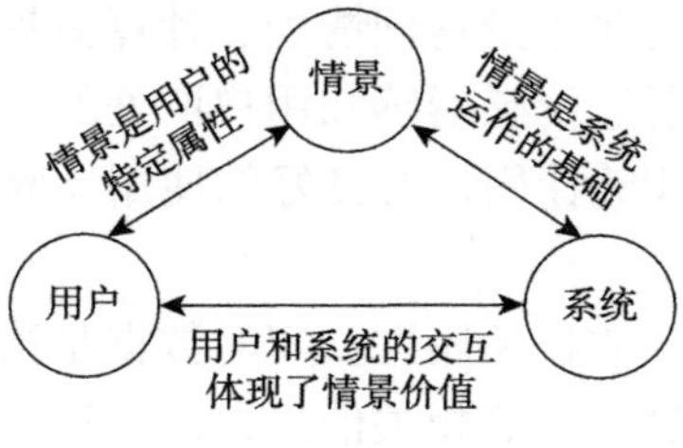


图 4-15　基于情景感知的双向服务体系要素

① https://consumer.huawei.com/cn/support/content/zh-cn00696121/[2018-08-23]。

用户不仅指市场环境中的终端顾客，制造业服务化生产环境和市场环境中的各企业都可以成为用户。例如，模块供应商能够通过情景感知更加清晰地了解自己的产品在装备制造商生产环节的进程和状况，精准地指导装备制造商有效实施模块化生产，此时，装备制造商成为情景感知服务用户并获得模块供应商提供的服务。相应地，情景是用户的一个标签和特定属性，生产环境情景可以是制造过程中的任务、自然环境、电力水平等因素；市场环境情景可以是销售门店的布局、环境等因素。系统则是情景采集、情景分析、情景计算和方案输出等步骤发生的场所，是用户和情景产生交互行为的媒介。

2. 基于情景感知的双向服务体系属性

从基于情景感知的双向服务体系要素可知，双向服务“以用户为中心”满足用户需求，形成了用户、情景和系统相互支撑的双向服务体系。基于情景感知的双向服务体系具有情景性、实时性、泛在性、交互性和自适应性五个属性（图 4-16），五个属性之间相互作用、相互影响。

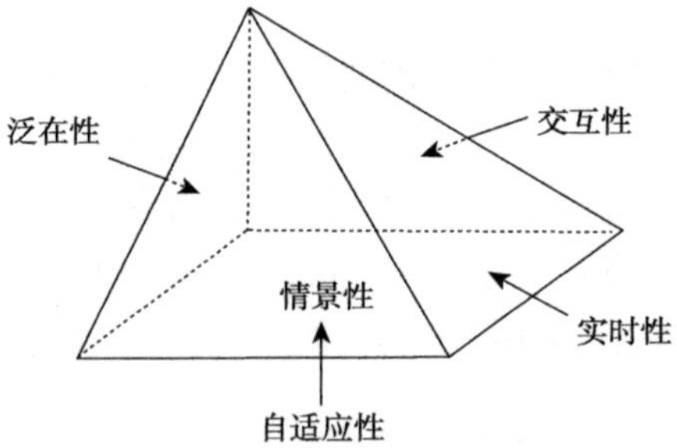


图 4-16　基于情景感知的双向服务体系属性

1）情景性

情景性是情景感知服务的基本属性，也是区别于其他服务类型的本质属性，是指与某一特定的社会文化环境相联系。情景性包含了用户行为发生的时间、地点及其行为习惯和偏好，主要是指物理情景、计算情景、用户情景、社会情景和时间情景。情景感知服务通过传感器感知用户所处的情景，自动提供与当前情景相对应的即时服务，从而能够让用户有良好的使用体验，进而愿意采纳并使用。

2）实时性

实时性是情景感知服务的显著属性。实时数据是当下计算得到的，刻画了某一时刻内某事发生、发展过程中的相关信息，即表达了最新的情况，是当下情况在数据层面的反映。情景感知对数据高时效性要求的应用场景具有重大的现实意义。例如，①用户行为依赖于当下数据的直接反馈，如金融市场中股票的买入、卖出行为，需要根据当下最新的价格进行决策；②实时数据也被用于对象监控和预警，预警对象往往具有一定的危险性和破坏性，不允许数据出现滞后，如化学罐区中对化学品的温度进行实时监测、预警；③特定日期，比如重大节日对业务数据的跟踪，如“双十一”商家大宗销售额数据跟踪。

3）泛在性

泛在性是情景感知服务的优势特点，陈天娇等（2007）将此特点归纳为无处不在性，即用户可以超越时间和空间的限制，随时随地、无处不在地接受情景感知服务。无线通信和移动商务的发展使用户摆脱了电子固定设备的束缚，能够随时随地使用移动商务。情景感知服务的泛在性不仅让用户在任何时间、任何地点都能享受服务，也能保证移动设备连续不断地采集用户情景，感知预测用户需求，泛在性使用户的生活和工作更加便捷。

4）交互性

交互性是情景感知服务不可或缺的属性，特指用户与移动终端设备的交互，反映了情景感知服务需要依赖智能设备。从广义的观点来看，交互是用户和设备双方持续获取双向沟通的方式；在传统的沟通方式中，用户首先需要输入信息，终端接收到信息才会予以响应，这是一种被动的服务方式（张亚明等，2018）。情景感知服务既可以表现为被动服务方式，更多的是主动式响应，无须用户告知。情景感知的交互性能够保证系统软件主动完成人机交互，用户不必主动输入需求信息即可获得所需服务，从而主动实时地为用户提供服务。

5）自适应性

自适应性是情景感知服务智能化的体现。自适应性表现在为应对系统环境的变化，通过调节自身参数或结构做出自适应反应，使得系统对环境做出正确、合理的响应（陈天娇等，2007；任磊和任明伦，2019）。自适应性可以看作是一个能根据环境变化智能调节自身特性的反馈控制系统，以使系统能按照设定的标准保持最优工作状态。场景等信息变化可以影响用户行为，如突然下雨时，外出的用户倾向于尽快回家，结束户外活动，情景感知服务正是通过采集到的这种天气变化信号，自适应地调整日程活动服务方案。

### 3. 基于情景感知的双向服务体系特点

基于情景感知的双向服务突出了用户价值及用户融入真实情景中的价值增值作用，为个性化服务、主动式服务奠定了场景基础。基于情景感知的双向服务体系具有四个显著特点，即个性化、主动式、场景化和模块化（图 4-17），能够让用户以身临其境的真实感受体验服务价值。

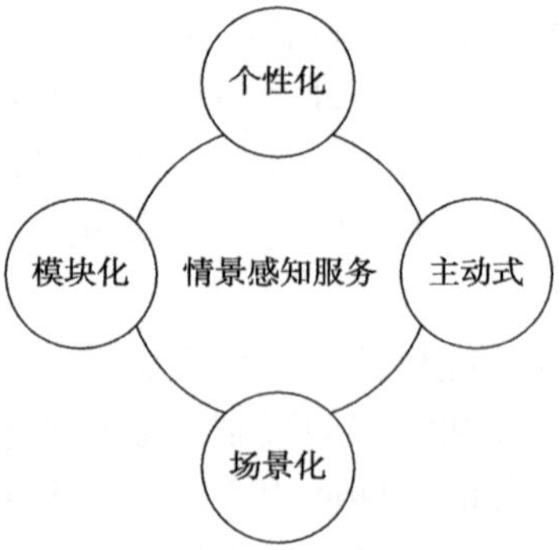


图 4-17　基于情景感知的双向服务体系特点

1）个性化

个性化服务根据顾客需求开展，通过各种渠道对顾客需求信息进行收集、整理和分类，向顾客提供和推荐相关服务，以满足其多样化和个性化需求。个性化服务将每一位顾客视作一个单独的细分市场。例如，海尔提出了“您来设计我来实现”的新口号，由顾客向海尔提出自己对家电产品的需求，包括性能、款式、色彩、大小等。个性化时代，企业根据顾客的订单开展生产计划，能真正做到以需定产，将库存积压降到最低，加快了企业资金的周转速度。个性化服务减少了各中间环节及其支撑费用，缩短了供需双方之间的距离，增加了企业和顾客之间的黏性。以顾客为主导向其提供个性化产品服务有助于提升企业的市场竞争力，在激烈的市场竞争中获得生存发展空间。

个性化服务是提供给顾客的基于特定情景的服务，它超越定制化，是对顾客需求准确、及时地响应。在情景感知服务中，个性化的优势尤其突显。个性化情景感知服务将成为移动通信网络的推进剂，办公、娱乐及金融服务等个性化的内容提供会大大增进移动设备的使用，使得无线局域网及相关服务的接受率大幅提高。

2）主动式

传统服务方式是当顾客提出问题解决需求时，服务提供商才进入并给予响应，而主动式服务强调的是对顾客可能面临问题的预判并提前介入。例如，移动设备虽轻小便携，但有限的使用界面会导致设备用户体验下降，为避免界面限制导致的产品使用抵触等问题发生，主动进入并提供改善用户体验的服务变得尤为重要。

主动式服务的核心是服务提供者通过多种途径和方式走近顾客，主动分析挖掘顾客服务需求。基于数据价值的主动式服务是基于历史数据预测的，虽然数据跨度越长、数据越多，预测越精准，却也面临信息的采集数据量巨大、计算模型复杂、移动网络庞大等问题，海量的信息交互依赖于网络、存储设备和智能算法，容易造成存储困难和计算复杂。基于情景感知的主动式服务主要依据设备用户当前时刻的场景化信息，与基于历史数据的分析相比，计算规模得以下降，但预测准确度并不逊色。

3）场景化

场景是用户、信息媒介和物理环境相互作用、相互连接，进而产生信息交换、价值生成的特殊空间。场景化服务是针对特定用户群体，通过感知设备用户当前所处的场景和情景，自动获取和发现顾客需求，进而依据顾客需求场景有针对性地整合资源和组合服务，主动为顾客提供多项场景选择等服务的一种方式。

基于情景感知的场景化服务在设备用户同意或授权的情况下，根据用户设定的需求、所处环境的变化为用户提供合适的服务，有助于节约时间成本和搜寻成本，从而更加便捷地向顾客提供多样化服务。场景化服务需求为场景创造提供了动力，以面向顾客需求的真实场景增强顾客体验、顾客价值感受，身临其境创造需求、价值共创。

4）模块化

情景感知模块化体现在对情景的模块化感知和对情景数据的模块化处理。模块化感知明确了不同传感模块的职能，如温度和湿度传感器分别负责感知温度和湿度，高效完成复杂场景的感知；数据处理模块化则可以提高效率，2020 年 2 月，华为公司发布的面向 2025 年数据中心能源十大趋势之一即为全模块化[①]，具备快速部署、弹性扩容、运维简单、高效节能等优势。情景感知服务模块化可以快速响应用户需求，及时完成产品更新迭代。

由于技术等各方面的限制，情景感知服务还不能够完整、精确地捕获设备用户的全部情景信息，实现完全智能化、主动式的情景感知服务仍有困难，而被动式情景感知服务则是比较接近现实的一种服务类型。情景感知服务系统需要尊重用户的决策权和隐私保护，由用户决策自己的需求，情景感知预测及推理决策只是更好地协助用户决策，而不是替代用户。目前，仍需各方共同解决服务质量和资费争议问题，尽快建立一个良好的情景感知服务生态环境，推动情景感知技术在中国的良性发展。

### 4.4.3　基于情景感知的双向服务决策原理

基于情景感知的双向服务决策原理旨在给出以情景感知为核心技术、以个性化和主动式服务为目标的新型服务架构，揭示全产业链成员之间的动态性和协同

---

① 华为官方网站，https://www.huawei.com/cn/news/2020/2/huawei-top10-trends-datacenter-facility-2025[2020-02-04]。

性，创新制造业服务化转型路径。双向性是指由现在指向未来的远景规划和未来指向现在的场景创造。

远景规划基于当前时刻的情景信息，为未来时刻的顾客规划高度满足其需求的服务，在时空上具体化服务目标、形式和预期效果。场景创造基于未来时刻的情景设想，从画面呈现中寻找灵感和不足，为现在时刻的服务提供者提供商业思路。正向服务流是通过情景去预测用户需求，而逆向服务流是通过创造场景引导顾客需求。双向服务理论的基本思想是走向场景、走近顾客。

### 1. 基于情景感知的双向服务体系架构

基于情景感知的双向服务体系描述了基于情景的两条服务流向（图 4-18）。正向服务流是指通过感知用户当前时刻所处的情景，利用技术手段预测下一时刻的顾客需求，将个性化服务介绍或者推送给顾客，提高顾客的服务接受概率。逆向服务流是指通过场景创造，呈现出未来顾客活动的可能画面，从场景服务需求点反馈到当前情景中，主动为用户创造场景、拉动需求。物联网时代，产品渗透于顾客生活场景，顾客关心的不再是某一个产品，而是它能否融入需求场景，能否为自己创造价值。

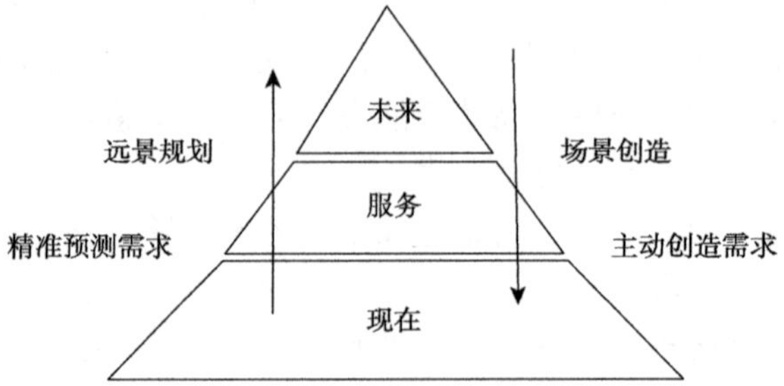


图 4-18　基于情景感知的双向服务体系架构

在现实生活中，以被动接收顾客发出的服务请求为主要服务形式，而根据情景感知去远景规划需求，使得制造企业占据主动地位，这也正是构建正向服务流的意义。场景，可以理解为具有明确诉求的画面。需求存在于主体，而场景是企业发现顾客需求的源头，两者存在一种依存关系，即根据场景发现需求、根据需求创造场景。基于场景挖掘需求、基于场景创造设计，有具体场景作铺垫的需求往往更容易被接受。场景是一种呈现方式，能够展现出事物的一幅画面，画面越细致、越有不合理的地方，越有创造需求的价值。

基于情景感知的双向服务体系依赖于物联网技术的发展，这种范式逐渐将所有对象都连接到网络，与网络另一端的其他连接对象交互，并访问以前不可获取的信息。这种人与物、物与物通过网络完成信息交互的模式，有助于实现智能识别、定位、跟踪、监测和管理。

无论是生产环境中的产品需求预测、生产计划制订、原料采购、产品生产、回收再制造环节，还是市场环境中的广告推广、物流运输、产品销售、产品使用、售后服务环节，这些服务的推荐都与顾客当前的实时场景有强相关性。基于情景感知的双向服务体系是一种随时间流逝而变化并动态调整的协同模式，其中，设备端和云端是实现情景感知的主要支撑手段，如图 4-19 所示。

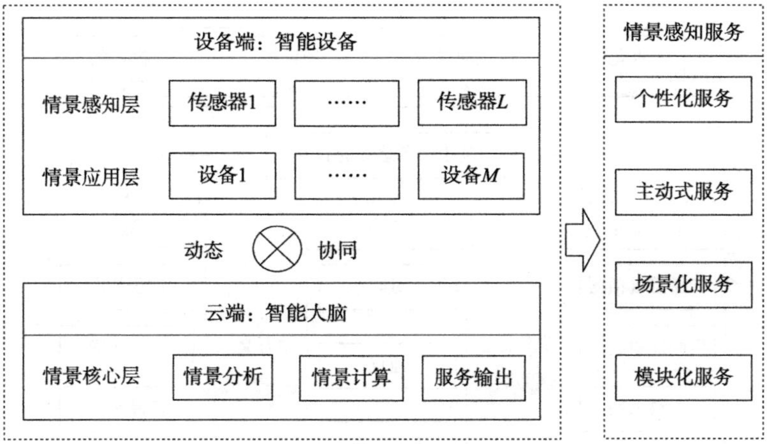


图 4-19　基于情景感知的服务体系协同模式

设备端是指智能终端，包含一切装有传感器、可实时感知环境的智能设备。云端是智能化设备的提供商，它拥有一种智能大脑的服务能力。“设备端智能硬件+云端精准服务”将成为智能终端市场发展的主流，可提供情景感知的相关服务。

设备端包含情景感知层和情景应用层，情景感知层的基本功能主要是基于传感器采集数据，而情景应用层主要是智能设备。云端包含了情景核心层，实现了情景分析、情景计算和服务输出。动态的情景信息需要经过分析和计算才能创造具有价值的情景感知服务。由传感器或移动设备直接采集的是原始数据，根据一定的规则和知识对原始数据进行处理之后，可抽取得到情景特征；对情景特征进行一定的融合之后，可以得到情景现象。但情景现象反映的仅仅是局部情景，通过集成所有的局部情景信息才能够得到情景描述信息。

基于情景感知的双向服务体系架构依赖于物联网的协同创新，包括移动通信网络等基础设施的共享、信息的互联互通、技术的合作开发及数据的处理和综合运用等。政府、产业链骨干企业、高校科研院所、中介服务机构及金融机构是物联网协同创新的主体成员，人才、技术、资金、基础设施、信息是资源要素，市场、组织、文化、政策是支撑要素。

### 2. 基于情景感知的双向服务决策机理

基于情景感知的双向服务决策机理体现了生产服务和产品服务的融合，既强调产品生产环境和市场环境的动态性，又阐述两端融合的协同性（图 4-20）。由于情景是实时的、随时间变化的，实时动态的情景促使服务需求也应具有实时动态性。协同性是指产业链的不同环节通过对流程、价格和信息等一系列要素的感知，实现产业链的高效运转，使全产业链实现提高效率、降低成本的多赢局面。

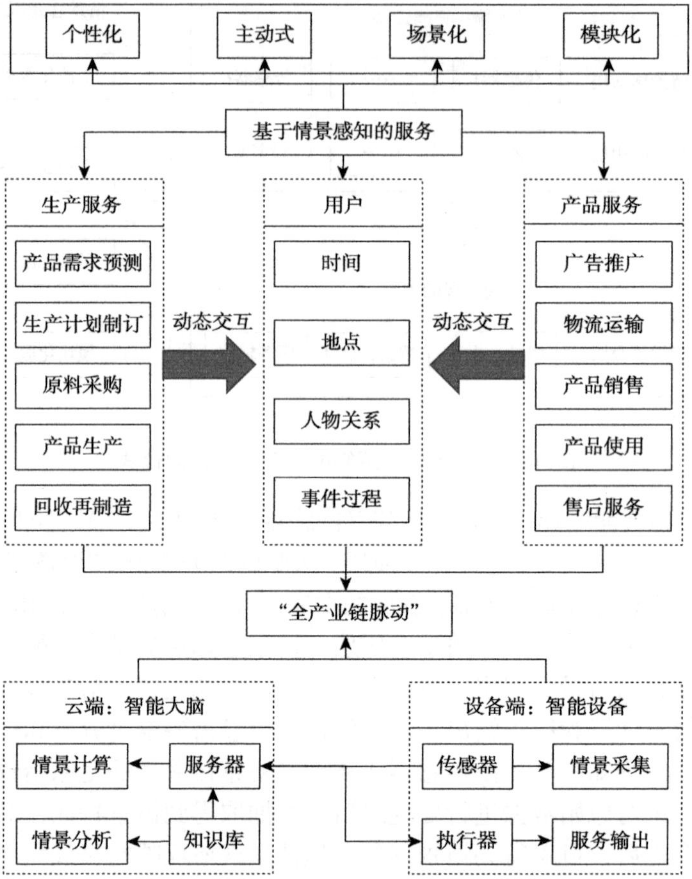


图 4-20　基于情景感知的双向服务决策机理

“全产业链脉动”管理的核心目的就是打通全产业链上下游各个环节，生产端和市场端的感知服务都以顾客为中心，旨在提供精准的服务，实现企业竞争力的提升。协同性鼓励龙头制造业拓展业务发展空间，自主地完成整条产品链的感知服务。协同性体现在从单一产品的开发到多产品的组合，从单一应用软件到多种不同功能软件的综合应用。

### 3. 基于情景感知的双向服务导向

基于情景感知的双向服务决策原理揭示了以情景为已知信息、以计算技术为工具、以现在与未来双向流通为理念的决策方法，强调服务的实时性、开放性、包容性和增值性（图 4-21）。基于情景感知的双向服务导向突出了服务的多元化、多样化，以“任意”满足顾客需求、提升顾客价值。

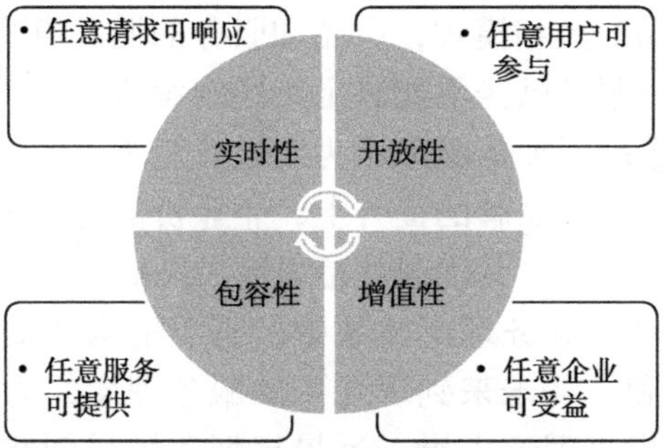


图 4-21　基于情景感知的双向服务导向

1）实时性

基于情景感知的双向服务强调服务的实时性，即服务提供商对需求的响应能力。一般情况下，顾客基于情景的服务请求有实时性的特点，要求在一定的时刻或一定的时间内自外部环境收集信息，再及时做出响应。服务体系的更新速度越快，越能够反映顾客当下的习惯，越能够向顾客提供有时效性的推荐服务。例如，在顾客使用个性化新闻应用时，期望更快找到与自己兴趣相符的文章；在使用短视频服务时，期待更快地“刷”到自己感兴趣的内容；在线购物时，同样希望更快找到自己喜欢的商品。所有的推荐都突出一个“快”字，这就是推荐服务体系实时性作用的直观体现。

2）开放性

基于情景感知的双向服务体系强调服务的开放性，情景或场景就是用户通过智能终端或可穿戴设备与外界环境进行信息、数据和价值的交换场所。智能终端或可穿戴设备作为交互媒介，将感知到的信息、数据转化成价值，传递给设备用户，使其及时获得所需的个性化服务。这种服务是随着外部环境的变化而不断调整的，体现了开放性和智能化的特点。服务的开放性还体现在服务业和制造业等其他行业的融合，打破了多行业之间的界限。

3）包容性

基于情景感知的双向服务体系强调服务的包容性，这种服务尊重个体差异，不局限于顾客的身份、年龄、职业等，反而是针对顾客的属性集合提供出“一人一策”的服务方案。这种个性化方案对视障群体、残疾群体和老年群体等弱势群体具有极大善意，将吸引不同语言、肤色、民族、性别和背景的顾客参与到社会环境中，构建更加和谐和包容的社会环境。

4）增值性

基于情景感知的双向服务体系强调服务的增值性。价值增值是产品服务在转移自身价值的同时创造新价值的过程。虽然价值增值规律是市场经济的普遍规律，相比于只依靠产品的盈利模式，产品和服务的捆绑模式创造了更多的收益。研发、制造及产品销售服务已经不能满足市场的竞争需求，主动式服务、个性化定制及综合解决方案等高附加值服务成为制造业竞争力的一部分。服务的增值性还体现在企业价值的增值和品牌的提升上，企业价值是一种比利润更科学的企业评价指标，相对于短期利润，其优越性是显而易见的。

在“全产业链脉动”服务理论体系中，基于情景感知的双向服务理论融合了“从现在到未来”和“从未来到现在”的服务理念，为以远景规划和场景创造为主线的双向服务提供理论支撑。远景规划和场景创造在生产环境、市场环境中的价值作用，完善了情景感知观中现在与未来虚实融合的理论思想，让未来照进现实。

## 4.5 本章小结

情景感知技术的广泛应用，促成了基于情景感知的服务创新。企业与企业、企业与顾客、顾客与顾客等主体互动下的情景感知，能够捕捉不同主体的服务需求，形成基于情景感知的生产服务理论、基于情景感知的产品服务理论和基于情景感知的双向服务理论，丰富“全产业链脉动”服务理论的思想和内涵。情景感知已经成为信息产业发展的必然趋势，必将给我们的工作和生活带来新的变化。

# 第5章　基于全景生态的服务理论

“全产业链脉动”服务理论涵盖全景生态观，孕育了基于全景生态的服务理论，成功将全景生态引入生产服务和产品服务领域。制造业服务化转型发展依赖于一定的生态环境，以全景生态观探讨“全产业链脉动”服务理论，面向全产业链和中国情景创新基于全景生态的服务理论。

## 5.1　概　　述

在全球经济由“工业经济”向“服务经济”转型的背景下，制造业服务化参与主体协同合作，在松散耦合的动态系统中整合上、下游资源完成共同目标。生态思想融入制造业服务化，首先要解决的问题就是如何将所有的利益相关者和相关要素整合成为一个整体，这个理念在平台经济兴起的背景下得以进一步发展和实现。基于全景生态的服务理论以服务平台作为交互媒介，从生态系统的角度为制造业服务化转型提供理论依据。

1. 生产环境和市场环境的全景生态观

制造业服务化的发展过程中涵盖了所有与之相关的主体和资源、环境、数据等要素，是一个庞大复杂的生态系统，生产环境和市场环境成为其中的两个子系统。

生产环境全景生态观意味着将制造业服务化生产环境中的利益相关者和相关要素通过平台有机连接，形成动态平衡的生产服务生态系统。多个制造企业、零部件供应商等依据制造业服务化生态环境布局产业结构，通过共享产业链信息、资源和能力共同完成生产任务、实现自身发展，是制造业服务化生产环境系统化发展的重要体现。

市场环境全景生态观意味着将制造业服务化市场环境中的利益相关者和相关要素通过平台有机连接，形成动态平衡的产品服务生态系统。多个制造企业、服务提供商等不断创新服务模式、探索与顾客的沟通渠道，促进交易达成及顾客需求培育，进一步满足顾客需求及实现制造企业市场拓展。

2. 基于全景生态的生产服务

基于全景生态的生产服务边界是从产品设计（即本轮生命周期开始）到产品服务方案生成，但尚未流通至市场环境的环节。生产服务生态系统的参与主体有着共同的价值目标，彼此为提高资源利用效率、降低生产运营成本、完成共同设计生产计划而协同合作，并制定合理的利益、成本分配机制。平台是连接各参与主体和资源要素的桥梁，设备检测数据、工艺运营数据、产品生产数据等都以数字化形式共享和配置，参与主体在系统中的协同合作能够实现个体发展和群体发展。

3. 基于全景生态的产品服务

基于全景生态的产品服务边界是从产品服务方案开始流入市场直到回收再制造或报废（即本轮生命周期结束）的环节。在产品服务生态系统中，制造企业直接面向终端顾客，以产品为载体、围绕顾客开展服务活动的终极目标是满足顾客需求，以此促成产品服务方案的交易，交易达成是制造企业的利润来源。平台的作用不仅仅是实现参与主体间的互动，而且支持销售环节、消费环节中的产品服务数据和顾客数据跟踪，提供基于平台的产品服务。

4. 基于全景生态的全景服务

基于全景生态的全景服务，将制造业服务化利益相关者和相关要素通过平台有机连接，形成动态平衡的全景生态系统。生产服务生态系统和产品服务生态系统分别是全景生态系统中的两个子系统。全景服务提供的边界涵盖了产品全生命周期环节，将生产环境和市场环境有机融合，通过合理配置全景服务能力、创新全景服务模式，致力于为每一位参与主体提供生存空间和成长养分，以实现全景生态系统内的生态孵化。

加快制造业与服务业协同发展，促进生产型制造向服务型制造转变是《中国制造 2025》的战略任务之一。基于全景生态的服务理论是面向中国情景的制造业服务化管理，为解决我国制造业存在的“两头在外”（即不能充分利用产业链上游的设计环节及产业链下游的再服务等环节创造价值）问题提供了新活力。由于全景生态系统是在中国环境、世界环境的共同作用下产生和发展的，运营模式及服务管理模式都会随着全球环境的变化而不断创新，全景生态服务理论能够为全球制造业服务化发展提供新的思路。本章结构如图 5-1 所示。

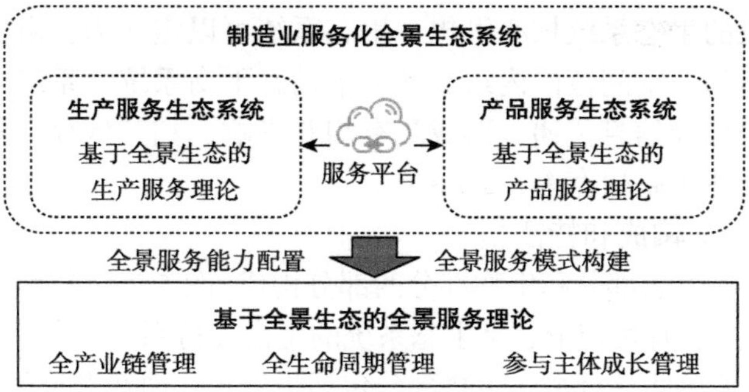


图 5-1　本章结构图

## 5.2　基于全景生态的生产服务理论

物联网、大数据等技术的发展与应用缩小了人与人、物与物及人与物之间的距离、弱化了企业边界，有助于将生产环节相关要素整合为一个统一的整体，在协作中实现共赢。基于全景生态的生产服务理论，从“全产业链脉动”视角创建生产服务全景生态系统，为建设生产服务平台提供思路，探讨生产服务决策的基本原理。

### 5.2.1　生态和全景生态观

随着研究人员对生态系统理论的拓展，生态系统不再单纯指自然环境中的生态，也被用于描述具有生态特征的社会经济现象。为深刻理解制造业服务化全景生态观，可以先了解生态系统（ecosystem）和制造服务生态系统概念。

1. 生态系统

生态系统概念由英国生态学家亚瑟·乔治·坦斯利（Arthur George Tansley）于 1935 年提出。生态系统包括有机体的复杂性和环境物理要素的复杂性，且生态系统具有不同的种类和规模（Tansley，1935）。

1）生态系统的定义延伸

近年来，生态系统思想被引入社会科学领域，成为研究热点，并结合不同的应用场景进一步引申生态系统的内涵和外延，如商业生态系统（宁连举等，2020）、平台生态系统（董津津和陈关聚，2020）、MSE（Wiesner and Thoben，2017）及共享出行生态系统（樊根耀等，2020）等。

基于不同的研究对象和研究场景，研究人员从多角度阐述生态系统的定义，形成了基本一致的生态系统核心思想。生态系统可以定义为：由生物群落及其生存环境在一定时间、空间范围内组成的一个动态平衡系统，系统内各成员通过能量流动、物质循环和信息传递，形成具有相互影响、相互依存、相互联系关系及调节功能的复合体（赵树宽等，2008）。

2）生态系统的构成和特征

生态系统由非生物部分和生物部分两部分构成（图 5-2）。非生物部分是指太阳、土壤、水分等非生物环境组分，是生态系统的生命支持系统，为生物部分的生存提供营养成分及良好的生活环境；生物部分包括生产者、消费者和分解者，其范围由小到大分别是物种、种群和群落，这三个概念分别对应生态系统的不同层级。

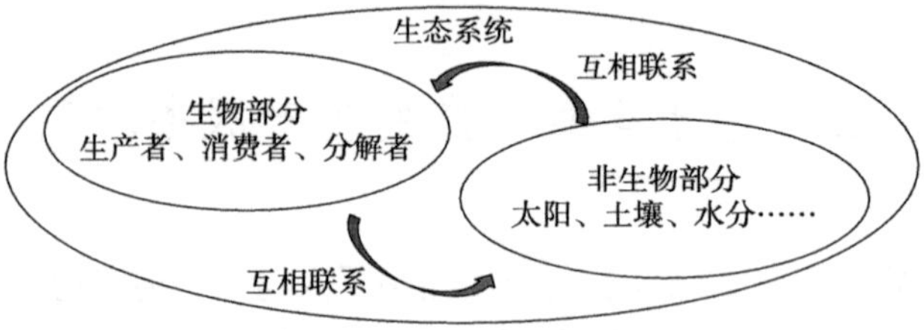


图 5-2　生态系统的构成

生态系统的生物要素和非生物要素之间通过一定的联系和功能组成稳定的系统，生态系统具有动态性与开放性、竞争性与合作性、复杂性与连通性等特征。

（1）动态性与开放性。生态系统内的各构成要素之间存在着能量流动、物质循环和信息传递。这些动态关系共同维持生态系统的稳定与健康发展，系统的开放性能够保证生态系统对能量、物质和信息的输入需求。

（2）竞争性与合作性。生态系统内部的相对动态平衡和持续发展离不开内部要素之间的相互作用，物种之间、物种与环境之间存在的竞合关系是生态系统的发展动力。

（3）复杂性与连通性。生态系统中存在着多样化的物种和生存环境，物种及环境的多样性使生态系统具有复杂性特征。生态系统的复杂性并非杂乱无章，要素间的连通性使其具有一定的规律。系统内外的连通性，使外界物质、能量等与内部系统产生复杂性联系。

### 2. 服务主导逻辑与制造服务生态系统

Vargo 和 Lusch（2004）提出 S-D 逻辑概念，他们认为企业应将传统的 G-D 逻辑替换为 S-D 逻辑。随着 S-D 逻辑的进一步演化发展，服务生态系统（service ecosystems）的概念也被慢慢融入制造业，强调系统的价值共创（Vargo and Lusch，2016）。S-D 逻辑和服务生态系统的发展，对推动制造服务生态系统发展起到了关键作用。

1）服务主导逻辑

Vargo 和 Lusch（2004）在对 S-D 逻辑的描述中指出，在市场中以服务为中心即以顾客为中心，但又不是单纯地以顾客为导向。企业应在与顾客协作、学习的过程中适应顾客动态化、个性化的需求，换句话说，价值由顾客定义，并由顾客和企业共同实现和创造，而不是简单地将价值嵌入产品输出。转向以服务为主导的逻辑意味着顾客从与企业分离的个体转变为共同生产者（coproducer），成为企业发展的重要资源。

2）制造服务生态系统

Vargo 和 Lusch（2016）将服务生态系统定义为一个资源集聚者具有相对自我约束和自我调整功能的系统，系统内通过共享的制度安排及基于服务交换的价值共创实现联系。S-D 逻辑及服务生态系统的发展，为进一步理解 MSE 提供了铺垫。

MSE 是一个复杂的、非分层的系统，由大量的制造服务、增值要素、制造服务提供方、第三方开发商等多种要素构成，系统内的参与者可以将自身资源和其他参与者的资源整合、协同，共同完成产品制造及产品服务增值组合的提供（Opresnik and Taisch，2015；Xiao et al.，2019；Fan et al.，2015）。根据 Xiao 等（2019）的观点，MSE 是一个复杂的“社会–网络–物理”（social-cyber-physical）系统，包括社会网络（social network）和计算机网络（cyber network）两部分（图 5-3）。其中，社会网络中包含大型原始设备制造商、中小型制造商、高校、研究中心专业人士及员工等实体；在计算机网络中，越来越多的制造商愿意依托自己的能力（如物流能力、设计能力等）参与服务外包。

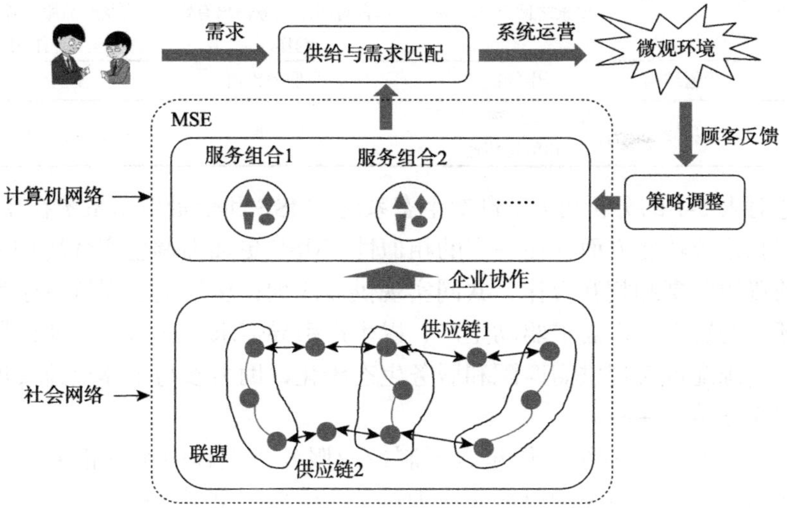


图 5-3　制造服务生态系统内容框架

资料来源：Xiao 等（2019）

由图 5-3 可知，MSE 的核心功能是计算机网络和社会网络之间的交互和协作，集成零散资源实现供需匹配。在社会网络中，不同的企业、研究中心等主体依据自身优势和需求形成多个纵向的联盟关系，不同的联盟关系之间又通过竞争与合作形成横向合作。MSE 更加强调企业、研究中心及高校等社会网络之间的分工协作、资源共享和整合，MSE 的目标是通过供给侧有形、无形的资源集聚，形成产品服务解决方案，最终满足顾客需求。

### 3. 生产服务全景生态观

全景生态观是在制造业服务化背景下，以新兴技术的发展和应用为支持，融合了生态系统、制造服务生态系统形成的观点。基于全景生态视角，制造业服务化不仅仅是制造业转型发展的路径之一，更是一个富有"生命"的系统组织，系统参与者之间、系统内部与外部之间存在复杂而有规律的联系。基于赵树宽等（2008）和 Xiao 等（2019）关于自然生态系统、MSE 的研究成果，总结自然生态系统、MSE 和全景生态系统之间的异同，如表 5-1 所示。

**表 5-1 自然生态系统、制造服务生态系统和全景生态系统比较**

| 比较要素 | | 自然生态系统 | 制造服务生态系统 | 全景生态系统 |
|---|---|---|---|---|
| 系统组成 | 组成 | 以生物为主体 | 以企业、研究中心、高校、员工、顾客等实体为主体 | 以供给环境中的企业、员工等实体，以及需求环境中的顾客为主体 |
| 系统结构 | 关系结构 | 生物要素与非生物要素之间互相联系 | 企业等实体间分工协作，共同输出产品服务方案，顾客对产品服务输出有影响作用 | 企业等实体及顾客形成协作关系，顾客对企业合作模式及产品服务输出有影响作用 |
| | 价值结构 | 生物链 | 产品服务价值 | 全景生态价值 |
| 系统功能 | 功能 | 能量流动、物质循环和信息传递 | 供需匹配 | 供需匹配、服务生态孵化 |

通过对表 5-1 的分析可知，自然生态系统、MSE 和全景生态系统在系统组成、系统结构和系统功能方面存在一定的相似性。MSE 更加强调生产环境中不同参与者之间的资源共享和相互合作，共同实现供需匹配；全景生态观侧重于生产环境和市场环境的连接，以需求驱动生产、以生产引导需求，通过全产业链服务管理及能力、资源配置实现供需匹配和服务生态孵化，助力参与主体快速发展、顾客需求得到充分满足。

如果将全景生态系统看作包含了制造业服务化进程中所有相关要素的大系统，那么与生产服务相关的要素便成为这个"生命"组织中一个重要的子系统。生产服务全景生态观涵盖生产环境中的制造商、供应商和服务商等生物要素及生产设备、资源能力、科学技术等非生物要素，通过生产服务全景生态系统中每个要素的配合实现投入服务化，使整个系统实现供需匹配和生态孵化，完成生产环境中的目标和任务。

### 5.2.2　基于全景生态的生产服务内核

基于全景生态的生产服务聚焦于生产环境，将生产环境中与制造业服务化相关的要素看成一个子系统进行决策。这个子系统以服务平台为支撑，通过自组织、自发展实时进行系统内外部信息、价值和能力的交互循环，既满足子系统自身的发展需求，也为制造业服务化全景生态系统发展贡献力量，是平台经济在生产环境中的体现和应用。

1. 生产服务生态系统构成要素

与自然生态系统类似，生产服务生态系统包括生物部分，如顾客、生产性服务商和服务性生产商，以及非生物部分，如政策制度和工业互联网平台。这些要素的概念和功能类似于自然生态系统中的生产者、消费者、分解者、土壤和其他非生物环境。

1）生产者

生产者在自然生态系统中起到基础性作用，它们不仅是食物链上各种生物的食物来源，而且能将无机环境中的能量同化为生物要素可吸收的物质。全景生态系统中，制造企业向顾客提供有形的产品和无形的服务，整个供应过程主要涉及生产性服务商（金融、物流、法律等）、服务性生产商（产品制造商、零部件供应商等）和顾客三大类参与主体。三类参与主体均为全景生态系统中的生产者，也是生产服务生态系统的生产者。

（1）生产性服务商。随着社会分工进一步细化，生产性服务与制造业不断分离，其结果是促进了生产性服务业的发展及制造业产生了更多的生产性服务需求（高觉民和李晓慧，2011）。在生产服务生态系统中，生产性服务可以服务于产品研发设计、物料采购、产品生产等环节，主要功能是通过劳动、技术和人力资源等中间资本的投入，协助制造企业完成产品生产制造，提升产品面向市场的效率。

（2）服务性生产商。服务性生产是针对制造业产业链的中游，即生产制造环节，表现出服务外包的形式。典型的例子是原始设备制造商（original equipment manufacturer，OEM）和原始设计制造商（original designing manufacturer，ODM），其中，OEM 仅具有生产制造能力，而 ODM 同时具有产品生产和设计能力。制造企业可将产品生产（设计和生产）环节外包给 OEM（ODM），双方充分发挥各自的优势完成企业目标。

（3）顾客。在生产服务生态系统中，顾客也参与产品服务全生命周期过程，属于共同生产者。基于全景生态服务理论思想，即“顾客的声音”不仅能够影响到产品服务方案的输出，也会影响生产者间的协作和经营模式。顾客作为共同生产者的功能是与生产性服务商和服务性生产商建立交流渠道，随时沟通产品服务解决方案在设计生产过程中的需求，最终实现价值共创。

2）消费者

消费者是自然生态系统中的重要角色，以生产者为基础进行直接或间接的捕食活动，实现生态系统中的能量传递。在生产服务生态系统中，生产性服务商、服务性生产商之间同样存在着供需关系，也正是供需关系的存在使二者形成互相依赖的共生关系。例如，物流企业需要投入运输车辆、GPS 定位设备等，对这些设备的需求拉动了相关设备制造商的发展；服务性生产商对生产性服务商的需求，如物料运输、保险服务等，也促使双方建立交互关系。

3）分解者

自然生态系统中，各类细菌、真菌将系统中的代谢产物等分解为可被生产者再次利用的物质。在制造业服务化研究中，制造业服务化的优势可以概括为实现企业经济效益和环境效益两方面（Örsdemir et al.，2019）。换句话说，再制造的作用类似于自然生态系统中分解者的作用，主要功能是促进生产服务的可持续发展、实现环境效益。

在实际工业环境中，再制造的效率远不如生态系统中的分解者，近几年迅猛发展的共享单车，损坏和报废后堆积如山就是典型的例子。制造业服务化进程中的商业模式仍然随着技术和社会的发展处于不断的探索之中，可持续性的商业模式必须要考虑绿色制造、回收再制造等方式方法，追求环境效益是企业必须承担的社会责任。

4）土壤

土壤为生态系统中的生物提供了养分及基本的生存环境，是实现物质循环的关键介质。实现生产环境中相关要素的统一决策和管理，新兴技术的支持是基本保障。工业 4.0 概念提出以后，增材制造、物联网、区块链及人工智能等技术得以发展，工业互联网也赢得了瞩目的成就和发展前景。生产服务生态系统通过新技术将海量工业数据汇集、分析并以多样化形态呈现，推动生产制造实现数字化、智能化，提高生产效率、降低生产成本。

5）其他非生物环境

环境对生态系统中各物种的生存和发展都起到了直接的影响作用，“物竞天择，适者生存”，系统中的物种会选择适宜的环境，同时也在环境的影响下改变自身条件、增强环境适应能力。制造业服务化的发展，离不开相关政策制度的支持和引导，避免制造企业出现“转型”未“升级”的问题。在生产服务生态系统中，政策制度相当于自然生态系统中的气候环境，对制造业的发展起到了一定的调节作用，如国家制定的减税政策、金融支持政策等为制造企业尤其是中小型企业的稳步发展铺平前进的道路。

2. 基于全景生态的生产服务特征

制造业服务化与传统制造业有很大的不同，由“通过物理产品生产体现价值”转变为由“产品服务解决方案实现价值共创”，需求个性化、交互复杂化及发展环境系统化等因素使生产服务呈现出不同的特征，主要体现在生产者多样化和协作模式多样化两个方面。

1）生产者多样化

传统制造模式中的生产者通常只有零部件供应商、产品制造商等制造企业，生产服务生态系统中的生产者包括生产性服务商、服务性生产商和顾客，这三类参与主体在合作过程中实现价值共创（图 5-4）。

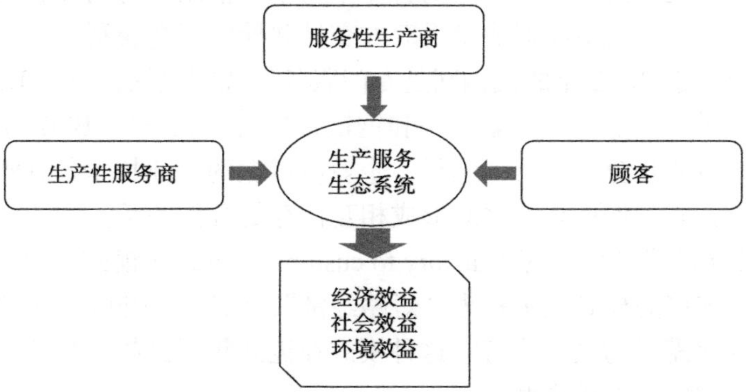


图 5-4　生产服务生态系统的生产者

顾客主动参与是制造业服务化的显著特点，因此顾客是重要的共同生产者。顾客参与可以定义为：产品服务提供者与顾客合作、学习，并在此过程中改变组织行为（卢俊义和王永贵，2011）。由于顾客个性化需求的增长及新技术的推动，越来越多的企业向顾客提供产品定制化服务，研究人员也将企业的定制水平与顾客参与产品生产过程的程度相关联（Jost and Süsser，2020）。顾客参与产品服务设计与顾客仅参与产品生产相比，前者的定制程度高于后者。

实际上，顾客参与产品设计的重要作用已经得到重视，如海尔构建的 COSMOplat 工业互联网平台专门设置了设计交互板块，让设计师与顾客直接沟通，这种做法的优势是便于设计师充分观察和理解顾客需求，真正将顾客需求体现在产品服务设计之中。

2）协作模式多样化

参与主体多样化在一定程度上决定了主体间协作模式多样化（图 5-5）。由于制造企业需要向顾客输出复杂的产品服务解决方案，参与主体间多样化的协作模式有助于低成本高效率地完成共同目标。

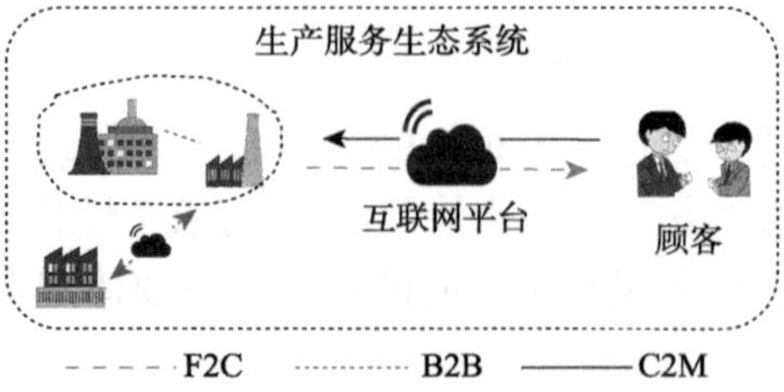


图 5-5　生产服务生态系统协作模式

（1）商业对商业（business to business，B2B）协作模式。B2B 平台通过整合相关专业领域内的供给和需求信息，提供针对企业与企业之间的供需匹配服务。这种模式通常出现在企业与企业间的合作中，平台借助自身的互联网经验收集供需信息，以一定的匹配机制促成供需双方交易并抽取佣金获利。

例如，成立于 2012 年的找钢网是专门服务于我国钢铁行业的 B2B 类平台，可以向企业提供物流服务、金融服务和钢铁行情资讯服务[①]。B2B 模式是生产环境中各企业间专业化分工的必然结果，企业所掌握的专业技术各有所长，服务外包与提供专业化服务促使企业之间形成相互依存的合作关系。

（2）C2M 模式和厂到客（factory to customer，F2C）模式。顾客与制造商通过互联网平台连接的模式又被称为“短路经济”，以消除中间商、降低交易成本、满足顾客个性化需求为主要优势。这种模式在近几年得到越来越多的关注，主要包括 C2M 模式和 F2C 模式两种。

C2M 和 F2C 的出现和有效运营能够将生产性服务商、服务性生产商和顾客结合在一起，深刻地诠释顾客作为共同生产者的概念。随着新技术的发展和应用，生产者之间的交互会更加便捷，协作方式也会变得越来越多样化。

### 5.2.3　基于全景生态的生产服务决策原理

在“全产业链脉动”服务理论体系中，基于全景生态的服务理论涵盖了全生命周期服务管理、全产业链闭环管理和参与主体成长管理。基于全景生态的生产服务决策原理，是将生产环境中的生物要素和非生物要素看成一个有机体，从生

① 找钢网官方网站：https://www.zhaogang.com/。

态系统的角度进行生产服务决策，提高生产环境中各个业务流程的运作效率，以最小的成本实现最大化的经济效益、社会效益和环境效益。

生产环境中的生产活动主要包括产品需求预测、生产计划制订、原料采购、产品生产和回收再制造环节，可以将这五个环节笼统地概括为产品设计过程和生产过程两大阶段。生产服务决策目标是通过实施有效的管理指导和管理方法保证这些环节健康、畅通地运作。生产服务生态系统的要素连接和系统运行是通过生产服务平台实现的，基于全景生态的生产服务决策原理是以生产服务平台为支持，管理和指导生产服务生态系统运行，保证系统进行正常的价值循环、服务能力循环和信息传递，实现生产环境中的生产服务管理和生产服务生态孵化。

从产品服务设计到产品服务方案输出的过程中，系统内的参与主体不断地进行“能力投入—价值共创—价值生成”的过程。服务能力投入为价值共创提供基本“原料”，顾客、生产性服务商和服务性生产商以共同生产、协同合作的方式完成价值共创的结果是低成本、高效率地完成共同目标，并在这个过程中学习和积累新知识，对价值生成结果进行反馈、分析，对新一轮的系统运作提供实践经验，如此循环往复，参与主体获得新发展、目标不断更新和完成，推动个体和群体螺旋式上升发展（图 5-6）。

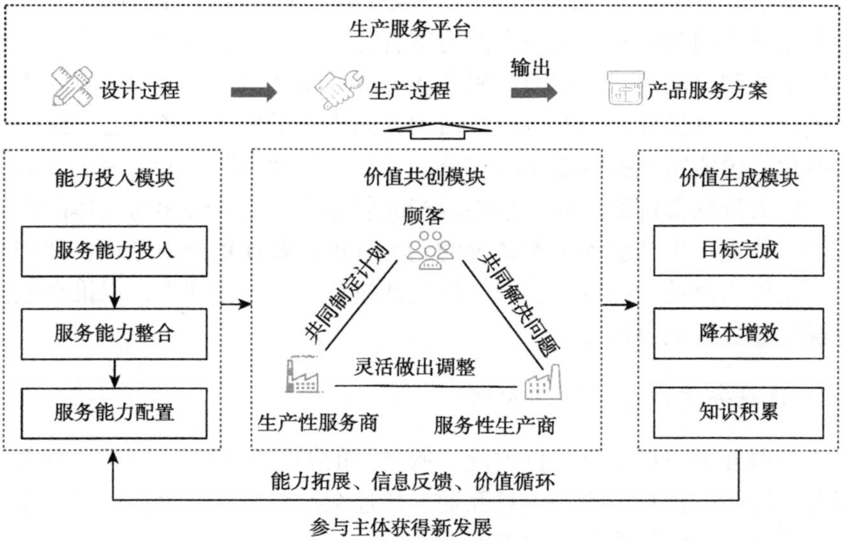


图 5-6　基于全景生态的生产服务决策原理

1. 生产服务生态系统价值管理

生产服务生态系统中的参与主体通过资源整合、业务交互完成多样化的功能和活动，最终的目标是实现价值创造、获得生存空间。价值循环是各类商业活动的指示器，引导着系统中信息流、能力流的流动。能力投入模块、价值共创模块和价值生成模块涵盖了价值流、信息流和能力流的循环过程。

能力投入模块是价值生成的源泉，将顾客资源及各类企业的技术、生产力等以数字化形式在平台上聚集、共享。其中，顾客资源可以概括为关系资源和人力（知识、经验等）资源（Iyanna，2016），顾客在需求表达、设计交互过程中可以引导企业的商业模式选择、产品服务方案提供及业务模式组织等。参与主体在共同制订计划、共同解决问题和灵活做出调整过程中实现价值共创（Claro and Oliveira Claro，2010），并在目标完成过程中实现价值生成。价值流以数据资源、互动过程等作为载体，最终以产品服务方案形成及个体和群体获得发展的形式展现出来。生产服务生态系统价值管理需要注重价值循环，即产品服务方案输出并不是价值流动的终点，对比方案输出结果与预期目标，参与主体反思上一轮价值循环过程中的不足，为下一轮的价值循序提供经验知识。

### 2. 生产服务生态系统能力管理

生产服务生态系统能力管理的本质是保证系统中各参与主体的技术、资金、固定资产、数字化资产等各类资源的合理配置利用，服务能力流动伴随着系统内价值流动、价值创造和价值生成的过程，也是服务能力流动和能力配置利用的过程。

参与主体协同合作并形成一个能力聚合体，将物料、信息等能力资源集成为具有特定功能和价值的服务能力。服务能力流动是从生产环境中所有要素的能力投入、整合和配置过程开始的，这些活动共同构筑了生产服务生态系统的土壤，为生态孵化、价值实现提供必要的养分。参与主体利用服务能力完成产品服务方案输出，能力流顺着价值流向，最终以产品服务方案形成及参与主体的能力拓展的形式得以体现。生产服务生态系统的能力管理需要注重能力循环，即产品服务方案并不是能力流动的终点，参与主体在此过程中学习新知识，以推动服务能力趋向更优配置及新能力拓展。

### 3. 生产服务生态系统信息管理

在生产服务生态系统进行价值流、服务流的循环过程中，同样进行着系统内外、参与主体间的信息传递。信息互通、传递交流是各要素合作发展的重要基础和条件，系统内的信息管理尤为重要。

不论是价值流动还是能力流动，都离不开信息沟通和信息传递。服务能力整合和配置需要每一位参与主体资源共享，共享的过程也是信息交流的过程；价值共创需要主体互动，参与主体间只要进行互动行为，就会产生信息。整个系统的运行过程会产生来自系统内部和系统外部的海量信息，但不是每一条信息都是有价值的，相反，识别有用信息往往会花费大量的精力。信息管理的功能在于通过物联网、互联网、可穿戴设备、云计算等技术对系统内、外部的数据采集、存储，并利用其强大的信息处理能力判断信息价值、过滤垃圾信息。生产服务生态系统的信息管理需要注意信息循环，即信息接收者不是信息流动的终点，信息接收者要善于进行信息反馈，形成信息流闭环。

基于全景生态的生产服务理论，从生态系统的视角对制造业生产环境中涉及的产品服务方案设计、生产等环节进行全面、系统的管理。在生产服务平台的支持下，对资源协同、设备管理、工艺优化等方面进行科学指导，保证生产服务生态系统健康运转，实现生产目标并进行创新培育、生态培育，为服务生态孵化奠定基础。

## 5.3　基于全景生态的产品服务理论

S-D 逻辑认为制造企业应在与顾客的沟通、协作过程中更深入地了解顾客需求、满足顾客需求，充分说明从“单纯提供产品”到“提供产品服务解决方案”的转变，制造企业在市场环境中如何更好地与顾客交互成为重中之重。基于全景生态的产品服务理论，从“全产业链脉动”视角创建产品服务全景生态系统探讨基于全景生态的产品服务决策原理，为建设产品服务平台提供思路。

### 5.3.1　产品全景生态及服务

产品服务主要是针对市场环境中面向顾客所开展的活动，这些活动及相关要素在互联互通、协作发展的生态系统中执行、运转。在全景生态中孕育成长的产品服务理论，能够充分汲取生态环境的精华、增强自身发展的动能，形成服务主体与服务对象共同培育全景生态环境的格局。

1. 产品服务全景生态模型

在全景生态视角下，市场环境中的各个相关要素构成了相互合作、共同发展的生态系统。系统要素包括生产性服务商、服务性生产商、顾客、新兴技术及政策制度等，可以将产品服务生态系统的结构分为四层：主体核心层、组件连接层、技术支持层和环境应用层。基于以上分析，建立了如图 5-7 所示的产品服务全景生态模型。

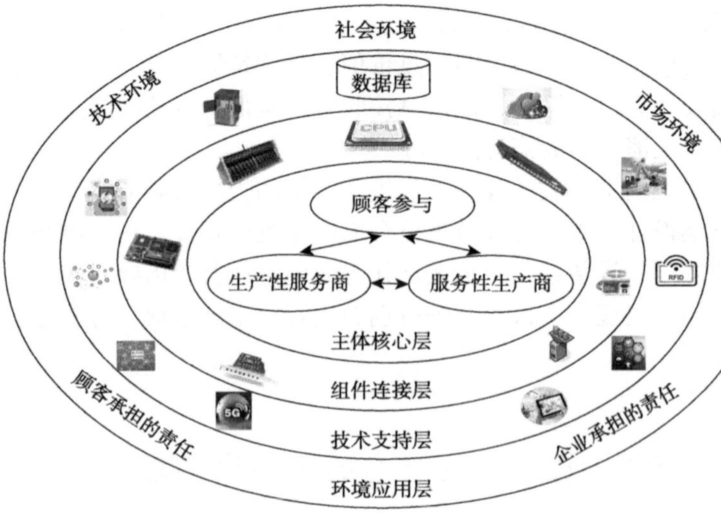


图 5-7　产品服务全景生态模型

1）主体核心层

主体核心层是产品服务生态系统的主要部分，包括系统参与主体及参与主体之间的交互，最终目标是满足顾客需求、获得企业发展和利润收入。在市场环境中，顾客是消费者，产品服务方案只有被顾客买单才能实现价值。相应地，生产性服务商和服务性生产商所开展的广告推广、送货上门、产品使用培训等一系列服务都是围绕顾客需求进行的，提高顾客满意度是企业的核心任务。

2）组件连接层

组件连接层介于主体核心层和技术支持层之间，主要是由系统运作所需要的各种软、硬件组成，通过设备接入、协议解析和边缘数据处理实现数据采集和基本处理。相比于生产环境，企业在市场环境中会更加频繁地接触顾客，保证市场环境中各个环节的通畅、一致尤为重要。例如，如果产品服务在产品销售环节和售后服务环节脱节，售后服务提供跟不上产品销售环节的承诺及顾客要求，会直接对品牌声誉产生消极影响。

组件连接层的重要性在于，采用统一的标准将市场环境中广告推广、物流运输、产品销售、产品使用和售后服务环节的数据连接，并以个性化的方式展示给各企业及顾客，保证各个环节的一致性并提高服务响应效率。

3）技术支持层

新兴技术的发展是实现以全景生态观分析制造业服务化的基本前提和支持，服务化和技术创新之间呈现出“push-pull”耦合机制，将服务化和技术创新有效融合和协同是二者共同实现的关键（陈薇等，2018）。

技术支持层主要由用于实现整个系统高效连接和运营的技术组成，如核心生产技术、智能机器人、智能工厂、云制造技术、协同设计技术、工业互联网、AI、RFID 和 5G 等，这些技术使制造企业与顾客的沟通交流更加便捷，使场景设计与体验式服务更具创新性和吸引力。

4）环境应用层

环境应用层包括环境部分和应用部分。其中，环境部分是指所有影响系统运营的外界环境，与制造业服务化生态环境是一致的，主要包括技术环境、社会环境和市场环境。应用部分是指系统为实现运营、交易等所进行的活动，应用部分的概念十分宽泛，与产品服务决策相关的环节都包括在内。

市场环境中，企业和顾客都要承担各自的社会责任：企业在产品服务提供过程中应实事求是，不应夸大产品服务功能；顾客也应遵守道德规范，如不随意破坏共享单车等。

2. 全景生态产品服务

产品服务生态系统中的各个要素以产品服务方案为载体开展“以顾客为中心”的活动，向顾客提供产品服务方案以最大限度地满足顾客需求、拓展企业利润空间。从顾客的角度出发，全景生态产品服务包括产品追踪服务、远程运维服务、精准对接服务等。

产品追踪服务是指顾客可以通过平台追踪产品当前状态，这是建立在物联网、大数据技术应用基础上实现的。例如，顾客可以清楚地查询产品运输状态和维修状态，以此合理安排空余时间预约上门送货、维修等服务。

远程运维服务是指制造企业可以随时监测产品运行状态，以此提供相应的维修、保养服务。远程运维服务具备智能化决策能力、突发性设备故障预警和监测能力，能够保障专业性精密设备、操作复杂的智能化设备等健康操作和安全运营，弥补顾客往往不具备的专业性操作能力的短板。

精准对接服务是指产品服务方案在市场环境流通过程中，每一个环节都能精准衔接并服务于目标顾客。从顾客交易前的信息浏览、场景体验，到交易过程的互动、服务承诺，再到交易后的服务提供直至产品服务生命周期结束，每一位顾客的信息都有一份数据档案共享于平台。企业根据这些数据向顾客提供精准、高效的服务，并基于顾客消费行为数据拓展新的服务内容。

### 5.3.2　基于全景生态的产品服务内核

同生产服务生态系统一样，产品服务生态系统通过服务平台连接内部要素并支撑要素间的交互协作。产品服务生态系统有其特定的构成要素和特征，是平台经济在市场环境中的体现和应用。

### 1. 产品服务生态系统构成要素

产品服务生态系统也包括生产者、消费者、分解者、土壤和环境，这些要素的功能与自然生态系统和生产服务生态系统类似，但角色扮演者有明显差别。

1）生产者

在市场环境中，产品服务方案需要通过交易传递给顾客并提供全流程服务直到产品生命周期结束。此时，生产者是生产性服务商和服务性生产商，主要职责不是产品生产制造，而是成为产品服务方案提供者。相关企业的终极目标是实现顾客价值，在这期间开展的活动都是为了满足顾客需求。

2）消费者

顾客是市场环境中的消费者，也是产品服务方案的最终提供对象。顾客是否为产品服务方案买单，直接关系到企业的绩效和资金回笼情况。除此之外，产品服务方案交付到顾客手中并不意味着产品生命周期的结束，产品使用、售后服务同样会对企业的口碑、顾客忠诚度产生重要的影响。

3）分解者

在市场环境中，绿色环保理念体现为顾客自发进行产品回收（如旧衣服回收、电池回收等），或制造企业提供产品回收服务（如以旧换新）。产品回收是本轮生命周期的结束，回收活动将产品重新回收至生产环境，或经过特殊处理作为新产品制造的原材料，或再制造成同类产品，使其重新焕发生命活力。

4）土壤

技术支持依然是产品服务生态系统的土壤，顾客个性化需求的满足、多样化场景体验离不开虚拟现实、可穿戴设备、移动设备等的支持。销售、消费过程的有机衔接、顾客反馈及时处理都是服务响应性的体现，在直面顾客的情况下，产品服务如何做到更好、更让顾客满意还需要借助新技术深入探索。

5）环境

顾客需求与消费水平密切相关，根据马斯洛的需求层次理论，顾客总是在满足了低一级需求的情况下产生更高层次的需求。近年来，顾客需求的个性化、多样化及注重性价比、去品牌化的特点都与社会生活水平和居民消费水平不断提升有着直接关系。从这个意义来说，社会环境对顾客需求发展趋势有着重要的影响作用。

### 2. 基于全景生态的产品服务特征

在市场环境中，制造企业直接面对顾客需求，通过何种方式向顾客提供何种服务会直接影响产品服务方案的交易结果。面对顾客需求日益个性化、多样化，基于全景生态的产品服务表现为服务特征多样化及服务模式多样化等特征。

1）服务特征多样化

在制造业服务化全景生态系统中，服务特征贯穿于产品服务全生命周期。制造企业依据自身专业能力及服务能力等自身条件向顾客提供多样的服务特征，在产品服务设计、生产、销售和消费全生命周期过程中对顾客个性化需求提供全方位服务。

服务特征多样化对制造企业专业化服务能力提出了更高的要求，单一制造企业往往难以实现同时提供物流服务、技术服务、信息服务、金融服务等多样化服务特征，需要多方利益相关者共同配合完成。同时，可以依托互联网平台建立多级服务中心，并创建“平台的平台”，完成对各个子系统平台的整合，以聚合式生态服务功能支持多样化服务特征。

2）服务模式多样化

在顾客个性化需求驱动下，物联网、大数据的发展推动了服务模式创新，制造企业以更加人性化、个性化的方式服务于终端顾客。服务模式创新对服务内容提供起到了增强作用，良好的服务模式帮助顾客深刻地理解服务内容、更加便捷地接受服务提供。

服务模式的选择受到顾客需求和技术生态环境的双重影响，制造企业需要根据技术条件有针对性地实施服务模式策略。智能化服务模式、以服务效用交付代替产品交付、以生态系统服务代替产品交付等新型服务模式改变着制造企业与顾客的交流交互模式，也成为新时代背景下制造业服务化转型的助推器。

### 5.3.3　基于全景生态的产品服务决策原理

在“全产业链脉动”服务理论体系中，基于全景生态的服务理论对产品服务全生命周期、全产业链及参与主体成长进行理论指导。探讨基于全景生态的产品服务决策原理，是将与制造业服务化市场环境相关的要素看成一个整体进行产品服务决策，以提供产品服务方案更好地满足顾客需求、更好地开拓市场，积累顾客资源。

市场环境中的主要产品服务活动包括广告推广、物流运输、产品销售、产品使用和售后服务环节，可以将这五个环节笼统地概括为产品服务的销售过程和消费过程两大阶段。产品服务决策的主要目标是促成顾客交易、提高顾客满意度。产品服务生态系统的要素连接和系统运行是通过产品服务平台实现的，基于全景生态的产品服务决策原理是以产品服务平台为支持，通过理论指导实现产品服务系统的价值循环、服务能力循环和信息传递，促进企业发展、提升顾客满意度。

在产品服务生态系统中，从生产环境中输出的产品服务方案成为在市场环境中开展各项业务活动基础的依据，系统内的参与主体通过“能力投入—价值共创—价值生成”循环过程实现协同发展。在市场环境中，企业需要频繁与顾客打交道，所有业务都围绕顾客开展，最终的目标也是在满足顾客需求的基础上获得利润。上一轮的产品服务生命周期结束后，会对目标完成情况、顾客评价等信息进行反馈，企业在此过程中获得新的顾客资源，顾客在企业引导和消费过程中产生新需求（图 5-8）。

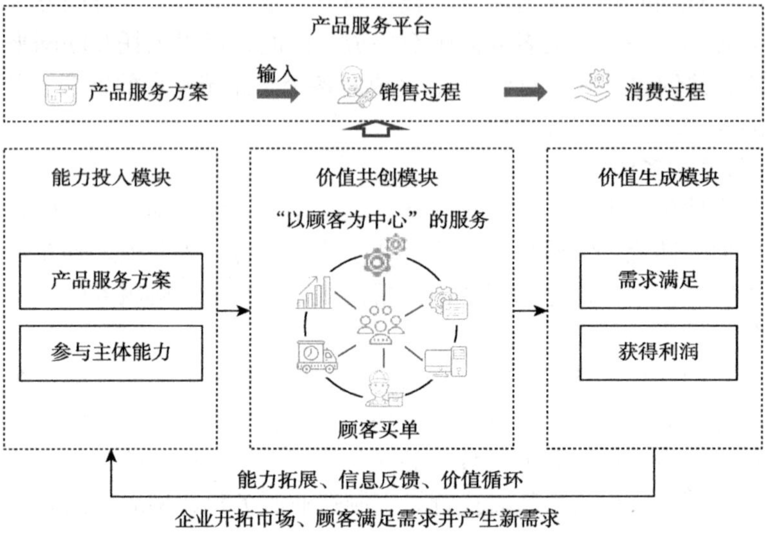


图 5-8　基于全景生态的产品服务决策原理

1. 产品服务生态系统价值管理

在产品服务生态系统中，价值流以产品服务方案为载体，将顾客输入价值和企业输入价值融合、消化，在各个参与主体之间传递并帮助其获得效益。

概括地说，可以将市场环境中业务流程描述为：通过一系列的互动、业务开展等活动促使产品服务方案被顾客认可并顺利传递到顾客手中，向顾客提供承诺服务内容直至产品生命周期结束。能力投入模块和价值生成模块分别描述了价值来源和价值作用结果，价值共创模块则是企业围绕顾客需求进行交互的过程。值得注意的是，价值共创模块的重要任务是使顾客买单，如果无法得到顾客认可并完成交易，那么就无法实现价值生成。产品服务生态系统价值管理的关键是在产品服务决策过程中促成交易，并在此过程中引导和培育顾客新需求、拓宽市场，完成价值循环过程。

### 2. 产品服务生态系统能力管理

产品服务生态系统中的服务能力不仅为价值循环提供动力，而且随着价值循环实现自身流动。服务能力有助于系统及系统成员获取更多的知识、信息和资源，从而降低服务成本（Das and Narasimhan，2000）。

产品服务方案形成体现了生产环境中的服务能力配置和循环，但实现方案全生命周期过程仍然离不开市场环境中各个参与主体的协作配合。市场环境中的服务能力是产品服务方案购买体验、交付能力、品质、功能使用、服务提供等方面的综合体现，顾客会依据这些能力对企业的服务能力做出整体评价（刘文华等，2011）。总体而言，服务能力越高、服务能力管理水平越高，顾客执行交易行为的概率越大，从而促进企业扩大服务规模、提高利润水平。产品服务生态系统能力管理也要注重能力循环，吸取上一轮循环的价值生成结果，不断提高服务能力，从而更有效地整合现有参与主体的合作关系、拓展新的服务关系。

### 3. 产品服务生态系统信息管理

信息沟通、实时互动是生态系统正常运转和前进发展的基本前提，产品服务生态系统也同样如此，信息管理效果直接关系着系统运行结果。

产品服务方案输入市场环境后，既有企业向顾客传递的信息，如广告推广、营销创新，顾客向企业传递的信息，如使用评价、需求表达，又有企业与顾客双向传递的信息，如场景体验过程中的沟通、服务提供过程中的互动。在不同的场景下，每一位参与主体都可能是信息生产者，也可能是信息接收者。系统进行信息管理的意义不仅在于识别有用信息，更重要的是保持信息交流通畅，设置信息反馈机制。“顾客的声音”传递着市场需求的价值主张，企业应把握每一次与顾客接触的机会，尽可能地将顾客想法反馈到能力投入模块。

基于全景生态的产品服务理论，从生态系统的视角对制造业市场环境中涉及的产品服务方案销售、消费等环节进行主动、灵活的管理。在产品服务平台的支持下，对市场环境不断地进行服务模式和服务内容创新，保证产品服务生态系统健康运转，通过产品服务方案交易实现价值目标，并不断培育顾客需求、拓展服务能力，形成可持续性发展的良性循环。

## 5.4　基于全景生态的全景服务理论

生态系统理论与制造业服务化融合，不仅推动了生态系统理论的创新发展，而且使制造业服务化融入生态特征。基于全景生态的全景服务理论，从“全产业链脉动”视角创建制造业服务化全景生态系统，为建设全景服务平台提供了思路，为制造业服务化转型提供了理论决策依据。

### 5.4.1 全产业链全景服务

制造业服务化生态孵化在全景服务管理和服务生态培育进程中实现。如果将生态孵化过程看作是农作物从播种到收获的过程，那么全景服务管理可以看成是作物成长过程中进行的诸如喷洒农药的管理方法，服务生态培育则相当于孕育作物成长的土壤和环境。全景服务管理融合并升华了生产服务和产品服务，服务能力配置和全景服务模式创建是服务生态培育过程中的重要内容。

1. 全产业链全景服务内容

制造业服务化过程中涉及的生物要素、非生物要素可以看作一个具有相互关联、共同发展关系的生态系统。全产业链全景服务致力于从空间维度、时间维度对制造业全产业链和产品服务全生命周期进行服务管理，推动系统参与主体的发展，最终实现服务生态孵化。

1）全产业链全景服务内容三维分析

全景生态致力于实现制造业空间维度、时间维度和成长维度的融合，生产环境和市场环境中资源能力数据，即产品服务生命周期数据、参与主体成长过程数据的汇集。全产业链全景服务内容分析，可以从全产业链闭环管理、全生命周期服务管理、参与主体成长过程管理三维视角入手（图 5-9）。

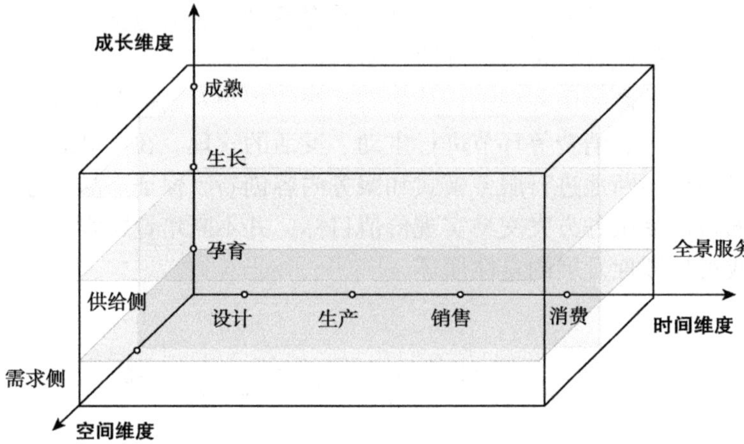


图 5-9 全产业链全景服务内容

由图 5-9 可知，全产业链全景服务内容蕴含在产品服务从设计、生产、销售到消费的全生命周期管理过程中，产品服务供需匹配的全产业链闭环管理过程中，以及系统内参与主体从孕育、生长到成熟的自成长管理过程中。在全产业链全景服务内容的三维分析中，参与主体成长、产品服务全生命周期及供需匹配的过程并非简单的需求拉动或供给驱动的线性过程，而是由异质性的参与主体在资源整合、供需匹配等活动中交互的非线性过程。

（1）“全产业链脉动”空间维度：全产业链闭环管理。在传统制造业中，产品生产和产品销售处于隔断状态，零售商仿佛一面厚厚的墙，将制造企业和顾客隔开，二者无直接的接触和联系。“全产业链脉动”空间维度体现了全产业链闭环管理，重点关注制造业产业布局、产业结构优化及制造业上游、中游和下游数据整合、能力共享。全产业链闭环管理从价值链的角度指导着制造业服务化转型升级。

第一，制造产业布局、产业结构是制造业在某一空间范围内按照一定规律分布的经济现象。制造业发展受到社会环境、市场环境和技术环境的影响，并依据生态环境完成各企业、部门及资源等要素的分布和配置。同时，为充分利用地域资源环境、在最佳空间范围内形成产业集聚，产业布局表现出各企业、部门及资源等要素在空间上的流动和重新配置。

第二，全产业链闭环管理实现了生产环境（供给侧）和市场环境（需求侧）的对接，强调制造企业与顾客的互动，制造业上游、中游和下游资源信息，运营能力等数据的融合。生产环境相关数据主要有生产设备、技术、人力等有形的资源能力和无形的组织运营数据；市场环境相关数据主要有产品服务组合、顾客需求、顾客评价等与企业相关的数据和与顾客相关的数据。生产环境与市场环境的有效互动，提升了制造业资源整合能力和资源配置能力，有助于制造企业向设计研发和售后服务高附加值环节转移。

（2）“全产业链脉动”时间维度：全生命周期服务管理。在物联网大数据环境下，产品服务从设计、生产、销售到消费的全过程数据可视化、可追溯、可共享。“全产业链脉动”时间维度体现了全生命周期服务管理，重点关注产品供应链和服务供应链的集成运营及“产品+服务”综合价值增值。全生命周期服务管理从供应链的角度指导着制造业服务化转型升级。

第一，产品服务全生命周期数据涵盖了设计过程、生产过程、销售过程和消费过程中全部相关数据，沿着“全产业链脉动”时间维度聚集形成数据资源。由于产品供应链侧重供应链的物理功能，即以将物料转化为产品为主要目标，在顾客反馈响应、顾客需求满足方面存在较大缺陷；而服务供应链侧重供应链的响应性，不仅连接各个服务商，而且以产品供给、分配至相应市场为目标。以产品为载体、以服务为纽带，产品供应链和服务供应链的集成运营及协调发展是制造业服务化的要求，是全生命周期服务管理的重要内容。

第二，全生命周期管理需要考虑与产品服务相关的每一个过程和阶段，单一阶段数据无法实现数据价值最大化。顾客意见、设计服务需求等设计过程数据，工艺、制造服务需求等生产过程数据，场景体验、销售服务需求等销售过程数据，产品性能调研、消费服务需求等消费过程数据，以产品服务全生命周期为主线凝聚成“产品+服务”综合价值。全生命周期服务依托全景服务平台形成连接设计、生产、销售和消费过程的综合解决方案，不仅能够实现价值提升，而且通过场景体验将顾客与制造企业真实地连接在一起。

（3）“全产业链脉动”成长维度：参与主体成长管理。在“全产业链脉动”制造业服务化的生态化管理过程中，一个重要的管理目标是实现参与主体成长，这是服务生态孵化的重要体现。从这个角度来说，制造业服务化全景生态系统可以看作一个孵化器，通过强大的资源集聚能力、服务配置能力发挥其生态服务功能。以全产业链培育全景生态，不断推动制造企业发展、行业发展及区域经济发展，参与主体成长管理从产业链的角度指导着制造业服务化转型升级。

在孕育过程中，参与主体在系统中以较低的交易成本、较高的回报效率获得其发展所需要的资源和动力，推进其市场化进程和产品服务实践。在生长过程中，参与主体逐渐融入整个生态系统，与生态系统之间的关系更加密切，具备了一定的自主发展能力。在成熟阶段，参与主体与生态系统完全形成共生关系，在获得自身发展的同时也成为带动其他参与主体发展和创新的驱动力。但是，并不是每一个参与主体都同时处于某一相同的成长过程，即在一定的时间范围内，系统中的参与主体有的处于孕育过程，有的处于成熟过程等。

服务生态孵化是一个循序渐进的过程，参与主体在系统内呈现出多元化发展的特点，经历孕育过程、生长过程和成熟过程。制造业服务化全景生态系统依托它的资源集聚能力、市场资源和品牌影响力等不断地创建创新生态、工业生态和C2M生态，持续增强服务价值增值能力，为制造企业、制造业转型提供生态服务功能，进一步实现区域经济可持续发展。

2）全产业链全景服务内容二维分析

全产业链闭环管理、全生命周期服务管理和参与主体成长管理三部分组成了全产业链全景服务内容。这三者之间不是相互独立的，而是具有一定的内在联系，对全产业链全景服务内容开展二维分析可以深刻剖析三者间的关系、挖掘更深层次的管理价值。

（1）全生命周期服务管理和全产业链闭环管理关系分析。在产品服务设计、生产、销售和消费的全生命周期过程中，每一个阶段都涉及供给侧和需求侧的匹配交互。换句话说，顾客需求发生在产品服务生命周期的每个阶段，而每一种顾客需求都需要供给侧提供相应的服务能力来满足。全产业链全景服务时间维度和空间维度的关系如图 5-10 所示。

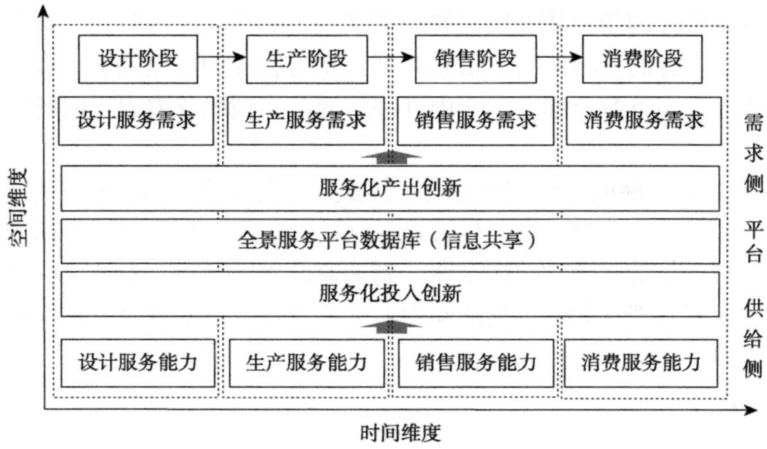


图 5-10　全产业链全景服务时间维度和空间维度的关系

从图 5-10 中可以看出，全产业链闭环管理融合在全生命周期服务管理过程中，二者形成紧密的联系，信息共享和服务创新是在时间、空间维度下分析全景服务内容的重要特点。

第一，全景服务在时间维度和空间维度的高效融合，是通过全景服务平台对产品服务全生命周期数据和供需两侧资源能力数据的整合而实现的，信息共享是提升数据价值的基本前提。信息共享的信息来源可以从两个方面理解，一是时间维度数据，二是空间维度数据，两方面数据基于全景服务平台汇集后存入数据库，并通过个性化形态展现。

通过信息共享机制，零部件供应商、产品制造商的资源和能力能够在生产环境中有效集成，顾客需求信息、行为规律能够在市场环境中高效融合。生产环境和市场环境实现互联互通，制造企业可以依据顾客需求完成产品服务方案设计、生产，市场环境中的销售和消费因顾客在生产环境中的参与而更加畅通，制造企业的生产服务管理能力和产品服务管理能力得以提升；顾客能够参与、体验产品服务的设计、生产等全过程，为顾客的需求表达、个性化体验拓宽渠道和机会。总体而言，信息共享实现了数据价值增值，为生产管理者的管理决策和顾客的购买决策提供了科学依据。

第二，服务创新意味着制造企业以有形产品为依托，通过技术革新、流程优化等方式提高服务传递效率和服务水平，为顾客提供产品服务解决方案以满足顾客需求、创造顾客价值。从空间维度分析，服务创新包括服务化投入创新和服务化产出创新两个方面，即通过提高服务要素投入比重、整合生产环境资源实现服务化投入创新；在市场环境中精确把握顾客价值主张和顾客需求，围绕顾客开展服务化产出创新。

制造企业服务创新要从供给侧和需求侧两方面出发，同时进行基于产品的服务创新及基于顾客的服务创新。信息共享机制为服务创新提供了前提条件，推动企业整合产业链上下游资源、企业内外部资源，实现服务内源式创新和服务外源式创新。

（2）全生命周期服务管理和参与主体成长管理关系分析。参与主体成长过程不是一蹴而就的，从孕育过程、生长过程到成熟过程，每一个过程都涉及全生命周期服务管理。也就是说，制造企业、制造业及区域经济发展体现在产品服务设计、生产、销售和消费的一系列活动中。全产业链全景服务时间维度和成长维度关系如图 5-11 所示。

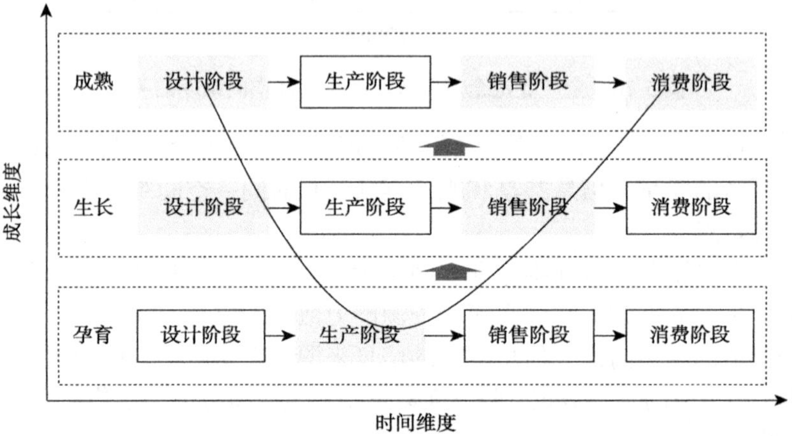


图 5-11　全产业链全景服务时间维度和成长维度关系
阴影部分表示价值增值点

“全产业链脉动”成长维度即参与主体成长管理体现了全产业链全景服务的重要管理目标和服务功能：服务生态孵化。从全生命周期服务管理和参与主体成长过程管理的二维视角分析，制造企业、制造业及区域经济发展过程也是全景服务生态孵化过程，产品服务设计、生产、销售和消费的每一个阶段都推动着主体孕育、生长和成熟过程的发展。参与主体价值增值点逐渐向高附加值环节发生转移是在时间、成长维度下分析全景生态服务体系内容的重要特点。

在全景生态系统中，参与主体和整个系统是不可分割的整体，参与主体在完成自身发展的过程中也推动着系统发展。随着市场竞争的加剧及顾客需求的不确定性、个性化特点日益显著，企业个体依靠自身资源、资本投入很难获得竞争力，企业与企业间的合作成为共赢的基础。企业进入全景生态系统可以获得企业外的资源能力，依托主导企业实现上游、中游和下游资源互通、业务连接，降低交易成本并提高运营效率。对于参与主体而言，经过孕育、生长和成熟过程的发展，逐渐实现服务化转型，由依靠生产制造获得利润慢慢向产品设计、销售阶段转移。从这个角度来说，参与个体在系统内的成长过程也是其服务化转型的过程。

随着更多个体加入系统，系统规模不断扩大，全景生态系统的数据资源、能力资源、知识经验和服务能力随着系统规模的扩大而进一步提升。系统也慢慢通过向参与主体提供多样化、个性化的服务功能获得发展进步。总体而言，参与主体和系统的价值增值点都沿着“微笑曲线”向价值链上游和下游转移，在整个交互、竞争与合作的过程中实现个体成长和群体成长。

（3）全产业链闭环管理和参与主体成长管理关系分析。生态系统中生物要素的生长需要源源不断的养分支持和培育，全景生态系统也具有同样的特点：参与主体在系统中孕育、生长和成熟的成长过程离不开资源、能力的投入，也需要顾客需求的驱动。全产业链全景服务成长维度和空间维度的关系如图 5-12 所示。

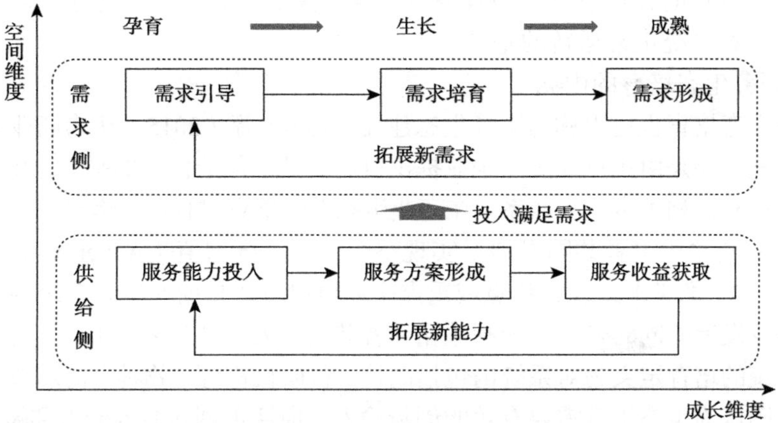


图 5-12　全产业链全景服务成长维度和空间维度关系

由图 5-12 可见，参与主体成长过程伴随着顾客需求的引导、培育和形成过程，以及服务能力投入、方案形成和收益获取的过程。从全产业链闭环管理和参与主体成长管理的二维视角分析，参与主体、需求侧的顾客需求及供给侧的服务能力形成密不可分的关联，互相推动彼此的发展。

参与主体孕育、生长和成熟的成长过程，既是对自身发展能力、竞争力的培育，也是对顾客需求的引导和培育。一方面，供给侧通过有效的资源投入形成顾客具有支付意愿和支付能力的产品服务方案，促成交易后实现利润收益和顾客需求满足的目标。另一方面，顾客需求引领制造企业的发展方向，但顾客专业水平限制使其往往无法发觉自身的真正需求，企业进行需求引导显得尤为重要：借助企业的专业能力和市场洞察力告知顾客他们的真实所需，采用广告推广、场景体验等措施激发隐性顾客需求，完成对顾客需求的引导和培育，进而拓展消费空间、优化消费和生产比例。

随着参与主体的成长，前期进行的顾客需求培育和服务能力投入活动产生成效，顾客形成相对稳定的需求并产生新需求，企业以顾客需求为导向拓展新能力，二者形成良性互动。参与主体从孕育到成熟是一个相对的过程，并没有严格的开始和结束边界。当资源供给和新需求培育达到相对稳定的状态时，既是上一个过程的结束，也是下一个过程的开始，参与主体需要不断拓展新需求、新能力，形成可持续发展、不断提升的循环过程。

### 2. 全产业链全景服务生态培育

全产业链全景服务致力于对制造业服务化进行生态化管理，进一步实现服务生态孵化。服务生态孵化是一个长期的过程，通常情况下，服务生态孵化和生态培育是同步进行的，生态培育为服务生态孵化提供资源、环境支持，是制造业服务化全景生态系统正常运转的基础。

#### 1）服务生态培育的内涵

服务生态培育也可以称为服务生态建设，Rong 等（2015）认为商业生态系统的培育过程主要是由焦点或重点企业提供可用于共同创造价值的平台，并与潜在的直接或间接利益相关者建立联系。在商业生态系统培育过程中，焦点企业及与之互补或利基的利益相关者共同发展，实现整个生态系统增值（Adner and Kapoor，2010）。从这个意义上来说，焦点或重点企业可以看作是商业生态系统的孵化器，在实现自身发展的同时带动其他利益相关者共同发展。吴兰贞（2013）将对科技园区生态系统的培育定义为对系统内包括高校、科研机构等“物种”的培育。张宝建（2019）则认为生态培育需要有效的创新输入，应注重创新服务能力和孵化能力。

综上可知，生态培育概念在不同的背景下有一定差异，但核心思想基本一致。本书认为制造业服务化全景生态系统的服务生态培育是通过一定的服务能力投入、配置，以及合理有效的全景服务模式，实现制造企业发展、制造业发展及区域经济发展。

#### 2）服务能力配置优化

以服务能力为切入点研究服务生态培育即探索有效的服务能力配置策略，服务能力配置致力于解决某一时期内的服务供需匹配，以达到服务成本和服务水平之间的最佳平衡。简言之，服务能力配置过程伴随着企业核心目标完成的过程。生态系统资源聚集能力是其孵化能力，即孵化成功概率的决定性因素（苏惠明，2020；夏至诚，2020），从服务能力的角度探讨制造业服务化的服务生态培育具有重要的意义。

随着大数据、互联网等技术的发展，顾客需求呈现周期性波动大、需求多样化等特点，相比之下，制造企业的生产能力和各类资源则具有相对稳定性，通过对服务能力的有效配置，可以在硬性的生产资源、生产能力和柔性的顾客需求之间发挥一定的缓冲作用。服务能力配置会直接影响到顾客服务水平和服务质量的感知，因此服务能力有效配置是企业满足顾客服务需求的关键所在。服务能力配置分为四个关键步骤——整合生态资源、确定价值目标、设置成本限制、配置服务能力，具体如图 5-13 所示。

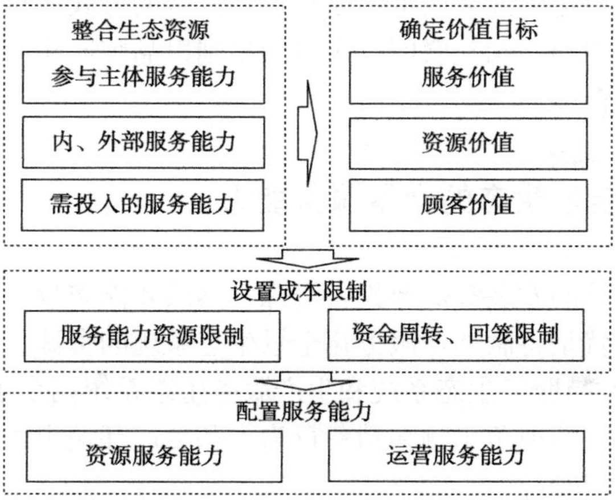


图 5-13　服务能力配置步骤

（1）以全景生态观为指导整合生态资源。在全景生态观的指导下，生态系统对产品服务全生命周期、全产业链和参与主体成长过程的所有资源数据全面整合，充分体现并提升全产业链全景服务的数据价值。

（2）以价值为驱动确定价值目标。服务能力配置的根本目的是提高企业竞争力、实现服务生态孵化，以价值为驱动确立价值目标，有助于充分考虑参与主体的价值主张，促使参与主体以共同的目标为纽带，凝结成结合力实现价值共创。

（3）以企业实际情况为基准设置成本限制。制造业服务化转型存在一定的风险，制造业与服务业融合效率和效果依然存在较大的提升空间，服务能力投入不一定会获取期望收益。设置成本限制能够避免企业陷入投入成本大于盈利的尴尬境地，避免“服务悖论”现象。

（4）基于价值目标和成本限制配置服务能力。服务能力配置可以将资源能力转化为价值。但是，制造企业需要在实际能力和理想目标之间做出权衡，服务能力配置是执行服务特征、实现价值目标的保障。

3）全景服务模式创新

服务生态培育需要以合适的方式利用服务能力、组织系统运营，每个生态系统的优势、劣势、发展目标千差万别，积极探索和发现生态发展新模式对实现系统发展和服务生态孵化至关重要。

全景服务模式即服务生态模式，是指服务生态系统在一定的理念指导下，运用各种资源能力为系统参与主体提供生态服务功能，从而促进生态孵化的方式（边伟军等，2010）。生态模式选择以系统的资源优势和实际情况为依据呈现多样化趋势，如美国硅谷选择大学孵化和风险投资孵化两种生态模式，武汉东湖创业中心则采用产权式孵化生态模式（边伟军等，2010）；在我国产业孵化模式中，国企主导型和央企主导型孵化模式以政策制度和资源汇聚的方式进行生态培育，而外企主导型、传统私企主导型和互联网巨头主导型则以品牌影响力和全球化市场资源为优势实现生态培育[①]。

### 5.4.2 基于全景生态的全景服务能力

每一个生态系统的发展都需要投入资源，然后才能将投入资源转化为预期回报。全景服务能力就是将制造业服务化全景生态系统的资源、能力全面整合的结果，能够同时反映产品服务生态系统和生产服务生态系统两个子系统的基本情况。因此，可以从市场环境视角（顾客消费行为）和生产环境视角（服务特征）探索全景服务能力配置问题。

1. 全景服务能力内涵

全景服务能力是全景生态系统进行生态孵化的土壤和养分，服务能力涵盖了服务人员行为表现及环境、服务设施等服务要素有机集成后的综合性服务状态，体现了企业满足顾客需求的最大处理能力（Berg et al.，1994；李靖华和宿慧芳，2015）。

研究人员基于排队论建立了服务模型，并采用等待时间和系统处理速率分别描述服务水平和服务能力（Allon and Federgruen，2009）。衡量企业服务能力的大小有两种方法：一是以企业为满足顾客需求所缺少的资源数量来衡量；二是以企业可用的资源数量来衡量（Mesak et al.，2010；Chou and Chung，2009）。总体而言，可以认为服务能力本质上是企业满足顾客需求的能力。

在制造业服务化全景生态系统中，产品服务全产业链、全生命周期及参与主体成长过程中集聚的资源和汇集在数据库中的数据，最终将凝聚成全景服务能力，从而决定了全景服务能力具有复杂性特征，既包含了产品要素又包含了服务要素，既要反映产业链的资源整合能力又要快速满足顾客需求。因此，可以将全景服务能力分为两大类：资源服务能力和运营服务能力（图 5-14）。

---

① 艾瑞咨询 2019 年发布的《中国产业创新孵化器行业研究报告》。

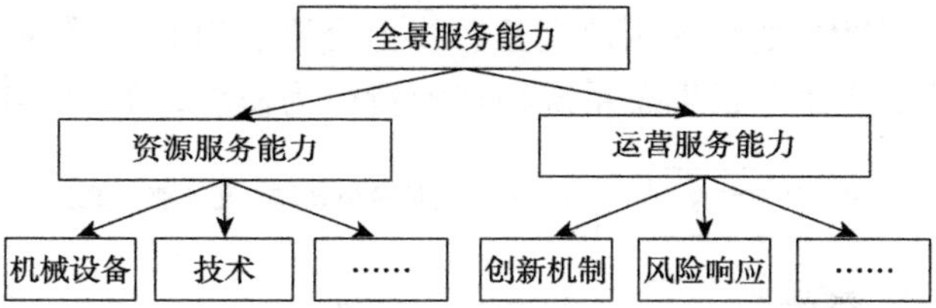


图 5-14　全景服务能力分类

资源服务能力和运营服务能力都由多个要素构成。其中，资源服务能力由系统内有形和无形的资源融合、聚集而形成，体现在固定资源及固定资源的执行能力和服务能力中。例如，机械设备、技术、人力资源及这些资源所表现出来的生产能力、运输能力、技术水平和人才水平等；运营服务能力则反映了企业通过管理、运营等方式而产生的诸如服务效率提高、成本降低及顾客满意度提升的能力，如创新机制、风险响应能力和流程化能力等。

2. 基于顾客消费行为的全景服务能力配置

顾客消费行为是从顾客需求产生到实施购买行为，再到顾客满意度评价的全过程。在现实中，顾客需求呈现出个性化、多样化的特点，顾客消费行为也千差万别。基于顾客消费行为配置服务能力，能够以市场为导向指导生产服务决策，体现了“全产业链脉动”产品服务管理理论思想。

1）顾客消费行为模型

顾客研究（consumer research）也称顾客行为研究（consumer behavior research），顾客行为由顾客的消费决策和顾客行动两部分构成。其中，顾客的消费决策是顾客基于个人需求，对产品和服务进行的比较、评价等行为倾向；顾客行动则是消费决策的实践过程。

全景生态系统中顾客消费行为概念不再局限于具体购买行为，依托全景服务平台的顾客浏览记录、社区互动、问卷调查等方式获取的信息是了解顾客的重要数据资源。全景生态系统中的顾客消费行为可以定义为：顾客消费行为是一个连续的过程，包括通过大数据技术等获取的顾客行为轨迹（网络发布信息、消费记录、浏览记录、位置数据等）、顾客需求培育形成过程、顾客消费过程及购后行为的全过程。

顾客消费行为模型已经得到广泛研究，如恩格尔–科拉特–布莱克威尔（Engel-Kollat-Blackwell, EKB）模型、刺激–机体–响应（stimulus-organism-response, SOR）模型、科特勒（Kotler）模型和尼科西亚（Nicosia）模型。在物联网大数据环境下，制造业服务化转型可以通过更多的渠道获取用户需求信息、实现用户交互，如网上社区、购买记录、产品服务评价等。同样，用户也可以通过更多的渠道获取产品服务信息，如社区用户交互、线上交流、口碑传播等。结合上述四种顾客消费行为模型构建全景生态系统顾客消费行为模型，如图 5-15 所示。

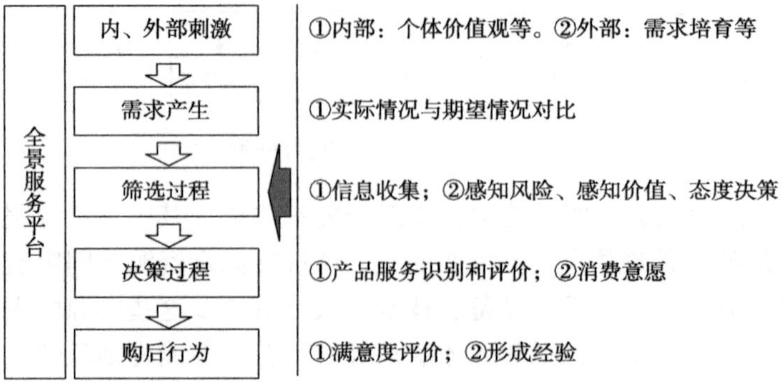


图 5-15　全景生态系统顾客消费行为模型

在平台经济支持下，全景生态系统顾客消费行为模型融合了传统顾客消费行为模型的思想，即 EKB 模型中的信息收集与评估过程、SOR 模型和 Kotler 模型中的刺激因素影响、Nicosia 模型中使用体验对购后行为的影响。

在个人价值观及外部环境两方面刺激下产生顾客需求，在平台经济蓬勃发展的环境下，顾客需求更个性化、多样化且处于不断的变化中，顾客在内、外部环境刺激下会形成个人行为轨迹并培育新需求。顾客通过线上信息搜索、社区讨论和线下场景体验、观察等方式搜集相关信息，形成产品服务的感知风险、感知价值和态度决策。对于筛选出的产品，顾客依据自身的识别和评价结果产生消费意愿。顾客实施消费行为并产生消费经验，且会对购后行为及产品服务口碑等产生重要影响。

2）基于顾客消费行为的全景服务能力配置原则

随着新一代信息技术的发展，顾客通过互联网互动、交流所产生的数据对顾客消费行为、企业经营及企业与顾客间的关系产生深远影响（Ghose and Han，2011）。通过分析顾客消费行为进行全景服务能力配置，有助于制造企业深入挖掘“顾客的声音”，顾客消费行为在物联网大数据环境下的拓展必将使其与传统资源配置有较大差异，在有限的能力资源约束下，有必要遵循合理的服务能力配置原则。

（1）消费行为多重分析。新技术的发展为企业获取、了解顾客消费行为提供了便利，也增加了企业与顾客相互沟通的渠道。在物联网大数据环境下，顾客消费行为的概念更加广泛，不仅包括传统销售模式中顾客的购买决策过程，也包括顾客的浏览记录、位置数据等行为轨迹。因此，对顾客消费行为进行多重分析是将顾客消费行为数据资源转化为数据价值的基本前提（图 5-16）。

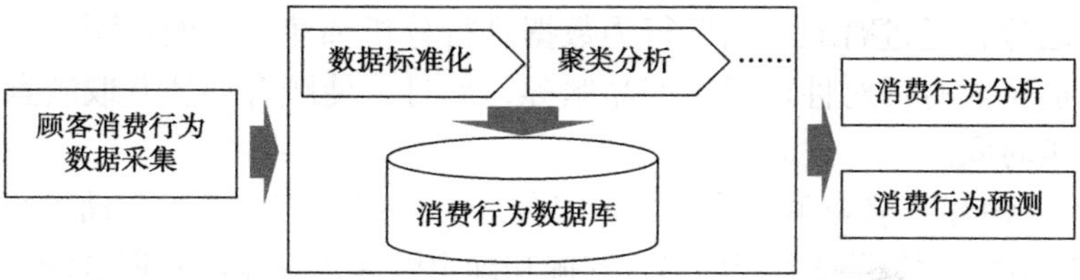


图 5-16　顾客消费行为多重分析原则

顾客消费行为多重分析原则要求企业通过互联网、RFID、情景观察等方式从线上线下渠道收集顾客消费行为数据，然后对数据进行标准化处理及聚类分析，并形成顾客消费行为数据库。根据顾客消费行为数据库的消费行为数据，分析和预测顾客消费行为。

（2）顾客需求动态预测。顾客消费行为多重分析是需求预测的前提和基础，了解顾客需求、有针对性地提供产品服务更有助于满足顾客个性化需求、提高顾客满意度，从而推动制造企业由产品服务“推动”向产品服务“推动”和顾客“拉动”有机融合转化。

在当前环境下，顾客需求处于不断变化中，企业实时采集顾客消费行为数据并更新消费行为数据库，采用机器学习、决策树理论等技术对顾客消费行为进行分析和预测。通过分析顾客消费行为，深入挖掘顾客需求，以顾客需求为中心开展企业相关业务活动。

3）基于顾客消费行为的全景服务能力配置策略

基于顾客消费行为配置全景服务能力，着重挖掘市场环境中“顾客的声音”，是在消费行为分析的基础上进一步挖掘顾客需求，在企业目标和顾客满意度驱动下整合全景服务能力。基于顾客消费行为的全景服务能力配置策略如图 5-17 所示。

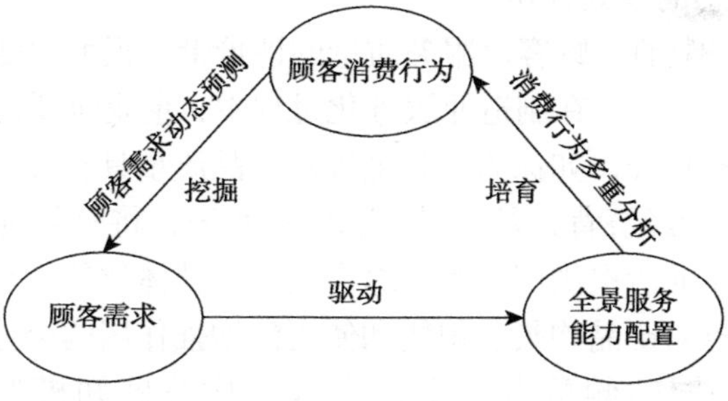


图 5-17　基于消费行为的全景服务能力配置策略

（1）基于顾客消费行为挖掘顾客需求。在制造业服务化过程中，以顾客需求为核心是制造企业获得市场竞争力的关键。顾客消费行为反映了需求痛点和未来需求发展趋势，通过对顾客消费行为数据进行分析和建模、洞察顾客需求，不仅有利于制造企业有针对性地提供产品服务，而且能使顾客快速获取满意方案，节省信息收集时间。

（2）以顾客需求为驱动配置全景服务能力。以顾客需求为驱动进行服务能力配置，是以市场环境倒逼生产环境，挖掘和确定顾客需求是配置服务能力的前提和核心步骤。生产环境与市场环境的分离常常发生“供给非所需”的情况，以顾客需求为驱动配置服务能力能够真正实现供需匹配，在顾客需求痛点分析基础上实现产品服务的迭代、升级，提高企业可持续发展能力、增强用户体验。

（3）以全景服务能力配置培育顾客消费行为。全景服务能力是“全产业链脉动”空间维度、时间维度和成长维度上资源能力整合、凝聚的结果，体现了制造业服务化全景生态系统的服务功能和满足顾客需求的能力。从顾客需求产生到消费行为实施受到多种因素的影响，制造企业以不同的方式配置多样化服务能力，在与顾客的交流中潜移默化地传达产品服务内容及企业文化。全景服务能力配置起始于顾客消费行为，配置结果又培育着顾客消费行为，处于不断的循环发展过程。

### 3. 基于服务特征的全景服务能力配置

与传统制造业相比，制造业服务化转型需要更加关注服务特征管理。服务特征包括制造企业产品设计、生产、销售和消费全过程的服务体验、产品培训、供货稳定性、服务响应性及为顾客提供的技术支持等，服务特征直接影响着顾客需求的满足程度及顾客满意度。

1）服务质量感知模型

服务质量与感知服务质量这两个概念经常被交替使用，无明显区分。卿前龙和李江帆（2003）将服务质量定义为：“服务质量是服务参与者对服务在满足消费需求时所带来满足感的主观评价。”

由于服务本身的特性，顾客对服务质量的评价带有很大程度的主观成分，服务质量的概念很难统一界定。在制造业服务化过程中，企业向顾客提供“产品+服务”整体解决方案，服务特征，如保质期长度等对产品质量具有补偿作用（Guajardo et al.，2016）。基于平台经济背景及全景生态服务系统，将服务质量定义如下：服务质量是顾客对制造企业所提供产品服务综合效用的整体评价，包括产品服务全生命周期过程体验及服务对产品购买、租赁和使用的增强作用两个方面。

研究人员从不同的侧重点入手研究服务质量感知模型，经典的模型如Gronroos的服务质量感知二维模型、Parasuraman、Zeithaml和Berry的服务质量差距模型、Brady和Cronin的服务质量模型及Rust和Oliver的服务质量模型。这些质量模型是基于传统零售业、机械行业等领域的研究成果，对全景生态系统的服务质量感知模型研究具有借鉴和参考价值。全景生态系统依托全景服务平台将系统内的相关要素全部联通，顾客可以通过更多的渠道接触产品、感知服务，全景生态系统服务质量感知模型如图 5-18 所示。

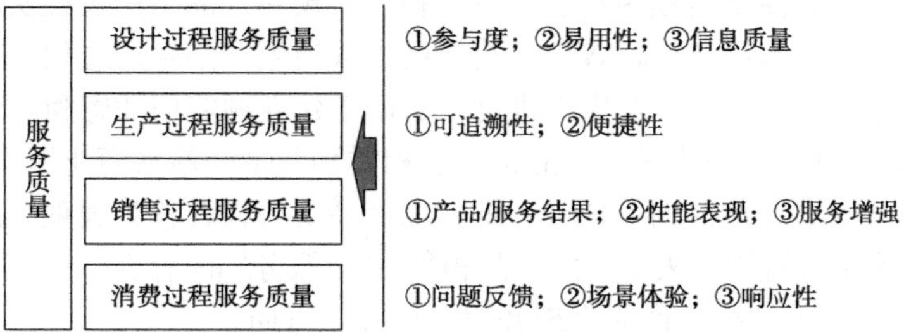


图 5-18　全景生态系统服务质量感知模型

物联网、大数据等技术的支持及全景服务平台的应用，使产品服务从设计到消费的整个过程处于“可视化”透明状态，顾客也参与到产品服务各个阶段。将从产品预测、生产计划到回收再制造的十个环节笼统地概括为设计过程、生产过程、销售过程和消费过程四个阶段。相应地，服务质量可划分为设计过程服务质量、生产过程服务质量、销售过程服务质量和消费过程服务质量四个维度。

（1）设计过程服务质量。全景服务平台的创建能够让制造企业在产品服务设计过程中与顾客沟通，共同完成产品服务设计。设计过程服务质量体现在参与度、易用性和信息质量三方面。

参与度。顾客参与是物联网大数据环境下制造企业获取顾客需求的重要途径，也是顾客表达需求的重要渠道。顾客参与产品服务设计有助于增强顾客被尊重及享受个性化服务的感知。

易用性。Balaji 和 Roy（2017）指出物联网具有高度的互动性，物联网背景下的“易用性”是指顾客不需要花费过多精力去使用物联网技术的主观信念。同样，新兴技术的易用性影响顾客对该技术功能方面的看法，易用性较高可以增强顾客对新兴技术的理解力，从而更好地实现企业与顾客间的沟通。

信息质量。信息质量是指制造企业提供的产品质量、性能及服务内容、服务水平等信息的真实性、准确性和完整性。由于产品服务设计过程中有顾客参与，顾客依据企业提供的信息进行评价、互动，信息质量会影响顾客对产品服务设计方案需求满足程度的感知。

（2）生产过程服务质量。在传统的制造模式中，没有安全有效的技术条件对顾客开放产品生产过程，顾客对此完全陌生。这种模式导致了严重的产品粗制滥造、偷工减料等问题。因此，企业需要提供必要的特征服务满足顾客对产品生产的监督需求。生产过程服务质量体现在可追溯性和便捷性两方面。

可追溯性。顾客利用全景服务平台对产品生产进度、生产流程、生产环境等整个生产过程进行监控，这是物联网大数据环境下满足顾客需求、提高顾客忠诚度和产品服务口碑的重要策略。

便捷性。便捷性是指顾客花费最少的精力实现对产品生产过程实时追溯和监控的程度。通过技术革新使顾客以最简捷的方式追溯产品生产过程，并且最大限度地开放产品生产每个细节及生产进度，有助于建立顾客信任感和忠诚感。

（3）销售过程服务质量。产品销售、租赁和共享等新兴商业模式蓬勃发展，销售过程服务的概念也得到了扩展，即“以产品所有权转移为表现”的产品销售与“以产品使用权转移为表现”的产品租赁/共享服务同时存在。销售过程服务质量体现在产品/服务结果、性能表现和服务增强三方面。

产品/服务结果。顾客向制造企业购买、租赁/共享产品而获得产品的使用权（如通过购买叉车获得叉车的长期使用权、通过租赁叉车获得叉车的短期使用权），同时可以通过支付相应的费用直接获取服务结果（如通过企业的洗衣服务获得衣物清洁的服务结果）。

性能表现。性能表现包括产品性能表现和服务效果两个方面，顾客期望获得性能表现水平和服务水平较高的产品服务，并从中获得产品使用和服务体验。

服务增强。服务增强是指制造企业提供的服务特征对产品使用、需求满足的增强作用。新技术的发展促使产品的智能化、专业化水平获得实质性的提升，不具有专业技术水平的顾客往往无法快速全面地了解产品的操作功能。企业可以通过线下体验、场景模拟等服务帮助顾客快速了解产品功能信息。

（4）消费过程服务质量。消费过程服务是制造企业生产责任延长制度下不可缺少的重要环节。制造企业通过技术革新，可以实现产品使用状态的实时监测，并保持与顾客的联系，从而增加顾客黏性。消费过程服务质量体现在问题反馈、场景体验和响应性三方面。

问题反馈。问题反馈是指顾客针对产品服务消费中出现的相关问题能得到反馈并解决。这是实现产品服务从设计、生产到销售再到消费全过程闭环的关键措施。

场景体验。多样化智慧生活场景能赋予产品不同的价值，场景创造是服务化创新策略之一，依托新技术的发展和应用，场景体验能创造更大的价值。例如，Leader 家电品牌将家电与生活场景融合，在厨房场景中，将燃气灶与油烟机联动，灶台通过感知油温而控制火候大小。

响应性。响应性包括顾客提出的产品服务有关问题得到企业反馈的快捷性，以及企业能否有效解决问题的能力。企业可以通过互联网平台、电话沟通等多种方式快速、高效地帮助顾客解决问题，提升顾客对企业的信任感。

2）基于服务特征的全景服务能力配置原则

服务特征涵盖了产品服务从设计到消费的整个生命周期过程，服务特征的提供需要服务能力支持和有效配置，企业需要依据一定的原则配置服务能力。

（1）从生命周期视角分析服务特征。产品服务设计过程、生产过程、销售过程和消费过程的每个阶段都有各自的任务和目标，也会消耗一定的资源。制造业服务化的核心是以顾客需求为导向，为顾客提供产品服务解决方案，在此核心价值观的引领下，如果将生命周期中的每个阶段都作为独立的过程，必将会影响最终的价值实现效果。将生命周期的理念应用于服务能力的配置过程中，能够统筹每个阶段的价值目标和服务能力，以最小的成本满足顾客需求、获得利润回报。

可以从两方面理解产品服务生命周期视角下的服务特征分析，一方面，每阶段的目标不是基于各自的需求独立设定，而是在总目标的驱动下进行目标分解，各阶段配合完成总目标。另一方面，各阶段以完成目标为目的整合服务能力，在总目标驱动和资源约束下确定所需提供的服务特征。

（2）以顾客感知服务质量为驱动分析服务特征。顾客感知服务质量是影响顾客满意度的关键因素，顾客对产品服务解决方案满意与否直接影响顾客消费行为。企业同时向顾客提供有形的产品和无形的服务时，服务质量对于顾客的产品使用、体验结果起着重要的作用。例如，在面向使用的产品服务系统中，产品使用过程决定了顾客需求的满足程度，其中，产品获取与退还的难易、产品使用中的安全保障等服务特征都会影响顾客的体验和评价。

以顾客感知服务质量为驱动分析服务特征，符合制造业服务化以顾客需求为核心的运营理念。在全景生态系统中，顾客作为共同生产者参与产品服务全生命周期，顾客对服务质量的评价往往以参与体验过程中的互动关系为依据。制造企业应以顾客感知服务质量作为制造企业服务质量水平的测评依据，并由此进行服务特征的改进及相应服务内容的增减。

3）基于服务特征的全景服务能力配置策略

基于服务特征配置全景服务能力，是在顾客服务感知驱动下结合企业实际能力确定需要提供的服务特征，并基于服务特征及资源限制整合和分配全景服务能力，基于服务特征的全景服务能力配置策略如图 5-19 所示。

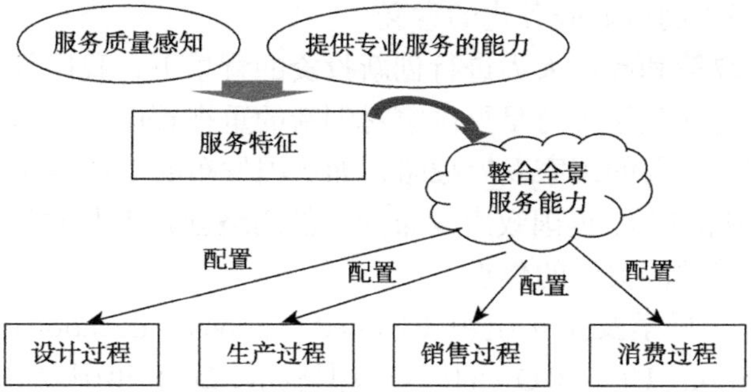


图 5-19　基于服务特征的全景服务能力配置策略

（1）从市场环境的视角分析企业需要提供何种服务特征、从生产环境的视角分析企业能够提供何种服务特征，有助于在企业能力范围内最大化提升顾客满意度。顾客可以通过共同创造、共同设计和共同生产等形式参与创建生态系统并感知服务质量，顾客与制造企业共同创造的有形资源和无形服务通过融入产品服务的生产使用过程而创造价值（Lusch et al.，2007）。

（2）服务特征的实现需要全景服务能力的支持，基于服务特征分配服务能力，一方面，能确保在顾客满意度最大化的目标下，所需要的每一项服务特征都能得到能力支持；另一方面，可以融合市场环境需求和生产环境供给，在企业的能力范围内满足顾客需求。全景服务能力配置需要整合系统生态资源凝聚而成的全景服务能力，确定资源可用率，然后以顾客满意度为目标、以能力限制为约束，对产品服务设计过程、生产过程、销售过程和消费过程每一环节的服务特征配置相应的服务能力。

### 5.4.3 基于全景生态的全景服务模式

我国制造业正面临着“逆全球化”和国内劳动力成本日益增长的冲击和影响，在一定程度上制约了制造业国际化发展的进程，需要探索更具潜力的发展模式。基于全景生态的全景服务模式重点探讨以创新生态、工业生态和C2M生态创建生态圈的策略方法，为我国制造业升级探索可行路径。

1. 以创新生态创建生态圈

制造业创新很容易让人联想到人工智能、3D打印等技术创新，提升产品质量和性能等相关的产品创新，提高服务体验、服务质量等相关的服务创新。实际上，制造业创新是一种基本的企业行为，有多种多样的表现形式。从生态系统的角度，制造业创新需要多个供应商、制造商、客户等利益相关者的共同合作才能实现创新目标，这些要素共同构成了制造业创新生态系统。

1）创新生态对制造业服务化的意义

在“双创”政策和政府大力进行创新投资的背景下，我国创新生态呈现出繁荣的发展景象。这些政策支持足见国家对创新的重视程度。在国外，许多发达国家已经将创新作为重要的国家发展战略，如德国发布的工业4.0战略、美国发布的《美国国家创新战略》、英国政府发布的多份围绕创新主题的部署规划文件……创新已经成为全球共同关注的焦点。

联合国教育、科学及文化组织（United Nations Educational，Scientific and Cultural Organization，UNESCO）的调查数据显示，2018年国内研发（research and development，R&D）总支出排名前五的国家分别为美国、中国、日本、韩国和德国，各国研发支出占 GDP 的百分比分别为 2.84%、2.19%、3.26%、4.81%和 3.09%①。中国是国内研发总支出前五名中唯一的发展中国家，说明我国已经将创新置于国家发展的战略地位，也说明创新对于产业发展的重要作用。

《中国制造 2025》是引领我国走向制造强国的行动纲领，据此可将科创板划分为新一代信息技术、高端装备、新材料、生物医药及器械、节能环保及新能源等六方面。科创板落地充分表明中国创新得到了雄厚的资本支持，资本市场与创新驱动政策相互呼应，共同培育创新生态，共同推动中国创新发展。

2）创新生态圈构建

创新生态系统能够为系统内的产业进步、经济发展提供良好的养分和土壤，制造业服务化的健康发展也同样需要在勃勃生机的创新生态中汲取力量和动能。以创新生态创建制造业服务生态圈，其目的是通过建立良好的创新环境为制造业服务化提供创新支持。

创新生态系统包含企业、政府等生物要素，以及政策支持、资金投入等非生物要素。在国家创新环境中生物要素和非生物要素整合成一个相互关联、共同发展的整体。近年来，中国通过政策支持、资金投入等方式不断加强创新环境建设，为制造业服务化发展营造了良好的创新氛围。京津冀城市群、长三角城市群、珠三角城市群、长江中游城市群、成渝城市群是我国的五大城市群，其中，我国对前三者的目标定位为世界级城市群。五大城市群得到政府的大力支持，聚集着国内众多资源、技术和人才，取得了瞩目的发展成绩。依据德勤咨询发布的《中国创新崛起——中国创新生态发展报告 2019》，中国创新生态城市排名可以划分为三个梯队，其中，第一梯队包括北京、上海、深圳、杭州、广州；第二梯队包括南京、成都、武汉、苏州、天津、重庆、长沙、西安；第三梯队包括东莞、郑州、合肥、佛山、珠海和贵阳。

尽管每个创新城市的创新生态基本状况不尽相同，但是可以从创新机构、创新资源和创新环境三方面对创新生态系统进行评价②。创新机构是指城市内的创新主体数量，创新资源是指城市拥有的创新要素，创新环境则反映了城市能否通过一系列措施为创新机构集聚和发展创造一定的环境。通过衡量每个城市、地区的创新机构、创新资源和创新环境基本情况，优势方面高效利用、劣势方面加快建设，从而创建可持续发展的创新生态。根据创新机构、创新资源和创新环境可以构建创新生态圈，如图 5-20 所示。

① UNESCO 官方网站：http://data.uis.unesco.org/index.aspx?queryid=61#。

② 德勤中国 2019 年发布的《中国创新崛起——中国创新生态发展报告 2019》。

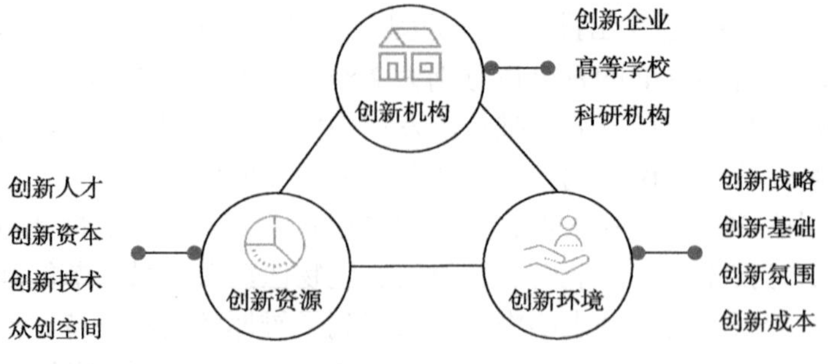


图 5-20　创新生态圈

资料来源：德勤中国 2019 年发布的《中国创新崛起——中国创新生态发展报告 2019》

（1）创新机构。城市创新机构包括创新企业、高等学校和科研机构三部分。其中，创新企业是指城市内的高新技术企业、中国互联网百强企业及独角兽企业；高等学校和科研机构则是指城市内的普通高等学校及国家重点实验室。城市内的创新机构数量越多，越有利于创建健康良好的创新生态。位于第一梯队的创新生态城市都拥有数量较多的创新机构，尤其是许多高科技企业、高等学校和科研机构都集聚在北京、上海两大城市，仅第一梯队城市拥有的独角兽企业数量占据了全国总量的 80%[①]。这些城市依托其强大的创新机构实施创新行为，孵化和培育了数量众多的人才和企业，被培育的企业、机构又能以新创新机构的角色孵化和培育下一代人才、企业，如此循环往复，形成了良好的创新环境。

（2）创新资源。城市创新资源包括创新人才、创新资本、创新技术和众创空间四部分。其中，创新人才是指人工智能等前沿科技领域人才；创新资本和创新技术分别指创投资本及城市申请专利；众创空间指城市拥有的国家备案众创空间。城市内的创新资源数量越多，越有利于创新生态的良性发展。北京、上海、深圳、杭州在创新资源数量排名靠前，这些城市拥有大量的人工智能等前沿科技领域人才、众创空间及先进的创新科技，同时汇聚了大量的创新资本投入。创新资源的投入、集聚是创新生态建设和发展的重要因素。

（3）创新环境。城市创新环境包括创新战略、创新基础、创新氛围和创新成本四部分。其中，创新战略是指政府与创新相关的政策法规；创新基础是指城市智能化基础设施的建设、城市竞争力等情况；创新成本则是指创业者为实施创业行为需要付出的成本，包括工资水平和场地租金。创新环境反映了一个城市进行创新行为的氛围，同时在一定程度上决定了创新行为的成败。在拥有更先进创新基础设施、更多创新支持政策和战略、更低创新成本的城市，如深圳、广州、北京和上海等城市，能够吸引更多的企业、人才汇聚，并最终促进城市创新生态系

① 德勤中国 2019 年发布的《中国创新崛起——中国创新生态发展报告 2019》。

统的良性循环。

### 2. 以工业生态创建生态圈

构建工业生态系统以促进制造业服务化转型，不是简单地将环境生态概念与工业相结合，而是从生态系统的角度，运用工业互联网、区块链、RFID 等先进技术将制造业全产业链整合。通过营造一个可以共享、联通、交互的工业生态系统，为系统要素提供良好的发展环境。

1）工业生态对制造业服务化的意义

在社会化大生产背景下，任何企业都不可能完全独立地实施运营、创新等活动，换句话说，任何企业的发展和进步都离不开与利益相关者的合作。实际上，许多制造企业已经意识到协同合作的重要性，新兴技术的发展为企业间的合作提供了契机。

随着全球化的发展，制造业与服务业的融合趋势日益明显，“两业融合”发展战略提上日程。服务业将制造企业的研发设计、生产、制造、运输、销售等环节有机黏合，并由此催生了生产环境中大量存在的服务外包需求，以及市场环境中不断增长的产品服务需求。多样化、个性化服务需求的增加，对生产环境中的产品服务提供者提出了更高的要求。一方面，顾客需求呈现出动态性、多样性、复杂性等特点，企业如何快速、高效、低成本地聚集生产资源、向顾客提供完整的产品服务解决方案值得探讨。另一方面，随着居民消费水平的提高，传统同质、量产的产品对顾客不再具有吸引力，相比之下，个性化、定制化越来越受到顾客的青睐。面对这种情况，企业如何准确地捕捉和把握顾客的想法、提高顾客满意度需要进行探索。

工业生态系统的创建为解决以上问题提供了基础，工业生态系统的核心思想是将制造业全产业链的资源要素、企业、顾客融合于统一的、开放的工业互联网平台，实现制造商之间产能共享，供应商与制造商之间流畅合作。

2）工业生态圈构建

随着互联网、大数据等先进技术的发展和广泛应用，平台经济、平台赋能、平台生态系统等概念频繁出现。工业互联网平台的出现和发展，对制造业服务化起到了强大的推动作用。以工业生态创建制造业服务生态圈，其目的是通过建立良好的工业生态环境为制造业服务化提供发展动力。

工业生态系统的建设离不开工业大数据、工业互联网平台的深度应用，近年来，我国工业生态发展进入了快车道。我国政府高度重视工业大数据管理和工业互联网平台建设，相继出台了一系列政策文件强调工业大数据、工业互联网平台与制造业融合的重要性，如《促进大数据发展行动纲要》（国发〔2015〕

50 号）[①]和《国务院关于深化“工业互联网+先进制造业”发展工业互联网的指导意见》[②]等。

在企业层面，已经有一批企业成功建设工业互联网，截至 2020 年 6 月，已培育形成 500 多个工业互联网平台，其中具备一定影响力和竞争力的平台数量超过 70 个[③]。典型的工业互联网平台成功企业案例是海尔的 COSMOPlat 工业互联网平台。COSMOPlat 工业互联网平台是全球首个引入用户全流程参与，实现生产环境和市场环境对接的工业互联网平台，该平台已经孕育出包括房车、农业、服装、机床等 15 个行业生态，为不同行业企业的转型升级提供解决方案。以房车行业为例，海尔再造了房车行业的工业平台，优化了康派斯房车的房车设计交互、智能采购、生产控制和订单管理等流程，实现了订单提升 62%，综合成本降低 7.3%，订单交付周期由流程再造前的 35 天下降为 20 天[④]。

由此可见，我国工业生态建设已经初见成效，虽然仍然面临着企业数字化转型成本高、大部分中小型企业数字化程度低等问题，但是工业互联网赋能制造业服务化发展已经成为不可阻挡的重要模式。基于以上分析，以工业生态圈（图 5-21）创建制造业服务生态圈符合当前的社会经济发展形势，并能够对制造业服务化进程起到积极的引领作用。

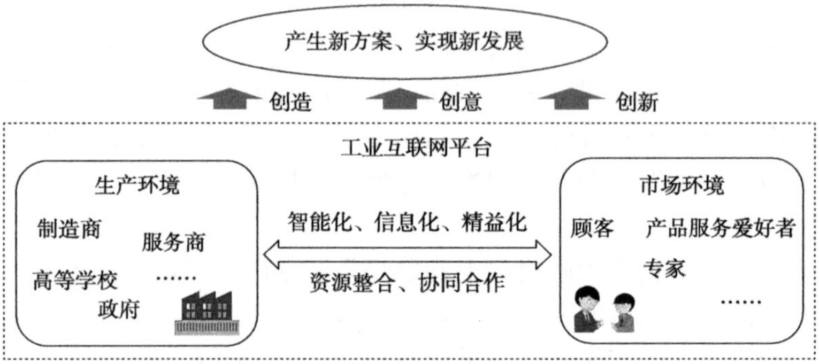


图 5-21　工业生态圈

平台是工业生态圈创建的关键基础设施。工业互联网平台连接和整合了制造业全产业链生产环境和市场环境中的要素。生产环境中的要素主要有制造商、服务商、供应商及各企业拥有的资源，市场环境中的要素主要有顾客、售后维修人员等。在工业互联网平台上，每一个参与主体都可以互动联系、访问平台资源，

① http://www.gov.cn/zhengce/content/2015-09/05/content_10137.htm[2015-09-05]。
② http://www.gov.cn/zhengce/content/2017-11/27/content_5242582.htm[2017-11-27]。
③ 《人民日报：工业互联网 赋能制造业》，https://kuaibao.qq.com/s/20200624A0290E00[2020-06-24]。
④ 海尔 COSMOPlat 官方网站：http://rv.cosmoplat.com/sindar/smartourist//portal-main/index。

并且可以协同合作，最终能够以创造、创意、创新产生新方案、实现新发展。平台内的参与主体运用平台资源实施各项活动，不断地催生新的产品服务方案，实现系统整合及系统内参与主体的共同发展。

3. 以 C2M 生态创建生态圈

在产业互联网背景下，催生了 B2B、C2B（customer to business，消费者到企业）、O2O（online to offline，线上到线下）等电商模式，然而随着顾客日益强烈的个性化需求与制造商无法接触终端消费者的矛盾不断激化，越来越多的制造商启动 B 端赋能策略，即运用互联网、大数据技术实现顾客与制造商的连接，以顾客需求倒逼制造商的产品设计、生产等环节。

1）C2M 生态对制造业服务化的意义

在传统制造业中，生产环境与需求环境彼此分离：制造商无法真正理解顾客需求，顾客也无法真实表达自身想法，互联网平台的出现为解决这个问题提供了助益。顾客直连制造商，又被称为“短路经济”，以实现产品服务定制、降低中间流通成本为主要优势，从而得到越来越多的关注。

随着经济发展，中国居民人均可支配收入近年来持续增长，收入水平的增加直接刺激了我国居民的消费水平，反映到消费形式上主要表现为对高质量、个性化产品的追求，以及注重高性价比的去品牌化趋势[①]。消费形式的转变促使制造业全产业链不得不以较低的成本和定价向消费者提供个性化的产品服务解决方案，顾客驱动制造的理念得到广泛认可。

C2M 是一种能够实现顾客与制造企业连接的新型商业模式，这种商业模式的创新是在顾客个性化需求水平升级和制造企业个性化生产能力提升的背景下产生的。商业模式的创新是制造业服务化的重要推动力，商业模式创新至少有两点与制造业服务化转型有相似性，一是商业模式创新的市场导向性与制造业服务化转型强调的注重终端顾客需求一致，二是商业模式创新与制造业服务化的价值创造机理具有一定的相似性（刘建国，2016；Gadrey et al.，1995）。

实际上，我国正面临着严重的供需矛盾。国家统计局的数据显示，2020 年 6 月，我国制造业存货 113 947.5 亿元，相比上年同期增长 4.6%，此外，食品制造业、家具制造业存货相比上年同期分别增长 9.3%、4.2%[②]。供需不匹配给企业和社会带来了负面影响，许多服装制造商为保持其原价和品牌影响力，不惜采用烧掉的方式处理库存。C2M 模式是去中心化的垂直产业链——C 端顾客与 M 端实现一对一的对接，以顾客个性化需求为标准实施产品生产活动，因此生产出来的

① 艾瑞咨询 2019 年发布的《中国制造业产业互联网 C2M 电商行业研究报告》。

② 国家统计局官方网站：https://data.stats.gov.cn/easyquery.htm?cn=A01。

产品独一无二、千人千面。

C2M 的亮点之一就是通过接触顾客实现产品定制化，而定制化对实施服务化战略具有推动作用。首先，定制化策略可以通过定制过程中的企业专业技术能力提高基本服务（以产品为导向的服务）水平，这种专业技术能力是企业的核心竞争力，因为竞争性企业无法提供相同的专业技术；其次，定制化策略可以在企业与顾客的交互过程中提高高级服务（以顾客为导向的服务）水平，这是因为企业与顾客的交互往往能够帮助企业获得顾客忠诚度提高、深入了解顾客等意想不到的收获（Rui and da Silveira，2019）。

2）C2M 生态圈构建

C2M 模式的核心思路是通过平台连接制造企业与顾客，C 端顾客在特定的社群或平台上表达需求和想法并反馈给 M 端企业，企业根据需求数据与顾客共同完成产品设计、生产等环节。以 C2M 生态创建制造业服务生态圈，能够帮助解决制造业服务化转型中面临的商业难题。

C2M 模式依托互联网、大数据、5G 等新兴技术的支持，在供需矛盾日益激化的情况下受到了青睐。商业模式的创新和发展都需要在现实技术、政策环境中孕育和萌芽，我国对工业互联网、人工智能等技术的发展和应用十分关注，对新型商业模式、新型企业运作模式创新予以政策支持，外部环境的支持和相关基础设施的应用为 C2M 模式的进一步探索和发展提供了良好的基础。

很多企业也进行了积极的实践探索，必要商城是全球第一家 C2M 电商平台，该平台引入知名品牌的代工厂以自主品牌方的角色入驻，顾客与制造商在平台上进行需求沟通、下订单等交互行为，工厂接到订单后再生产产品，最后在约定时间内完成产品交付。2020 年 3 月，淘宝正式上线淘宝特价版，并推出“超级工厂计划”和“百亿产区计划”，此次 C2M 战略可以看作是淘宝与 2013 年推出的“淘工厂”进行 C2M 战略探索的升级①。其中，“超级工厂计划”是使制造企业通过接入淘宝 C2M 平台帮助其深入了解市场需求信息；“百亿产区计划”则是构建产业集群，将整个产业链的上下游连接。淘宝 C2M 生态一旦建设完成，将会同时对 M 端企业实现降本增效及 C 端顾客需求满足带来巨大的价值。

由此可见，C2M 生态建设已经初见成效，并且在未来具有巨大的发展潜力和市场需求空间，以 C2M 生态构建制造业服务生态圈对制造业服务化转型具有重要的积极意义。C2M 生态圈如图 5-22 所示。

---

① 《淘宝首次发布 C2M 战略，正式推出淘宝特价版》，http://www.xinhuanet.com/tech/2020-03/26/c_1125771316.htm[2020-03-26]。

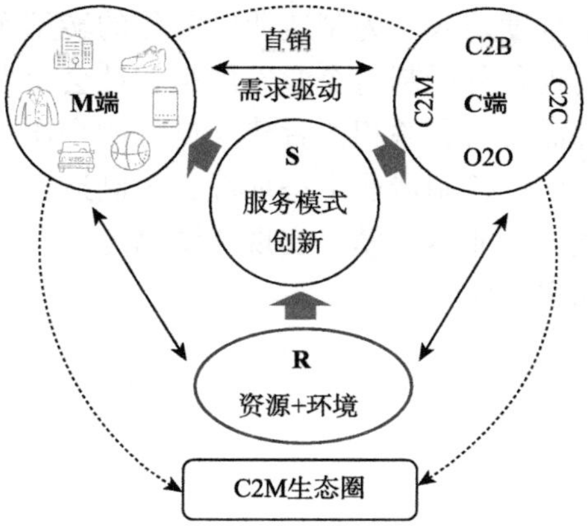


图 5-22　C2M 生态圈

C2C 为 customer to customer，意为个人对个人

在整个 C2M 生态圈中，C 端、M 端、资源和环境（R 端）、服务模式创新（S 端），以平台和服务作为连接纽带融合成为一个整体。C 端对应于个性化、多样化的顾客需求，其理论体系包括顾客需求特征、顾客需求转变、顾客需求生态；M 端对应于智能化生产和柔性生产，其理论体系包括网络化和开放式的设计、网络化和柔性化的制造、网络化和开放式的供应链；平台对应于网络化协同合作，其理论体系包括云平台、开放式定制平台、线上交互平台及网络协作平台等；资源+环境对应于生态环境，其理论体系包括“资源节约型、环境友好型”社会理论；服务模式创新则对应于体验服务，其理论体系包括工业产品服务和用户体验服务（Zhang et al.，2019a）。C2M 生态圈是由顾客个性化需求驱动的，具有智能化和柔性化生产、快速响应等特点，通过企业内外部资源整合、网络化运营及创新服务模式实现生态内的参与主体协同设计、协同制造。

基于全景生态的全景服务理论，从生态系统的视角对制造业生产环境和市场环境进行综合性管理。在全景服务平台的支持下，聚焦于全产业链管理、全生命周期服务管理及参与主体成长管理，保证制造业服务化全景生态系统健康运转。同时，以不同的原则机制合理配置全景服务能力，满足全景生态系统的资源共享和协同要求；以制造业发展现状和发展需求为依据，创新创建全景服务模式以实现整个生态系统的协同发展和服务生态孵化。

## 5.5　本 章 小 结

基于全景生态的服务理论从全产业链闭环管理、全生命周期服务管理及参与主体成长过程管理三个维度切入，为制造业服务化的转型实践提供理论基础和决策依据。以生态系统的视角分析制造企业发展是在社会化大生产背景下的必然趋势，任何企业的发展都需要与利益相关者建立良好的合作关系，协同、合作完成共同的目标和任务。如何依托制造业生态环境，为制造业服务化全景生态注入更多新鲜的血液，如何创新商业运营模式实现资源高度整合及企业降本增效，需要进行更加深入的理论和实践探索。

# 第三篇　应　用　篇

“全产业链脉动”服务理论以数据脉象价值诊断全产业链健康状况，以数据脉动价值引领全产业链协同运营，以数据价值、体验价值和平台价值提升“全产业链脉动”制造业服务化转型发展能力。“全产业链脉动”服务理论来源于实践，能够在“全产业链脉动”：制造业服务化体系设计、转型路径、转型发展模式应用实践中升华，以新型服务理论指导我国制造业升级。

基于全产业链数据价值释放路径、数据资源配置和数据资源服务探索制造业服务化体系设计方法，从制造业服务化战略制定、路径分析和创新培育中探索制造业服务化转型路径，从制造商+租赁服务模式、制造商+网络货运平台服务模式和制造商+共享平台服务模式中探索制造业服务化转型模式，致力于在颠覆与颠覆式探索实践中全面提升“全产业链脉动”服务理论的应用价值。

面向数字经济、体验经济和平台经济，“全产业链脉动”制造业服务化实践更加注重智能化、个性化和主动式服务管理，更加注重科技创新、管理模式创新、商业模式创新，为加快推动我国制造业服务化转型发展探索可行的路径和发展模式。“全产业链脉动”服务理论依赖于社会环境、市场环境和技术环境生存和发展，需要全产业链投入资源努力培育制造业可持续发展的生态环境。可以认为：推动制造业可持续发展是全人类共同的责任。

# 第 6 章　“全产业链脉动”：制造业服务化体系设计

“全产业链脉动”服务理论提供了制造业服务化体系设计的理论方法，突出体现数据价值观、情景感知观和全景生态观。在数字经济时代，数据资源化、数据资产化、数据资本化成为释放全产业链数据价值的必由之路，推动全产业链数据资源互联互通配置、互享互惠，为情景感知服务和全景生态服务所需的创新环境赋能。

## 6.1　概　　述

制造业服务化转型之路一直伴随着数字经济的发展，呈现信息化不断提高、数字化不断增强的特点。数字经济颠覆了传统经济形态，用数字管理经济，主导生产、管理和分配活动。这种数字和经济的关系不再是简单的统计学上线性或非线性关系，而是用数字符号去表达经济。数据的公理化和规范化清除了社会中，尤其是经济生活中的特殊性和人为差别，为人类平等、交易公平提供了一个基本的模式框架，创造了经济活动和社会活动的新世界观。

1. 制造业服务化设计维度

制造业服务化存在于制造业价值链的各个环节中，从投入角度看，服务要素的投入日益增加；从产出角度看，最终产品中服务部分的比重大大增加，有形产品部分的比重相对缩小，知识密集的服务对产品的价值增值起着越来越重要的作用（周大鹏，2016）。从投入、产出角度描述制造业服务化现象，也从某种程度上恰好提供了制造业服务化实施的路径和方法。制造业服务化设计维度如图 6-1 所示。

图 6-1　制造业服务化设计维度

制造业信息化是指将信息技术应用到制造业产品研发设计、生产、销售和消费等环节中，能够有效提高制造业服务化水平，实现制造环节和服务环节的有效衔接，促进业务模式、组织架构乃至经营战略转变，从而增加制造业产品附加值。制造业转型升级则是指通过信息化创新优化制造业的制造模式、商业模式及服务模式，将制造业的产业链结构由生产组装转向研发设计，推动制造业向价值链高附加值的两端发展，提升在价值链中的地位。

制造业服务化在整体上对制造业升级具有促进作用，尤其提高了中国制造业在全球价值链分工体系中的地位（刘斌等，2016；陈秀英，2016）。但是，在制造业服务化设计维度上仍然需要考虑产业、所有制、服务要素投入及其来源的异质性对制造业服务化与制造业升级的影响。

### 2. 全产业链数据价值释放路径

为了释放全产业链数据集合的价值、创造经济收益，数据不断产业化，产业也不断数字化，从而构成一个全新的经济结构。全新的经济结构主要体现在数据资源化、数据资本化和数据资产化上，从价值角度治理数据。数据资源化的本质是实现数据共享与服务，而数据共享是数据资源化的基础。

数据资产化是指将数据看作资产，赋予其与实物资产一样的属性，其产权可以被个人或机构拥有，更重要的是可以交易和流通。与传统资本特点不同，数据资本是一种虚拟形态的资本，数据资本化的过程是指可以用数据的方式去涵盖以往所有的资本形态，这就导致了数据资本可以将传统资本当作获得利益的途径和对象。数据走向资源化、资产化和资本化是大势所趋，是数据经济对传统经济的颠覆和挑战。

### 3. 全产业链数据资源互联互通配置

在数据资源化、资产化和资本化的过程中，必须建立高效的数据交换机制，实现数据的互联互通、信息共享、业务协同。互联互通配置深度利用分散数据，达到了整合信息进而获得价值的目的。数据互联互通机制需要建立数据管理制度体系，制定统一的数据标准，完善在数据记录、传输、使用等流程中的规范性，打破数据孤岛，实现企业内、外数据高效共享。同时，数据开放共享平台的搭建，可以增加数据的可得性，促进数据的交换流通，提升数据服务和应用能力。

4. 全产业链数据资源互享互惠服务

数据互享互惠服务旨在通过数据共享达到互惠的目的，实现数据和经济的融合发展，形成互生、共生甚至再生的价值产业生态。数据产业的核心战场在数据共享平台，能否实现共享是数据发展的瓶颈。为了打破这一瓶颈，数据行业应当提供具有吸引力的互惠制度，鼓励数据所有者分享其私有数据。

本章聚焦于“全产业链脉动”：制造业服务化体系设计，从释放全产业链数据价值角度论述数据资源化、数据资产化和数据资本化发展之路，深入探讨全产业链数据资源互联互通配置机制和效应、全产业链数据资源互享互惠服务机制和效应，奠定“全产业链脉动”服务体系下制造业服务化新模式、新生态的创造基础。本章结构如图 6-2 所示。

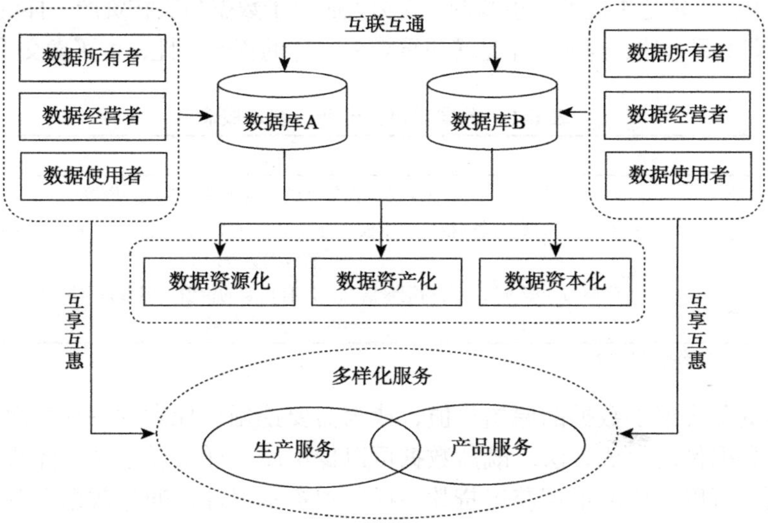


图 6-2　本章结构图

## 6.2　全产业链数据价值释放路径

从全产业链视角整合数据资源，挖掘数据脉象价值和数据脉动价值，以更加深入地探索数据价值释放的可行路径。面向数据所有者、数据经营者和数据使用者，结合国家政策和企业实践的成功经验，从数据资源化、数据资产化、数据资本化视角探索数据价值释放路径，有助于充分揭示全产业链数据价值的来源之谜。

### 6.2.1　数据资源化

数字经济的核心在于数据和数据价值，在于依托数据数量、数据质量和内核知识蕴含的价值生成的数据脉象价值和数据脉动价值。资源是某主体拥有的人力、物力、财力等各种物质要素的总称，数据资源则特指以数据作为生产要素的资源，数据资源化则强调数据资源整合后形成的数据价值。

1. 数据资源概念

数据资源、数据资产、数据资本都是数据发展到一定规模后的产物，在概念上有本质区别，见表 6-1。21 世纪人类的一大文明进步就是迸发出了“数据是一种资源”的思想，正是基于这种思想基调，人类大胆赋予数据与实物资产一样的权属，使得数据拥有了跟石油、煤矿、土地等重要资源一样的资产特性，可买卖交易和获利。

**表 6-1　数据资源、资产、资本概念**

| 名词 | 概念 |
| --- | --- |
| 数据资源 | 有含义的数据集聚到一定规模后形成的资源 |
| 数据资产 | 拥有数据权属（勘探权、使用权、所有权）、有价值、可计量、可读取的网络空间中的数据集合 |
| 数据资本 | 生产商品和服务所必需的记录信息，拥有长期的价值，但有特有属性，如非竞争性、不可替代性、体验性 |

资料来源：叶雅珍等（2019）

数据资源集聚了数据的原始价值，成为需要挖掘和探索的一片蓝海，需要科学有效的数据价值生成方法。既然数据可以像房屋一样隶属于某主体成为资产，那么数据也可以像房屋抵押获得贷款一样获得资本属性，通过数据资源化、数据资产化、数据资本化提升数据价值。

2. 市场规模

2015 年，国务院在《促进大数据发展行动纲要》（国发〔2015〕50 号）中明确提出培育大数据交易市场[①]。在国家政策的积极推动、地方政府和产业界的带动下，贵州、武汉等地率先探索大数据市场。根据大数据产业生态联盟和赛迪顾问股份有限公司联合发布的《2019 中国大数据产业发展白皮书》，2018 年中国大数

① http://www.gov.cn/zhengce/content/2015-09/05/content_10137.htm[2019-09-05]。

据产业规模为 4384.5 亿元，预计 2021 年将达 8070.6 亿元。2016~2021 年，大数据产业规模增长 5229.8 亿元，5 年复合增长率达 23.2%（图 6-3）。数据产业的市场需求和相关技术进步将进一步驱动数据资源价值释放，促进数据资源市场蓬勃发展。

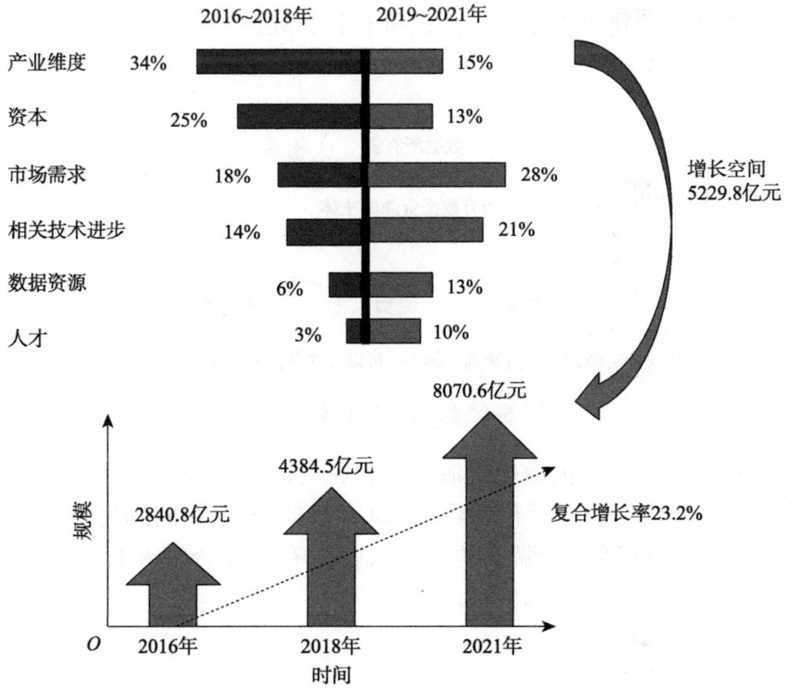


图 6-3 数据资源市场规模

资料来源：《2019 中国大数据产业发展白皮书》

### 3. 数据资源管理

面对复杂的数据资源市场环境，需要建立一个有效的数据资源管理体系。数据资源管理以数据资源为对象，涵盖了数据管理，不仅关注如何解决数据带来的损失问题，而且关注如何借助数据资源为数据所有者、数据经营者和数据使用者带来数据价值，涉及数据成本和数据收益管理。

数据资源管理包含数据标准、数据质量、数据安全、数据价值、数据共享和数据挖掘等管理职能，可以针对不同的应用场景和大数据平台提高数据资源价值增值能力。在“数据转向资源”理念的影响下，需要更专业的管理队伍和更细致的管理制度来确保数据资源管理的流程性、安全性和有效性。

4. 数据资源主体

作为生产要素的原始数据散落在社会网络中，经数据采集、数据加工后拥有数据所有者属性，数据转化为数据资源后更是获得交易属性，需要明晰数据资源主体的责权利关系。由于数据隐私的存在，数据所有者不能简单地让渡数据所有权，必须在数据资源化过程中明晰数据所有者、数据经营者和数据使用者三方的主体和权属（图 6-4）。

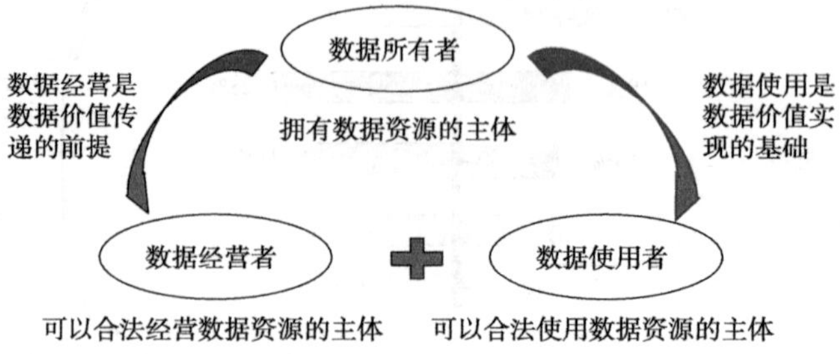


图 6-4　数据资源主体和权属

数据所有者应完整占据数据资源的产权，可以自由决定是否委托数据资源经营权。数据经营者接受数据所有者委托，享有数据经营权和获取合法收益的权利。数据使用者依据数据经营者赋予的合法权益享有数据资源及其衍生物的数据价值，从而实现数据价值传递和变现。

5. 数据资源化发展阶段

数据资源化是一个螺旋式发展过程，在持续发现问题、解决问题过程中积累知识经验，提升数据资源管理能力，按照管理成熟度可以将数据资源化发展划分为四个阶段（图 6-5）。从数据建仓阶段、数据治理阶段、数据应用阶段到数据运营阶段，随着数据资源管理成熟度的提高，数据资源化发展逐渐进入规模化运营阶段。

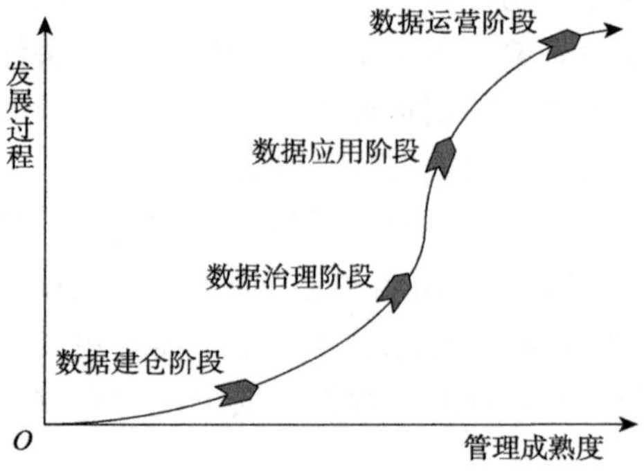


图 6-5　数据资源化发展阶段

在提高数据资源管理能力目标的驱动下，研究建立数据仓库，以增强数据资源集聚、存储、管理能力，数据建仓阶段发展非常缓慢。随着数据资源集聚，数据资源化发展进入了数据治理阶段，形成了数据采集、计算、加工、分析等配套工具，建立了元数据管理、数据共享、数据安全保护等机制，数据治理阶段发展迅速推动着数据资源化进入数据应用阶段。通过数据创新应用，进入大规模数据运营阶段。

数据资源化发展使数据成为数据资源主体的核心生产要素，不仅有助于提高产品和服务创新能力，而且有助于实现数据资源价值最大化目标。随着数据资源管理成熟度和数据资源管理能力的提高，数据资源化发展动能不断提升，推动数据资源价值增值能力获得快速发展的空间。

### 6.2.2　数据资产化

随着数字经济的蓬勃发展，数据资产化得到广泛重视，推动着数据作为一种新型生产要素按贡献参与分配，反映了数据对提高生产效率的乘数作用。数据资产化不仅提升了数据资源的价值，而且赋予数据更多的属性，使数据演化为一类无形资产。

1. 数据资产概念

数据资产（data asset）指政府债券、公司债券和实物债券等资产（Peterson，1974）。随着信息资源和数据资源概念的演变，数据资产概念进一步扩大，并随着数据管理、数据应用和数字经济的发展而普及。数据资产尚无统一的定义，《数据资产管理实践白皮书（4.0 版）》将数据资产定义为“由企业拥有或控制的，能够为企业带来未来经济利益的，以物理或电子的方式记录的数据资源，如文件资料、电子数据等”[①]。

叶雅珍等（2019）将数据资产定义为拥有数据权属（勘探权、使用权、所有权）、有价值、可计量、可读取的网络空间中的数据集。定义中明确强调了数据具备的可获得经济利益的特征，也说明了数据资产应当具备可估量的价值。在实践中，分布式存储、云计算、AI 技术及区块链等的应用正不断拓宽数据资产的边界，非结构化数据也被纳入数据资产范畴，如海量的标签库、企业级知识图谱、文库文档、视频、图片等。

---

① 中国信息通信研究院云计算与大数据研究所和 CCSATC601 大数据技术标准推进委员会于 2019 年发布的《数据资产管理实践白皮书（4.0 版）》。

2. 数据资产管理体系

数据作为一种新型资产，同实物资产一样具有价值和经济收益的特征。但是，如果缺乏合规有效的管理体系，数据也可能变成负债。为了培育数据资产化的健康模式，数据资产管理体系建设显得尤为重要。数据资产管理贯穿数据采集、存储、管理、分析和使用等全生命周期过程，涉及数据采集后的运营管理、数据价值变现等过程。目前，数据资产管理尚处于探索起步阶段，数据质量问题、安全隐患、评估方法、交换流通等精细化管理仍显薄弱。

数据资产管理（data asset management）是指规划、控制和提供信息资产的一组业务职能，包括开发、操作和监督有关数据的计划、政策、方案、项目、流程、方法和程序，从而控制、保护和提高数据资产价值[①]。可见，数据资产管理的目标是资产保值增值。在数据资产化大背景下，数据资产管理体系至少包括数据资产权属界定、价值评估、交易流通和安全保障四个方面（图 6-6）。数据资产管理不仅具有数据管理的共性，而且具有不同于数据管理的独特管理视角。

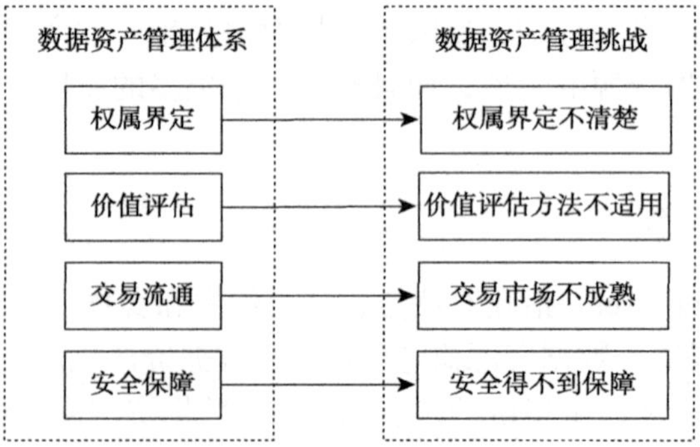


图 6-6　数据资产管理体系和挑战

1）数据资产权属界定

数据资产权属界定是数据资产化的前提。数据权不同于传统物权，物权的重要特征之一是对实物的直接支配，但数据权在数据的全生命周期中有不同的支配主体，某些数据在产生时由所有者支配，有些数据在产生时便被数据采集人支配（如微博、电商数据、物流数据等），在数据处理阶段被各类数据主体所支配。由于数据所有权可以转移、难以界定，数据资产权属界定应该讨论控制权而不是所有权。

数据资产权属界定可以简单理解为法律意义上由哪个企业控制数据，表现在

① 中国信息通信研究院云计算与大数据研究所和 CCSATC601 大数据技术标准推进委员会于 2019 年发布的《数据资产管理实践白皮书（4.0 版）》。

企业是否有数据购买合同或者预先获得许可（企业本身产生的数据除外）、有无约定数据资产专有控制权。数据资产权属界定需要明确相应的权利和责任，包括谁能够创建、读取、修改、复制、共享或删除哪些数据等。即使企业对外开放或共享控制数据，在法律保护下，企业仍没有失去控制权。在数据资产具有可复制性的不利背景下，数据资产权属界定可以保障数据资产安全。

2）数据资产价值评估

数据资产价值评估是数据资产管理的基础。在企业中，并非所有的数据都可视作资产，它首先是能够为企业产生价值的数据资源。数据资源构成资产后仍有价值高低、资产优劣等不同。数据资产作为一种复杂的全新资产形态，价值评估方式比传统资产价值评估更加困难、更具挑战性。

数据资产价值估值方法主要有成本法、收益法和市场法三类（左文进和刘丽君，2019）。成本法根据数据资产的成本构成测算数据资产价格，与数据资产价值的重新获取或建立数据资产所需成本紧密挂钩；收益法基于目标数据资产的预期应用场景，通过预期经济效益折现反映数据资产投入使用后的收益能力，要求数据资产收益可预测；市场法的适用场景为市场上存在相同或相似数据资产，利用已有的数据资产报价，结合差异因素后反映目标数据资产的市场价值（林飞腾，2020）。

3）数据资产交易流通

2014 年以来，我国出现了一批数据交易平台和数据交易机构，包括贵阳大数据交易所、上海数据交易中心、长江大数据交易中心等。2019 年 9 月正式启动的“人民数据资产服务平台”，成为首个国家级别的大数据开放平台，也是行业内首个集数据合规性审核、数据确权出版、数据流通登记等数据资产服务为一体的平台①。

互联网领域的前行者也在积极探索新的数据流通机制，为数据资产交易流通提供行业观察、营销支持、舆情分析、引擎推荐等数据服务，并针对不同的行业提出对应的解决方案。这些实践意味着数据行业的国家队、领头羊在建立行业标准、引领行业规范发展方面迈出了新的步伐，对数据领域资源整合具有重要的创新意义。

4）数据资产安全保障

数据资产管理的重要目的在于保障数据资产安全，目前数据资产安全不能得到保障的主要原因是市场缺乏信任机制。技术服务方、数据所有者、数据交易中介等都可能会私下缓存并对外共享交易数据，数据使用者不按协议要求私自留存、复制甚至转卖数据的现象也普遍存在。数据交易中所涉及的采集、传输、汇

---

①《人民数据资产服务平台正式启动》，http://yuqing.people.com.cn/n1/2019/0924/c209043-31369494.html[2019-09-24]。

聚活动日益频繁，相应地，个人隐私、商业机密等一系列安全问题也日益突出。

按照国家或机构的相应规定及监督要求，通过评估数据资产安全风险、制定管理制度规范保证数据资产安全，建立良性互动的数据交易生态体系迫在眉睫。面对复杂的数据资产管理环境，亟须建立包括政府、监管机构、社会组织等多方参与的、法律法规和技术标准多要素协同的、覆盖数据资产交易流通全过程和数据全生命周期管理的数据资产管理生态体系。

3. 数据资产化面临的挑战

数据资产管理技术发展缺乏可参考的统一模板，从业者只能借鉴实物资产管理系统的架构，设计开发的工具往往无法满足数据资产管理的需要。由于不同主体的数据资产管理需求存在较大差异，数据资产管理工具的形态各不相同，严重影响了数据资产化的标准化、规范化统一进程。随着数据量的增加和数据应用场景的丰富，数据间的关系变得更加复杂，隐藏于数据资产中的问题数据难以被发觉。尽管数据资产化智能化程度不断提升，但是数据资产化仍面临权属界定不清楚、价值评估方法不适用、交易市场不成熟、安全得不到保障等挑战。

1）数据资产权属界定不清楚

由于数据尚未被赋予法律意义上的资产属性，数据所有权、数据经营权、数据使用权等权益没有被相关的法律充分认同和明确界定。数据也尚未像商标、专利一样，具有明确的权利申请途径、权利保护方式，法定的数据权利尚未有完整的法律保护体系。正是因为数据资产在数据权利主体、数据权属分配等方面存在诸多争议，所以增加了数据资产权属界定的困难。

2）数据资产价值评估方法不适用

在数据资产价值评估方法中，成本法、收益法和市场法均具有局限性，不仅成本法不适用于数据资产价值评估（李泽红和檀晓云，2018），而且收益法和市场法也有适用场合的前提枷锁。由于数据资产价值具有动态性、模糊性、不确定性，增加了数据资产价值评估的难度，在形成统一、规范的数据资产价值评估方法之前，数据资产价值评估只能由交易双方根据市场行情商定。

3）数据资产交易市场不成熟

由于数据资产权属、数据资产价值评估的局限性，以及数据资产交易政策和监管机制的缺失，我国数据资产交易市场依然面临诸多困难，不成熟的市场环境成为数据资产化进程的障碍。

（1）参与数据资产交易的第三方机构为了获得更高的服务费用，有动机违背市场交易规范而故意抬高数据资产价格。

（2）由于数据资产交易市场信息不透明，只有极少数利益相关者掌握关键信息，其余人仅有有限的市场话语权。

（3）现有的法律和会计准则对数据资产的适用性尚不明确，数据资产交易市场存在灰色地带，损害了利益相关者的利益，也侵害了数据所有者的隐私。

4）数据资产安全得不到保障

数据资产安全涉及每一个利益相关者的利益，如数据所有者、数据经营者和数据使用者，会给利益相关者带来难以控制的风险。无论数据所有者提供数据时是否有偿，都会担心数据隐私能否得到应有的保护；即使数据经营者拥有先进的数据保护技术，仍然存在数据资产安全隐患而影响应得的数据资产经营收益；面对数据的可复制性，数据使用者唯一掌控数据资产的愿景存在随时被打破的风险。

在数据资产化过程中，仍然存在权属、价值、交易等重要问题等待解决，但是随着数据资源越来越丰富，数据资产化正在成为企业提高核心竞争力、抢占市场先机的关键，这些问题也将随着数据资产化进程逐渐明晰。

### 6.2.3 数据资本化

大数据时代将碎片化的数据资本化，数据资本成为一类更具创造价值的新型资本。随着我国大数据开放共享步伐的加快和国家大数据战略的推进，我国大数据产业已经成为资本市场的新宠。在数据资本占据权力核心地位的同时，传统的市场结构、社会结构必将出现大幅调整，以适应数据资本市场的需要。

1. 数据资本

“数据资本”一词首先出现在统计领域中，1967 年，挪威中央统计局的一份工作文件中认为数据资本是采集和计算数据的保留存量，在统计文件系统中起关键作用（叶雅珍等，2019）。数据资本如同金融资本、实物资本一样，能够产生新的产品和服务。

在经济学中，数据资本拥有长期的价值，拥有后验性，即数据资本使用后才能衡量其意义和价值（张莉，2019），以及增殖性，即数据资本会进一步增殖（宋宇和嵇正龙，2020）。数据资本化是指通过数据交易流通将数据资产转变为数据资本的过程，从而在更高层次上实现数据资本价值。

从数据资源、数据资产到数据资本，逐渐增加的数据价值潜力带来更高的价值预期，如何深入挖掘数据资本价值成为一个新的研究方向。数据技术的迅猛发展正在消除金融资本、实物资本与数据资本之间的鸿沟，巨大的颠覆性创新正在逐步将数据资本带入资本市场的核心位置。

2. 数据资本化的生产函数

数字经济时代不仅要求劳动力具备数据分析、数据处理能力，而且要求劳动力产生数据资本。从数据到信息再到知识的过程描述了数字革命的本质，即应用数据生产信息和知识，数据成为价值源。数据资本化需要投入劳动力、技术和数据资本，从而形成一种新型的生产函数关系。

数据资产加工的过程就是技术进步的过程，它表现为与数据资本积累相伴的数据处理、数据分析和数据使用能力的提高。伴随数据→信息→知识的过程，数据资产转化为可以直接推动生产力的数据资本。数据资本化的生产函数为：生产力=数据相关的劳动力+数据相关的技术进步+数据资本。

### 3. 数据资本化体系架构

在数据资本化生产函数中，数据是价值创造的原材料。数据资本的兴起，需要一个全新的体系架构去厘清数据资本的有益属性，使数据资本为大众谋福利。在新型的数据资本化体系架构中，应突出体现数据资本公益性和公有制属性，充分展现数据福利价值属性和价值作用。

1）数据资本公益性

数据资本化的目的在于追求数据价值最大化，公益性地解决更多的民生问题。一方面，数据资本公益性体现了数据劳动正义重构的思想（张雯，2019），不仅坚持按劳分配的数据劳动原则，而且坚持普惠享用的数据共享原则；另一方面，数据资本公益性体现了公益性和营利性兼容的思想，不仅坚持公平、普惠基础上的公益性原则，而且坚持效率、效益基础上的营利性原则。

2）数据资本公有制

数据本身并没有制度属性、阶级属性和意识形态，但是数据资本化会赋予数据这些属性，以代表不同的制度、阶级和意识形态。数据资本公有制创造了公平的社会环境，一方面，有助于以国家利益扼制垄断，推动数据资本公有制发展，让更多的公民享有数据资产权益；另一方面，有助于解决数据资本收益分配不公的问题，为每一个利益相关者提供公平、合理地享有数据资本收益的权利和机会。

### 4. 数据资本化的优势

数据资本化彻底改变了传统的生产函数，在一定程度上降低了生产成本、提高了生产效率，从而产生了数据资本化的优势。在微观层面，数据资本化有助于提高信息透明度，降低交易成本，提高客户辨识准确度和内部流程管理效率；在宏观层面，宏观经济管理能力必将实现飞跃式上升，借助数据资本提高社会风险管控能力。

数据资本化正在形成新的生产方式、生活方式和经营方式，有助于重组产业结构、颠覆业务模式，以新型的数据资本提升“全产业链脉动”价值。数据价值载体从数据资源、数据资产到数据资本，拓展了“全产业链脉动”服务价值承载力，从根本上提高了制造业服务化转型发展能力。

5. 数据资本化的挑战

数据资本化离不开数据资源、数据资产和数据资本价值，随着数据价值增值能力的提高发挥着越来越重要的引擎作用，从而推动数据资本化进程。尽管数据资本化存在一定的优势，但是它仍然面临一些挑战，需要利益相关者予以足够的重视。

1）数据隐私不安全

数据隐私的存在，一定程度地影响着数据资本化进程。数据隐私泄露，会动摇利益相关者提供数据的信心，最终影响数据采集的数量和质量。在数据资本化过程中，必须充分考虑数据隐私保护问题，切实履行好保护数据所有者、数据经营者和数据使用者利益的职责。

2）数据信息不对称

在数字经济时代，利益相关者无差别共享数据信息成为一种追求，驱动着数据资本化过程不断提高透明度。但是，受经济利益驱动，一些数据拥有者在数据资本化过程中以透明化假象骗取利益相关者的信任，严重损害了利益相关者的利益。在数据资本化过程中，必须搭建数据信息无差别共享平台，有效规避数据信息不对称风险，切实保护好利益相关者的利益。

3）权益分配不合理

在现实环境中，一些数据拥有者牢牢掌握了数据资本的各项权益，数据所有者无法参与数据资本增值分配，出现了数据资产权益分配不合理现象。在数据资本化过程中，必须充分考虑数据劳动者的贡献，让他们共同享有平等的数据资本权益，从而制定一个科学、合理的数据资本权益分配机制。

4）数据获取不合规

监视型资本主义是指通过网络获取用户数据，然后分析刻画“客户画像”，以此达到获利目的的商业行为。监视型资本主义滋生带来新型的信息文明问题（Zuboff，2015），数据获取不合规行为增加了数据资本化风险。在数据资本化过程中，重新审视新技术、新环境带来的新影响，以正确的价值观把控数据资本化进程，坚持不违法、不违规、不走法律盲区的道德底线，有效规避侵犯他人利益的行为。

在制造业服务化体系中，全产业链数据价值释放路径不仅描述了数据价值增值演化的趋势，而且提供了实现数据价值最大化的时空网络。从数据资源化、数据资产化到数据资本化的全产业链数据价值释放路径，揭示了数据价值生成、传递和实现过程，增强了“全产业链脉动”服务能力。

## 6.3 全产业链数据资源互联互通配置

“全产业链脉动”制造业服务化体系，依赖于全产业链数据资源的可得性、数据资源共享和数据价值增值的实现。全产业链数据资源互联互通配置，致力于以科学的配置机制提高数据资源可得性、数据资源共享能力和数据价值增值能力，实现预期的数据资源互联互通配置效应。

### 6.3.1 数据资源互联互通配置机制

伴随大数据产生的数据密集型科学，已经衍生成为一类新型研究范式。大数据作为一种资源、一种方法，成为继实验科学、理论科学和计算科学之后的第四种科学研究模式（Hey 等，2012）。大数据研究模式重视规律总结（邬贺铨，2014），强调数据数量、数据质量和内核知识，旨在应用大数据技术挖掘蕴藏的数据价值。

1. 配置基础

制造业服务化转型发展的生态环境需要以全产业链数据资源互联互通配置为基础，因此，应致力于以良好的生态环境孕育为导向提高全产业链数据资源互联互通能力。全产业链数据资源互联互通配置基础如图 6-7 所示，主要涵盖技术支持、政策保障、行业破壁、法理支撑和跨境体系。

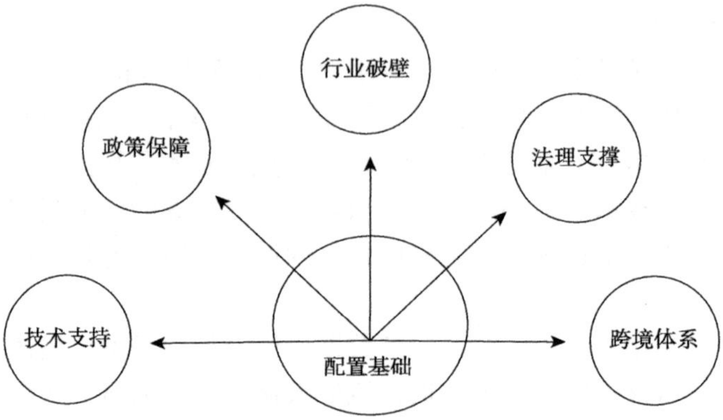


图 6-7　全产业链数据资源互联互通配置基础

1）技术支持

全产业链数据资源互联互通配置需要软、硬件设备，离不开物联网、大数据、人工智能等新兴技术支持，需要依托技术创造新型应用场景、新型商业模式，以全产业链数字化转型满足数据资源互联互通配置需求。“全产业链脉动”制造业服务化体系能够融合生产环境与市场环境技术，以协同优化、协同运营带动“全产业链脉动”制造业服务化转型发展。

在生产环境中，以物联网、大数据等新兴技术与先进制造技术有机融合为基础，构建“全生命周期+全产业链空间”的制造业服务化体系、全产业链网络化协同制造体系；在市场环境中，以物联网、大数据等新兴技术颠覆传统的被动、定期服务模式，提供个性化、在线化、智能化增值服务，优化生产要素资源、市场要素资源配置，重塑价值配置和增值规则。

2）政策保障

全产业链数据资源互联互通配置需要打破数据孤岛、信息孤岛，建立贯穿全产业链的数据资源互联互通体系，需要强有力的国家政策保障。从美国、欧盟、日本等发达国家和地区的大数据发展政策推进中可见，一方面，大数据实施落地的重要性被不断地强化；另一方面，数据资源互联互通的路径被不断地细化落实。

为促进大数据产业融合发展，我国相继出台了一系列政策，从国家政策层面保障全产业链数据资源互联互通。例如，2015 年 8 月国务院印发的《促进大数据发展行动纲要》（国发〔2015〕50 号），致力于加快政府数据开放共享，推动资源整合，提升治理能力；推动产业创新发展，培育新兴业态，助力经济转型；强化安全保障，提高管理水平，促进健康发展[①]。

3）行业破壁

政府决策对数据的依赖越来越明显（谢治菊，2018），行业壁垒直接威胁政府决策的合理性与有效性，形成技术和道德“双重风险”（王春福，2017）。全产业链数据资源互联互通配置需要打破行业壁垒，才能跨企业、跨行业、跨区域形成“利益共享，风险共担”的数据资源合作联盟，才能真实地体验以数据数量、数据质量和内核知识为要素的数据价值。

李政和周希禛（2020）指出数据作为新型生产要素参与资源配置，数据要素的稀缺性会影响数据价值。为全面、有效地收集和整合数据资源，应通过市场机制不断突破企业边界、行业边界和区域边界进行数据资源配置，以数据价值最大化驱使数据资源化、数据资产化、数据资本化，实现生产要素优化配置。

4）法理支撑

全产业链数据资源互联互通关联数据隐私和产权关系，需要得到相应的法理支撑。数据来自个人、政府和商业三类主体，其中，个人数据包括人格权和财产权，公众享有政府数据的知情权、访问权和使用权，商业数据则包含企业的知识

---

① http://www.gov.cn/zhengce/content/2015-09/05/content_10137.htm[2015-09-05]。

产权、商业机密等合法权益（李政和周希禛，2020）。

如果不能充分利用数据资源、数据资产和数据资本，就会阻碍数字社会的发展（彭诚信，2020）。数据隐私、数据保护与数据共享应用之间的对立已经成为数字经济社会发展的最大矛盾。因此，在持续完善数据资源互联互通法理的基础上，还应以明晰的法律伦理框架和边界支撑数据价值的开发利用。

5）跨境体系

互联网的快速发展使产品和服务跨境供给及其伴生的数据跨境流动成为一种常态，使数据价值和数据风险并存于跨境体系之中。数字贸易成为一个蕴含在全球价值链数据流中的广泛概念①（李海英，2019），大幅提高的数据跨境频率和不断扩大的数据跨境规模，促使各国开始重新审视跨境数据流动的管理机制（李海英，2019）。

跨境视角下全产业链数据资源互联互通释放服务价值的过程，同时伴随着风险的形成与演化，需要新的国际性数据保护与全球分享理念，构建科学合理的全球性跨境数据管理规范体系，着力解决数字贸易发展与国家安全诉求之间的矛盾。制造业与服务业跨境融合催生出新的价值触发点，需要在服务贸易规则中研究设定新的数字贸易规则、数字治理规则。

### 2. 配置机制设计原则

全产业链数据资源互联互通配置机制设计，以“价值共创、目标共赢”为原则，以技术支持、政策保障、行业破壁、法理支撑和跨境体系为基础，实现全产业链利益相关者价值链重构和优化。全产业链数据资源互联互通配置机制设计原则涵盖宏观原则、中观原则和微观原则。

1）宏观原则

从宏观角度看，存在因缺乏统一的操作规范和技术标准而产生的不能互联互通的“数据孤岛”现象，因利益和产权所属不同而产生的“数据割据”现象，因数据被泄露、被攻击、被篡改而产生的“数据安全”问题，因数据管理面临不确定性风险和法理支撑体系尚不明晰而产生的问题，以及因全球不同国家数据利益与安全保护而产生的跨境障碍问题，诸多现象和问题共同制约着数据资源互联互通配置机制的发展和运行。

2）中观原则

从中观角度看，全产业链数据资源需要在不同节点、不同环节、不同部门、不同企业，甚至需要在不同行业之间进行数据采集、存储、管理、分析和使用，但是因利益所属、需求差异、产权风险等固有屏障，实现全产业链数据资源互联

---

① 《美国数字贸易规则和措施新动向》，http://www.sohu.com/a/161389577_654915[2019-04-15]。

互通、共享利用、价值共创存在一定的困难。

3）微观原则

从微观角度看，企业组织管理存在明显的职能划分，典型的职能分工有助于保障生产效率、管理效率，但却成为数据资源互联互通、共享利用、价值共创的一种障碍。数据作为新型生产要素在分配时需要综合考虑企业组织管理职能分工、融合生产流程，颠覆式创新企业组织架构。

3. 配置机制设计

全产业链数据资源互联互通配置机制，用于描述数据这一新型生产要素之间的结构关系和运行方式，以增强全产业链数据资源共享能力，更好地推动制造业服务化转型发展。全产业链数据资源互联互通配置机制如图 6-8 所示，主要体现在战略主导、需求导向和创新协同三个方面。

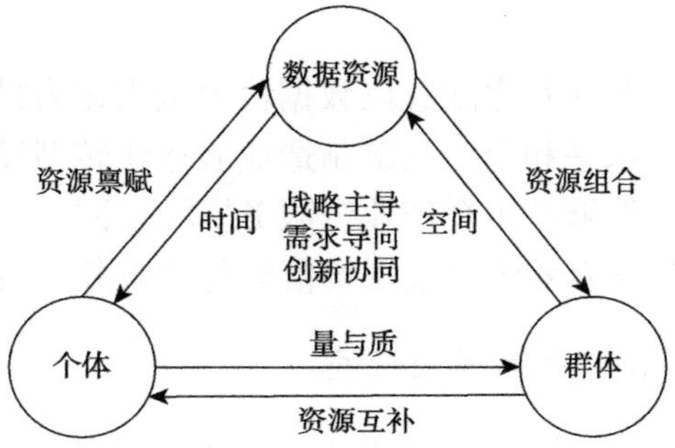


图 6-8 数据资源互联互通配置机制

1）战略主导

数据数量、数据质量和内核知识与时俱增，大数据分析能力迅速提高，全产业链数据资源互联互通成为重要的发展战略。数字经济背后的逻辑，正是数据从量变到质变的跃迁式发展，孕育出了更多的新业态。全产业链数据资源互联互通战略的本质是连接和数据，这直接促使数据快速渗透到社会的各个领域，与形形色色的产业“相加”，形成“大数据+”“互联网+”等新发展模式，真实反映了工业大数据的价值。

2）需求导向

全产业链数据资源互联互通源自产业发展的需求，源自工业大数据在工业互联网中的应用，以更好地支撑工业互联网个性化定制、网络化协同、服务化延伸等新场景。在大规模个性化定制场景下，企业通过外部平台采集客户个性化需求数据，融合制造企业生产数据、外部环境数据建立个性化产品模型，将产品方案、物料清单、工艺方案通过制造执行系统快速传递给生产现场，进行生产线调整和物料准备，快速生产出符合个性化需求的定制化产品。

3）创新协同

在网络化协同场景下，基于工业大数据驱动全生命周期制造从设计、制造、交付、服务到回收各个环节的智能化升级，推动全产业链智能协同，优化生产要素配置和资源利用，消除低效中间环节，整体提升制造业服务化水平。在服务化延伸场景中，通过传感器和工业大数据技术，对产品使用过程中的自身工作状况、周边环境、用户操作行为等数据进行实时采集、建模、分析，从而实现在线健康监测、故障诊断、实时预警等服务，催生支持在线租用、按使用付费等新的服务形态，使拥有的持久客户服务关系实现时间维度的累值，以创造新的服务价值推动制造业服务化转型发展。

### 6.3.2 数据资源互联互通配置效应

全产业链数据资源互联互通配置以数据价值最大化为目标，以“全产业链脉动”提高制造业服务化水平和全产业链制造业服务化转型发展能力。全产业链数据资源互联互通配置，能够产生全产业链服务资源协同溢出效应和全产业链服务资源系统杠杆效应，科学有效地将数据价值转化为服务价值。

1. 全产业链服务资源协同溢出效应

溢出效应（spillover effect）用于表达组织或机构在实践活动中不仅会产生活动所预期的效果，而且会对外部个体或社会产生额外影响。简而言之，就是活动产生，但主体得不到的外部收益。溢出效应分为知识溢出、技术溢出和经济溢出效应等。在以数据作为生产要素进行数据资源互联互通配置时，仍然会产生知识溢出、技术溢出和经济溢出效应，以及产生学习效应促使彼此间更紧密地关联，以具备持续深化、持续迭代的自生长能力。基于溢出效应的价值生成如图 6-9 所示，在互联互通全产业链体系中将数据价值转化为服务价值。

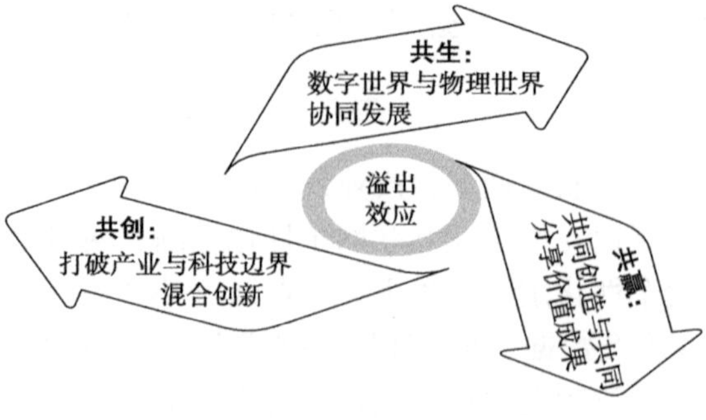


图 6-9 基于溢出效应的价值生成

1）共生：数字世界与物理世界协同发展

全产业链服务资源配置不均衡，存在明显的服务资源高地和洼地。蔡宁和吴结兵（2002）指出集群企业自身的资源禀赋与集群资源整合能力对集群获取竞争优势具有关键主导作用，其中，集群规模与资源结构是影响集群资源整合的核心主导要素。在“全产业链脉动”制造业服务化体系中，数字世界与物理世界协同发展，即数据资源与服务资源共生，通过整合全产业链异质资源能够提升企业创新能力和竞争优势。

数据作为新型生产要素能够用于描述全产业链运营状态，用于观察全产业链服务资源配置状况和运营状态，从而成为服务资源转载的重要驱动力。为满足企业发展战略和市场需求，全产业链服务资源需要重新组合并优化配置，最大限度地产生全产业链服务资源协同溢出效应。基于数据驱动的服务资源协同溢出效应，更多地表现为可以广泛传播的学习效应，以增强全产业链服务资源之间持续深化、持续迭代的自生长能力。

2）共赢：共同创造与共同分享价值成果

基于数据驱动的全产业链服务资源溢出效应，产生于数据资源可整合、服务资源可集聚的关键节点，这些关键节点成为一个个富有内驱力的“泉眼”。在全产业链战略主导、需求导向和创新协同数据资源配置机制作用下，能够打破企业组织边界和产业空间制约，实现合作共赢，就像蕴含着丰富资源价值的“泉水”涌流一样，开始漫延、吸收、融合、交汇，流向产生最大化服务价值的节点。

全产业链服务资源协同溢出效应，意味着产生溢出效应的关键节点已经成为服务资源禀赋和服务能力水平的高地，对全产业链生态培育具有示范带动作用。全产业链共同创造价值、共同分享价值成果，能够充分发挥每一个节点各自的优势，达到“1+1>2”或“1+1+…+1>$n$”的效果。共同创造与共同分享的共赢思想，成为全产业链服务资源协同的核心动力，也使全产业链共同受益。

3）共创：打破产业与科技边界混合创新

“全产业链脉动”制造业服务化体系，需要跨界共建数字生态共同体以创新价值网络，单纯依靠一两个节点和新兴技术无法实现，需要全产业链节点共同打破产业与科技边界混合创新。全产业链数字生态共同体共创的价值网络，成为孕育数据价值、服务价值和数据价值转化为服务价值的“全产业链脉动”价值网络，以价值网络共同创造全产业链服务资源协同溢出效应。

“全产业链脉动”价值网络共创服务资源协同溢出效应，一方面，需要全产业链发挥主导作用，以创建的数字生态共同体融入全产业链价值网络，从而使制造业服务化获得新动能，实现新价值；另一方面，需要全产业链关键节点从助力和服务产业升级的角度，作为全产业链的连接器、工具箱和生态共建者，共同创建数字生态共同体。全产业链以数字生态共同体思维和发展模式共创服务资源协同溢出效应，共同创新“全产业链脉动”制造业服务化体系。

2. 全产业链服务资源系统杠杆效应

杠杆效应（leverage effect）利用物理学杠杆原理，以较小的投入获得巨大的回报，产生“以小博大”的效应。数据作为生产要素充盈在全产业链生态空间中，并在全生命周期内不断集聚、不断扩散，成为驱动服务资源合理配置的重要驱动力。在“全产业链脉动”制造业服务化体系中，以关键节点为支点撬动全产业链产生服务资源系统杠杆效应。基于杠杆效应的价值生成如图 6-10 所示，在互联互通全产业链体系中将数据价值转化为服务价值。

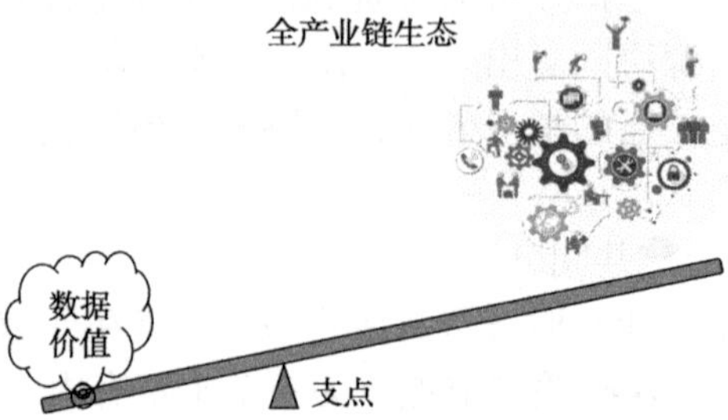


图 6-10　基于杠杆效应的价值生成

1）杠杆支点选择决策

全产业链服务资源系统杠杆效应，源自全产业链不同位置价值创造存在的位势差、不同类型制造企业存在的自然禀赋差、制造企业与新兴技术融合发展产生的动能差，而且不同位置的杠杆支点选择决策会产生不同的效果。在全产业链数据资源互联互通配置的前提下，如何寻找、设置关键的杠杆支点推进全产业链协同发展成为一项重要的决策，成为“全产业链脉动”制造业服务化体系设计的重要任务。

全产业链服务资源系统杠杆支点选择决策，需要精准描述全产业链生态状态、孕育数据价值和服务价值的价值网络结构，需要精准测度不同位置杠杆支点选择决策的真实杠杆效应，从而做出正确的决策。在全产业链生态价值网络中，“全产业链脉动”制造业服务化体系产生的杠杆效应能以数据价值最大化，撬动全产业链生态实现制造业服务化转型发展能力最大化。

2）杠杆效应价值分析

全产业链服务资源系统杠杆效应，能够使以时间价值、空间价值、形态价值集成的数据价值集聚在全产业链各个关键节点上，从而撬动全产业链以集聚的信息、资源和能力协同运营，实现数据价值、服务价值和数据价值转化为服务价值。在全产业链生态价值网络中，以全产业链每一个关键节点能力的持续增长激励服务资源持续集聚，从而实现基于杠杆效应的价值生成。

全产业链服务资源系统杠杆效应以数据价值撬动全产业链生态，尽管存在数据价值、服务价值和数据价值转化为服务价值的不确定风险，但是杠杆效应在推动全产业链生态持续进行价值迭代、价值更新中的作用不容忽视。在杠杆效应价值分析中，需要避免传统因果分析的思维模式，以防止灾难性后果发生，可以从面向未来进行全产业链生态场景创造的视角分析杠杆效应价值。

全产业链数据资源互联互通配置，从数据价值、服务价值和数据价值转化为服务价值最大化的视角探讨“全产业链脉动”制造业服务化体系设计方法，能够产生全产业链服务资源协同溢出效应和全产业链服务资源系统杠杆效应。全产业链数据资源配置机制、配置效应，共同创造了全产业链生态价值网络，能够更好地孕育“全产业链脉动”制造业服务化体系。

## 6.4 全产业链数据资源互享互惠服务

全产业链海量的数据资源只有在得到充分利用后才能体现其价值。在制造业服务化全景生态系统中，参与主体数据资源、系统数据资源不仅需要互联互通，也需要实现真正意义上的共享和利用。全产业链数据资源互享互惠服务，其目标和作用在于通过探索合理有效的服务机制，使数据资源服务于制造业服务化转型，实现预期的数据资源互享互惠服务效应。

### 6.4.1 数据资源互享互惠服务机制

蕴含在全产业链中的丰富的数据资源，通过建立数据资源互联互通配置机制能够最大限度地实现对其的整合和挖掘利用，实现数据脉象价值和数据脉动价值。在数据资源联通的基础上，探索数据资源互享互惠服务机制，有助于充分利用互联互通的数据资源帮助参与主体实现价值目标和发展目标。

#### 1. 服务基础

全产业链数据资源互惠互享服务机制需要一定的服务基础，才能充分利用全产业链数据资源，才能依托数据价值推动制造业服务化转型发展。在全产业链制造业服务化体系中，平台赋能、数据联通标准化和多类主体参与，奠定了全产业链数据资源互享互惠服务机制的服务基础。

1）平台赋能

“全产业链脉动”服务理论建立在物联网、大数据等技术广泛发展应用的基础之上，全景服务平台是实现全产业链服务管理的基础和核心。平台赋能制造业升级已经是常见的现象，不管是生产环境中的智能化、数字化制造改革，或是市场环境中个性化场景渗透顾客生活领域的产品服务升级，还是生产环境和市场环境的有机融合，平台都在其中扮演着桥梁和枢纽的角色。

全产业链围绕全景服务平台形成不同的生态体系，这些生态体系在制造业服务化全景生态系统中各司其职、自组织发展。建立“全产业链脉动”数据资源互享互惠服务机制，平台赋能的作用不仅仅局限于“连接”，更重要的是使系统具备智慧决策能力。系统自我诊断、风险预警、自我修复、智能决策等功能的支持也是建设数据资源互享互惠服务机制的基础。

2）数据联通标准化

海量的个体脉象数据经过聚集、整合和分类之后形成数据资源，数据脉动价值在个体间传递过程中产生的价值共创效应和协同发展效应中得以体现。然而，数据整合、分析及数据流通、传递都离不开标准化的数据联通。业务视角下的业务协同、增强生产灵活性目标，用户视角下的利益相关者间灵活对接等目标，以及功能视角下的基础资源管理、设备数据接入等目标都对工业互联网平台提出了标准化建设需求（王建伟，2018）。

制造业服务化全景生态系统内生产性服务商、服务性生产商等参与主体，数据、设备、技术等资源要素，业务环节对接、供需匹配等业务经营活动都需要通过全景服务平台汇聚在一起。虽然工业互联网的发展尚未成熟，目前没有出台业内认可的标准化体系，但是数据联通标准化体系的建设是工业互联网平台深入应用制造业服务化的关键影响因素和迫切需求。

3）多类主体参与

数据形成规模后才能成为数据资源，数据资源被赋予所有权、使用权、价值等特殊属性后才能成为个体的资产、资本。从这个意义上讲，单一主体数据产生的效用是有限的，“全产业链脉动”数据资源互享互惠服务机制的实现需要多类主体共同参与。

系统和组织的发展需要参与主体共同建设，彼此形成共生共长的生存关系：系统为参与主体提供发展环境，数量规模不断增加的参与主体时时刻刻进行竞争与合作博弈是系统创新发展的动力，促进系统持续不断地完善功能、优化服务机制。

## 2. 服务机制设计原则

制造企业虽然已经意识到数据资源共享的重要作用，但是共享结果并不尽如人意。如何合理利用数据资源，让数据成为价值驱动力仍需进一步探索。在数据资源互享互惠服务机制设计时应遵循一定的原则，低成本、便捷地满足顾客需求，最大限度地将数据价值转化为服务价值。

1）根据不同的数据资源需求提供个性化服务

生产者多样化、协作模式多样化是生产服务生态系统的重要特征；服务模式多样化、服务内容多样化是产品服务生态系统的重要特征。生产环境中多样化生产者协同合作的实现及市场环境中多种服务模式和服务内容的提供，都对数据资源互享互惠提出迫切需求。

全产业链数据资源种类繁杂、数量庞大，如果不进行合理分类和处理会降低数据资源的使用价值。不同生产者和协作模式、不同服务模式和服务内容对数据资源的需求各不相同，根据资源需求者的实际需求，以不同形式、不同方式提供个性化数据服务，不仅能提升数据利用效率，而且可以满足参与主体的发展需求，吸引更多的利益相关者加盟。

2）以合理分配利益、增加主体协同为目标创建开放式共享渠道

每一个参与主体制定战略的根本目的是获得收益、实现发展。相应地，系统互享互惠服务机制的存在目的是帮助参与主体实现自身发展及群体发展，在制造企业转型的基础上促进制造业转型，进一步实现区域经济发展。开放式共享渠道是全产业链数据资源得到充分利用的前提基础。

以合理分配利益、增加主体协同为目标创建开放式共享渠道，以全景服务平台为支撑实现全产业链数据资源互享互惠，蕴含着“全产业链脉动”制造业服务化发展的基本推动力量。不仅可以满足参与主体进行有组织、有规律的自组织发展所需要的信息、能量，更重要的是使参与主体获得更大的发展空间、明确发展前进方向。

### 3. 服务机制设计

全产业链数据资源互享互惠服务机制，阐述了如何充分利用共享数据资源实现参与个体和群体发展目标的方法。全产业链数据资源互享互惠服务机制，通过生产管理服务、产品管理服务、资源协同服务和供需匹配服务等服务功能的有效配合促进服务生态孵化（图 6-11）。

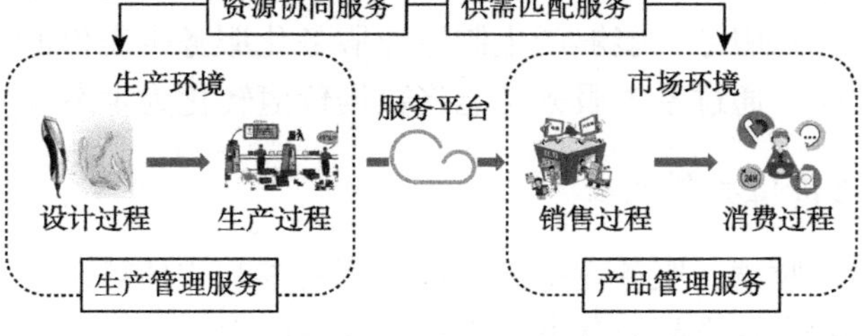


图 6-11　数据资源互享互惠服务机制

1）生产管理服务

生产管理服务针对生产环境中的运营管理提供相应的服务功能，生产管理服务致力于利用系统诊断、风险预警等分析功能对设备、工艺等进行实时监测、运维，实现设备优化和工艺优化；利用智能化管理系统、数字化生产制造执行系统等对整个生产环节进行优化管理，高效、高质、低成本地输出产品服务解决方案。

2）产品管理服务

产品管理服务针对市场环境中的运营管理提供相应的服务功能，产品管理服务致力于通过向顾客提供智能化产品和个性化、场景化服务，优化顾客管理系统；将系统与大数据、传感器等技术、设备融合实现市场环境各环节的有机衔接，从顾客管理和业务流程两方面优化创新，将产品服务方案传递到顾客手中，促成交易、培育新需求。

3）资源协同服务

资源协同服务针对整个系统的运营管理提供相应的服务功能，资源协同服务的关键目标是利用其强大的数据整合能力将全产业链数据资源汇集、分析。依据资源需求方的个性化需求进行资源配置，致力于通过资源协同服务实现制造业服务化全景生态系统内的设计协同、生产制造协同、业务流程协同，进一步促进参与主体协同发展。

4）供需匹配服务

供需匹配服务针对整个系统的运营管理提供相应的服务功能，供需匹配协同服务同时发生在生产环境、市场环境及生产环境与市场环境的连接过程中。供需匹配服务通过智能化匹配算法和决策分析能力，快速、高效地实现供需对接，促进整个系统的价值循环、服务能力循环和信息传递，使系统保持健康稳定的运营状态。

### 6.4.2 数据资源互享互惠服务效应

全产业链数据资源互享互惠服务以实现主体发展、生态孵化为目标，通过持续创新和优化系统服务功能，源源不断地向制造业服务化进程输送血液。全产业链数据资源互享互惠服务，能够产生制造业服务化服务生态价值共创效应和服务生态协同发展效应，通过系统服务功能将数据价值转化为生态价值。

1. 服务生态价值共创效应

在“全产业链脉动”服务理论体系中，所有参与主体可以整合、共享各自的资源、能力，共同实现产品服务方案交付。这意味着制造企业可以通过数据资源的共享获取不具备的服务能力，同时也能够以专业化服务方式，利用自身优势服务于其他企业。在此背景下，参与主体间的价值共创显得尤为重要。

1）服务生态价值共创的内涵

随着服务经济的发展，“市场需求导向”“顾客需求驱动”“S-D 逻辑”等理念不断涌现。从价值共创视角分析以顾客需求为中心的趋势，价值创造过程不是由生产环境中的企业独立完成的，顾客在价值创造过程中扮演着不可或缺的角色。

价值共创通常用于描述多个不同的主体之间通过分工、合作等互动方式，完成统一的目标、实现价值创造的过程。物联网、区块链及互联网技术的发展和应用，拓展了不同主体之间的交互、协作方式，价值创造也由线性的价值链视角转变为非线性、动态性的价值网络视角（曾经莲和简兆权，2017）。

价值共创的思想主要体现在服务经济发展的过程中，这主要是因为服务过程是服务提供者和服务需求者交互、合作的过程，此时，服务是价值创造的基础。在全景生态系统中，生产性服务商、服务性生产商和顾客是主要的价值共创主体，也是价值网络中的节点，各个价值共创主体（价值网络节点）间互动的过程同时也是服务交换和价值共创的过程（Vargo and Lusch，2004）。

随着服务业与制造业的不断深入融合，服务在制造业中的地位逐渐发生变化，针对价值共创理论的研究在整体上同服务业与制造业融合的演化过程一致，大体可以分为以下四个研究角度：基于 G-D 逻辑的价值共创、基于 S-D 逻辑的价值共创、基于 C-D 逻辑的价值共创和基于服务生态系统的价值共创。

（1）基于 G-D 逻辑的价值共创。基于 G-D 逻辑的价值共创理论发展于制造业与服务业融合的早期阶段，G-D 逻辑认为产品是制造商的主要利润来源，服务仅是作为产品的附加品起到增值作用（Hara and Arai，2012）。

在 G-D 逻辑视角下，企业主动向顾客提供产品服务实现价值共创，顾客与制造企业不进行产品服务需求的交互，但价值共创的实现基础是顾客为制造企业提供的产品服务买单（郝新军等，2015）。G-D 逻辑及基于 G-D 逻辑的价值共创理论已经逐渐被淘汰，以产品为主导不再满足顾客日益丰富的需求及市场经济的发展，制造业与服务业融合进入下一个发展阶段。

（2）基于 S-D 逻辑的价值共创。基于 S-D 逻辑的价值共创理论是在服务越来越被制造业转型发展重视的背景下强化的。在 S-D 逻辑下，产品的主要功能是作为服务的载体，无形的服务是制造企业的关键利润来源。价值共创是由顾客主动参与产品设计、生产、销售和消费环节的互动实现的，顾客与制造企业共同成为价值创造者（Lusch and Vargo，2006）。

Payne 等（2008）认为在 S-D 逻辑下，顾客参与价值共创的过程可以分为三个阶段，即顾客价值创造、企业价值创造及顾客和企业价值共创，并认为顾客和企业所拥有的经验、专业知识等对双方价值共创具有积极作用。当企业利用互联网、大数据等新兴技术向顾客提供定制化服务时，利用网络平台的连接作用，“互联网+大规模定制”生产模式在产品设计阶段就可以与顾客沟通、交流并在此过程中实现价值共创（巫月娥，2019）。

（3）基于 C-D 逻辑的价值共创。基于 C-D 逻辑的价值共创理论伴随着以顾客需求为主导经济的兴起，C-D 逻辑注重市场导向性作用，企业活动的开展以顾客需求为中心。与 G-D 逻辑明显不同的是，C-D 逻辑下的制造企业不再是价值创造活动的发起者，而是扮演着参与者的角色（Heinonen et al.，2013）。

制造企业以顾客需求、顾客想法为价值创造的核心，价值共创体现在顾客个性化体验过程（Prahalad and Ramaswamy，2004），以及顾客与制造企业等利益相关者共同进行产品服务设计、生产等过程的互动活动中。在顾客主导逻辑下的价值共创理论中，顾客在价值共创中起着主导作用，顾客需求对价值共创的实现起到了控制作用。

（4）基于服务生态系统的价值共创。实际上，研究人员已经从系统角度出发研究了系统内主体的价值共创。Spohrer 等（2007）研究发现价值共创主体不仅局限于制造企业和顾客之间，更存在于产品服务供应商、政府等多个利益相关者之间，而且认为价值共创是基于对资源的整合。这一观点不仅拓展了价值共创主体的范围，而且融入了参与主体与资源的互动关系。Vargo 和 Lusch（2011）基于 S-D 逻辑提出服务生态系统内的价值共创以系统内的资源整合和服务交换为基础，且外部环境对价值共创具有一定的影响。

基于服务生态系统的价值共创，强调以系统的观点指导生态成员的价值成长过程，需要从供应商到顾客的纵向价值链整合，也强调与政府等生态环境成员的协作发展，聚焦于资源整合基础上的生态成员互动和价值创造。

2）服务生态价值共创效应的体现

制造业服务化的重要特点之一是顾客作为价值创造的主体，与生产性服务商和服务性生产商共同完成价值创造。在企业转型升级过程中，任何活动都是在企业总体战略目标的把握下进行的。服务生态价值共创之所以在服务化战略中占据重要的地位，是因为价值共创的实现对企业发展具有明显的积极作用。

（1）价值共创对服务化策略与服务绩效间的调节效应。获得广阔的盈利空间是制造企业实行服务化策略的关键目的，研究价值共创对服务化策略和服务绩效之间的影响作用，可以从价值共创、服务化策略和服务绩效三者间的关系入手。

通常情况下，服务绩效是企业通过采用服务化策略给企业带来的那一部分收益及提升的顾客满意度（康遥等，2016；Kahn et al.，2002）。服务化策略通过销售产品的使用而非产品本身获得收益，顾客按照产品使用量付款。从这个意义上说，服务化策略允许企业控制顾客的产品使用水平，并通过丰富的基于产品使用的合同细分顾客市场，从而进一步提升企业的盈利能力（Örsdemir et al.，2019）。尽管有一部分企业在服务化转型中出现了“服务悖论”现象，即服务化策略没有为企业带来预期收益，但是服务化策略对企业转型及企业绩效提升的积极作用仍然被众多研究人员和企业认可。

根据 Claro 和 Oliveira Claro（2010）提出的价值共创三维度及康遥等（2016）的研究成果，价值共创可以通过参与主体之间共同制订计划、共同解决问题、灵活做出调整等正向调节服务化策略对服务绩效的影响作用（图 6-12）。

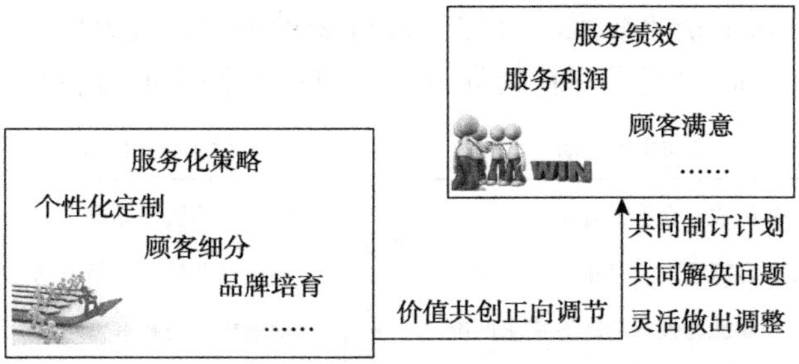


图 6-12　价值共创对服务化策略与服务绩效间的调节效应

“服务悖论”现象是影响服务化策略实施的重要原因，因为它在一定程度上阻碍了服务化策略对服务绩效的正向影响作用。制造业服务化组织创新程度与服务化策略要求不一致是造成“服务悖论”的关键原因，如服务设计方案不能充分满足顾客个性化需求、业务流程没有进行适当的重组、企业组织文化观念转变缓慢等因素均会对服务化策略的实施产生负面影响（董华和江珍珍，2018）。

价值共创要求企业内部、企业之间及企业与顾客之间进行多维度的互动——共同制订计划、共同解决问题、灵活做出调整，这些方式能充分传达顾客的价值主张，有利于服务设计方案充分贴合顾客需求。顾客主动参与产品服务方案设计既有助于提升顾客忠诚度，又能够使企业在交互过程中挖掘新需求。除此之外，企业内部互动和企业间互动弱化了企业边界，促进企业发挥自身优势、合理利用利益相关者资源，做到“知己知彼，百战不殆”，通过审时度势不断更新业务流程、发展企业文化。

（2）价值共创对商业模式创新的促进效应。制造企业逐渐向智能化商业模式的发展是一个从被动适应到主动适应再到主动创造的过程（Chesbrough，2010），在这个过程中，价值共创是制造企业进行商业模式创新的来源和重要目标（de Oliveira and Cortimiglia，2017；钱雨等，2018），生产性服务商、服务性生产商和顾客之间的互动是价值共创的关键驱动因素。

商业模式创新是指企业作为一个系统整体，通过对企业经济逻辑、运营组织和战略目标进行协调，从业务流程、组织结构和认知理念三方面进行创新和改变

（张培和李楠，2018）。商业模式创新不仅是对自身业务流程、产品服务等方面的创新，更重要的是通过商业模式创新为顾客创造更多的价值，并在此过程中获得自身的发展。S-D 逻辑和 C-D 逻辑促使商业模式创新由过去的“以企业为核心”转变为“以顾客为核心”。相应地，制造企业的商业模式创新也需要重新审视和定义产品服务、顾客及顾客与企业间的互动模式。

在物联网大数据环境下，价值共创理论在参与主体类型、主体互动方式等方面发生了变化，为商业模式创新注入了新鲜的血液。新技术优化了参与主体之间的互动机制，有利于企业在互动过程中进行场景创造，提升顾客体验及感知服务质量。价值共创对商业模式创新的促进效应可以从四方面进行理解（图 6-13）。

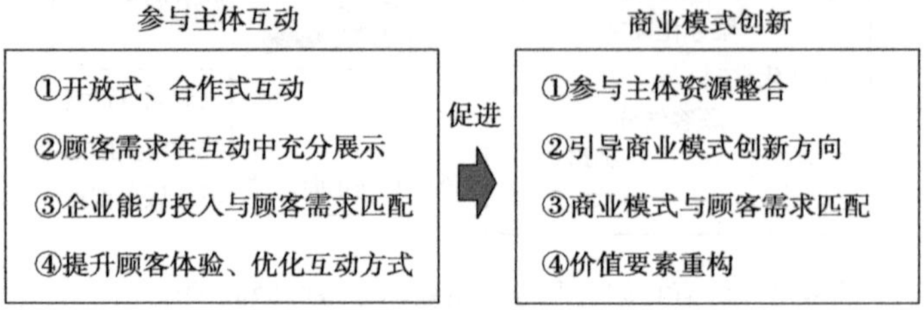


图 6-13　价值共创对商业模式创新的促进效应

第一，在服务生态中，生产性服务商、服务性生产商和顾客在整个生态系统内通过互联网平台、社群平台、可穿戴设备等高科技产物进行更加开放式、合作式的互动活动，且顾客不再是单纯的价值接收者，而是转变成价值创造者。顾客提出个人价值主张，企业是顾客价值主张的支持者并与顾客共同完成价值创造。这种方式可以更大程度地实现顾客、生产性服务商及服务性生产商之间的交流互动，从而为彼此间的资源整合提供大力支持。

第二，在主体互动过程中，顾客需求及其价值主张得以充分展示，企业可以更加全面、细致地了解动态性、个性化、异质性的顾客需求并挖掘潜在顾客需求。基于顾客需求分析，企业可以遵循 S-D 逻辑及 C-D 逻辑，为商业模式创新指引前进方向。

第三，从生态系统的视角分析企业的价值共创及商业模式创新时，企业不再像以往那样在设定的框架和标准下从事相关活动，与此相反，企业服务能力的投入都是为了迎合和满足顾客需求，更新的商业模式也是为了与顾客需求相匹配，为了更好地满足顾客需求。

第四，企业与顾客的互动过程中需要不断升级顾客体验以期提高顾客忠诚度，升级顾客体验的过程实际上就是对经济、组织、客户关系、营销策略等价值要素重构的过程，并最终推动商业模式创新。

3）服务生态价值共创实现路径

服务生态价值共创是在“全产业链脉动”服务理论指导下实现的，具有如图 6-14 所示的实现路径。在全产业链数据资源互享互惠服务体系中，生产性服务商、服务性生产商和顾客三类参与主体之间有机融合、交流互动，共同制订计划、共同解决问题、灵活做出调整，最终实现供需匹配和价值创造。

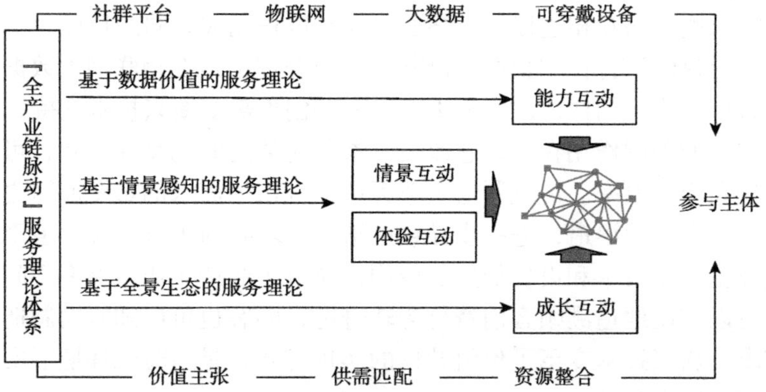


图 6-14　服务生态价值共创实现路径

在“全产业链脉动”服务理论指导下，参与主体基于物联网、大数据、可穿戴设备、社群平台等技术和设备支持，在产品全生命周期服务内进行能力、情景、体验和成长等方面的互动，并且在互动过程中提出价值主张，进行资源整合和供需匹配，最终实现价值共创。

（1）“全产业链脉动”服务理论指导。“全产业链脉动”服务理论分别从数据价值、情景感知和全景生态三个维度为服务生态价值共创提供理论指导。

基于数据价值的服务决策原理有机融合了生产服务和产品服务，实现了供需两侧的服务能力共享、多方联动，为参与主体进行能力整合、共享等互动活动提供了基本条件。基于情景感知的服务决策原理则为顾客、场景和系统的融合，以及个性化服务、被动式情景感知服务和主动式情景感知服务的提供创造了理论基础，产品服务提供商为提高顾客满意度、满足顾客需求，不断升级顾客体验、创造交互场景，实现参与主体间的情景互动和体验互动。

基于全景生态的服务决策原理从生态系统的角度出发，对参与主体的成长过程进行培育，如同顾客需求从需求引导到需求成熟之后会在此基础上拓展新的需求，产品服务提供商的服务能力也会在满足顾客需求的过程中不断拓展新能力，参与主体在成长互动过程中实现自身的发展及价值共创。

（2）参与主体互动。参与主体互动是价值共创的实现基础，也是价值共创的重要驱动因素，可以说，没有主体间的互动行为就无法实现价值共创。

参与主体的互动行为可以从两个方面理解，即主体自身活动行为及主体与主体间的活动行为。其中，主体自身活动行为主要表现为参与主体通过资源整合、价值分析等方式进行自主学习、自主成长。主体与主体间的活动行为主要表现为主体间的服务能力共享、竞争与合作等行为。在制造业服务化全景生态系统中，生产环境和市场环境整合成为一个统一的整体，供给侧之间、需求侧之间，以及供给侧与需求侧之间互相连接，最终通过互动过程完成共同的目标。

（3）新兴技术支持。“全产业链脉动”服务理论是在物联网大数据环境下创新的服务管理理论，同样地，服务生态价值共创也需要新兴技术支持。

新兴技术的关键作用在于，它改变了参与主体之间的交互方式，可以降低交易成本、提高交互效率。传统制造企业无法迎合市场需求的重要原因之一就是无法获取与顾客交流的渠道，进一步导致供给与需求间的矛盾。5G、互联网平台、智能穿戴设备等新技术和设备的发展应用，拉近了制造企业与顾客之间的距离，制造企业可以方便地追溯顾客消费行为轨迹链，顾客也可以随时向制造企业传达个性化需求。新兴技术变革了价值共创的实现方式，是新时代环境下实现供需两侧价值共创的技术基础。

### 2. 服务生态协同发展效应

在制造企业的服务化进程中，参与主体不是独立的个体，从孕育、生长到成熟的整个成长过程中都与利益相关者存在着竞争、合作的关系。如何通过资源共享、交互模式创新及运营模式创新等方式实现服务生态的协同发展，是所有参与主体共同面临的关键问题。

1）服务生态协同发展的内涵

德国的哈肯（2001）在融合系统论、控制论等理论的基础上创立了协同论。协同论具有普适性，认为任何系统的发展都需要与外界环境进行交流（白列湖，2007）。协同论的思想与制造业服务化全景生态系统的发展需求是一致的，因此，将协同论引入制造业服务化管理过程具有理论依据和实践意义。

协同论认为，系统内各要素的共同发展情况决定了个体发展及系统发展，系统内部要素间进行有组织、有目的的协同运动行为驱动着系统的前进发展，并在达到临界值之后发展成为新的组织结构（许耀文，2016）。协同效应是协同论的重要内容，是指因系统内部要素间的协同运动行为产生的整体效应，是系统自组织的表现（白列湖，2007）。

从上述理论观点出发，可将全景生态视角下的制造业服务化过程中涉及的“生物要素”“非生物要素”看成一个统一的整体。由此，服务生态的协同发展效应可以描述为：整个服务生态依托当前的社会环境、市场环境和技术环境等制造业生态环境，各参与主体为完成共同的任务和目标，在系统管理和自适应发展的共同作用下进行有序的协同运动行为，这种行为促使参与主体和系统的适应性不断提高，最终实现共同发展。

2）服务生态协同发展效应的体现

从协同论的视角管理制造业服务化过程，更加注重系统内各要素间的交互、沟通，以及系统内与系统外进行的物质、能力、信息循环。在系统内的参与主体在通过一定的方式实现协同发展的过程中，在个体层面增强了企业竞争力，在产业层面促进了产业集群。

（1）服务生态协同发展对企业竞争力的增强效应。服务生态协同对增强企业竞争力的影响机制主要体现在两个方面：一是服务生态协同可以通过提高参与主体的适应能力促进主体自身发展能力；二是服务生态协同可以通过增强系统协同效率提升参与主体间的协作效果。

第一，服务生态协同可以提高参与主体适应性，进而促进参与主体的自身发展。各参与主体在服务生态系统中有个性化的需求、多样化的发展目标，提高系统适应性是满足自身需要、实现自身目标的重要基础。参与主体适应性可以理解为主体内部组织创新、变革与目标要求和环境变化的一致性程度。当主体自身功能跟不上目标要求和环境变化时，会产生“服务悖论”现象并逐渐失去竞争能力，最终被市场淘汰。协同发展要求主体内部的流程、组织协同，以及主体外部的利益相关者之间的协同，在协同过程中各参与主体能够依据环境变化进行正确的优劣分析和价值定位，以增强自身适应能力。

第二，服务生态协同可以提高系统协同效率，进而提升参与主体间的协作效果。制造业服务化进程包含数量大、类型多的利益相关者及复杂多样的非生物要素，系统要素的复杂性决定了制造业服务化全景生态系统是一个复杂系统。系统要素之间的关联机制、互动方式及结构层次复杂多样，每一个主体都有自身的组织文化、意识形态和价值目标，这些因素都对系统不稳定性、不同步性具有正向促进作用。服务生态发展可以通过一定的路径和机制调节参与主体之间的利益冲突和供需矛盾，提升系统协同效率，从而使参与主体之间的协作达到更好的效果。

（2）服务生态协同发展对产业集群的促进效应。产业集群是大量的利益相关者通过分工合作、利益共享等方式在一定空间范围内形成的聚合体，可以从产业集群的优势及服务生态协同对产业集群的作用机制两方面理解服务生态协同发展对产业集群的促进效应。

产业竞争优势是一个国家或地区经济竞争优势的重要体现，而产业集群是产业竞争优势的关键来源（董宇鸿，2010）。产业集群具有灵活分工、专业化合作、区域资源整合及合作网络创新等特征，并表现出强大的竞争优势。产业集群的竞争优势一方面来源于产业聚集带来的正向经济效应，另一方面来源于产业聚集产生的经济风险规避效应（张辉，2003）。总体来说，制造业产业集群可以看作是整个制造业服务化全景生态系统中的一个个子系统，产业集群对推动制造业服务化具有重要的积极作用。

服务生态协同发展要求参与主体进行资源整合和共享，制定合理的利益分配机制、配合机制保障主体间的协同合作顺利完成。当各主体间的协同发展达到一定的程度时，各主体间的交易成本降低、合作效率和资源共享效率提升，这些优势会不断吸引新的利益相关者加盟，从而促进产业集聚。

3）服务生态协同发展实现路径

服务生态协同发展的结果是实现个体发展和群体发展。个体视角的服务生态协同是指，系统内的参与主体间的协同运动行为；群体视角的服务生态协同，则是指系统内同类参与主体通过一定的方式聚集在一起，进行产业与产业之间的协同运动行为。从参与主体协同、制造业与物流业协同、制造业与服务业协同三个方面描述服务生态的协同发展实现路径。

（1）参与主体协同发展。制造业服务化全景生态系统中的参与主体通过有序的竞争与合作、资源互联互通等活动完成共同目标和任务，参与主体协同发展实现路径如图 6-15 所示。

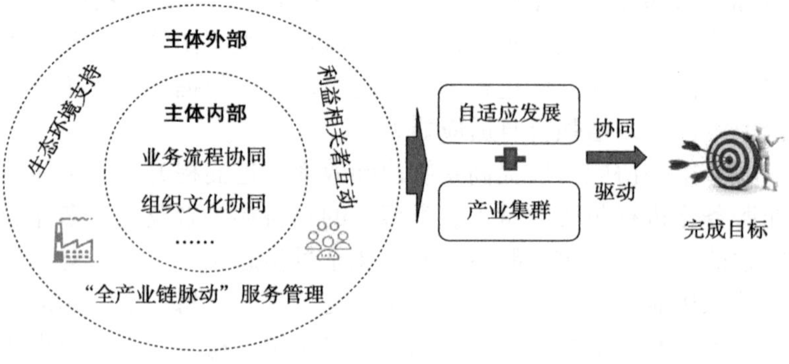


图 6-15　参与主体协同发展实现路径

服务生态参与主体发展需要同时进行主体内、外部的协同活动。在服务化战略的实施过程中，企业内部协同即企业在其业务流程、组织文化、供应链管理、运营模式等方面进行重组和创新，为制造企业自适应发展提供了源源不断的动力支持；在企业外部，以生态环境作为养分和支持，以“全产业链脉动”服务理论作为理论指导，企业与利益相关者相互配合、相互沟通，制定共同的发展目标、优化关联机制、提升整体创新能力，最终实现产业集群。

（2）制造业与物流业协同发展。近年来，制造业与物流业联动发展不仅促进了制造业和物流业的共同发展，而且形成了产业联动共赢的新格局。新一轮产业革命的深入推进，对制造业服务化转型和物流智慧化发展起到了促进作用，也给制造业与物流业协同发展带来了新的机遇。新技术环境下，制造业与物流业协同发展路径如图 6-16 所示。

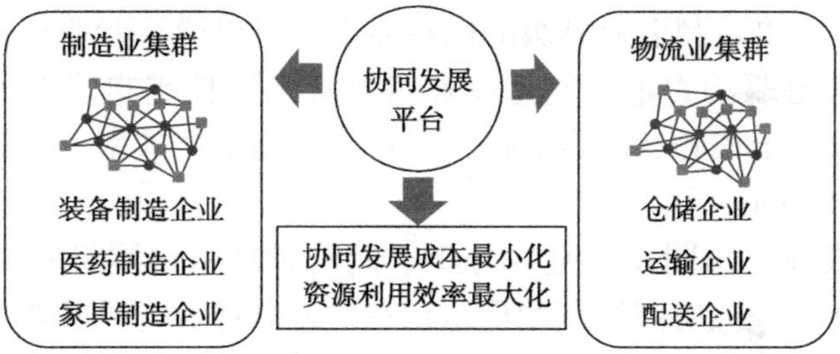


图 6-16　制造业与物流业协同发展路径

参与主体间的协同促进了产业集群，在此基础上，基于物联网、大数据、云计算等新技术探索制造业与物流业协同发展路径，建立可以实现制造业集群与物流业集群有机连接的协同发展平台，可以汇集制造业释放的物流需求、整合物流业提供的服务能力。制造业与物流业集群基于平台进行供需匹配、资源共享，进一步实现规模效应，提高协同运作效率。制造业与物流业通过协同发展平台的有机连接，以协同发展成本最小化、资源利用效率最大化作为发展目标，通过有序的竞合行为实现二者的协同发展。

（3）制造业与服务业协同发展。先进制造业和现代服务业的有机融合和协同，是完成《中国制造 2025》制定目标的关键措施，也是现代产业演进规律的重要体现。以制造业发展带动服务业进步，以服务业发展驱动制造业转型，最终实现经济可持续健康发展，结合张晴云（2019）的研究，可得到制造业与服务业的融合发展路径，如图 6-17 所示。

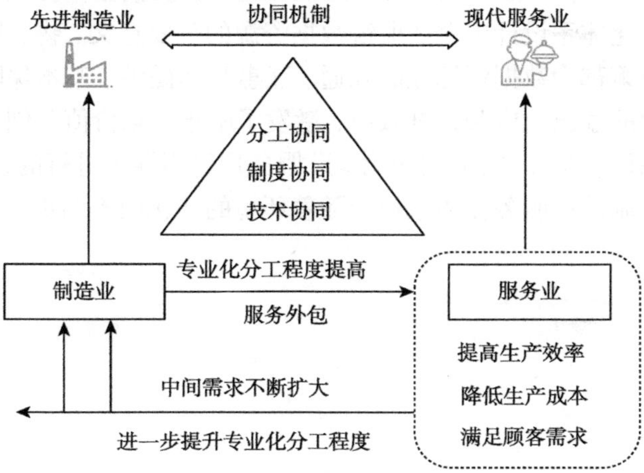


图 6-17　制造业与服务业协同发展路径

随着专业化分工的不断深化，无论是设计环节的产品服务设计需求、制造环节的物料运输需求，还是产品销售环节的金融咨询需求，制造业在产品服务全生命周期内释放了无限的中间服务需求，制造业与服务业的融合、协同是产业分工细化的作用结果，也是制造业升级的内在需求。可以说，专业化分工是制造业与服务业融合的关键驱动力量。制造企业将自身不擅长或非核心环节进行服务外包，集中精力致力于核心竞争力的提升，达到提高生产效率、降低生产成本及提高顾客满意度的目的。

制造业与服务业协同发展是在分工、制度和技术协同机制的基础上完成的（郭澄澄，2019）。分工协同机制的设定旨在提升制造业与服务业分工合作的有序性和专业性，降低交易成本、提升协同效率；制度协同机制由政府制度和企业合作制度构成，用于引导和规范产业协同过程中的各项运作；技术协同机制的主要作用是促进产业间的技术资源共享和知识传递，双方在协作中实现互享互惠的服务效果。

全产业链数据资源互享互惠服务，从数据价值、生态价值和数据价值转化为生态价值最大化的视角探讨“全产业链脉动”制造业服务化体系设计方法，能够产生服务生态价值共创效应和服务生态协同发展效应。全产业链数据资源服务机制、服务效应，能够优化全景生态服务功能，推动“全产业链脉动”服务体系发展。

## 6.5 本章小结

全产业链数据价值释放、数据资源互联互通配置及数据资源互享互惠服务，诠释了制造业服务化体系设计中全产业链数据资源的重要意义。物联网、大数据等新兴技术及相关政策都为数据资源互联互通、互惠互享提供了基本保障，极大地促进了产业服务资源的溢出效应和杠杆效应，激发了服务生态价值共创及协同发展。制造业服务化体系设计是在“全产业链脉动”服务理论指导下进行的，技术不断创新、社会不断进步，制造业服务化体系也会随着环境的变化而不断更新。

# 第7章 “全产业链脉动”：制造业服务化转型路径

面对激烈的市场竞争环境和消费需求日益个性化、多样化的趋势，制造业服务化战略成为制造业转型升级的重要手段。由于各企业制造业服务化能力不尽相同，可供选择的服务化转型路径也各不相同。在“全产业链脉动”制造业服务化体系中，探讨制造业服务化转型路径，对于制造业服务化转型发展具有重要的现实意义。

## 7.1 概 述

“微笑曲线”充分说明相比于产业链中游的加工制造环节，上下游研发、设计、营销和售后等服务环节能创造更多的价值，制造企业纷纷试图通过服务化转型实现价值链攀升。尽管制造业服务化转型被广泛认为可以帮助企业摆脱竞争困境、拓宽市场利润空间，但是“服务悖论”现象依然存在。面对复杂的竞争环境，制造企业如何选择制造业服务化路径备受瞩目。

1. 制造业服务化转型战略制定

制造业服务化战略可以概括为制造企业对自身角色的重新定位，即由单纯的产品制造商转型成为产品服务提供商（胡查平和汪涛，2016）。理论研究表明，制造企业通过不断开发和拓展服务业务、提供服务输出获得价值增值和利润增长（Rui and da Silveira，2017）。与理论成果不同的是，现实实践中许多制造企业实施服务化战略并未给企业带来预期收益反而产生亏损。例如，西门子旗下的计算机服务部门出现严重的亏损问题，施乐公司将服务业务与总部分开，分离发展为独立的上市公司。

制造业服务化战略实施需要创新组织原则、组织功能和运营模式，正是这些挑战使制造业服务化转型相对缓慢（Oliva and Kallenberg，2003）。在制造业服务化转型过程中，不仅需要综合分析企业自身的优势、劣势和外部环境因素，而且需要确定适合自身发展的服务化战略。制造业服务化路径选择决策的意义在于帮助制造企业明确定位和能力，为形成适合的转型路径提供指导。

### 2. 制造业服务化转型路径分析

我国制造企业种类繁杂，企业生产能力、服务能力和信息化水平参差不齐。在现实环境中，制造业服务化路径不是一成不变的，而是随着企业内、外部资源能力和环境的变化而变化。制造企业需要依据自身状况整合内、外部信息、资源和能力，在制造业服务化战略指引下选择适合自己的服务化路径。

研究人员从不同的角度分析制造业服务化路径。例如，令狐克睿和简兆权（2018）从服务化程度和社会资源整合程度两个维度出发，将服务化路径分为四类：第一类路径的服务化和社会资源整合程度都很低；第二类路径的服务化程度高而社会资源整合程度低；第三类路径的服务化程度低而社会资源整合程度高；第四类路径的服务化和社会资源整合程度都很高。王晓萍等（2019）从价值增值的视角将服务化转型路径分为生产者驱动型、采购者驱动型及混合驱动型三类。罗建强等（2013）认为我国制造企业应立足于制造水平提升，并提出了以服务型制造为方向的四层次转型路径。总体来说，制造业服务化转型路径尚未得到统一描述，制造企业在转型实践中所采取的路径也各有不同。

### 3. 制造业服务化转型路径培育

任何战略的实施都需要一定的资源保障，都需要坚持不懈地培育。制造业服务化转型路径培育包含创新培育和生态培育，创新培育致力于增强制造企业的要素创新、模式创新、协同创新能力，生态培育致力于从价值链、供应链、产业链三个视角，培育共生共荣的生态环境。制造业服务化转型路径培育为企业自身服务化转型提供能量支持，以丰富的信息、资源和能力推动企业实现服务化转型发展，提高制造企业核心竞争力。

制造业服务化转型是一个漫长的探索过程，在“全产业链脉动”服务理论指导下，制造企业根据自己的长期目标和短期目标确定服务化战略，在服务化战略指引下选择转型路径，在转型过程中聚焦到要素、模式和协同进行创新培育，同时针对价值链、供应链和产业链进行生态培育，帮助企业实现服务化转型，避免其陷入“服务悖论”。本章结构如图 7-1 所示。

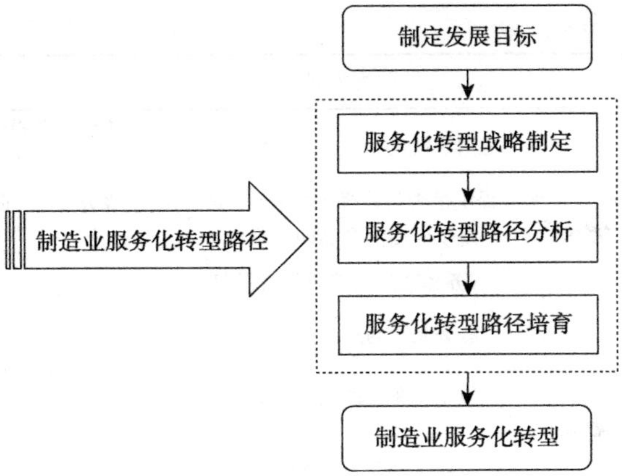


图 7-1　本章结构图

## 7.2　制造业服务化转型战略制定

尽管制造业服务化战略是传统制造企业转型发展的重要途径，但是并不是所有的制造企业都能依靠制造业服务化战略获得扩大利润空间的“万能钥匙”。在制造企业从产品制造商角色向“产品+服务”提供商角色转变的过程中，如何制定符合制造企业自身发展的制造业服务化战略直接关系着转型成败。

### 7.2.1　制造业服务化战略类型分析

自制造业服务化概念提出以来，学术界和企业界分别针对“产品+服务”进行了理论分析和实践探索。制造业服务化战略已经得到了充分的关注，国内外研究人员围绕制造业服务化战略进行的研究已相对成熟。但是，由于制造企业种类繁多、所处的阶段和自身实际情况各有不同，研究人员分别从不同的角度形成了不同的制造业服务化战略分类依据和战略类型，具体如表 7-1 所示。

**表 7-1　国内外研究人员对制造业服务化战略的分类总结**

| 研究人员 | 分类依据 | 服务化战略类型 |
| --- | --- | --- |
| Boyta 和 Harveyb（1997） | 服务内容重要性、复杂性、风险水平等 | 初级服务、中级服务、高级服务 |
| Mathieu（2001） | 服务对象 | 支持供应商产品的服务、支持顾客行为的服务 |
| Tukker（2004） | 产品和服务在价值创造中的贡献 | 产品导向、使用导向、结果导向 |

续表

| 研究人员 | 分类依据 | 服务化战略类型 |
|---|---|---|
| Gebauer（2008） | 适用于特定环境的服务化战略 | 售后服务提供商、顾客支持提供商、外包合作伙伴和开发合作伙伴 |
| Raddats 和 Easingwood（2010） | 服务提供是否与顾客运营一致、是否围绕供应商的产品两个维度 | 服务参与、服务延伸、服务渗透、服务转型 |
| 罗建强（2015） | 服务和产品捆绑的紧密程度 | 依托型和组合型 |
| 陈漫和张新国（2016） | 服务是否与产品业务相关 | 嵌入式和混入式 |
| Coreynen 等（2017） | 数字化驱动的服务化战略 | 工业服务化、商品服务化、价值服务化 |
| 胡查平等（2018） | 制造企业主动介入顾客业务的程度 | 契合顾客业务、优化顾客业务流程及激励顾客业务关系承诺的服务化战略 |
| 杜维和马阿双（2018） | 基于三家制造企业实施服务化的特点和面临的问题得出结果 | 学习探索型、特色服务型和全面服务型 |
| 杜维和石梦婕（2020） | 服务化程度 | 探索型、“困境”型和全面型 |

总体来说，研究人员围绕服务对象、服务内容、服务与产品的关系及企业与顾客的交互分析了制造业服务化战略的类型。从表 7-1 中可见，制造业服务化转型发展的早期阶段，研究人员提出的服务化战略更侧重于如何发挥服务对产品的增强作用；随着 S-D 逻辑及 C-D 逻辑的发展，制造业服务化战略重点转移至顾客业务和价值实现，并将新一代信息技术优势作用于服务化战略中。虽然研究人员基于不同的分类依据对服务化战略类型进行分析，但产品、服务、顾客和价值始终是服务化战略中的关键要素。

根据 Tukker（2004）的观点并结合 S-D 逻辑，可以将服务化战略划分为基于产品的服务化战略和基于顾客的服务化战略（图 7-2）。在基于产品的服务化战略实施过程中，以产品为核心向顾客提供产品延伸服务，产品相关业务是主要的价值来源，附加于产品的服务仅起到增强产品功能的作用；在基于顾客的服务化战略实施过程中，产品转变为服务传递的载体，服务业务活动的开展以满足顾客需求为最终目的，服务是价值创造的源泉。

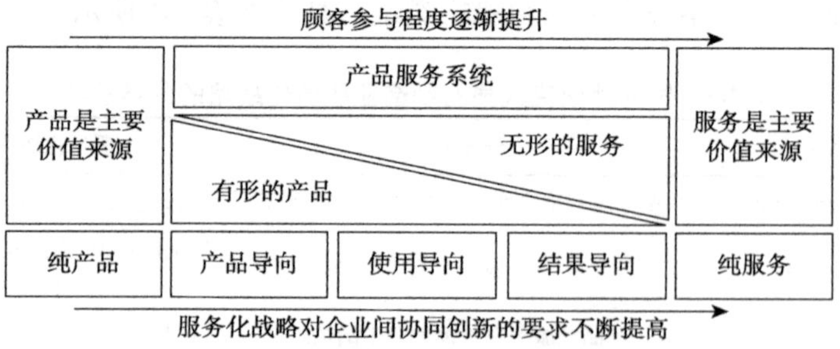


图 7-2　制造业服务化战略分析

### 7.2.2 制造业服务化战略生成逻辑

制造业服务化旨在通过一定的投入获得在服务维度的丰厚产出，服务产出的占比是衡量服务化程度的重要指标，但服务投入却不一定会与服务绩效呈正相关。"服务悖论"现象的客观存在促使研究人员进一步审视制造业服务化进程中的困难和问题，因此从如何克服"服务悖论"现象的视角研究制造业服务化战略生成逻辑具有重要的现实意义和应用价值。

战略制定框架可以划分为输入、匹配和决策三个阶段（戴维·弗雷德和戴维·福里斯特，2017），该框架适用于不同类型、不同规模的企业战略制定。在输入阶段，企业需要综合分析企业内外部环境，认清自身竞争定位；在匹配阶段，企业根据上一阶段的输出结果，结合企业的发展战略和成长目标，制定相应的发展战略；在决策阶段，企业结合前两个阶段的分析结果，即根据自身实际情况和发展目标，厘清每个战略的优劣并选择最终的实施策略。根据"输入—匹配—决策"战略生成框架，可以得出制造业服务化战略生成逻辑，如图 7-3 所示。

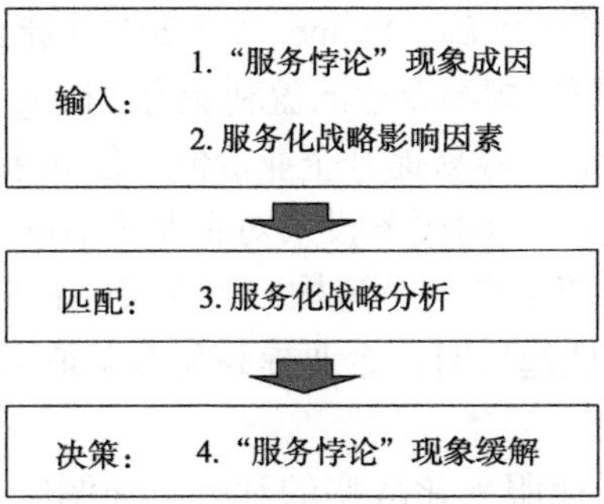


图 7-3 制造业服务化战略生成逻辑

从克服"服务悖论"的视角分析制造业服务化战略，应该从"服务悖论"现象入手，寻找合适的缓解策略。在输入阶段，分析"服务悖论"现象的成因，明确服务化战略的影响因素，为战略制定做好准备。在匹配阶段，制造企业对自身实际情况和价值目标进行衡量、比较，将输入阶段得到的分析结果消化、提炼，采用一定的理论方法进行服务化战略分析。在决策阶段，制造企业在深入了解"服务悖论"现象及其对影响因素进行分析的基础上，综合前面两阶段的输出结果，确定最终的服务化战略，以达到缓解"服务悖论"现象的效果。

1. “服务悖论”现象描述及成因

制造业服务化转型失败现象被称为“服务悖论”、服务化失败（servitization failure）、去服务化（desercitization）等。Gebauer 等（2005）提出了制造企业“服务悖论”概念，从此“服务悖论”用于描述制造企业扩大其服务业务会导致成本增加，却不会产生预期的利润回报的现象。

1）“服务悖论”现象描述

研究人员通过实证研究服务化战略与企业绩效间的关系，证实制造企业在服务化战略实施过程中，确实会存在“服务悖论”现象。制造业服务化战略对不同类型的业务绩效会产生不同的影响，如 Li 等（2015）通过对中国制造企业的调查研究发现服务化程度与业务绩效呈马鞍形曲线关系。Min 等（2015）通过对中国制造企业进行分析，得出了服务化战略与市场绩效呈正相关关系、服务化水平与财务绩效呈负相关关系的结论。Avlonitis 等（2001）通过对芬兰企业的问卷调查发现，金融服务创新程度与财务绩效呈现倒“U”形曲线关系。Kohtamäki 等（2013）同样以芬兰企业为调研对象，得出制造业服务化战略对销售增长具有非线性影响。

对于制造业服务化战略的实施，Steiner 等（2016）指出相对于定制服务化战略，向顾客单独提供产品服务可以提高企业的盈利能力。Fang 等（2008）认为与企业核心业务关联性强的服务产品更容易提升企业价值，但如果企业核心产品为收益高增长类型时，提高基于核心产品的服务投入对企业价值的影响变弱。Yin 和 George Zhang（2019）对一个由免费和收费渠道构成的双层产品服务系统展开研究，在顾客对两个服务渠道进行自利性选择时，企业提高免费渠道服务能力会影响收费服务渠道的规模经济。

实证研究揭示了制造业服务化战略的利弊，强调应采取有效措施避免制造企业盲目进行服务化转型。正如一切事物都有其双面性，“服务悖论”现象也是一把双刃剑，如果能够透过“服务悖论”现象看到本质，制定科学合理的制造业服务化战略就能在一定程度上避免负面现象的发生。

2）“服务悖论”现象成因

针对“服务悖论”现象的成因，大部分研究人员归因于企业组织的影响，如人力资源配置挑战（Johnstone et al.，2014）、服务投入成本过大（Chen and Lv，2013）、服务提供过程中的服务定价和服务能力决策矛盾（Forkmann et al.，2017）、组织安排与服务化战略不匹配（Gebauer et al.，2010）等。“服务悖论”现象主要成因如图 7-4 所示。

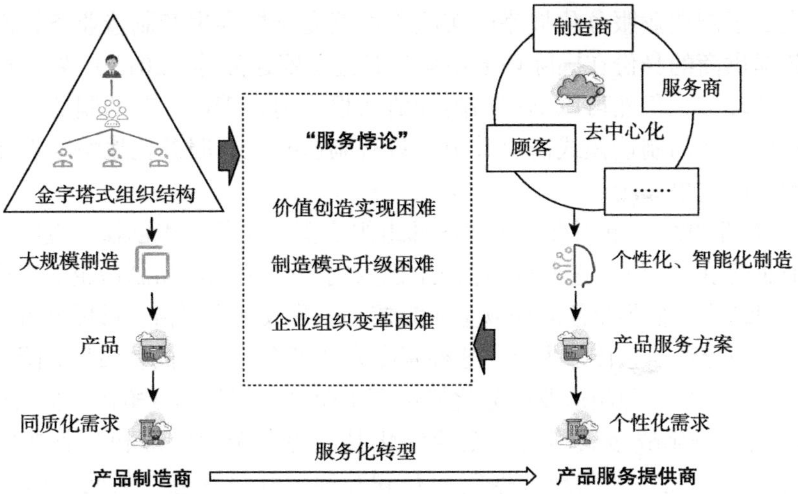


图 7-4 “服务悖论”现象主要成因

（1）价值创造实现困难。制造企业由产品制造商转变为产品服务提供商的过程，是由 G-D 逻辑向 S-D 逻辑和 C-D 逻辑转变的过程，相应地，其价值创造模式也由制造企业创造价值向企业与顾客价值共创转变。在 G-D 逻辑中，企业根据自身需求向顾客输出产品，顾客只能被动接受。这种模式容易实现，企业不需要进行过多的市场调研、需求捕捉。在 S-D 逻辑和 C-D 逻辑中，顾客变为共同生产者，参与产品全生命周期服务。

供给侧的生产者和需求侧的消费者连接、融合，消费者成为重要的操作性资源（operant resource），与生产者在产品设计、生产、销售和消费阶段互动，而生产者则可以通过提出价值主张、与消费者互动等方式完成价值共创活动（武文珍和陈启杰，2012）。相比于制造企业创造价值模式，价值共创模式的困难在于企业需要进行场景创造、交互优化等投入与顾客合作，其角色也由价值创造者变为顾客价值主张的拥护者。如果不能深入了解顾客想法、不能为顾客创造价值，顾客就不会为企业的成本投入买单，企业竞争力就会持续下降。

（2）制造模式升级困难。随着经济的发展和物联网、大数据、移动设备的广泛应用，顾客消费水平不断提升，顾客需求也由单一产品需求逐渐演化为多样化、个性化需求。为适应顾客需求演化趋势，传统的大规模制造模式被慢慢淘汰，个性化、智能化定制生产逐渐兴起。但是，制造模式升级不可避免要全面改造固有的设备、生产线，不仅需要先进科技的支撑，而且需要大量的人力、物力投资。

对于中小型制造企业而言，很难完成全面、彻底的设备技术升级。尤其是在我国制造业大而不强的整体环境下，高消耗、低回报的制造模式已经延续多年，实现由价值链低端的生产环节向高端的服务环节延伸具有较大的难度。此外，我国国情决定了制造业服务化战略的实施不可能完全摒弃生产制造业务，而是要以产品服务提供商的身份在国际环境中竞争角逐（罗建强等，2013）。处于产业制造加工的低端环节，仍然可以形成高附加值回报，但处于该环节的制造企业要实现服务化转型，产品制造模式需要升级，只有制造模式与服务化战略要求相匹配才能达到预期的效果。

（3）企业组织变革困难。企业内部组织变革、业务流程创新一直以来都被视为提升企业竞争力、激发企业创新活力的重要手段。传统产品制造企业往往采用金字塔式组织结构，企业业务流程以企业为核心、等级制度严格，目标分解后将任务层层下发容易导致信息传递失真。这种制度束缚了企业员工的积极性，降低了资源协同效率，也无法实现制造业服务化战略下企业管理创新和竞争优势提升的目标。

制造业服务化战略实施需要企业弱化其边界，企业内部和企业外部要进行流畅的沟通与交互，即实现数据资源互联互通、互享互惠。然而，由于企业文化观念转变需要经历一个漫长的过程，企业管理者的风险态度各不相同，风险规避者会抵触企业从原状态转变为新状态。企业员工的工作方式、资源配置模式从开始转变到熟练运转的磨合期，也会使企业组织变更从整体上滞后于服务化战略的实施。

### 2. 制造业服务化战略影响因素

在制造业服务化战略确定之前，有必要进行服务化战略影响因素分析，以更深入地了解制造业服务化战略制定与实施的内、外部环境状况，提高服务化战略选择决策的科学性和有效性。制造业服务化战略影响因素可以分为两大类，即内部驱动因素和外部环境因素，具体如图 7-5 所示。

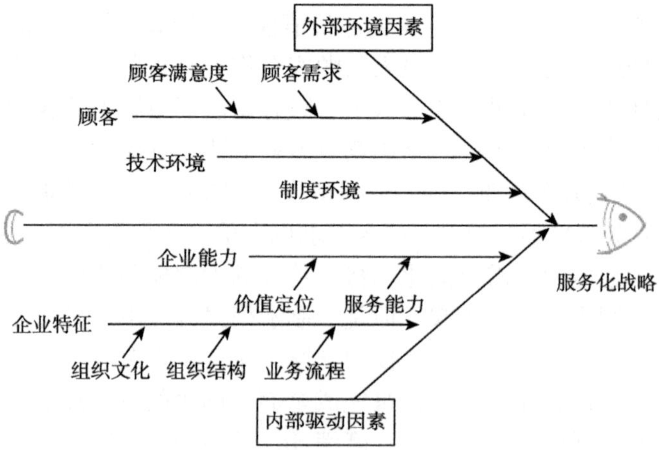


图 7-5　制造业服务化战略影响因素分析

1）内部驱动因素

制造业服务化战略的内部驱动因素主要来源于企业特征和企业能力，二者构成制造业服务化转型发展的核心动力。分析内部驱动因素，有助于深入刻画制造业服务化内在的发展动力，为制造业服务化战略制定增添新的内在动力。

（1）企业特征。企业特征可以描述为企业组织文化、组织结构和业务流程等方面的基本情况。企业组织文化是企业成员共同遵循的认知观念，是企业核心价值主张的定位，培育全员认可的组织文化能够为顺利推行服务化战略减少阻碍。如果企业文化主张挑战、创新和探索，那么更有助于制造企业在组织文化驱动下由传统制造商向产品服务提供商转型。

企业组织结构、业务流程对人员激励效率、资源配置效率、业务运营效率都具有直接影响。在“互联网+”背景下，基于大数据的管理使企业之间的业务流程更加通畅，资源聚集和资源虚拟化有助于促进企业资源共享与交流。面对新时代、新环境，企业组织文化、组织结构创新、业务流程重组为制造业服务化战略实施奠定了基础。

（2）企业能力。企业能力反映了一个企业的市场竞争力，无论是技术创新还是实现新的组织战略，制造企业的基本能力决定了其战略实施路径及需要付出的努力成本。通常来说，在实现同样目标的情况下，能力比较强的制造企业需要付出的成本要低于能力较弱的企业（刘丛等，2017）。

根据 Klepper 和 Simons（1997）提出的“洗牌效应”，当一个行业规模快速扩张的时候，通常会导致大量中小型企业面临倒闭。这是因为中小型企业通常没有足够的能力应对市场变化，服务化战略实施可以看作是行业革新推力，那些没有能力优化产品质量、降低生产运营成本的中小型企业会在新一轮的行业革新过程中被淘汰。制造企业首先需要整合自身服务能力，根据自身实际服务能力及价值目标制定合适的服务化战略。

2）外部环境因素

制造业服务化战略的外部驱动因素可以从顾客、技术环境和制度环境等方面进行分析，有助于深入刻画制造业服务化外在的推动力。在制定制造业服务化战略时，应科学合理地利用这些来自外部环境的驱动力，共同推动制造企业转型升级。

（1）顾客。顾客是制造业服务化战略实施的核心要素，在 S-D 逻辑中，无论是价值实现还是目标制定都与顾客需求、价值主张密不可分，“以顾客为中心”成为重要的价值主张。个性化、多样化的顾客需求驱动制造企业不断进行产品和服务升级，以最大限度地满足顾客需求、提高顾客满意度。

（2）技术环境。技术环境对制造业服务化战略制定和实施至关重要，新一代信息技术改变了企业之间、企业部门之间的交流方式，也成为服务化战略至关重要的影响因素。例如，物联网技术允许顾客在线追溯设备的使用、维护情况，制造企业也可根据产品的日常运营数据向顾客推送保养建议。

（3）制度环境。制度环境可以视为服务化战略实施的土壤环境，有效的政策制度会对服务化战略产生积极影响。制造业服务化已经上升为提升制造企业竞争力的国家战略，世界多个国家都制定了相关政策制度引导和鼓励制造业服务化转型。在企业层面，制造企业与外部相关机构形成紧密的联系能够提升其经营合法性，在制造业服务化战略实施过程中达到规避风险的效果（肖挺，2019）。

3. 制造业服务化战略三维分析

制造业服务化战略制定需要依据输入阶段的分析结果制定合理有效的战略内容，匹配阶段的战略制定过程相当于形成连接企业当前水平和目标水平的桥梁和纽带，战略正确与否直接关系到目标能否实现。制造企业可以从服务需求、服务模块化和服务价值度量三个维度切入（李靖华等，2017），更加深入地观察制造业服务化战略生成逻辑（图 7-6）。

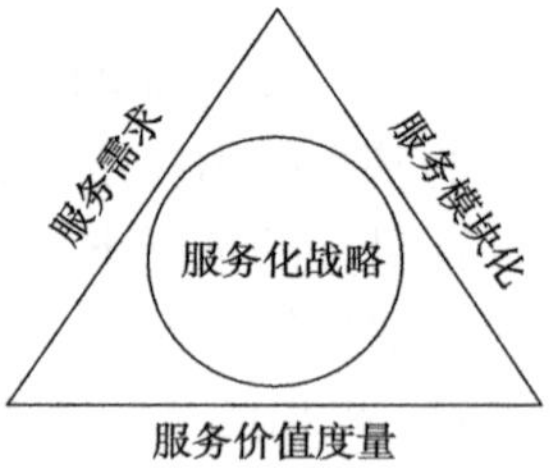


图 7-6　制造业服务化战略三维分析

1）服务需求

以服务需求为驱动设计服务化战略。服务需求主要是指服务需求方的诉求，其既包括生产环境中企业之间的供需匹配，又包括生产环境与市场环境中终端顾客对企业的服务需求。服务需求是制造企业实施服务化战略的基本前提和利润来源，准确把握、理解和满足顾客的服务需求能为企业创造巨大的利润空间。

从制造业服务化战略服务需求维度分析，一方面，要通过互联网、社群平台等场所挖掘和发现顾客需求，更加深入地了解顾客的真实需求；另一方面，需要培育顾客新的需求，引领顾客需求走向和形成预期的趋势，在培育顾客新需求的过程中不断拓展和升级制造企业的服务能力。

2）服务模块化

以服务模块化为依据设计服务化战略。服务模块化从供给侧的视角分析制造企业自身的专业化能力和服务水平，是衡量企业市场竞争力和服务效率的重要表现。制造企业可以将自身不擅长或非核心服务模块外包，不仅可以获取承包企业的资源和能力，还可以集中精力攻克核心服务模块，达到弥补短板、提升效率的效果。

服务模块化有助于加强企业之间的互动交流，形成基于服务模块的委托—代理契约关系，建立关联核心利益的、关系更加紧密的战略合作。在制造业服务化战略生成决策过程中，服务模块化策略能够帮助制造企业审视、提炼自身的真实能力，以寻找适合自身需求的服务化转型战略。

3）服务价值度量

以服务价值度量为引导设计服务化战略，有助于将无形的、难以量化的服务价值可视化，以增强人们对服务价值的理解、认识和接受程度。服务的无形性、难以度量性使其具有较大的交易风险，以服务价值度量对服务提供方和服务需求方的效用进行评价有助于服务的延续（蔡三发等，2013）。

服务价值不仅体现在服务需求方通过接受服务满足自身需求的过程中，还体现在服务提供方通过向顾客传递服务而获得利润收益、提升品牌知名度及顾客忠诚度等方面。服务价值度量维度在制造业服务化决策过程中的意义，在于帮助企业定位自身发展目标和努力方向，避免出现盲目的制造业服务化转型。

### 4. “服务悖论”的缓解作用

从企业绩效角度理解“服务悖论”，体现在如何理解服务投入与服务绩效之间的矛盾。“全产业链脉动”服务理论涵盖了基于数据价值的服务理论、基于情景感知的服务理论和基于全景生态的服务理论，只有将服务管理思想融入从设计到消费的全生命周期产品服务方案中，才能产生“服务悖论”的缓解作用（图 7-7）。

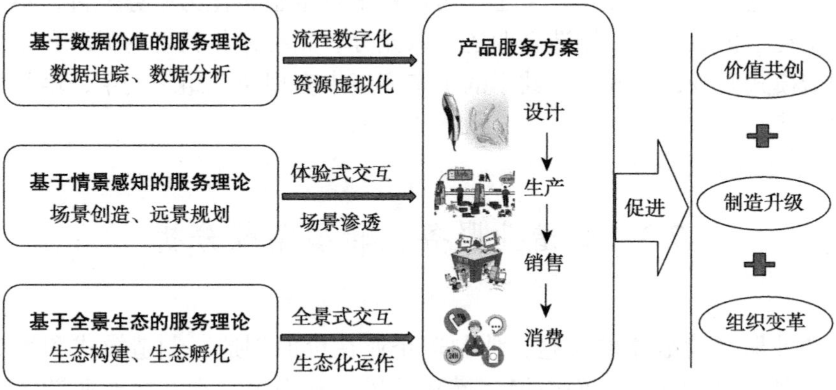


图 7-7 “服务悖论”的缓解作用

（1）大数据时代标志着产品、服务都可以运用数据元素进行包装（董华和江珍珍，2018）。通过多渠道、多主体、多流程收集的大数据，从时间、空间和形态三方面体现数据价值。基于数据价值的服务理论将制造业服务化过程中的流程以数字化形式运营，并将全产业链资源虚拟化于全景服务平台，大大提高企业内部的组织运作效率和资源配置效率。

数字化转型更加突出了数据价值，数字化成为智能工厂升级的基本前提，制造企业要想实现全面的改革，必须对传统生产车间和生产流程进行升级，以大数据赋能智能工厂增强智能化运营能力。基于数据价值的制造企业制造模式升级、赋能智能工厂成为服务化转型发展的必经之路。

（2）在制造业服务化从萌芽到发展再到如今相对成熟的整个发展历程中，制造企业一直在探索与顾客的交流互动机制，不断强化与顾客的关系，客户关系的深入也就是服务体验的深入。体验经济给顾客带来多场景购物体验、消费体验，从多渠道变革到场景创造，致力于将情景感知转化为服务体验，将线上互动的便利性与线下互动的体验感有机融合，为制造企业创造体验价值。

基于情景感知的服务理论通过场景创造切入消费者"内心"，将场景渗透到顾客实际生活中，触发并推进体验式交互过程，为顾客留下深刻的印象，从而真正提高顾客忠诚度和顾客满意度。场景创造致力于提高顾客体验感，为供需两侧实现价值共创创造良好的条件，并为企业组织变更方向和制造业升级指引了方向。

（3）互联网、移动设备的发展和应用降低了交易成本，弱化了企业边界，合作共赢、协同发展的趋势驱动服务化进程中的利益相关者和相关资源要素等形成一个共生共长的生态系统。顾客与生产性服务商和服务性生产商成为共同生产者，从产品服务设计、生产、销售到消费都共同参与、互相沟通。

生态系统是一个在互相联系、协同合作的过程中实现个体发展和群体发展的有机整体，基于全景式交互、生态化运作将全景生态转化为服务平台，不仅各参与主体实现了价值共创，制造企业还可以充分利用利益相关者的资源和系统资源完成制造模式升级，在开放、共享的生态环境中实现企业组织变革，增强协同创新能力。

## 7.3 制造业服务化转型路径分析

制造业服务化战略的实施，使制造企业在价值创造、制造模式和组织变革等方面受到了巨大压力，面临诸多潜在的风险和隐患。在"全产业链脉动"服务理论指导下，企业可以从价值链、场景创造和平台生态视角出发，根据自己的实际情况制定合适的服务化转型战略路径，实现有效规避风险、拓展利润空间的目标。

### 7.3.1　基于价值链视角的服务化转型路径

制造业服务化转型旨在实现产品与服务的有机融合，制造企业既可以通过增加服务要素投入实现投入服务化，又可以通过增强企业在需求端的互动程度实现产出服务化。波特（2014）提出的价值链理论，从整体协同的角度将企业生产经营活动视为一个统一体，企业综合竞争力的表现是一系列生产经营活动创造价值的总和。价值链理论是制造业服务化的重要理论基础，将制造业服务化转型发展视为企业价值重塑的过程。

1. 基于价值链视角分析服务化转型路径的依据

由于仅凭产品买卖获利的商业模式价值过低，逐渐跟不上时代发展，制造企业开始探索制造业服务化转型路径以追求高价值。通过对价值链定义的理解和制造业服务化特点的分析可知，制造业服务化过程就是企业价值链延伸的过程（解季非，2018）。从价值链视角分析服务化转型路径具有理论依据和现实依据。

1）基于价值链视角分析服务化转型的理论依据

不可否认，当前的经济形式已经由“传统经济”向“功能经济”转变，前者只关心购买商品时“买方愿意支付的价格”，而后者关心的是能为顾客提供的价值，顾客价值与产品所能传达的功能单位数量密切相关（吴婷，2019）。目前，制造业和服务业都面临着价值创造能力不强、价值共创难以实现的瓶颈，如何重塑价值链、带动制造业服务化价值创造体系全面转型，成为重要的研究问题。

在一定程度上，价值链理论解释了服务业向制造业渗透的经济现象，也指导了制造业服务化转型路径。正如基于数据价值的服务理论所主张的那样，在大数据时代背景下汇集的海量数据呈现出无限的数据价值。基于价值链视角集成大数据力量设计服务化转型路径，充分体现了基于数据价值的服务理论、价值链理论的价值。

2）基于价值链视角分析服务化转型的现实依据

在实践中，很多企业正是通过将企业的盈利重心从产品制造环节转移到服务环节实现服务化转型的。例如，美国耐克公司在中国、印度等国家拥有制造工厂，而耐克将主要精力用于价值链上游的技术研发、产品设计等环节。与此同时，耐克公司在官方网站推出定制化服务，借助互联网平台与顾客交互，更加注重在价值链下游提供个性化、定制化服务。

目前正蓬勃发展的共享经济，如共享单车、共享充电宝、共享雨伞等都将盈利重心转移至价值链下游。在共享经济实践中，为平台商提供产品的制造商向顾客传递多样化服务，制造商的利润主要来源于顾客使用产品的过程而非产品所有权的转移，制造商借助共享平台实现了制造业服务化转型。

2. 基于价值链视角的服务化转型路径分析

企业的竞争能力不同、价值目标不同，所选择的服务化转型路径也千差万别，国内外理论研究和企业实践均证明了“服务悖论”现象的存在，说明产品与服务的融合并不是简单地从“以产品为核心”转向“以服务为核心”的线性路径，制造业服务化转型的具体实施路径应致力于服务化战略与系统服务化程度的一致性（令狐克睿和简兆权，2018；Peillon et al.，2015）。

Tukker（2004）从“以产品作为价值源核心”视角转向“以服务作为价值源核心”视角分析服务化战略，根据服务要素在价值创造中所占的比重，逐步由产品导向服务、使用导向服务发展为结果导向服务，服务要素在价值创造中所占的比重逐渐增加，从而使服务化程度也不断提高。刘建国（2012）认为制造企业可以在价值链上寻找高附加值业务流程，从而将自己定位于 ODM、OEM、原始品牌制造商（original brand manufacturer，OBM）和全流程生产企业。

从价值链视角出发，周佳盛（2017）围绕下游产业链服务化、上游产业链服务化和上下游产业链服务化路径进行服务化路径研究。王国庆和吴婷（2019）认为价值链下游服务化、价值链上游服务化、价值链整体服务化及去制造化是制造业服务化转型的关键路径。以价值链不同环节为依据分析制造业服务化路径已经得到证实，研究认为制造企业向价值链两端延伸，可以采用价值链上游优化、价值链中游优化和价值链下游优化的策略方法。

基于价值链视角的服务化转型路径分析，应该同时考虑服务化程度、价值链优化环节的影响。制造业服务化程度不同，所展现出来的服务化战略也不同。如图 7-8 所示，将产品导向、使用导向和结果导向服务由从低到高的服务化程度与价值链上、中、下游优化相结合，可以得出 9 种制造业服务化转型路径，能够展现多样化的制造业服务化转型路径。

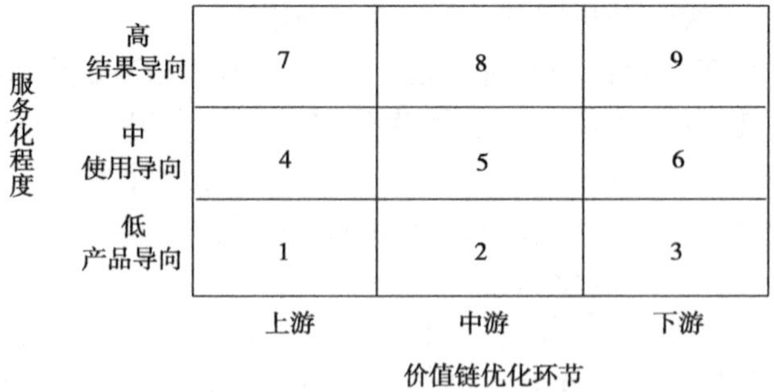


图 7-8　基于价值链视角的服务化转型路径

1）路径 1：产品导向服务——价值链上游优化转型路径

制造企业提供产品导向服务，优化价值链上游。制造企业介入价值链上游的产品设计、研发等环节，集中精力在产品设计、研发等增强企业核心竞争力的业务活动中，服务活动围绕增强产品功能展开。尽管制造企业掌握了产品核心技术，但是业务活动仍然集中在生产环境中，尚未建立与市场环境顾客的连接渠道，主要提供售后、维修、保养等产品导向服务。

制造企业产品导向服务与价值链上游优化融合，有助于增强制造企业产品研发、设计能力，提高产品竞争力。制造企业研发投入对于提高企业竞争力具有重要的作用，产品制造的核心技术不容易被复制和学习，使企业能够在行业内保持竞争地位，但是通常对制造企业产品研发、设计能力提出较高要求。

2）路径 2：产品导向服务——价值链中游优化转型路径

制造企业提供产品导向服务，优化价值链中游。制造企业介入价值链中游的生产、制造等环节，将主要精力放在降低生产成本、提高生产效率等生产经营活动中，对外提供产品导向服务。对于大多数传统制造企业，业务和利润重心都来自产品生产制造，多年的产品生产经验使其更了解产品生产流程、工厂升级等方面的痛点。

制造企业产品导向服务与价值链中游优化融合，有助于制造企业通过产品生产流程和设备改造升级，以智能工厂、智能制造提高企业生产制造能力。制造企业以智能化、多样化、个性化生产制造拓展利润空间，通过开展自营性生产、外包服务性生产提高产品导向服务能力，从而提高企业竞争优势。

3）路径 3：产品导向服务——价值链下游优化转型路径

制造企业提供产品导向服务，优化价值链下游。制造企业介入价值链下游的品牌、营销、售后等环节，将主要精力放在提高品牌影响力、提升顾客体验感知相关的业务活动上，向顾客提供产品导向服务。面对激烈的竞争环境，制造企业越来越注重品牌管理、营销管理和售后服务，以扩大企业知名度、提高产品竞争力。

制造企业产品导向服务与价值链下游优化融合，能够帮助企业借助价值链下游丰富的触客空间，建立广泛的触客渠道和积累顾客资源。制造企业对资源支撑、组织变革和智能工厂升级的要求相对较低、转型风险低，不需要进行大量的固定资产和研发投入，因此制造企业将经营重心放在品牌管理、营销管理和售后服务上，致力于提高企业知名度和产品服务能力。

4）路径 4：使用导向服务——价值链上游优化转型路径

制造企业提供使用导向服务，优化价值链上游。制造企业介入价值链上游的产品研发、设计环节，在增强产品研发、设计能力的同时提高产品使用导向服务能力，以转移产品使用权作为利润来源。制造企业凭借拥有的产品研发、设计优势使生产产品占据全产业链领先地位，成为下游顾客不可替代的生产工具或者生活用品。

制造企业使用导向服务与价值链上游优化融合，有助于增强企业产品研发、设计能力和产品使用导向服务能力。例如，沈阳机床厂 2012 年成功研发的 i5 智能机床，能够满足顾客智能化、个性化加工制造需求，但是 i5 智能机床价格昂贵。沈阳机床厂同时提供 i5 智能机床销售和租赁业务，既满足了中小型制造商的使用需求，又拓宽了沈阳机床厂的利润来源。

5）路径 5：使用导向服务——价值链中游优化转型路径

制造企业提供使用导向服务，优化价值链中游。制造企业介入价值链中游的相关环节，依托制造企业生产制造优势对外提供产品使用导向服务。在现实环境中，制造企业凭借生产制造优势、产能优势和成本优势向同行企业提供设备共享等产品使用导向服务，以低成本、便捷的制造共享服务满足同行制造企业生产需要，最大限度地实现全产业链生产环境的供需匹配。

制造企业使用导向服务与价值链中游优化融合，有助于支持全产业链具有产能优势、成本优势的制造企业，以设备共享等模式提高设备利用率和使用效率，开辟新的利润渠道、增加企业间合作机会。例如，福建泉工于 2017 年按照业内最先进标准建设的全自动热处理生产线，同时承担本企业和外来订单生产需求，外来订单占总产能的 60%~70%[①]。

6）路径 6：使用导向服务——价值链下游优化转型路径

制造企业提供使用导向服务，优化价值链下游。制造企业介入价值链下游的相关环节，通过提升企业品牌、营销等能力向顾客提供产品使用导向服务。制造企业不是以产品作为利润来源，而是通过转移产品使用权作为利润来源。共享单车、共享汽车等新兴业态，都是制造企业在市场环境中提升产品使用导向服务能力的典型案例。

制造企业使用导向服务与价值链下游优化融合，有助于推动上下游企业建立优势互补的合作关系，最大限度地转移产品使用权实现利润最大化目标。制造企业价值链下游优化的目的在于贯穿从制造企业到最终顾客的流通渠道，依托数据资源互联互通、互享互惠探索共享单车、共享汽车等新型商业模式，依托新一代信息技术循序渐进地实现制造业升级。

7）路径 7：结果导向服务——价值链上游优化转型路径

制造企业提供结果导向服务，优化价值链上游。制造企业积极介入产品研发、设计等价值链上游相关环节，向顾客提供产品解决方案服务。价值链上游优化需要着力投资企业研发部门，提升制造企业产品设计、研发能力。如果制造企业产品研发、设计能力在行业内得到认可，则可以向全产业链制造企业提供产品研发、

① 《装备制造业悄然兴起“共享设备”》，http://fjrb.fjsen.com/nasb/html/2018-08/14/content_1128030.htm?div=0[2018-08-14]。

设计服务。

制造企业结果导向服务与价值链上游优化融合，有助于支持具有产品研发、设计优势的企业为顾客提供结果导向服务，以提升品牌优势增强产品市场竞争力。例如，网易严选采用 ODM 模式集聚晶苑国际等服装生产企业的服装研发、设计能力，从而推动合作企业从 OEM 向 ODM 转型发展。

8）路径 8：结果导向服务——价值链中游优化转型路径

制造企业提供结果导向服务，优化价值链中游。制造企业通过全力优化生产线和生产车间，向顾客提供个性化生产方案。随着顾客需求的不断升级和电子商务的快速发展，传统的大规模、少品种的生产模式不再满足市场发展的需要，小批量、个性化定制生产模式需求逐步增加，成为新趋势、新常态。

制造企业结果导向服务与价值链中游优化融合，能够支持企业通过柔性化生产线、智能化生产改造升级，以价值链中游优化降低生产成本、提高生产效率，提升制造企业市场应对能力。面对激烈的市场竞争环境，制造企业可以依托自身的生产制造优势，为顾客提供“小单快反”模式的生产服务，以充分利用制造企业生产资源和能力。

9）路径 9：结果导向服务——价值链下游优化转型路径

制造企业提供结果导向服务，优化价值链下游。制造企业持续优化与顾客的互动交流渠道，提高品牌服务、营销服务、售后服务能力，为终端顾客提供产品服务解决方案。路径 9 的服务化程度较高，制造企业向顾客提供融资、品牌管理等综合性服务，通过提供产品服务解决方案满足顾客需求。

制造企业结果导向服务与价值链下游优化融合，能够增强企业与顾客互动交流的能力，及时了解顾客的真实需求，提高结果导向服务能力。以 3D 共享打印为例，顾客不需要购买或自行操作 3D 打印设备，只需要在线上提交打印需求即可获得所需要的结果。通过顾客数据、制造企业数据共享，制造企业可以获取顾客实时需求信息，顾客可以随时查询需求执行情况。

基于价值链视角的服务化转型路径相互关联，制造企业可以根据数据价值生成、传递和实现能力选择转型路径。例如，当制造企业提供结果导向服务时，服务范围可以覆盖数据资源互联互通、互享互惠的整条价值链，即制造企业可以向顾客提供从产品研发、设计到生产的全过程解决方案。基于数据价值的服务理论能够依托数据资源互联互通、互享互惠能力，帮助制造企业选择适合自身发展需要的转型路径。

### 7.3.2　基于场景创造视角的服务化转型路径

面对顾客多样化、个性化需求，场景创造提供了以真实场景捕获顾客需求的机遇。通过互动交流引导顾客融入真实场景、感受真实体验、展现真实需求。看不见的数字化场景、看得见的真实性服务，跨越了时空、虚实、真假的界限，以时代奇观产生巨大的需求创造力。基于场景创造视角的服务化转型路径分析，有助于探索制造业服务化转型的新动力、新路径。

1. 基于场景创造视角的服务化转型路径的依据

制造业服务化转型战略更加关注顾客需求，成为 S-D 逻辑、C-D 逻辑成功实施的新场景、新价值。顾客与场景情景交融、互动交流，形成需求生成—需求传递—需求满足的价值链。场景创造（creation of scenario）提供了深入挖掘顾客需求、培育顾客需求的理论方法，成为聆听顾客声音、贯穿顾客行为的重要途径。基于场景创造视角的服务化转型路径，有理论依据和现实依据。

1）基于场景创造视角的服务化转型路径的理论依据

场景创造就是结合现实生活情景和未来发展趋势，以设想和推理描述未来新场景的方法，用于商业模式、运营模式和营销模式等新型模式创新中（赵林度，2020）。场景创造能够形成理解场景—理解需求、体验场景—体验需求、创造场景—创造需求的思维链，以场景创造理解、体验和创造需求探索制造业服务化转型路径。

场景创造源自客户思维、场景化思维和可视化思维方式，以场景创造建立场景与需求之间的内在联系，需求源于场景、场景激发需求。面对复杂的制造业服务化转型路径决策， 场景创造能够从不同的角度描述场景与需求之间内在的联系，从不同的路径描述场景之间深层次的逻辑关系。

（1）场景赋予顾客行为意义，将顾客的潜在欲望塑造成可见、可想的具象化需求，即在理解场景的过程中实现理论需求。在模拟的场景化环境中，顾客能真实、直观地呈现需求，企业能洞察、理解和提炼场景与顾客需求之间的关系。

（2）通过全面分析顾客触点，运用感知技术、模拟技术和大数据技术，打造不同场景下全新的产品及服务体验，以有效的体验需求拉动顾客潜在的需求，即体验场景的过程也是体验需求的过程。

（3）面对复杂多变的现实环境，隐藏在顾客内心深处的潜在需求难以被发现、被挖掘。只有潜在的顾客需求真实地存在于某个场景之中才能转化为真实的需求，即创造场景的过程就是创造需求的过程。

2）基于场景创造视角的服务化转型路径的现实依据

在现实环境中，很多企业已经意识到场景与需求的关系。例如，可口可乐的场景是回家团聚的餐桌，理解了家人、朋友、同事聚餐的场景就理解了可口可乐的需求，顾客在场景中获得了愉悦感、幸福感，可口可乐公司获得了消费需求；宜家的核心价值不是呈现时尚商品，而是展现生活方式的可能性，让顾客进入样板房体验未来可能的日常生活。

海尔旗下高端家电品牌卡萨帝的目标是持续创造顾客需求，需要持续追寻顾客不断升级迭代的需求、持续地去满足与创造需求（秦丽，2020）。卡萨帝品牌产品有智慧阳台场景、智慧厨房场景、智慧卧室/浴室场景、智慧客厅场景等覆盖全空间、全维度的舒适家居场景，均体现了“以场景创造需求”的思想，赋予产品和服务新的内涵和场景。

2. 基于场景创造视角的服务化转型路径分析

制造企业从生产环境到市场环境需要不断切换场景，通常有生产场景、销售场景和消费场景。生产场景涵盖了产品需求预测、生产计划制订、原料采购、产品生产、回收再制造等场景；销售场景包括广告推广、物流运输、线上线下营销等场景；消费场景包括消费者线上线下选购、产品使用、售后服务等场景。

“全产业链脉动”服务理论支持“全产业链脉动”管理、场景切换管理、颠覆与颠覆管理，通过场景切换观察分析制造业服务化转型路径的效率和效能，从而更加科学地指导制造企业选择服务化转型路径。全触点顾客体验场景切换、绩效评价，提供了服务化转型路径评价的载体和依据，支持制造企业做出更加科学的决策。

基于场景创造视角的服务化转型路径分析，应该同时考虑服务化程度、顾客体验场景的影响。制造业服务化程度不同，所展现出来的服务化战略也不同。如图 7-9 所示，将产品导向、使用导向和结果导向服务由低到高的服务化程度与顾客体验场景相结合，可以得出 9 种制造业服务化转型路径，能够展现多样化制造业服务化转型路径。

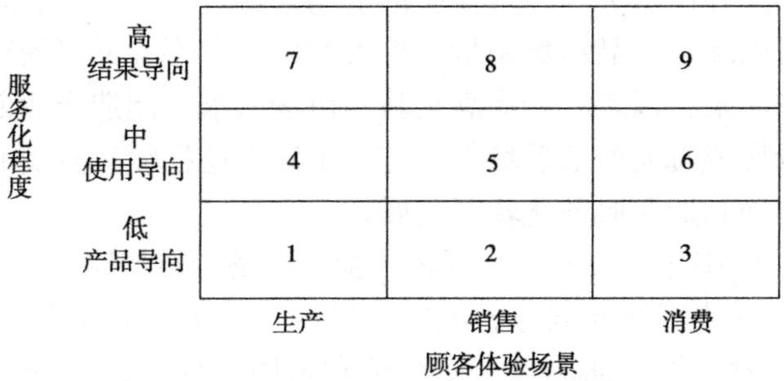


图 7-9　基于场景创造视角的服务化转型路径

1）路径 1：产品导向服务——顾客体验生产场景转型路径

制造企业提供产品导向服务，顾客体验生产场景。在供不应求的市场环境中，制造企业专注于生产成本较低的某一类产品，无须扩大投资开发新产品。为扩大企业产品的影响力，制造企业在生产端设置顾客生产体验场景，以标准化、透明化的生产场景体验增强顾客对产品的信心和黏性。

制造企业产品导向服务与顾客体验生产场景融合，有助于制造企业利用生产场景准确把握顾客的真实需求，以“投其所好”的经营策略弥补企业服务化程度不高的缺陷。制造企业生产场景体验有助于弥补产品导向服务能力、服务范围等方面的缺陷，扩大与顾客在生产体验场景中的互动交流，透过顾客体验掌握顾客的真实感受。

2）路径 2：产品导向服务——顾客体验销售场景转型路径

制造企业提供产品导向服务，顾客体验销售场景。制造企业仅将生产同一品种、同一规格产品的制造企业视为竞争对手，并采取针对性很强的营销策略。制造企业在销售端设置顾客销售体验场景以获取顾客体验行为数据，借助与顾客互动交流的新场所、新环境，深入地挖掘顾客需求。

制造企业产品导向服务与顾客体验销售场景融合，为制造企业开辟了一个有效的顾客行为观察窗口，提高了企业互动交流、获取顾客真实数据的能力。制造企业销售场景体验有助于寻找顾客群体、发掘潜在顾客群体，以良好的顾客体验扩大产品销量、提高产品影响力，从而提高制造业服务化转型发展机遇。

3）路径 3：产品导向服务——顾客体验消费场景转型路径

制造企业提供产品导向服务，顾客体验消费场景。制造企业将顾客体验场景延伸到消费端，不仅有助于融合产品导向服务体系，而且有助于深入挖掘顾客真实的消费体验，为产品质量改善和服务能力提升积累真实的顾客数据。在消费端设置顾客消费体验场景，有助于制造业从顾客独特的产品体验中挖掘顾客差异，进而在产品导向服务中融入更加丰富的服务内容。

制造企业产品导向服务与顾客体验消费场景融合，是一种有效的市场渗透和开发策略，既可以增加产品市场销量、扩大市场占有率，又能捕获新的目标市场信息、挖掘潜在需求，以现有产品满足新的市场需求。制造企业消费场景体验将虚构的消费场景换成真实的消费场景，有助于深入挖掘顾客真实的消费体验、消费特征，从而推动制造业服务化转型发展。

4）路径 4：使用导向服务——顾客体验生产场景转型路径

制造企业提供使用导向服务，顾客体验生产场景。产品使用导向服务强调产品的易用性、耐用性、通用性、安全性和可回收性，以更好地减轻顾客使用负担，高效率、高质量实现产品使用功能。顾客体验生产场景的重心在于如何让顾客在生产场景中体验到产品使用服务的性能要求。

制造企业使用导向服务与顾客体验生产场景融合，有助于顾客体验制造企业在产品研发、设计和生产阶段就考虑到的使用性能要求，从细节上体验这些因素在未来使用上的价值作用。制造企业生产场景体验，能够借助顾客真实的体验行为检验产品研发、设计和生产环节是否存在缺陷，以避免产品大规模投放市场给社会、经济、环境造成的严重影响。

5）路径 5：使用导向服务——顾客体验销售场景转型路径

制造企业提供使用导向服务，顾客体验销售场景。在传统的产品销售模式中，难以充分展现产品性能和使用要求，制造企业使用导向服务也难以弥补传统销售模式的缺陷。制造企业为顾客提供体验销售场景的机会，能够让顾客在销售场景中真实体验产品性能和使用要求，避免在使用过程中出现不必要的麻烦。

制造企业使用导向服务与顾客体验销售场景融合，有助于制造企业将使用导向服务转移到销售端，以真实的销售场景体验让顾客深入了解产品性能和使用要求，从深层次提高顾客满意度、降低制造企业售后退换货成本。制造企业销售场景体验，建立了一个产品性能检测和使用要求验证场所，提高了制造企业产品竞争力。

6）路径 6：使用导向服务——顾客体验消费场景转型路径

制造企业提供使用导向服务，顾客体验消费场景。制造企业提供的使用导向服务，侧重于通过产品租赁等共享方式提高产品利用率和使用效率，提高顾客低成本、便捷地享用产品和服务的机率。制造企业为顾客提供体验消费场景的机会，能够有效拓展产品和服务的顾客触点，更加全面地了解顾客消费时的真实感受。

制造企业使用导向服务与顾客体验消费场景融合，有助于制造企业及时掌握产品使用权转移后顾客真实的消费情况、使用导向服务情况，为提高产品和服务质量提供了真实的顾客体验行为数据。制造企业消费场景体验，建立了一个观察顾客真实消费行为的窗口，为推动服务化转型路径选择提供了决策依据。

7）路径 7：结果导向服务——顾客体验生产场景转型路径

制造企业提供结果导向服务，顾客体验生产场景。制造业服务化程度升级，向顾客提供基于产品的解决方案、定制服务方案等结果导向服务，依托服务价值提升产品价值。制造企业为顾客提供体验生产场景的机会，能够使其以场景化思维从产品研发、设计和生产场景体验中感受结果导向服务的完整性，充分提高结果导向服务价值。

制造企业结果导向服务与顾客体验生产场景融合，有助于制造企业从产品生产阶段展现最终产品的价值来源，以真实场景的真实体验增强顾客放心消费的信心。制造企业生产场景体验，建立了一个帮助顾客体验产品价值、服务价值的真实场景，能够以顾客体验行为数据支持制造业服务化转型升级决策。

8）路径 8：结果导向服务——顾客体验销售场景转型路径

制造企业提供结果导向服务，顾客体验销售场景。制造企业提供的销售场景结果导向服务有助于提升产品核心竞争力，如太阳能供热定制服务体现了一个综合的服务包组合。顾客体验销售场景能够借助顾客体验，缩短产品生产者、服务设计者与顾客心理预期之间的差距，用以结果为出发点的丰富体验唤醒顾客购买制造企业产品和服务的欲望。

制造企业结果导向服务与顾客体验销售场景融合，能够帮助制造企业建立产品体验和服务能力检验平台，以真实的服务能力提高顾客支付意愿。制造企业销售场景体验，能够集聚更多的顾客通过产品、服务体验了解产品和服务，以更加科学的营销服务增强结果导向服务能力，推动制造业服务化转型发展。

9）路径 9：结果导向服务——顾客体验消费场景转型路径

制造企业提供结果导向服务，顾客体验消费场景。制造企业提供的消费场景结果导向服务有助于增强顾客完整的体验感受，以新鲜感和好奇心驱动顾客体验消费。宜家恐龙玩偶家居场景就是典型的结果导向服务案例。顾客体验消费场景能够帮助顾客置身于消费场景中，真实地感受产品性能、企业服务能力，提升产品品牌形象和企业服务价值。

制造企业结果导向服务与顾客体验消费场景融合，能够帮助制造企业以真实的消费场景获得顾客真实的体验行为数据，以提高企业结果导向服务能力。制造企业消费场景体验，能够有效融合顾客资源、顾客能力真实体验企业产品和服务，以真实的顾客体验行为数据引导制造业服务化转型发展。

基于场景创造视角的服务化转型路径相互关联，制造企业可以根据顾客融入场景创造的体验价值选择转型路径。例如，当制造企业提供结果导向服务时，服务范围可以覆盖创造体验价值的整条供应链，即制造企业可以向顾客提供基于生产、销售、消费体验的全过程解决方案。基于情景感知的服务理论能够将顾客的情景感知转化为服务体验，帮助制造企业选择适合自身发展需要的转型路径。

### 7.3.3　基于平台生态视角的服务化转型路径

在社会化大生产背景下，物联网、大数据等新兴技术的应用推动全产业链向着全景生态化方向发展，制造业服务化转型也由简单的线性互动转向利益相关者间的网状互动，形成动态协同发展的生态系统。基于平台生态视角的服务化转型路径分析，有助于深入挖掘基于全景生态的服务理论在制造业服务化转型路径决策中的价值作用，推动制造业升级。

#### 1. 基于平台生态视角分析服务化转型路径的依据

互联网赋能制造业发展已经成为制造业升级的主流方向，互联网可以有效集聚全产业链利益相关者的数据资源，贯通生产环境与市场环境的连接渠道，以及生产环境中生产性服务商与服务性生产商的连接渠道。依托互联网平台建立制造服务生态系统，已经成为实现制造业与服务业价值共创、协同发展的新范式。

1）基于平台生态视角分析服务化转型的理论依据

制造服务生态系统概念将制造业服务化过程涉及的资源、主体等生物要素和非生物要素看作一个统一体，强调系统内各要素通过资源共享、协同合作完成共同的价值目标（Opresnik and Taisch，2015；Xiao et al.，2019）。基于全景生态的服务理论从时间、空间和成长三个维度，阐述制造业服务化转型的管理内容和管理原理，建立了一个能够融合新型生产要素的全景服务平台培育制造业服务化平台生态系统。

国内外研究人员已经从平台生态的视角研究制造业服务化转型路径，如王海杰和宋姗姗（2019）研究了平台型制造企业的商业模式创新问题；Nambisan 等（2018）研究了平台型企业开放式创新问题。朱勤等（2019）则指出，平台型企业的运营和发展以其在系统中的枢纽地位和资源优势为基础，以在协同发展中赋予其他成员的相应能力为导向。

研究表明：基于平台生态的视角分析服务化转型路径，不仅充分展现了基于全景生态的服务理论价值作用，而且充分证实了平台生态系统有助于支撑制造业服务化转型发展。面对竞争激烈的市场环境，制造服务生态系统为制造业服务化转型培育必要的信息、资源和能力，平台生态系统成为制造企业重要的服务化转型路径。

2）基于平台生态视角分析服务化转型的现实依据

通过观察发现，制造企业融入平台生态系统的过程主要存在两条路径：一是制造企业依托自建的互联网平台转变为平台型企业，如海尔建立了 COSMOPlat 工业互联网平台；二是制造企业加入第三方企业建立的平台生态系统，如海尔 COSMOPlat 工业互联网平台中汇聚的海量供应商、制造商。

第一种方式要求制造企业具备较高的互联网、物联网等技术能力和行业影响力，第二种方式为中小型企业的转型发展提供了新的转型机遇。以互联网平台为核心，通过平台连接全产业链利益相关者共同培育平台生态系统，实现基于平台生态的制造业服务化转型，从而吸引更多的利益相关者不断融入平台生态系统。

2. 基于平台生态视角的服务化转型路径分析

制造企业通过融入平台生态系统实现服务化转型，不仅体现了制造业与互联网融合的过程，而且体现了制造业从利用自身资源拓展到利用社会资源的转型升级过程。余菲菲和董飞（2019）的研究成果认为，平台生态系统是一个集聚不同功能的平台集合体。基于平台生态视角的服务化转型路径分析，应该着眼于全产业链、全生命周期等更加复杂的层次。

在制造业服务化全景生态系统中，全产业链数据资源互联互通、互享互惠奠定了价值共创和协同发展的基础。基于平台生态视角的服务化转型路径分析，应充分考虑资源整合层次。结合余菲菲和董飞（2019）提出的制造企业发展平台生态观及令狐克睿和简兆权（2018）提出的制造企业转型发展服务生态观，在企业、行业和区域三个层次整合资源，对制造业服务化转型路径进行分类。如图 7-10 所示，将产品导向、使用导向和结果导向由低到高的服务化程度与企业、行业和区域三类资源整合层次相结合，能够展现多样化制造业服务化转型路径。

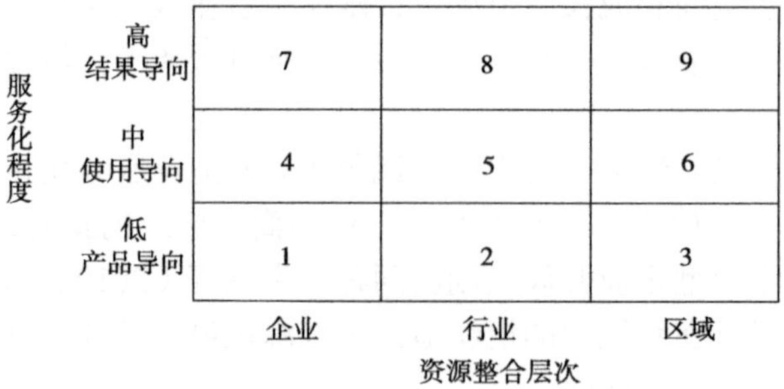


图 7-10　基于平台生态视角的服务化转型路径

1）路径 1：产品导向服务——企业资源整合转型路径

制造企业提供产品导向服务，整合企业资源。制造业服务化程度低，资源整合利用范围有限，企业信息、资源和能力尚未形成统一的整合标准。制造企业利用平台生态系统提供的技术支持，向顾客提供产品导向的延伸服务，基于企业变革提升的资源和能力推动企业服务化转型发展。

制造企业产品导向服务与企业资源整合融合，能够帮助制造企业以整合的企业资源提升产品质量和服务能力，以有限的资源提升产品导向服务能力。制造企业资源整合，有助于制造企业充分整合利用有限的内部资源，提高资源利用率和使用效率，建立平台生态系统支持制造业服务化转型发展。

2）路径 2：产品导向服务——行业资源整合转型路径

制造企业提供产品导向服务，整合行业资源。制造业服务化程度低，但是行业资源整合的范围已经逐渐扩大，力度也在不断加大。制造企业通过加入行业内知名的互联网平台，利用平台的资源集聚能力加强与利益相关者的合作。制造企业提供产品导向服务，如产品维修、保养等，在互动交流中逐渐明晰自身的发展方向，有助于降低制造业服务化转型风险。

制造企业产品导向服务与行业资源整合融合，能够帮助制造企业利用互联网平台整合利用行业资源，以共享的行业资源提升产品导向服务能力。制造行业资源整合，有助于建立透明化、共享化的行业资源整合利用平台生态系统，以提升的产品导向服务能力支持制造业服务化转型发展。

3）路径 3：产品导向服务——区域资源整合转型路径

制造企业提供产品导向服务，整合区域资源。尽管制造业服务化程度低，但是制造企业能够依托平台生态系统的养分植根于区域环境，充分利用政府提供的基础设施和公共服务平台互动交流、提供产品导向服务。尽管制造业服务化程度没有随着企业资源整合利用范围的扩大而提高，但是区域资源整合利用能力有所提升，为提高制造业服务化程度奠定了坚实的基础。

制造企业产品导向服务与区域资源整合融合，能够帮助制造企业利用公共服务平台整合利用区域资源，以共享的区域资源提升产品导向服务能力。制造企业区域资源整合，有助于依托公共服务平台创建区域资源整合利用平台生态系统，以提升的产品导向服务能力支持制造业服务化转型发展。

4）路径 4：使用导向服务——企业资源整合转型路径

制造企业提供使用导向服务，整合企业资源。尽管制造业服务化程度较高，但是资源整合利用范围仍然有限。企业资源整合体现在制造企业对内部生产经营业务的优化和升级。例如，在生产环境中，利用制造优势向其他企业提供生产线、制造车间租赁服务；在市场环境中，利用良好的合作关系为顾客提供产品使用服务。

制造企业使用导向服务与企业资源整合融合，能够帮助制造企业以整合的企业资源提升制造业服务化程度和使用导向服务能力。制造企业资源整合，有助于制造企业提高有限资源的利用率和使用效率，通过转移有限的生产资源和市场资源使用权建立平台生态系统，从而支持制造业服务化转型发展。

5）路径 5：使用导向服务——行业资源整合转型路径

制造企业提供使用导向服务，整合行业资源。制造业服务化程度较高，资源整合和利用范围较大。制造企业通过加入相关的互联网平台，凭借自身优势获得与行业内大型企业合作的机会。制造企业可以在生产环境中提供生产线使用服务、在市场环境中提供产品使用服务，正是由于制造企业资源整合利用范围较大，能够吸引更多的订单、降低生产经营成本。

制造企业使用导向服务与行业资源整合融合，能够帮助制造企业利用互联网平台整合利用行业资源，以共享的行业资源提升生产资源和市场资源使用服务能力。制造行业资源整合，有助于制造企业通过共建、共享的平台生态系统充分整合利用行业资源，从而支持制造业服务化转型发展。

6）路径 6：使用导向服务——区域资源整合转型路径

制造企业提供使用导向服务，整合区域资源。制造业服务化程度较高，可以整合利用区域资源。制造企业充分了解了区域环境和需求后，能够针对区域生产环境、市场环境和需求提供产品使用导向服务。例如，永安行依靠其拥有的生产、技术和运营优势与地方政府合作，共建公共自行车系统，充分利用区域资源优势面向顾客提供产品使用导向服务。

制造企业使用导向服务与区域资源整合融合，能够帮助制造企业利用自身的能力优势整合利用区域资源，以共享的区域资源提升制造企业产品使用导向服务能力。制造企业区域资源整合，有助于制造企业依托整合的区域资源共建平台生态系统，以整合的区域资源支持制造业服务化转型发展。

7）路径 7：结果导向服务——企业资源整合转型路径

制造企业提供结果导向服务，整合企业资源。制造业服务化程度高，能够依靠整合企业资源支持服务化转型。制造企业通常是拥有资源、技术、人才、品牌优势和市场竞争力的行业领先企业，以整合的内部资源为顾客提供统一规范的产品服务解决方案，提高资源配置效率和使用效率。

制造企业结果导向服务与企业资源整合融合，能够帮助制造企业以整合的企业资源提升制造企业结果导向服务能力，依托统一规范的产品服务解决方案共建平台生态系统。制造企业的资源整合，有助于制造企业提高有限资源的利用率和使用效率，通过产品服务解决方案建立平台生态系统，从而支持制造业服务化转型发展。

8）路径 8：结果导向服务——行业资源整合转型路径

制造企业提供结果导向服务，整合行业资源。制造业服务化程度高，面向行业整合利用资源。制造企业往往具备较强的综合实力，能够以核心企业的角色将企业平台拓展为行业平台，有效集聚行业内的利益相关者及其信息、资源能力。制造企业借助互联网平台提供行业咨询、发展规划和生产线改造等产品服务解决方案，助力中小型制造企业服务化转型发展。

制造企业结果导向服务与行业资源整合融合，能够帮助制造企业应用互联网平台整合利用行业资源，以共享的行业资源提升制造企业结果导向服务能力。制造行业资源整合，有助于依托行业资源共享平台生态系统支持中小型制造企业协同发展，进而支持制造业服务化转型发展。

9）路径 9：结果导向服务——区域资源整合转型路径

制造企业提供结果导向服务，整合区域资源。制造业服务化程度高，面向区域整合利用区域资源。制造企业能够依托开发的互联网平台引领行业发展、带动区域经济发展，如海尔创建的 COSMOPlat 工业互联网平台，不仅可以将电器制造行业汇集在平台生态系统中，而且可以帮助服装生产、房车制造等多个领域实现服务化转型升级。

制造企业结果导向服务与区域资源整合融合，能够帮助制造企业利用自身的能力优势整合利用区域资源，以共享的区域资源提升制造企业结果导向服务能力。制造企业区域资源整合，有助于制造企业依托整合的区域资源共建平台生态系统，支持跨行业、跨区域制造业服务化转型发展。

基于平台生态视角的服务化转型路径相互关联，制造企业可以根据自身融入平台生态系统创造的平台价值选择转型路径。例如，当制造企业提供结果导向服务时，服务范围可以覆盖创造平台价值的整个时空价值网络，即制造企业可以向顾客提供覆盖企业、行业、区域和产品全生命周期的解决方案。基于全景生态的服务理论能够将制造企业的全景生态转化为服务平台，赋能制造企业选择适合自身发展需要的转型路径。

## 7.4　制造业服务化转型路径培育

制造业服务化转型路径分析，描述了服务化程度与价值链优化环节、顾客体验场景、资源整合层次相结合形成的多样化制造业服务化转型路径（图 7-11），从本质上反映了价值链、供应链、产业链等生态环境与制造业服务化创新之间的内在联系。制造业服务化转型路径需要持续培育，一方面，要面向服务化创新培育；另一方面，要面向服务化生态培育。

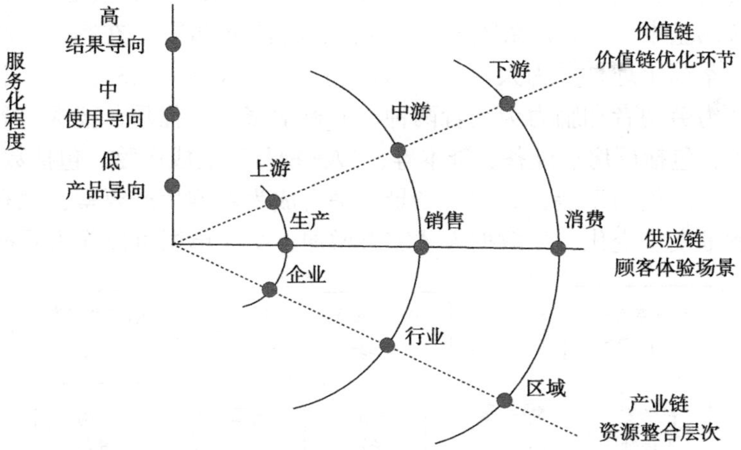


图 7-11　制造业服务化转型路径培育

### 7.4.1　制造业服务化创新培育

制造业服务化创新培育包含要素创新、模式创新、协同创新三个逐级递进的创新层级（图 7-12）。要素创新基于线的层面，关注数据、人才、资本、技术等生产要素同步更新问题；模式创新基于面的层面，从适应性被动创新向颠覆性主动创新改变，呈现颠覆式思维和创新型商业模式；协同创新基于体的层面，旨在从价值网络多主体协同创新的视角探索新的制造业服务化思路。

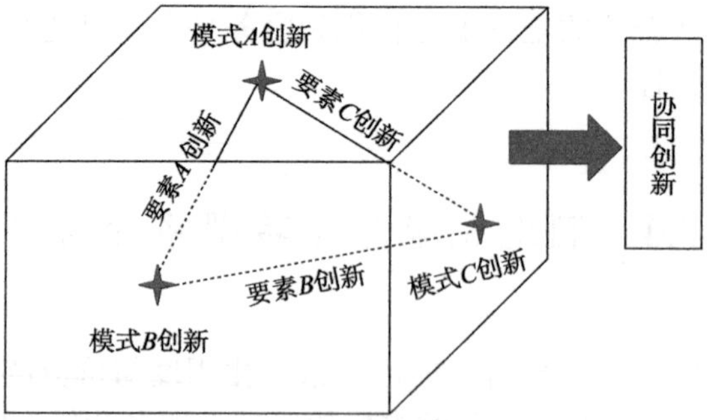


图 7-12　制造业服务化创新培育层次

1. 制造业服务化要素创新

要素是构成客观事物、维持其内在运动所必需的最小单位和必不可少的因素，是组成系统的基本单元，是系统形成、变化、发展的动因①。在制造业服务化体系下，可将要素简单地划分为人、物、“人+物”三类（图 7-13）。人一般是指劳动者，包括体力劳动者和脑力劳动者两种，如科学家、工程师、技术员等；物一般指生产资料，包括厂房、设备、资本等；“人+物”指集成产物，包括数据、场景、平台等。随着时代的发展，数据、场景、平台成为新型生产要素，原有要素及其作用正在逐渐发生变化，如数据人才需求增加、交易单据可以作为质押物等。

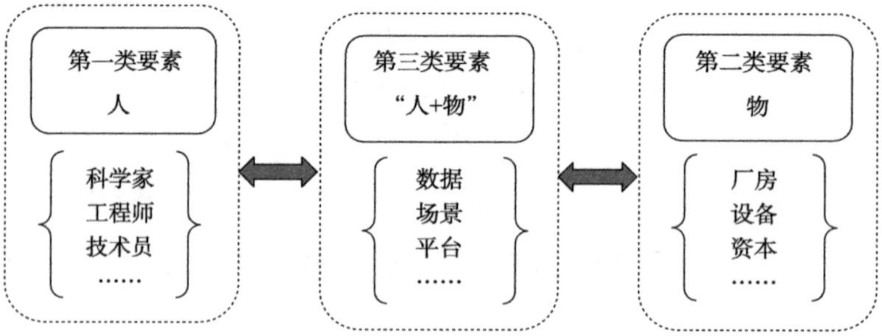


图 7-13　要素创新

1）要素创新意义

要素投入是生产实践活动的开端，生产的本质就是依靠各种生产要素的投入获得回报的过程。可以认为，要素是经济发展最基本的驱动力。随着人类社会的进步和社会经济的发展，生产要素正在发生着深刻的变化，数据、场景、平台正在快速地丰富着生产要素的内涵，同步推动着相关技术管理规范、知识产权制度建立健全，形成一个统一开放、竞争有序的要素市场体系。

① 百度百科：要素，https://baike.baidu.com/item/%E8%A6%81%E7%B4%A0/5261200?fr=aladdin[2020-04-15]。

数据、场景、平台等新型要素的形成和发展，驱动着要素创新突破点的层面，更加强调综合要素间的集成创新。要素创新涵盖人、物、“人+物”等的创新，致力于提高生产力、改善生产关系、推动人类社会进步。要素创新是模式创新、协同创新的基础，是制造业服务化创新培育的基础。

我国非常重视要素市场化配置体制机制建设，面向市场需求、面向未来发展加大力度推动要素创新。未来，要素创新将逐步常态化，生产要素随之从“低质、低效”领域向“优质、高效”领域流动，要素质量和配置效率将逐渐提高，各类要素将自发向先进生产力协同的模式集聚。

2）要素创新焦点

“全产业链脉动”集聚了要素创新力量，由脉动激发的主体活力、要素活力推进数据、人才、资本、技术等生产要素创新，从全产业链视角提升要素创新的整体价值。数据、场景和平台等新型要素的加盟，形成了整合全产业链要素创新能力的力量，数据价值驱动、情景感知驱动、全景生态驱动等基于新型要素的创新力量正在集结、集聚、集散。

（1）数据要素创新。数据已经成为新型生产要素的典型代表，它具有可共享性、可复用性、规模性和规模经济性等特征。在“全产业链脉动”服务理论体系中，数据脉象价值和数据脉动价值均呈现数据规模经济性，数据规模越大越能精准地描述制造企业、制造行业、制造区域的运营状况和协同运营能力。

制造业服务化数据要素创新的重心在于价值创造，全面提升数据脉象价值和数据脉动价值，以增强的价值创造能力培育制造业服务化转型路径。数据作为新型生产要素，必须从全产业链视角明晰数据产权关系、完善市场化配置体制机制，从而实现数据价值和价值增值最大化目标。

（2）人才要素创新。人才是制造业服务化转型战略实施最为关键的要素，在全产业链制造业服务化过程中发挥了不可替代的作用。制造业服务化人才需要具备制造业与服务业相关的专业知识、技能，具备从事科学研究、运营管理等的学习和工作能力，能够站在制造业服务化前沿探索服务化转型路径。

制造业服务化人才要素创新致力于探索“人尽其才，物尽其用”的人才观、价值观，着力引导人才要素合理、通畅、有序流动，切实从人才视角以创新思维解决人才生活和工作难题。制造业服务化人才要素创新能够引导人才为制造业服务化创新做出贡献，推动我国制造业服务化转型发展。

（3）资本要素创新。资本创新在为经济主体带来利润的同时，对社会发展也起到了重要的推动作用（谢世良，2017），成为制造业服务化创新培育的重要力量。制造业服务化资本追求利润的本质属性未变，正以趋利行为驱动全产业链制造业与服务业融合、制造业服务化转型发展。

制造业服务化资本要素创新致力于通过打破既有的全产业链结构、重构生产要素和生产关系、更新完善法律制度、吸收先进的生产文化等方式，推动我国制造业升级。制造业服务化资本要素创新能够在《中国制造 2025》的引领下，面向制造强国目标着力完善多层次资本市场制度，推动我国制造业创新发展。

（4）技术要素创新。技术是企业立足之本、产业发展之基，技术创新成为推动传统产业向着数字化、网络化、智能化转型发展的重要推动力。制造业服务化技术植根于规模庞大、充满活力的市场经济环境之中，依托物联网、大数据等新兴技术培育制造业服务化转型路径，推动我国制造业服务化转型发展。

制造业服务化技术要素创新应着力激发技术供给活力，通过技术要素创新促进科技成果转化、规范产权激励，提高科研人员技术创新的积极性和能动性。制造业服务化技术要素创新能够以增强的技术创新能力培育制造业服务化转型路径，为推动我国制造业服务化转型发展培育技术创新力量。

3）要素创新方向

数据、人才、资本、技术等生产要素创新集聚了社会经济发展所需要的资源和能力，形成推动社会经济发展的重要力量。制造业服务化要素创新应聚焦于要素配置、要素价格市场化，推动要素自主有序流动、价格适度竞争，以增强制造业市场竞争力和制造业服务化转型发展能力。

（1）要素配置市场化。要素配置市场化是解决我国经济结构性矛盾、促进经济高质量发展的根本途径，能够推动要素自主有序地流动。对要素市场化配置的实践，既要从全局上扩大配置范围，也要根据不同要素属性、市场化程度和社会经济发展需要，提高要素配置的灵活性、科学性、协同性，构建更加完善的要素市场化配置机制。

“全产业链脉动”制造业服务化，需要调整原有的制造业与服务业之间的结构关系，需要将焦点从生产环境转移到市场环境优化配置资源，需要面对新需要、新环境共同推进制造业服务化要素市场化配置。制造业服务化要素配置市场化增强了流动性，成为驱动制造业服务化转型路径形成的原动力，再次证明市场才是制造业服务化转型发展的真正动力。

（2）要素价格市场化。要素价格市场化是供给侧结构性改革的必由之路，能有效缓解制约全局深层次的矛盾、增强要素价格适度竞争性。要素价格市场化需要探索并完善要素价格形成机制、市场运行机制和市场反馈机制，赋予政府对要素价格、市场运行进行调节和监管的角色，为推进要素价格市场化改革提供保障。

“全产业链脉动”制造业服务化，需要调整原有的产品与服务之间的价格关系，需要将单一的产品价格转变为综合的“产品+服务”价格，面对新场景、新趋势需要共同推进制造业服务化要素价格市场化。制造业服务化要素价格市场化增强的竞争性，成为评估制造业服务化转型路径价值的参照系，再次证明市场才是制造业服务化转型价值的真实评价。

2. 制造业服务化模式创新

模式创新不是产品服务的渐进式改进，也不是业务架构的填补式改善，而是业务生态系统底层架构、商业逻辑的颠覆式创新，以跨组织、跨界形式创造新的产业模式和新的商业模式。在现实环境中，一些著名的国际制造企业已经成功探索出符合自身发展需要、具有自身特色的制造业服务化模式，并在运营实践中不断探索、持续创新。企业模式创新的成功经验证明，模式创新焦点是生产环境的产业模式创新和市场环境的商业模式创新，如图 7-14 所示。

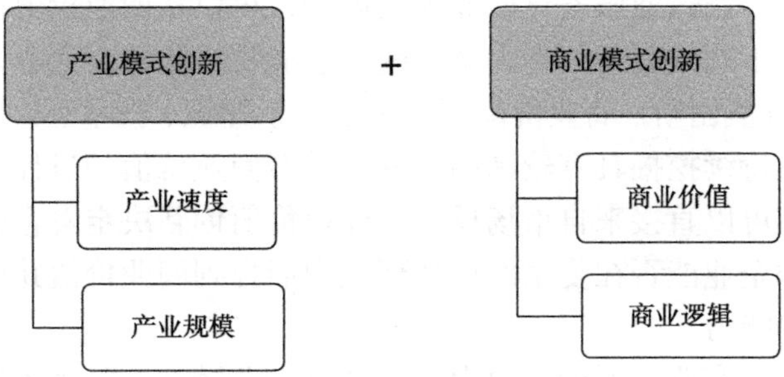


图 7-14 模式创新

1）产业模式创新

产业模式表现为一个企业产品生产硬实力的复杂系统，以及一个多要素、多组织协同作用的动态过程，追求时效性和利润空间。“全产业链脉动”制造业服务化产业模式创新，可以从产业速度创新、产业规模创新切入，两类不同的创新分别为产业带来时间价值和利润价值。

（1）产业速度创新。产业速度创新是指某个产业技术创新的幅度和快慢程度，一般可以用产业创新产出的增长速度来度量（俞立平等，2018）。产业速度创新一般是隐性的，难以用时间来衡量，学界多用产业创新增长速度来衡量（俞立平等，2020）。产业速度创新决定着企业能否获得先发优势、跟随优势和时间优势。

制造业服务化产业速度创新致力于以“全产业链脉动”服务理论，加快推进全产业链制造业服务化进程。一方面，加快推进产品与服务、生产环境与市场环境相融合，加快探索制造业服务化转型路径；另一方面，加快推进制造业服务化不同转型路径实效分析，加快培育基于时间价值的制造业服务化转型路径。

（2）产业规模创新。产业规模创新是指某个产业技术创新的规模和多寡程度，一般可以用产业创新产出的规模和量级来度量。产业规模创新一般是显性的，直接表现在新产品的数量和种类上。产业规模创新决定着企业能否获得规模效益，能否以低成本的大规模生产获得更大的利润空间。

制造业服务化产业规模创新致力于以"全产业链脉动"服务理论，扩大全产业链制造业服务化规模。一方面，全面扩大制造业服务化规模，全面探索制造业服务化转型收益；另一方面，全面探索制造业服务化不同规模下的经济收益，加快培育基于利润价值的制造业服务化转型路径。

2）商业模式创新

商业模式表现为一个企业综合能力软实力的复杂系统，以及一个多要素、多组织组合驱动的动态过程，追求经济收益和核心竞争力。商业模式是企业获取利润的生产函数，是产品、市场、生产方法、生产材料的组合（张越和赵树宽，2014）。"全产业链脉动"制造业服务化商业模式创新，可以从商业价值创新、商业逻辑创新切入，两类不同的创新分别为企业创造经济收益和核心竞争力。

（1）商业价值创新。商业价值创新是指基于知识、技术、数据等生产要素的驱动作用，企业持续挖掘具有较高回报率的新型商业价值的过程。商业价值创新一般是显性的，可以直接来自市场反馈。商业价值创新决定着企业的市场敏锐性和获利能力，即企业能否在复杂的市场环境中捕捉到商业价值并运用新型生产要素创造新收益的能力。

制造业服务化商业价值创新致力于以"全产业链脉动"服务理论为指导，及时发现和获取新型商业价值。一方面，及时捕捉知识、技术、数据等新型生产要素带来的新机遇，挖掘制造业服务化新型商业价值；另一方面，及时获取新机遇产生的新型商业价值，将制造业服务化新型商业价值转化为企业利润源。

（2）商业逻辑创新。商业逻辑创新是指当企业原有的商业逻辑与市场需求不匹配时，企业需要以创造性思维探索新的商业逻辑的过程。商业逻辑创新一般是隐性的，难以用商业价值衡量。商业逻辑创新决定着企业的持续创新能力，即在激烈的市场环境中摒除旧有的思维逻辑、探索新的商业逻辑的意愿和能力。

制造业服务化商业逻辑创新致力于以"全产业链脉动"服务理论为指导及时探索和更新商业逻辑。一方面，及时发现企业原有商业逻辑的缺陷，探索制造业服务化新的商业逻辑；另一方面，及时以创造性思维更新企业原有商业逻辑，以制造业服务化新的商业逻辑为企业创造新的利润源。

### 3. 制造业服务化协同创新

从宏观上讲，协同创新是组织之间的创新，描述了组织之间相互支撑、相互促进的创新过程，涉及组织之间信息、资源和能力协同创新；从微观上讲，协同创新是组织内部的创新，描述了组织内部进行自主创新、激发主体创新活力的过程，涉及组织内部人力资源配置、生产关系、层次结构等的协同创新。

制造业服务化协同创新依赖于多主体共同作用的协同创新网络，依托协同创新网络实现价值生成、价值传递和价值实现，协同创新网络又称协同创新系统，如图 7-15 所示。

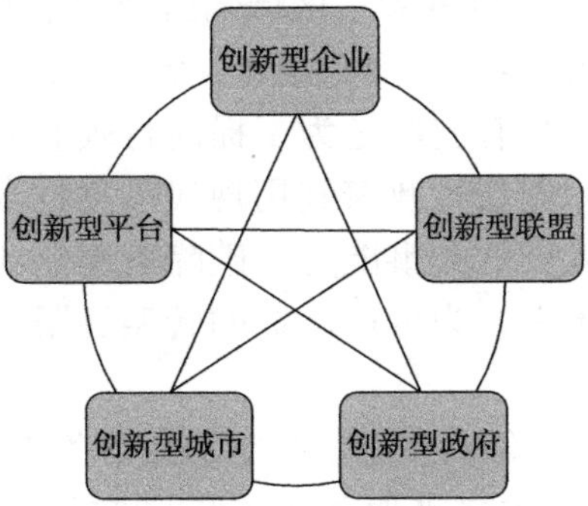


图 7-15　协同创新系统

1）宏观视角协同创新

“全产业链脉动”服务理论描述了全产业链制造业服务化组织之间的关联性、协调性，每一个组织不仅需要自主创新，而且需要协同创新，不同的组织共同为制造业服务化转型发展培育创新主体和创新力量。宏观视角协同创新致力于培育具有竞争力的创新型组织，以增强组织之间的协同创新能力。

（1）创新型组织。由于协同创新的力量主要来自创新型组织，宏观视角协同创新的目的在于培育具有竞争力的创新型组织。图 7-15 所示的协同创新系统，描述了具有协同创新能力的创新型组织类型，即创新型企业、创新型平台、创新型联盟、创新型城市和创新型政府。

第一，创新型企业。创新型企业是指在制度、组织、管理、知识、技术、文化等方面具有强大创新活力，拥有该行业关键技术和知识产权优势，能够对市场环节变化做出灵敏反应的企业（奚洁人，2007）。创新型企业尤其是科技领军企业，能够依靠技术创新获取市场竞争优势和可持续发展优势，拥有自主知识产权和知名品牌，具有较强国际竞争力。

第二，创新型平台。创新型平台成为连接企业、科研院所、政府的媒介，如技术中心、实验室等，能够加速创新要素的集聚和传播，以信息、资源和能力共享支持创新主体协同创新。创新型平台有助于降低企业在创新过程中的搜寻成本、交易成本，为创新主体实现成果转化提供可行途径。

第三，创新型联盟。创新型联盟集聚了科研院所的创新力量，以联盟形式开展前瞻性和战略性基础研究，助力科技成果转化创新、评价指标与体系创新，联合培育科技创新人才。在统一的战略性部署和科技发展前沿引导下，创新型联盟的科研工作者共同开展科学研究、联合攻关、协同创新。

第四，创新型城市。根据《关于进一步推进创新型城市试点工作的指导意见》（国科发体〔2010〕155 号），创新型城市是指自主创新能力强、科技支撑引领作用突出、社会经济可持续发展水平高、区域辐射带动作用显著的城市①。城市创新体现在思想理念、发展模式等多方面，是建设创新型国家的重要组成部分。

第五，创新型政府。政府创新是为了提高行政效率和增进公共利益而面向政府进行的创造性改革。创新型政府利用现代信息技术服务于社会，致力于提高工作效率、提升工作人员的办事能力、破除束缚创新的壁垒，全面提高政府工作人员素质和专业化水平，为生产制造的转型、服务生态的塑造辅以不可或缺的发展环境。

（2）组织间协同创新。创新型组织是制造业服务化协同创新的基本单元，组织间协同创新能力成为支持制造业服务化转型发展的重要力量。在协同创新系统中孕育成长的创新型企业、创新型平台、创新型联盟、创新型城市和创新型政府，以不同的层次和规模支持着创新主体持续创新，并在持续创新中持续增强自主创新能力。

组织间协同创新能够集聚产学研创新资源和能力，围绕一个共同的创新主题共同开展创新，形成集思广益、优势互补的协同效应。相对于创新型企业，创新型平台、创新型联盟、创新型城市和创新型政府更多地成为创新资源和能力培育的生态环境，以更好地支持创新型企业自主创新和协同创新。

在协同创新网络中，价值生成、价值传递和价值实现描述了创新价值形成和演化的过程，持续增长的创新价值成为自主创新和协同创新的原动力。制造业服务化组织间协同创新价值来自协同创新网络，即来自协同创新网络将单一的产品转变为综合的“产品+服务”的价值增值能力，以协同创新创造价值。

2）微观视角协同创新

“全产业链脉动”服务理论揭示了数据价值观、情景感知观和全景生态观的价值作用，帮助人们从不同的视角理解数字经济、体验经济和平台经济，同样可以描述组织内部生产要素之间的关联性、协调性。微观视角协同创新可以提升组织内部创新速度，从微观视角观察协同创新，需要重点考虑组织内部生产要素连接协同创新、生产要素管理协同创新。

（1）生产要素连接协同创新。在制造业服务化协同创新体系中，数据、人才、资本、技术等生产要素需要建立有机的联系，需要连接和组合生产要素以不断优

① http://www.most.gov.cn/xxgk/xinxifenlei/fdzdgknr/fgzc/gfxwj/gfxwj2010before/201004/t20100419_76811.html[2010-04-16]。

化资源配置。组织内部生产要素之间不同的连接方式会产生不同的价值作用，如模块化制造可以精简设计和生产过程，从而缩短产品上市时间（Langerak et al., 2004）。

生产要素连接协同创新依赖于组织战略、生产组织方式和组织协调能力，如组织战略决定着组织结构和生产要素的连接方式；生产组织方式提供的多流水线并行活动，能够缩短新产品研发、生产时间；组织协调能力影响着新产品研发获取资源的能力，有助于激发员工创新激情，减少不必要的资源浪费。

（2）生产要素管理协同创新。在制造业服务化协同创新体系中，需要以生产要素管理协同创新提高生产要素利用率和使用效率。生产要素管理协同创新如同组织内部创新一样，能够减少管理成本或交易成本、提高员工的满意度和劳动生产率、获得不可交易的资产或减少供给的成本，提高企业绩效（刘旭等，2015）。

新的企业战略、组织形式、市场概念或者管理实践都是组织创新的范畴（Battisti and Stoneman，2010），都需要生产要素管理协同创新。制造业服务化要素配置、要素价格市场化趋势，对生产要素连接、管理协同创新提出了更高的要求，必须建立健全推动要素自主有序流动、价格适度竞争的体制机制，提高制造业服务化转型发展能力。

### 7.4.2 制造业服务化生态培育

制造业服务化转型需要一个健康的生态环境，但是健康的生态环境并不是固定的、一成不变的标准状态，而是一个动态发展均衡稳定的系统，是价值链、供应链和产业链内、外部各种因素相互作用、相互制衡、相互竞争的过程。制造业服务化生态培育旨在从价值链、供应链、产业链三个视角培育共生共赢的生态环境，助力制造业服务化创新。

1. 制造业服务化价值链培育

价值链培育的目的是价值链优化，优化方向是：①在旧有价值的基础上，以顾客主张价值，而不是以产品主张价值；②致力于创造新价值，而不仅仅是保持旧有价值不流失；③扫除价值共享障碍，减少流通环节，优化价值链结构。三者的逻辑关系如图 7-16 所示，顾客先根据新需求主张新价值；在此主张下，企业创造新价值满足新需求；顾客和企业的互动涵盖了新价值共享过程。

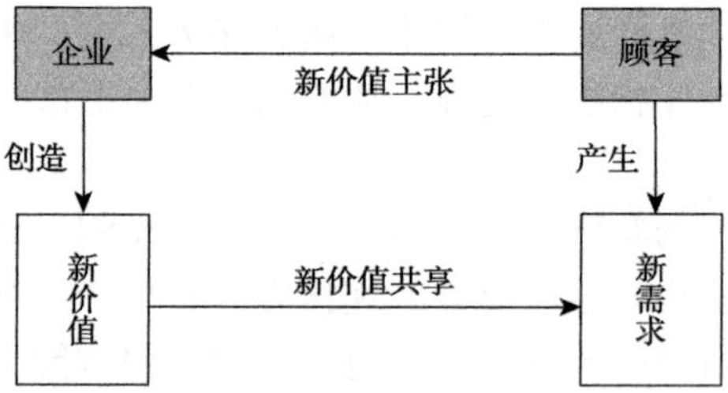


图 7-16　制造业服务化价值链培育逻辑

1）新价值主张

新价值主张是指站在顾客角度解读产品和服务的价值，即为顾客提供了何种产品或服务，满足了何种顾客需求，而不是由产品的特性唯一决定价值。在新价值主张下，海康威视卖的不是视频、监控等设备，而是提供以视频为核心的大数据服务和智能物联网解决方案。这种由顾客主张的价值理念能够深度满足顾客的潜在需求，成为价值创造的新源泉。

2）新价值创造

不同于传统的价值攫取，新价值创造能力是企业获得市场竞争力的动力源泉。价值攫取型企业的本质是跟同类型企业竞争、瓜分有限的存量资源，而价值创造型企业则是探索新的资源或改变资源的开发方式，主动创造需求，从而创造新的价值。价值创造的过程是对问题本质求解的过程，如对轴承、齿轮等产品的改造，本质上是解决摩擦管理和动力传动。

3）新价值共享

打造未来的价值世界，需要保障价值共享性。如果价值无法共享，无法有序传递到利益相关者手中，那么整个价值体系就形同虚设、毫无意义。传统的价值共享是产品从供给方交付给顾客的过程，包含分销、零售环节和运营形态。新价值共享既包括价值沿着时间轴的共享，又包括价值在空间范围的共享，是 360 度全方位的渗透。新价值共享既要保障畅通性，又要避免价值流失和贬值。

### 2. 制造业服务化供应链培育

制造业服务化以服务为导向，以顾客需求为中心，因此制造业服务化供应链培育强调顾客体验场景。按照产品的生命历程，简单将供应链区分为生产、销售、消费三个环节，供应链培育的重头戏是吸引顾客体验生产场景从而增加顾客对品牌的黏性、帮助顾客体验销售场景从而刺激顾客的消费心理、拉动顾客体验消费场景从而完成顾客的消费行为，如图 7-17 所示。

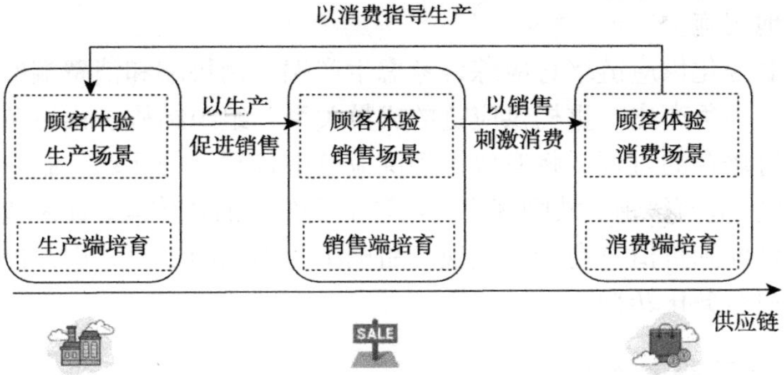


图 7-17 制造业服务化供应链培育逻辑

1）生产端培育

在制造业服务化供应链培育的生产端，鼓励顾客参与到生产场景中，这既包括顾客对生产的直接参与，如参与产品的设计稿；也包括间接参与，如观看线上生产线直播。直接参与有利于提升供应链生产端的研发设计水平、促进生产工艺创新，间接参与扩大了企业透明度和开放度。这种顾客体验生产场景的方式能够有效拉近企业和顾客的距离，增加顾客对品牌的黏性，没有广告推广就已经进入顾客的视线和选择圈。在大众对产品质量、安全等要求越来越高的背景下，这种透明、开放的企业文化更容易获得顾客的好感。持续的场景体验不断地促成企业高质量的供给以满足市场消费需要，对促进企业服务化转型升级具有积极的驱动作用。

2）销售端培育

销售发生在市场中，因面向顾客而直接影响着产品和服务能否成功售出。因此，在销售端培育顾客体验场景的理念，相当于给企业一次面对面做广告的机会。精准感知顾客显性需求和隐性需求，在体验感知过程中同时满足顾客多层次需求，实现顾客价值最大化的服务过程就是企业价值创造的过程。这种顾客体验销售场景的营销模式有助于提升企业的营销能力，促进供应链销售端创新，实现制造企业对市场要素的重新组合，更好地满足市场需求特征，实现制造企业向服务企业转型升级。

3）消费端培育

消费端的培育，应站在顾客角度，考虑他们对产品和服务的需求，以产品生命周期为服务期限，促进顾客消费行为的完成。蔡丽娟（2017）通过分析传统生产型产业智能制造发展现状和价值优势，提出互联网+智能制造实现传统制造业的服务化转型升级，以消费端到生产端信息数据流为核心驱动传统制造业服务化转型。消费端的场景体验有助于实现从生产向服务、由消费端用户直接驱动的生产制造方式落地实施。

制造业服务化供应链培育应综合考虑生产端、销售端和消费端的多种因素，既控制投入又力争产出，重构供应链的成员关系、组织结构、渠道布局。制造业服务化供应链培育的过程，将有效推动供应链中各端点的活动。制造业服务化通过移动互联网+电商渠道，鼓励客户参与产品研发、消费体验，让制造企业从价值链低端逐渐延伸到价值链高端，实现产品全生命周期的价值共创，提高服务化产出水平，加快服务化转型。

3. 制造业服务化产业链培育

产业链表达了内在紧密联系、彼此价值交换的企业群结构。制造业服务化产业链培育旨在整合全产业链的资源，培育相同产业共享共用的形态和不同产业共生共荣的形态，如图 7-18 所示。

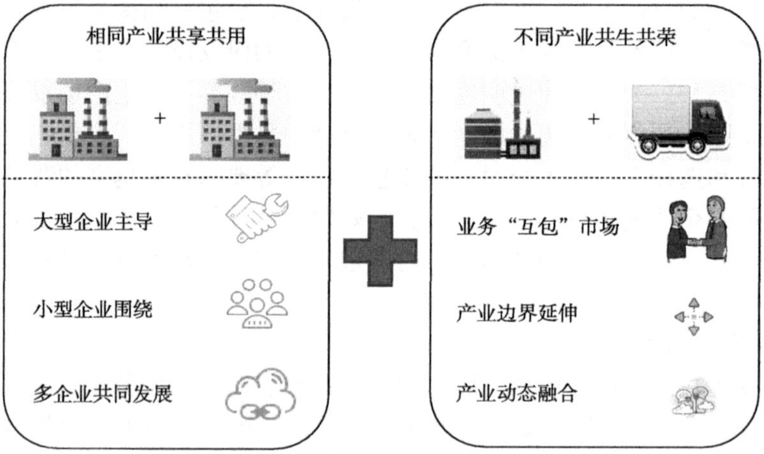


图 7-18　制造业服务化产业链培育逻辑

1）相同产业共享共用

相同产业内的企业，根据各自拥有的资产、资本等的量级和自身优、劣势，通过寻求和自己互补匹配的其他企业，共享共用生产设备、厂房等，形成了同产业共享共用的产业形态。同产业共享共用形态的格局是大型企业主导、小型企业围绕、多企业共同发展。

（1）大型企业主导。大型企业在同产业共享共用形态中发挥着主导作用。一方面，这类龙头企业创新能力强、科技含量高、成长速度快，通过半开放式或全开放式创新平台，吸引上下游产业链中的小微企业紧紧围绕在其身侧，紧密开展共同的业务，使其产业链生态系统进一步强大。另一方面，龙头企业的发展构成了城市发展的重要部分，政府大力支持其创新培育，通过大力推动云制造服务，支持制造企业、互联网企业、信息技术服务企业跨界联合，实现制造资源、制造能力和物流配送等开放共享。

（2）小型企业围绕。小型企业缺少资金、资产的有力支撑，形成了轻资产化的指导思想。小型企业围绕在大型企业身侧，既能从大型企业的技术溢出效应中获得技术支撑，又能从大型企业的市场定位、资本投入等战略行动中获得启示，避免盲目、错误的投资，少走弯路。可喜的是，我国人口红利使得小型企业即使只能获得“残羹剩饭”，也能攫取数倍于其成本的利润。

（3）多企业共同发展。多企业共同发展包含“大带小”“小跟大”“大促大”“小变大”等多层含义，表达了产业“纵向连贯、横向耦合”发展的格局。“大带小”指龙头企业带动小微企业，立足全局，顺应潮流，从生态大环境上整体把握产业发展方向；“小跟大”指中小微企业借助龙头企业的发展势头，形成产业集群，弥补产业链的单一性，达到“大树底下好乘凉”的积极效果；“大促大”指龙头企业之间共同促进成长，如电商的发展促进物流的发展，高效的物流也反向促进电商的繁荣；“小变大”揭示了企业的发展规模由小到大的过程，每个大企业都是由弱到强、不断壮大的。

相同产业内形成的大型企业主导、小型企业围绕、多企业共同发展的共享共用格局使得产业发展“遍地开花”，新产业、新业态层出不穷，尤其是共享经济。在线消费习惯的养成便利了共享出行、共享产能等产业的发展，促进了共享经济的进一步发展，也加速了产业结构向服务业转变，拉动了经济快速增长。

2）不同产业共生共荣

不同产业之间的企业由于合作交易关系产生了持续的利益交换，形成了利益共同体。这种共生共荣的产业形态聚集了焦点企业、外围企业和支撑性的企业，具有巨大的价值属性。在不同产业共生共荣形态下，呈现出业务“互包”市场、产业边界延伸、产业动态融合的格局。

（1）业务“互包”市场。越来越多的企业倾向于将自身的核心业务做精，而对于自己的非优势领域，选择与其他企业合作共生。同时，许多企业也在努力成为能够提供外包服务的企业，未来的世界将是一个“互包”的市场，形成一个共生共荣体。例如，海尔成立了单独的物流公司，提供第三方物流服务。

（2）产业边界延伸。产业边界决定了其扩张路径和资源配置方案，不同产业之间的合作共生共荣的生态关系，拓宽了产业边界。横向上，企业从事的业务范畴不断加宽；纵向上，企业的产业链跨度不断加大。

企业发展应当专注于单一领域还是多元化领域，并不是确定性的命题。事实上，多数成功企业的创业期和成长期都具备高度专注性，而跻身行业领先阵营后，往往会及时整合全产业链，积极启动产业升级、拓宽产业边界。例如，本田以摩托车制造起家，然后进军汽车行业，现在的本田不仅占据了一定的游艇发动机市场，其生产的小型私人飞机也在全球销售。

（3）产业动态融合。产业链内部和产业链之间的相互作用，逐渐演化为模块化、网络化、协同化的产业形态，赋予产业能动性的发展能力，进一步增强了产业的灵活性及其对市场需求的匹配能力。

模块化产业形态体现在在生产产品时进行明确的功能性划分，在产业组织内实现高效分工协同生产，然后又可以通过标准化端口快速集成为复杂系统，提供了一种与市场快速变化相适应的生产高端复杂设备的高效方法。网络化产业形态体现在基于互联网的运营服务的指数级暴增上，该种服务处于产业链的最高端。例如，苹果公司凭借强大的输入输出系统（input output system，IOS）和 App Store 平台，颠覆了整个产业对软件的认知，也颠覆了手机制造业。协同化催生了众包、网络化协同研发、协同制造等模式，进一步强化了资源的有效协同。

制造业服务化的生态培育是对原有价值链、供应链和产业链的重构，价值链培育以客户主张价值为核心，侧重于对产品和服务价值的重新创造，打通新价值的流动；供应链培育侧重于对渠道结构、成员关系的重构，形成生产要素的组合优化；产业链培育侧重于对产品和服务体系的重新整合，实现资源的动态配置。生态培育营造了新的生态环境，制造企业需要对自己重新定位，寻找更加适合的土壤能够让自己茁壮成长。

## 7.5 本章小结

“全产业链脉动”：制造业服务化转型路径关系着制造企业能否找到一条光明大道，卸掉包袱和枷锁，以新思维、新模式、新形态向服务型制造业靠拢，因此本章聚焦在探索可行、有效的转型路径。从制造业服务化战略选择入手，深入剖析企业的战略选择、战略生成逻辑和战略生成路径，为企业转型路径提供指导；分别从价值链视角和平台生态视角分析服务化转型路径，揭示企业逐步优化价值链、走向平台化发展的转型之路；为了加快服务化转型，促进服务化的多向发展，从要素创新、模式创新和协同创新三个关联视角提出制造业服务化创新培育，鼓励各个行业的自我创新发展，为整个社会营造创新环境。

# 第 8 章 “全产业链脉动”：制造业服务化转型发展模式

20 世纪 60 年代以来，世界发达国家的经济重心呈现出从制造业转向服务业的趋势，服务业成为新的经济增长点。在我国经济新常态背景下，我国第三产业成为 GDP 的重要组成部分，面临制造业服务化转型发展的新阶段。根据制造企业的实际情况选择合适的服务化模式，是当前制造企业面临的关键问题。

## 8.1 概 述

《中国制造 2025》指出，中国应加快制造与服务的协同发展，推动商业模式创新和业态创新，促进生产型制造向服务型制造转变。制造业与服务业有机融合是制造业升级的重要途径，通过优化生产流程、创新运营管理和商业发展模式，增长产业竞争力。

2016 年 7 月，为贯彻落实《中国制造 2025》，工业和信息化部、国家发展和改革委员会、中国工程院共同牵头制订了《发展服务型制造专项行动指南》(工信部联产业〔2016〕231 号)，提出围绕设计服务提升、制造效能提升、客户价值提升、服务模式创新四个方面推进我国制造业服务化转型，其中，服务模式创新包括有序发展相关金融服务和把握智能服务新趋势两项行动意见①。

在“全产业链脉动”服务理论与制造业服务化实践经验相结合的情况下，不断创新制造业服务化模式，营造制造业服务化创新发展的生态环境，有利于推动制造业与服务业包容性、多样化融合，促进制造业产业链的价值向两端延伸、制造业跨区域和跨领域的协同合作。结合制造业发展的实际情况，重点探讨制造业

① http://www.gov.cn/xinwen/2016-07/28/content_5095552.htm[2019-02-13]。

与租赁服务、物流服务及共享经济相结合的服务化转型模式。

1. 制造业与租赁服务结合

制造业和租赁服务结合的模式已经被广泛应用。怀特克拉克集团发布的《2019世界租赁年报》对2017年全球前50大市场的设备融资租赁发展情况进行了全面分析，结果表明美国和中国分别为全球第一和第二大租赁国。中国租赁业务额达到2656.8亿美元，增速超过20%，租赁业务增长势头强劲。发达国家60%的工程机械、飞机、医疗、船舶和各种车辆等设备都是通过租赁模式盈利的（李刚等，2009）。在物联网大数据环境下，制造商+租赁服务模式将进一步发展其优势，促进我国制造业升级。

2. 制造业与物流服务结合

制造商+网络货运平台服务模式是制造业与物流业协同发展的体现，货运平台既可以是第三方物流企业，也可以是无车承运人平台。2016年8月，国家提出了鼓励无车承运物流创新发展，并在全国开展了道路货运无车承运人试点工作。2019年9月，交通运输部、国家税务总局发布了《网络平台道路货物运输经营管理暂行办法》（以下简称《办法》），自2020年1月1日起施行，有效期2年。无车承运人试点工作于2019年12月31日结束，《办法》将“无车承运”更名为“网络平台道路货物运输经营”。

物流业是典型的生产性服务业，网络货运平台经营模式能够带动制造业的创新性发展。制造商+网络货运平台服务模式的发展依托于物联网、互联网大数据分析、人工智能等新一代信息技术的发展，将制造商和网络货运平台的信息管理系统全面打通，在数据共享的基础上实现价值共创。

3. 制造业与共享经济结合

在经济转型升级的大背景下，制造业与共享经济的融合也呈现出加速发展的趋势。据《中国共享经济发展报告（2020）》，2019年生产能力领域共享经济市场交易规模为9205亿元，较上年增长11.8%，占共享经济市场交易额的28.04%，是仅次于生活服务交易规模的第二大共享经济市场交易领域。信息技术的发展及基础设施的完善，为制造业与共享经济融合提供了技术支持和基础保障，共享经济的发展成为制造业升级的新动能。

本章围绕制造业与租赁服务、物流服务和共享经济的融合现状及趋势，分析了制造商+租赁服务模式、制造商+网络货运平台服务模式及制造商+共享平台服务模式。本章结构如图8-1所示。

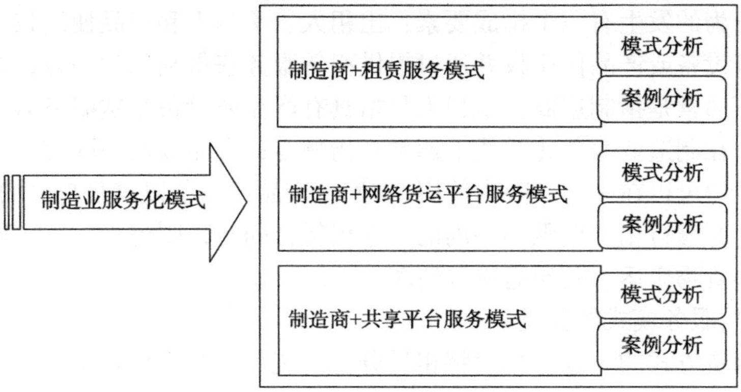


图 8-1　本章结构图

# 8.2　制造商+租赁服务模式

近年来，顾客更加关注需求是否能够得到满足，而非是否占有产品，这种趋势推动了制造业租赁服务模式的发展。制造业尤其是装备制造业是为各行业提供技术、生产设备的战略性产业，其固定资产投入大、沉没成本高，租赁服务模式能帮助企业和个人在获得设备使用权的同时，可以将购买设备节约的资金用于生产运营。

## 8.2.1　制造商+租赁服务模式特点分析

制造业与租赁服务相结合体现在制造业的改革及租赁服务的扩展上。为更加清晰地描述制造商+租赁服务模式，首先介绍租赁服务模式相关内容，然后进一步分析制造业与租赁服务相结合的两种模式。

### 1. 租赁服务模式的概念及分类

从传统租赁到现代租赁，租赁已经经历了几千年的发展，因其灵活、方便的交易属性，在人类日常生活和经济发展中始终占有重要的地位。在介绍制造业+租赁服务模式之前，有必要对租赁服务模式的概念进行介绍。

1）租赁服务模式的概念

在制造业服务化背景下，租赁是一种以一定费用来借贷设备、产品等实物的经济行为。在所有权不变的前提下，出租人与承租人双方签订租赁合同，承租人向出租人支付一定的费用，并在合同期限内获得该产品或设备的支配、占有和使用权利。

租赁行为的发生有三个构成要素：出租人、承租人和产品使用权。其中，出租人指拥有设备或产品使用权并通过提供租赁服务获得利润的一方，在制造业服务化模式下通常是指制造商；承租人是指具有产品或设备租赁服务需求和租赁能力的一方，在制造业服务化模式下通常是指顾客；产品或设备的使用则是指顾客通过支付费用可以在一定期限内使用、支配该产品或设备以满足自己的使用需求，如顾客签订并履行租赁期限为一周的叉车租赁合同后，则可以在这一周之内使用该叉车从事货物搬运、物流运输等活动。

2）租赁服务模式的分类

根据租赁方式的不同，可以将租赁分为传统租赁和现代租赁。其中，现代租赁包括融资租赁和经营租赁两种方式。

（1）传统租赁。传统租赁既有物品的租赁也有服务的租赁，有如下特点：租赁期相对较短（除房地产租赁）；出租人提供基于租赁内容的全部服务，如租赁品的维修；租赁期满后承租人需归还所租赁的资产；承租人仅对租赁物品拥有使用权（许琳，2013）。

（2）融资租赁。融资租赁通过特定的程序将资金和产品或设备相结合，出租人根据承租人的需求出资，向设备供应商购买相关设备，并将其租赁给承租人。在租赁期内，设备所有权属于出租人，承租人拥有设备使用权并向出租人支付费用；租赁期满后，可根据租赁合同对租赁设备进行处置。

区别于传统租赁，融资租赁具有以下显著的特点：租赁合同生效后，除非租赁设备出现无法使用等情况，租赁双方无权单方面解除合同；出租人根据承租人的需求购买相关设备，由承租人负责租赁设备的检查、验收，并负责租赁期内设备的日常维护和管理；租赁期满后，承租人可根据自身需求和合同约定退还或留购租赁设备。融资租赁的主要特点是，租赁期满后出租人可能将设备所有权转移给承租人。

（3）经营租赁。经营租赁是一种为满足承租人短期设备使用需求的租赁方式，出租人向承租人提供设备，并负责设备的日常维护和保养等附加活动。在经营租赁模式下，承租人通常不具有购买设备的意愿，租赁的目的是满足生产、经营和使用等短期需求。

经营租赁的特点如下：租赁期内，承租人可根据自身需求撤销租赁合同；租赁期内，出租人承担资产风险，并通过多次租赁该设备，以租金的形式获取利润。经营租赁与传统租赁类似，但其本质属于金融服务。

#### 2. 模式 8.1——制造商提供模块服务

在制造业服务化进程中，服务渠道是连接制造商与顾客的绳索和纽带，服务渠道的选择和协调影响着顾客满意度和企业利润。目前，大多数产品服务表现为服务包模式，即一个服务包内包含产品所有部件的各类服务，并由制造商或第三方租赁服务提供商提供服务。

在不考虑第三方租赁服务提供商的情况下，以汽车售后服务为例，汽车发动机控制模块、变速器控制模块及电动门锁控制模块等各个模块部件的日常维护、保养和维修、更换等服务由汽车制造商负责。在租赁模式下存在相同的情况，即顾客通过租赁平台（制造企业延伸平台或第三方租赁平台）获得设备使用权，并由制造商向顾客提供租赁期间的维修、更换等服务。

在制造商提供模块服务的租赁服务模式下，模块供应商和制造商是一次性买卖关系，制造商和顾客是租赁关系。制造商既是模块集成商又是模块服务提供商，将模块供应商生产的模块集合成产品，然后直接面向顾客提供包括产品租赁+模块服务在内的“产品服务组合包”（图 8-2）。

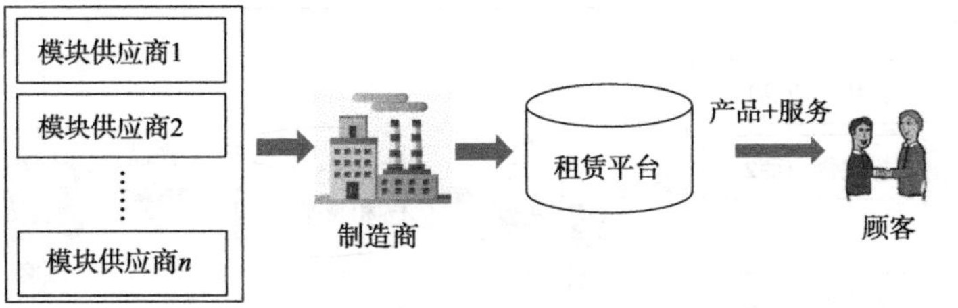


图 8-2　制造商提供模块服务的租赁服务模式

制造商提供模块服务的租赁服务模式中，租赁平台可以是制造商延伸平台或者第三方租赁服务平台，是顾客与制造商进行产品租赁的互动接口。首先，各个模块供应商依据合同约定生产相应的产品模块，并将其交付给制造商；其次，制造商将各个模块集成，完成整体产品的加工制造；最后，制造商通过租赁服务平台与顾客产生租赁关系，顾客向制造商支付一定的费用，制造商或第三方租赁平台向顾客提供产品租赁服务及产品租赁期间的模块服务。

模式 8.1 仍然属于制造商或第三方租赁服务平台向顾客提供“租赁产品+模块服务”的服务形式，相较于传统制造业有一定利润优势和运作模式的创新，但也有一定的不足。首先，产品制造商实际上是模块集成商，对于各个模块内部相关的技术、工艺并不擅长，配备相应的模块维修技术人员、模块配件维修技术等需要花费高昂的成本；其次，生产模块化的出现是基于各模块供应商的资源、技术优势和专业化分工，最了解模块生产、技术及维修相关问题的主体是模块供应商，让制造商而非具备服务优势的模块供应商去面对顾客，浪费了模块供应商的服务能力；最后，模块供应商和顾客之间由制造商隔断，模块供应商无法深入了解顾客需求，与制造商沟通时会产生一定程度的信息不对称现象，阻碍了生产的灵活性。

### 3. 模式 8.2——模块供应商提供模块服务

在模式 8.1 中，制造商或第三方租赁服务平台与顾客接触，向顾客提供“产品租赁+模块服务”的整体解决方案，这种方式阻碍了模块供应商与终端顾客的联系，抑制了模块供应商服务能力的充分发挥和利用。为平衡产业链的服务能力，模块供应商不仅进行产品模块化生产，还可以为下游顾客提供模块服务，即由模块供应商提供模块服务的租赁服务模式。

在模式 8.2 中，模块供应商与制造商之间除一次性买卖关系外，还包含制造商委托模块供应商面向顾客提供模块服务的关系，二者之间的关系更加复杂。制造商依然是模块集成商，将模块集成组装成产品并向顾客提供产品租赁服务，但是租赁期间的模块服务由模块供应商向顾客提供（图 8-3）。

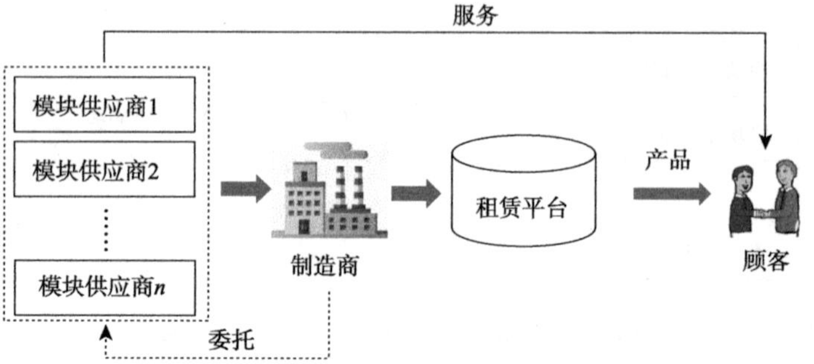


图 8-3　模块供应商提供模块服务的租赁服务模式

在模块供应商提供模块服务的租赁服务模式中，租赁平台仍然是制造商或第三方租赁平台，模块供应商依据合同生产相应的产品模块，并将其交付于制造商；制造商将各个模块集成，通过总装生产线完成整体产品的组装；制造商通过租赁服务平台与顾客产生租赁关系，顾客向制造商支付租赁费用，制造商向顾客提供产品租赁服务，但顾客租赁期间的模块服务由制造商委托模块供应商向顾客提供。

在产品租赁期间，模块供应商通过提供模块服务与终端顾客建立连接，这种模式的优势主要体现在两个方面。首先，模块供应商对于模块生产、维修具有专业技术和资源优势，由模块供应商向顾客提供模块服务不仅能够快速、精准地响应顾客需求，完成模块的维修、替换等服务，而且能够充分发挥模块供应商的技术优势，为模块供应商的进一步发展创造机会。其次，制造商委托模块供应商提供模块服务，能够节省其为提供模块服务而配置的人力、技术和设备成本，从而使制造商专注于核心产品的研发和生产过程。该模式将产业链从制造商延伸至模块供应商，对于产业链上下游价值链延伸提供了重要的参考和崭新的思路。

4. 制造商+租赁服务模式的价值分析

租赁是一种古老的经济行为，但由于机器设备、车辆等的租赁及银行参与，租赁又是一个新兴行业。租赁与制造业融合已经成为制造企业发展和转型的重要模式之一，“所有并不重要，使用创造价值”的现代经营理念已经日益成为制造商、租赁商和顾客的共识。制造企业为扩大市场份额，纷纷采取以租代购、先租后售或经营性租赁等各种灵活的销售手段满足顾客需求。制造商+租赁服务模式的价值分析可以从租赁平台的价值和对产业链的价值影响两个方面展开。

1）租赁平台的价值分析

在制造业+租赁服务模式中，租赁平台既是顾客实施产品租赁行为的渠道，也是制造商与顾客沟通的触点。租赁平台可以是制造商延伸平台（如卡特彼勒通过其全球代理商实现租赁服务），也可以第三方租赁平台（如上海庞源机械租赁有限公司）。租赁平台运用大数据技术实现产业链的连接和协调，通过数据采集、分析等技术，对生产环境中的产品信息及市场环境中的需求信息进行匹配。一方面，能够帮助生产环境中的制造商了解顾客需求，并对租赁期间的产品使用情况实时监控，从而为顾客提供及时、高质的租赁服务；另一方面，顾客可以深入了解产品信息，选择符合个人需求的租赁服务方案。

从生产环境的角度，模式 8.2 由制造商提供产品租赁服务，模块供应商提供租赁期间的模块服务。对制造商和模块供应商而言，租赁平台可以看作是产品流通过程中的一种营销载体，不管租赁平台采取融资租赁方式还是经营性租赁方式，都对制造商的产品营销起到了推动作用。租赁平台是产品在模块供应商、制造商和顾客三者间流通的枢纽，需要具备良好的技术、资源和运营基础。这是因为模式 8.2 由模块供应商向顾客提供专业化的模块维修服务，而每个产品设备都是由不同的产品模块组成的。当不同的模块同时需要维修、更换等服务时，串行作业必然会影响服务效率，这中间涉及各个模块供应商之间的协调。此时，租赁平台的作用在于保证整个租赁服务运行过程的良性循环，促进各方协同完成目标。

从市场环境的角度，顾客租赁产品是为了满足使用需求，通过设备使用创造价值。顾客可以通过多种租赁方式获得产品的使用权，当租赁平台提供融资租赁服务时，顾客可以通过金融服务解决其资金紧张与设备使用需求之间的矛盾，帮助顾客以较少的资金投入获得产品的使用价值。经营性租赁和融资租赁的本质相同，都是顾客采用租赁方式获得一定期限内的产品使用权，能够规避设备折旧风险。对顾客而言，租赁平台通过大数据技术将生产环境的产品信息透明化，能够帮助顾客获得更满意的租赁方案。

2）对产业链的价值影响分析

生产性服务业是为保证工业生产过程、促进工业技术革新和产业升级、提高生产效率而提供支持性服务的服务行业。生产性服务业是全球产业竞争的战略制高点，促进生产性服务业与制造业的有机融合，是我国制造业升级的关键途径。如果将产品生命周期粗略地分为生产阶段和流通阶段，制造业+租赁服务模式增加了产品在流通领域的时间比例，缩短了产品在生产过程中的停留时间。

卡特彼勒租赁店和 GE 航空的成功为制造业租赁模式发展提供了宝贵的借鉴经验和启发，这说明租赁业是促进生产性服务与制造业融合的重要途径，能够推动制造业向价值链高端延伸发展。互联网、物联网和云计算等新一代信息技术的发展为制造业+租赁服务模式的发展提供了技术支持，助力制造业占据更高的价值增值点，加速制造业由生产制造型向生产服务型转变。

### 8.2.2　制造商+租赁服务模式案例分析

制造商+租赁模式是制造业与服务业融合的体现，按需使用、按时收费的服务方式不仅为无力购买和维护大型装备的中小型企业带来机遇，也有助于制造企业充分利用和配置相关设备资源。创新服务提供模式、组织模式以促进制造商+租赁模式发挥优势，需要不断地探索实践。

1. 制造商提供模块服务的租赁服务模式案例

由于技术壁垒及制造业服务化程度的限制，由制造商或第三方租赁平台提供模块服务的租赁服务模式虽然存在一定的弊端，但仍被很多领域采用，典型案例是工程机械设备租赁。工程机械租赁市场是工程机械行业的重要组成部分，具有广阔的发展空间。以上海庞源机械租赁有限公司和美国卡特彼勒租赁店为例，简要分析采用模式 8.1 的工程机械设备租赁企业运营情况。

1）案例 8.1：上海庞源机械租赁有限公司①

上海庞源机械租赁有限公司（以下简称庞源租赁）是中国起重机械租赁行业的龙头企业，专业从事建筑工程、交通工程、能源工程等工程机械设备的租赁业务，向顾客提供从工程机械设备进场、安装、现场使用培训、设备维修到设备离场的综合工程设备租赁服务方案，在上海、北京、广州、南京、武汉等国内城市及马来西亚、菲律宾等国外地区拥有 20 家资质子公司和 3 家海外公司。

除了经营管理部和生产运营管理部，庞源租赁还专门设置了教培中心、安全督察部和技术研发部，负责不同施工技术方案、不同环境下设备安拆、维修及安

① 庞源租赁官方网站：http://www.pangyuan.com/。

全技术的革新。庞源租赁属于第三方租赁服务平台，该平台首先向制造商购买一定数量的各型号平臂、平头、动臂塔机等相关工程机械设备，然后将购买的工程设备租赁给不同顾客并提供租赁期内的设备安装、使用指导、安全管理及设备维修等服务，向顾客收取设备租赁费用获得盈利。庞源租赁的优势是设备质量及安全防控，相比于行业整体事故率，庞源租赁的事故率相对较低，这与其安全管理、租赁服务的成本投入有很大关系。

2）案例 8.2：美国卡特彼勒租赁店

卡特彼勒公司成立于 1925 年，是工程机械、矿山设备、燃气发动机等设备的世界知名生产厂家。1997 年，卡特彼勒成立了“卡特彼勒租赁店”作为卡特彼勒的附属品牌，通过卡特彼勒代理商向顾客提供卡特彼勒生产的工程机械及其他联盟产品的租赁服务。卡特彼勒在全球拥有约 1600 家租赁店，构成世界上最大的工程机械租赁网络（刘建华，2014）。

卡特彼勒租赁店为满足顾客需求，向顾客提供高质量的工程机械设备，并配备高效率的服务团队负责设备租赁期内的维护、维修、零配件更换、设备救援及技术咨询等专业服务，致力于为顾客提供快速、高效的一站式租赁服务体系。同时，卡特彼勒通过租赁店回收二手设备，对二手设备再制造后输送至各租赁店，既能降低成本，又可以提供多样化的设备以满足顾客需求。卡特彼勒租赁店属于卡特彼勒制造商延伸形成的工程设备租赁平台，相比于第三方租赁服务平台，由卡特彼勒公司为其输血，在设备质量、设备维修、技术支持及服务响应等方面具有天然的优势。在卡特彼勒租赁系统中，制造商实际上主导着设备生产、租赁、维修和技术服务、再制造等设备流通全过程，制造商通过销售、租赁等服务链条与终端顾客连接，且通过服务外包、生产外包与上游模块供应商联系，是制造商提供模块服务租赁模式的典型案例。

### 2. 模块供应商提供模块服务的租赁服务模式案例

目前，由制造商或第三方租赁服务平台提供模块服务的制造业+租赁服务模式占主要比重，模块供应商提供模块服务的应用较少，比较典型的案例是飞机维修行业。飞机维修对航空运输业有着深远的影响，由于飞机制造对精密性、安全性和可靠性要求高，维修成本高昂是飞机维修领域的显著特点。根据维修对象的不同，可将飞机维修分为发动机维修、机体维修、机载设备维修和航线维修，其中，发动机维修占整个飞机维修的主导地位，其维修支出约占全部飞机维修支出的 40%（梁泰鹏，2018）。通过分析我国航空维修情况及国外著名发动机制造厂商 GE 航空，进一步充实和完善由模块服务商提供模块服务的租赁服务模式。

1）案例 8.3：我国飞机维修现状

我国飞机维修较发达国家相比起步较晚，飞机维修以民航飞机维修为主。目前，我国飞机维修能力与国际先进水平相比有一定差距，在精密度高、工程设计能力要求高的维修项目及飞机关键部件的维修中缺乏维修能力。20 世纪 90 年代起，我国逐步允许外资企业、民营企业进入飞机维修领域，随着我国科学技术的发展，国内飞机维修能力提升，出现了一批实力型飞机维修企业。

由于维修能力的限制，据《2018 年中国航空维修行业发展现状及趋势分析》①统计，在整个飞机维修市场份额中，我国每年仍有 65%左右的飞机维修需要送去国外修理。这 65%的维修项目主要是送去国外进行 OEM 维修，目前我国飞机维修行业主要由 OEM 厂商、民航企业投资的维修企业和第三方机械维修企业三方面组成。其中，OEM 厂商概况如表 8-1 所示。

**表 8-1　OEM 厂商概况**

| 维修企业类型 | 公司名称 | 基本情况 |
|---|---|---|
| OEM 厂商 | 美国罗克韦尔柯林斯公司（Rockwell Collins） | 驾驶舱飞行操控系统、电子仪表系统、机舱电子系统等航空机载设备产品 |
| | 美国霍尼韦尔公司（Honeywell） | 通信导航系统、气象雷达系统等航空机载设备产品 |
| | 美国派克公司（Parker Hannifin） | 液压、燃油、飞行操控等航空产品 |

资料来源：智研咨询 2018 年发布的《2018 年中国航空维修行业发展现状及趋势分析》

从我国飞机维修领域的现状来看，核心项目的维修主要是依靠 OEM 厂商，形成这种状况的主要原因是核心模块的维修对维修能力、维修工具和维修人员的专业性要求较高、维修成本高。模块供应商是这些核心模块的制造者和生产者，对模块维修具有明显的技术优势。总体而言，由模块供应商提供模块服务的情况在实践中具有一定的优势，但同时需要相关技术及产业链协调管理。

2）案例 8.4：GE 航空集团

GE 航空集团是世界领先的飞机发动机及零部件制造商，也是飞机航空领域电子、机械集成系统的领先供应商。GE 航空集团在航空领域获得多个“第一”：涡轮螺旋桨发动机、自动驾驶仪、美国第一台喷气式飞机发动机。GE 航空集团不断推出发动机产品，拥有丰富的生产经验和尖端的创新技术，在发动机知识产权、高级人才等方面具备明显优势。

为进一步完善售后服务体系，建立发动机全生命周期服务模式，GE 航空集团推出了维修服务品牌 TrueChoice，致力于为使用其发动机产品的飞机租赁公司、飞机运营商等提供售后服务。根据蓝楠（2016）的研究，TrueChoice 维修服务体

① https://www.chyxx.com/industry/201908/772216.html[2019-08-15]。

系如表 8-2 所示。

**表 8-2 TrueChoice 维修服务体系**

| 产品服务选项 | 服务内容 |
|---|---|
| TrueChoice 飞行小时协议 | 提供大修、现场紧急支援、零部件维修、技术升级、发动机租赁和诊断等服务 |
| TrueChoice 大修协议 | 可根据单台发动机或整机对返厂大修目标、经济性等定制“工时+材料”大修工作包 |
| TrueChoice 材料协议 | 提供 OEM 新旧零部件、先进袭击技术和技术服务 |
| TrueChoice 产权转移协议 | 为短期运营定制的服务，包括短期残余可用生命的发动机租赁、零部件回购，也可为顾客定制最符合其机队规划的发动机送修工作范围等 |

资料来源：蓝楠（2016）

相对于第三方维修企业，OEM 提供的“原厂质量保证”维修服务具备更专业的技术优势、较低的维修风险。实际上，由于技术壁垒，除 GE 航空集团外，大多数的飞机发动机维修服务均由 OEM 厂商提供。以 V2500 发动机为例，使用 V2500-A5 发动机的顾客中有 70%与 OEM 签订长期服务协议，在 V2500 SelectOne 发动机中，这一比例达到 90%（梁泰鹏，2018）。由此，由模块供应商而不是产品制造商提供模块服务，这在飞机维修领域已经发展的比较成熟，这对探索创新制造业+租赁服务模式具有重要的借鉴意义。

制造商+租赁服务模式是制造业与租赁服务互相结合的具体体现，是制造业服务化发展趋势下的制造业发展模式创新。制造商+租赁服务模式以产品使用权转移满足供给方的利润收益需求和需求方的产品使用需求，制造商通过对产品租赁期间的服务模式和服务内容创新，能够充分利用优势、弥补短板，开拓市场利润空间。

## 8.3 制造商+网络货运平台服务模式

物流业作为生产性服务业，充当了生产者和消费者之间桥梁的，是保障制造业服务化的基础设施。物流业像一个扁担，一头挑着生产，一头挑着销售，有效地连接起产品循环的整个过程。在制造业服务化转型发展过程中，将制造业发展与物流业发展相结合，将物流服务嵌入制造商生产经营的全流程，有助于实现制造业与物流业的协同创新。

### 8.3.1 制造商+网络货运平台服务模式特点分析

制造业与物流业协同发展，不仅可以推动制造业服务化进程，而且能促进物流业创新发展。物流业是连接制造业上下游企业及产品全生命周期各个阶段的纽带，能够推动供应链各环节有机融合。探讨制造商+网络货运平台服务模式，致力于通过物流业创新促进制造业产业链协同运营，是提升产品服务全生命周期流通效率的重要途径。

1. 网络货运经营概述

网络货运平台连接了托运人和实际承运人，实际承运人既可以是第三方物流企业，又可以是拥有运输车辆的个体司机。可以从网络货运平台的概念、商业模式及车货匹配模式三个方面理解网络货运经营模式。

1）网络货运平台的概念

网络货运经营是道路运输市场中基于大数据、互联网及人工智能等新一代信息技术产生的新业态，是指自身不具有运力资源但从事运输服务的经营者（金邹苹，2018）。网络货运平台与托运人、承运人分别签订运输服务合同，将托运人和运力资源相连接，实现运输供需双方的匹配。

由于托运人与网络货运平台之间签订了运输服务合同，相对于货运代理，网络货运平台更加可靠、高效，且向托运人提供一整套物流解决方案而不是单纯的车货匹配服务。在货物运输服务方案中，网络货运平台负责实施监控货物运输状态、优化运输服务流程、保障运输服务的安全性和快速性。除此之外，网络货运平台打破了传统货运站的“信息孤岛”困境，通过新兴技术优化供需匹配效率、降低承运人的等待时间，合理规划运输路线，从而降低承运人的空载率。网络货运平台主要包括四类行为主体：平台、托运人、实际承运人、收货人（图 8-4）。

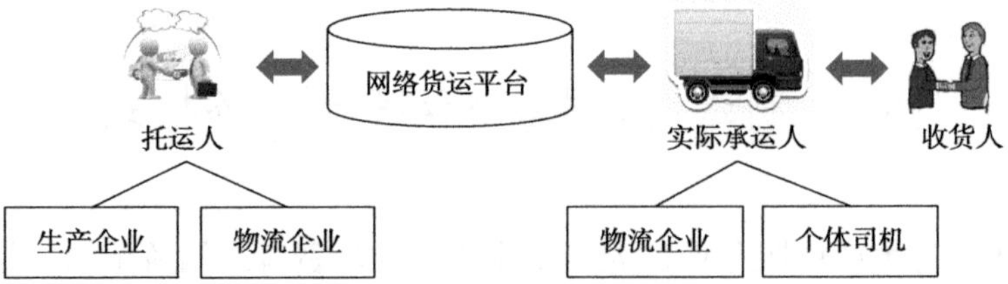


图 8-4　网络货运平台构成

（1）平台。自 2016 年 8 月起，国家开展道路货运无车承运人试点工作，涌现出一批无车承运人平台，如上海安能物流有限公司、传化物流等。由图 8-4 可以看出，网络货运平台是连接托运人和实际承运人的桥梁，通过平台进行资源的合理配置，保障货物快速、安全地运输，实现平台和供需双方的价值共创。

（2）托运人。网络货运平台中的托运人可以分为两类：生产企业和物流企业。其中，生产企业是指有直接货物运输需求的产品制造商；物流企业则是指那些自身运力资源无法满足顾客需求，需要将自身订单外包的物流企业。

（3）实际承运人。网络货运平台中的实际承运人可以分为两类：物流企业和有运力资源的个体司机。相对于个体司机，物流企业拥有雄厚的运力资源、流程化的运输管理体系，能提供更稳定、可靠的运输服务质量。

（4）收货人。收货人是整个运输服务流程的最终环节，也是运输服务的评价主体，运输服务质量的好坏、运输效率的高低都会对终端收货人产生影响，并进一步影响网络货运平台的口碑。

2）网络货运经营的商业模式

网络货运经营能够聚集运力市场上零散的运力资源和顾客订单，自国家开展试点工作之后便出现了形式各样的网络货运平台。根据运营模式的不同，可将网络货运经营分为重资产型经营模式、轻资产型经营模式、技术密集型经营模式及供应链生态服务商模式（表 8-3）。

**表 8-3　网络货运经营的商业模式**

| 商业模式 | 模式描述 | 优势 | 劣势 |
|---|---|---|---|
| 重资产型 | 自身拥有运力资源承担经营业务 | 经营方便、运输服务稳定，对供应链控制力强 | 固定资产投入大、承担风险大 |
| 轻资产型 | 不拥有运力资源，通过连接托运人和承运人承担经营业务 | 资金投入少、柔性强，信息搜索和信息集成能力较强 | 规模较小、对供应链掌控力弱，易形成财务泡沫 |
| 技术密集型 | 通过技术平台为托运人和承运人提供运输解决方案 | 服务范围大、服务内容完善，顾客黏性高 | 对技术创新性要求高 |
| 供应链生态服务商（陈怡静，2018） | 通过整合供应链资源和供应链金融提供运输服务 | 服务体量更宽泛，如多式联运、个性化供应链解决方案等 | 对技术、运营、资金要求较高 |

目前，网络货运经营的商业模式集中在重资产型、轻资产型和技术密集型模式上，供应链生态服务商模式对企业的资源、技术和运营能力要求比较高，仍处于初步探索阶段。

3）网络货运平台的车货匹配模式

网络货运平台的匹配模式可分为四类：信息交互式、人工撮合模式、一口价模式和拍卖模式，在不同的模式中，平台、托运人、实际承运人和收货人之间的关系各有不同。

（1）信息交互式。在信息交互模式下，网络货运平台的作用是信息传递和信息公开，是托运人和实际承运人的沟通媒介（图 8-5）。运满满平台就是采用典型的信息交互模式进行车货匹配的。此时，供需双方通过平台自行发布各自的运力和需求信息，并自主交易。

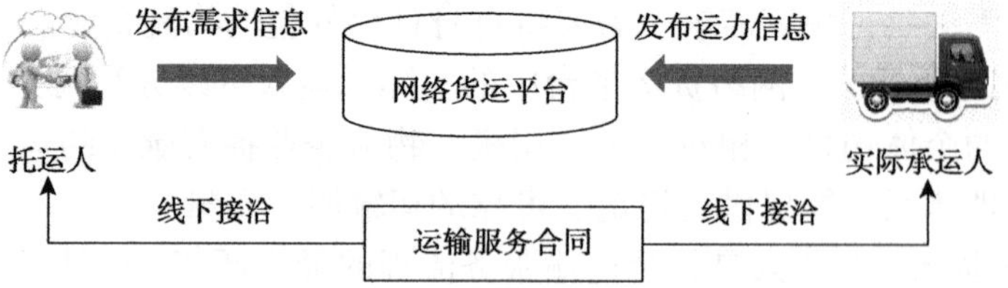


图 8-5　信息交互模式

信息交互模式允许托运人和承运人自行发布需求、供给信息，能够快速更新信息，灵活性较强。这种模式能促进平台供需双方用户量增长，最终实现托运人有更多选择，承运人也可以直接接触顾客。但是，平台对供需信息的真实性审核不严谨，容易造成安全隐患。实际承运人进入平台的门槛低，无法保障货物运输的安全和运输服务质量。信息交互模式的良性运营需要相应的监管、约束制度和策略作为保障。

（2）人工撮合模式。采用人工撮合模式匹配车货时，平台扮演承运人和托运人双重角色，典型的代表是飓风物流平台。在人工撮合模式下，网络货运平台分别与托运人和实际承运人签订运输服务合同，平台接到托运人订单后，负责向多个实际承运人询价，以保证运输服务的安全性；最后在“熟人”中选择具有价格优势和服务优势的承运人进行合作（图 8-6）。

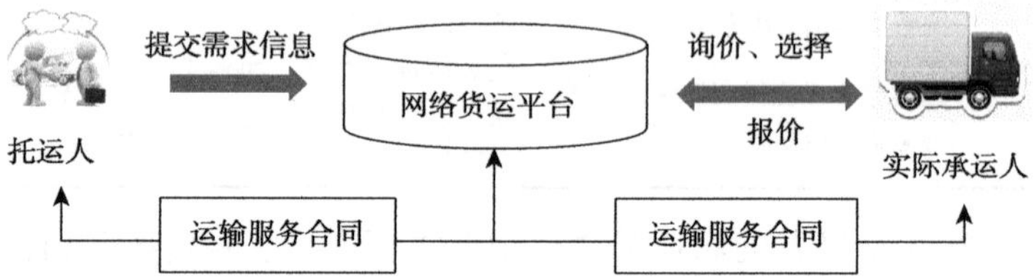


图 8-6　人工撮合模式

相比信息交互模式，人工撮合模式的优势是选择“熟人”合作降低了运输服务的风险、提高了运输服务的安全性和可靠性。但是，由于平台垄断了供需信息，不利于需求资源和运力资源的全面整合；同时，由于平台的服务能力限制，会出现订单丢失、限制平台发展速度的情况。

（3）一口价模式。与人工撮合模式不同，一口价模式是平台根据运输市场行情确定订单的摘牌价，实际承运人摘牌则订单成交（图 8-7），典型案例是中储智运平台。

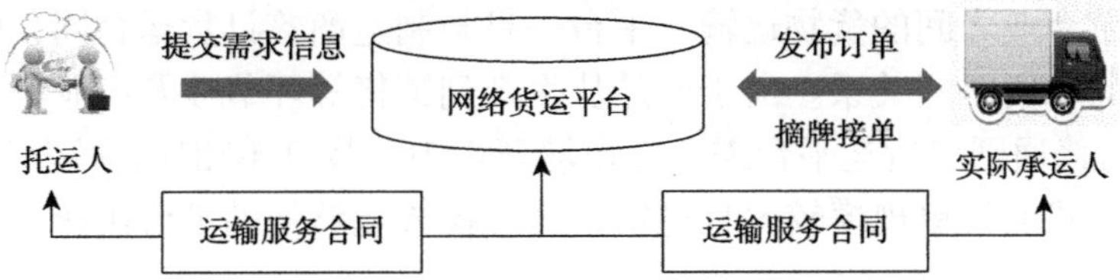


图 8-7　一口价模式

一口价模式通过设置摘牌价的形式完成订单，缩减了人工撮合模式中平台询价的环节，能够提高订单处理效率。同时，设置摘牌价可以提高承运人进入门槛，能在一定程度上保证运输服务质量。但是，摘牌价的设置对平台运营影响较大，过高会压缩平台收益，过低则可能会造成无人接单的现象。

（4）拍卖模式。拍卖模式也是中储智运平台采用的车货匹配模式之一，网络货运平台发布托运人需求信息并组织拍卖，实际承运人报价并由拍卖获胜者接单（图 8-8）。

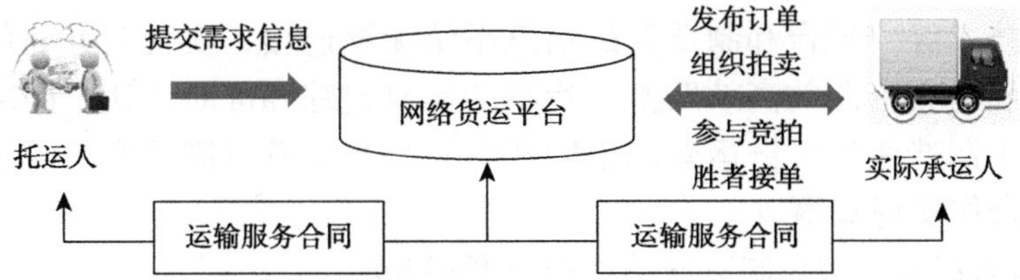


图 8-8　拍卖模式

与一口价模式可能出现摘牌价设置不合理的情况相比，拍卖模式的供需匹配效率更高。拍卖模式允许实际承运人自主报价，可以通过承运人之间的相互竞争控制成交价格。拍卖模式具有一口价模式中保证供需匹配效率、运输服务质量的优势。但拍卖模式中存在多种多样的拍卖机制，需要根据市场实际情况设置合理的拍卖机制，以提高运输服务质量、提高资源配置效率。

2. 制造商+网络货运平台服务模式的特征

制造商与网络货运平台相结合，形成制造商+网络货运平台服务模式，能够将物流嵌入制造商的生产经营流程。在该模式下，网络货运平台通过制造商的订单获得利润，在制造业的整个产业链流程中灵活运转。制造商+网络货运平台服务模式将网络货运经营运用于制造业转型发展中，二者的结合表现出以下特点。

1）订单规模大且数量稳定

在制造商+网络货运平台服务模式下，网络货运平台的订单来源于制造业产业链上下游企业之间的货物运输。平台一旦与制造商签订货运合同，两者间便会建立稳定的车货匹配关系。由于产品从生产到销售等环节涉及产业链上下游的相关企业，与普通网络货运平台需要在市场环境中寻找订单相比，制造商+网络货运平台服务模式的订单规模较大且稳定，这种模式能够帮助平台快速、稳步发展，风险较低。

2）订单类型单一、线路单一

网络货运平台的订单来源于制造业上下游企业之间的货物运输，各企业之间建立了稳定的联盟共同完成产品生产目标。因此，无论是物料传送、零配件运输还是产品成品运送，这些运输活动的运输路线往往事先预设，多为两地之间的专线运输。制造商+网络货运平台服务模式下，网络货运平台能够对运力资源进行合理规划，运输服务质量稳定。

3）制造商和网络货运平台信息共享

制造商+网络货运平台服务模式的良性循环是建立在强大的物流信息系统基础上的，如运输管理系统、电子订货系统、仓储管理系统、GPS 定位系统和无线射频技术等。平台和制造商的信息系统无缝连接，实现双方的信息共享，保证订单和运力资源的高效匹配、货物的实时追踪和准时送达。网络货运平台的运营属于制造业供应链运营的中间环节，平台运营以制造商的需求为核心目标，双方合作实现双赢。

4）运力资源类型与制造商的货物类型相匹配

不同的物料和产品需要不同的运输条件，如建筑行业制造商的物料运输需要泵车、渣土车等运输工具，而石油行业的物料运输则需要符合运输标准的大罐车，以保证运输安全。运输工具不同则投入成本不同，网络货运平台和制造商应充分考虑双方的实力和盈利能力等情况，建立合适的运营模式。

### 3. 制造商+网络货运平台的运营模式

制造商+网络货运平台运营模式（图 8-9）是制造业依托物流业实现供应链优化和产业结构升级，物流业依托制造业进行创新性发展，二者是互相促进、互相协同的关系。该模式仍然包括四类行为主体——平台、托运人、实际承运人和收货人，与普通网络货运平台不同的是，托运人和收货人呈现出网络化分布形态。制造商+网络货运平台模式中，托运人和收货人是制造业服务化网络中的节点，在某些情况下，托运人和收货人之间的关系会互换，这是由生产制造过程中的业务流程确定的。

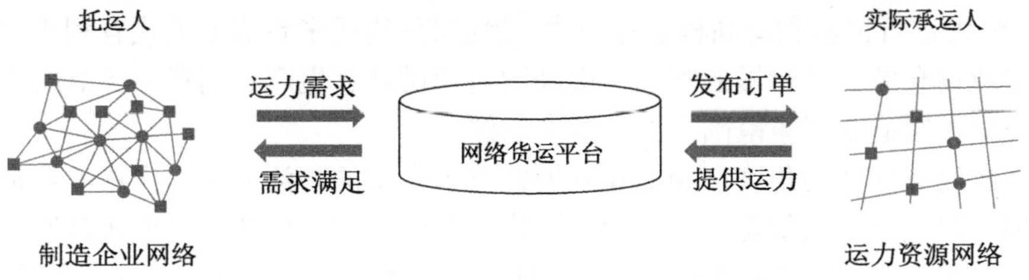


图 8-9 制造商+网络货运平台运营模式

在制造商+网络货运平台服务模式下，平台通过新一代信息技术实现车货的高效匹配。在需求侧，即托运人方面，依据制造业产业结构及产品生产流程，各上下游企业呈网状分布，货物运输线路大多数属于专线运输。在供给侧，即实际承运人方面，运力资源呈现零散分布状态，通过平台实现零散运力资源的集中和整合。制造商采用这种模式实际是将自身物流业务外包，集中资源、技术提高核心竞争力，网络货运平台实行一体化物流服务管理，与制造业供应链管理配合、协同。一方面，制造商需要根据实际情况进行业务流程再造，从自身供应链管理、业务流程管理出发，确定制造商+网络货运经营的整体化解决方案；另一方面，制造商可以将现有的设备、人员和仓储资源等统一化管理和安置，如将现有的运输设备、仓库等租赁给平台调配，支持平台的健康运营，实现资源的最大化配置。

在新时代背景下，托运人和承运人的需求并非单纯是货物在两地间的运输，从车辆到场、货物装卸、车辆位置跟踪、突发事件响应到线上订单结算，每一个阶段都需要平台考虑周到，并依托于数字化技术提高运输服务质量。网络货运平台是连接托运人和实际承运人之间的桥梁，通过物联网、互联网和全球定位系统等技术为平台运营赋能，形成信息管理系统，最终实现物流效率提升和物流能力升级。

4. 制造商+网络货运平台服务模式的价值

制造商+货运平台服务模式的发展是制造业服务化转型的重要途径，通过将物流与制造业融合，实现了制造业与物流业的联动发展，顺应了通过生产性服务业促进制造业改革的政策倡导。制造商+货运平台服务模式的价值探讨可以从对制造商的价值和对物流业的价值两方面展开。

对制造商来说，由于产品生产全过程需要各种物料运输、零部件运输及产品成品配送，制造业本身对物流需求较高。制造商自营物流往往需要投入大量的成本，且需要花费较多的精力进行物流经营管理。制造商+货运平台服务模式是基于制造业产业链管理将物流管理融合，通过业务流程再造、技术革新等方式实现制造业信息系统和物流业信息系统的无缝对接。这种方式能促进制造商集中人力、物力、财力进行创新和提高核心竞争力。制造商+货运平台服务模式有利于改变传统制造业重仓储、供货慢的弊端，提高制造业设计、生产、消费等环节的流通效率，为扩大制造业聚集范围提供了基本条件。

从物流业发展的角度，制造业发展释放了大量的物流需求，为物流业带来了大规模、数量稳定的货运订单，带动了物流业的发展。传统物流模式是通过一定的交通运输工具实现货物配送，不能保证运输服务质量和运输安全性。在制造商+网络货运平台服务模式下，平台的建立是以物联网、大数据、互联网等新一代技术的融合发展为基础，平台将零散的运力资源整合、聚集，并基于订单进行运力资源的分配。新技术的运用将制造业物流需求与运力资源相连接，能促进运力资源的合理分配和供应链的高效运转。

### 8.3.2 制造商+网络货运平台服务模式案例分析

中储南京智慧物流科技有限公司（简称中储智运①）是首批无车承运人试点单位，中储智运平台依托其物流行业经验，结合互联网、大数据、人工智能等新一代信息技术，发展为目前国内规模最大、物流网络设施最完善的物流运营公司。无车承运人企业笼统而言都是通过信息技术平台实现车货匹配，差别在于其商业运作模式及车货匹配模式等方面的不同。

案例 8.5：中储智运车货匹配平台服务模式

中储智运以顾客需求为核心，研发智运宝、智运罗盘、智运千里眼等一系列大数据产品，为托运人提供物流托管、多式联运、货物保障等服务，并为承运人提供重卡租赁、快修保养及运费预付等服务，帮助托运人和实际承运人实现共赢。中储智运平台的优势可以概括为以下几个方面：数据维度多元化、信息真实；交易内部化管理并承担运输法律责任；通过精准匹配、精准服务实现精准物流。

（1）平台具有数据维度多元化、信息真实的优势。中储智运采取线上交易，以真实的交易场景产生大量的交易数据，并将这些交易数据聚集形成涵盖托运人和实际承运人的数据库。这些数据反映了托运人的消费习惯，以及承运人的运输偏好，如线路偏好、货物偏好，并可以根据车辆维修记录跟踪车辆的使用、磨损等情况。海量交易数据极大地丰富了数据维度、形成数据价值。

（2）平台采取交易内部化管理并承担运输法律责任。中储智运的订单都采取平台内交易方式，而非托运人和实际承运人之间跨越平台交易的方式，并承担运输过程中的法律责任。内部化管理能够把控订单真实性和运输风险，不仅能够保

① 中储智运官方网站：https://www.zczy56.com/。

障托运人关注的货物安全问题，而且能够避免实际承运人不能及时拿到运费的问题。中储智运将实现每个订单中业务流、信息流、资金流、票据流和货物轨迹流“五流合一”，最大限度地确保业务的真实性和安全性。

（3）平台通过精准匹配和精准服务两个方面的推进实现精准物流。中储智运采用智能匹配算法对车货进行高效匹配，精准匹配算法的实现是基于对平台海量数据的分析，通过对每一位运输司机的运输偏好、闲置状态与货物情况进行综合分析实现供需双方的匹配。精准服务是中储智运平台为实现托运人和实际承运人顺利交易和订单完成而提供的服务，每一个订单的实现过程都有专门服务人员对接，负责运力维护、业务操作问题解决、风控保障等全方位的服务。

中储智运凭借其专业化服务能力、依托于大数据技术的运营能力取得行业优势，已覆盖 30 个省、自治区及直辖市，辐射全国 450 个城市，平均不到 7 秒完成一笔订单交易，平均为托运人降低 10%综合成本、缩短 55%找货时间。中储智运的成功为制造商+网络货运平台服务模式的发展提供了经验和发展依据。

制造商+网络货运平台服务模式是制造业与物流业深度融合的表现，是制造业服务化转型发展的重要模式。制造商+网络货运平台依托大数据、互联网等新兴技术，将供给端和需求端的资源和需求全面整合分析，快速精准地实现供需匹配，将物流服务合理嵌入产品服务全生命周期，拓展优化制造业服务化发展模式。

## 8.4 制造商+共享平台服务模式

随着互联网、大数据技术的发展，共享经济模式强势蔓延开来，许多传统产业与共享经济相结合获得新的发展，如共享民宿、共享单车、共享汽车等。根据《中国共享经济发展报告（2020）》，2019 年我国共享经济交易规模比上年增长 11.6%，平台企业员工数同比增长约 4.2%，显示出了共享经济对稳定就业形势的正面作用。共享经济利用新一代信息技术，以使用权分享为基础整合社会分散化闲置资源，提供大量的新型就业岗位，成为促进社会经济增长的重要驱动力。

### 8.4.1 制造商+共享平台服务模式特点分析

共享经济的快速发展为制造业升级提供了契机，国家也出台了相关政策鼓励制造业与共享经济融合。制造商+共享平台服务模式诞生在一个充满生机的生态环境之中，产业政策、消费理念、技术支持等孵化要素均已成熟，在生产环境和市场环境中洋溢着共享经济最佳时节才有的气息。

1. 共享经济

共享经济是一种新型商业模式，它的发展依托互联网、大数据等信息技术的进步，通过大数据平台将供需双方衔接，整合、协调社会的零散资源并将一定时间内的使用权分享给需求者，达到合理利用社会资源的效果。共享经济可以定义为：一种围绕人力、物力和智力资源共享而建立的社会经济生态系统，其中包括不同人员和组织对商品和服务的创造、生产、分配、贸易和消费过程的分享( Somers et al.，2018 )。

共享经济强调“使用创造价值”而非“拥有创造价值”，以使用权的转移提高资源利用效率和供需双方的高效匹配。根据供需双方共享主体的类型，可将共享经济分为四类：C2C 模式、B2C（business to consumer）模式、C2B 模式和 B2B 模式（Narasimhan et al.，2018）。

C2C 模式即个体与个体之间的交易，个体可以是资源供给者，也可以是资源消费者，个体之间通过共享平台实现闲置资源之间的使用权交易。B2C 模式即企业面向顾客分享各类资源，如哈啰单车、一嗨租车等都是企业将其产品以共享的方式面向顾客。C2B 模式即个人将闲置资源分享给企业，典型的案例如众包模式、众筹模式。企业借助社会资源力量而非自身实力实现发展，改变了传统的运营理念。B2B 模式即各个企业之间的分享合作，以制造业产能共享为重要表现。

C2C 模式和 B2C 模式下共享经济平台已经广泛存在，这类平台集中在生活服务领域，如汽车共享、单车共享、充电宝共享等。制造业与共享经济的融合，主要形成两种模式：B2C 和 B2B。其中，B2C 主要表现为市场环境中的产品共享，B2B 主要表现为生产环境中的产能共享。

2. 生产环境中的制造商+共享平台服务模式分析

从生产环境的视角分析制造业和共享经济的融合，主要是指生产环境中各企业间的产能共享。《中国制造业产能共享发展年度报告（2018）》中将制造业产能共享定义为：“以互联网平台为基础，以使用权共享为特征，围绕制造过程各个环节，整合和配置分散的制造资源和制造能力，最大化提升制造业生产效率的新型经济形态。”制造业产能共享贯穿产品从设计到消费服务全生命周期，共享内容包括各企业的设备、技术服务、生产能力和综合服务能力。

1）生产环境中的制造商+共享平台服务模式

针对制造业产能共享的相关研究较少，其中大部分是对产能共享的定义、特征和模式等的阐述。《中国制造业产能共享发展报告（2018）》是国家信息中心分享经济研究中心推出的首份制造业产能研究发展报告，对制造业产能共享的概念理论基础、发展现状和发展趋势进行了系统性分析，随后的研究也大多基于对该报告的理解而进行的内容的解释和扩展。该报告根据共享平台在产能共享过程中发挥的作用，综合考虑平台主体特征、共享内容等多种因素，提出了我国制造业产能共享的四类模式：中介型共享平台、众创型共享平台、服务型共享平台和协同型共享平台（图 8-10）。

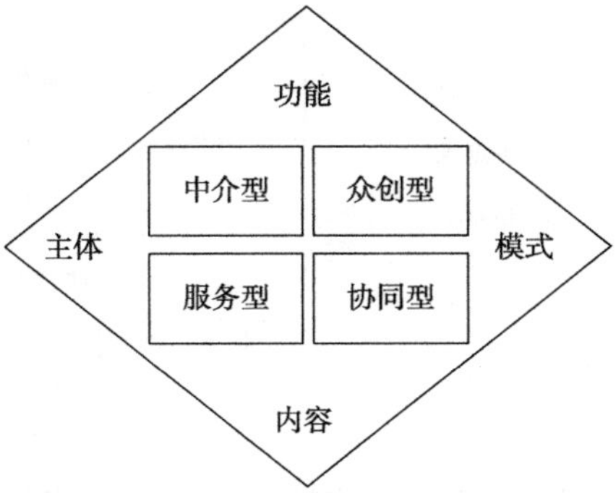


图 8-10 制造业产能共享的四类模式

资料来源：国家信息中心分享经济研究中心 2018 年发布的《中国制造业产能共享发展报告（2018）》

（1）中介型共享平台是指连接制造供需双方的第三方平台，通常由互联网企业主导，平台自身不拥有共享资源，依托自身互联网技术优势整合多方资源，负责供需双方的对接服务，属于轻资产运营模式。中介型平台不需要投入制造资源，参与门槛低，但缺点是互联网企业对制造流程、工艺等缺乏深入了解，在资源协调方面存在不足，中介型共享平台的典型案例为淘工厂。

（2）众创型共享平台通常是由大型制造商建立的开放性平台，对小型制造商的制造能力和服务能力进行全面整合，致力于形成面向企业内部和社会的创新生态系统。由于众创型共享平台由龙头制造商搭建，在聚集行业资源、吸引中小型企业参与方面具有明显优势，目前的典型案例为海尔“海创汇”。

（3）服务型共享平台一般由工业技术型企业所建立，以设备共享为基础，通过共享工业系统、软件、智能控制和工业云等技术为制造企业提供全面的生产服务。平台可以通过租赁设备并提供技术服务的形式帮助中小型企业完成产品生产，这种模式既能降低企业的设备闲置率，又能为中小型企业降低生产成本，典型案例为沈阳机床厂 i5 平台。

（4）协同型共享平台是若干个企业通过共享各自的生产设备、生产线、办公空间等资源而建立的平台，目的是实现订单共享和协同生产。协同型共享平台往往由同行业、同区域内的中小型企业构建，能够快速形成“全产业链脉动”以降低成本，但这种模式很难进行跨区域的制造共享，典型案例为生意帮。

2）生产环境中的制造商+共享平台服务模式价值

从生产环境的角度分析制造商+共享平台服务模式价值，主要是对制造业产业链中各企业之间的协同合作所创造的价值进行分析。在生产环境中，各企业之间通过建立共享平台实现产能共享，极大地激发了企业创新活力、促进了制造业供需结构。生产环境中制造商+共享平台服务模式的价值可以从企业价值和社会价值两方面阐述（图 8-11）。

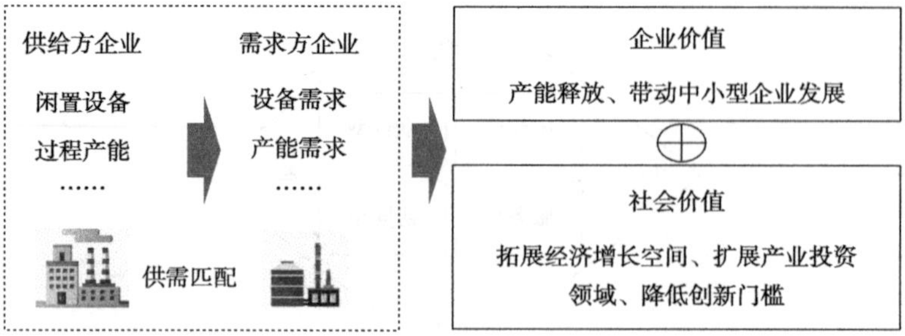


图 8-11　生产环境中的制造商+共享平台服务模式价值

（1）生产环境中制造商+共享平台服务模式创造的企业价值体现为供给方企业的产能释放价值和需求方企业对闲置产能的利用价值。共享平台对产业链中各企业的设备、资源、技术和能力等进行整合，以全面协调产业链中的闲置资源。

有资源或能力需求的企业在共享平台上迅速找到供给方，双方通过平台实现匹配。制造商+共享平台服务模式将产业链上下游企业的信息流、资源流和技术流全面打通，一方面，能够降低供给方企业的设备、生产能力闲置率，释放企业内多余的产能，完成外来订单为公司带来经济效益，同时还可以促进同行交流；另一方面，由于制造业生产制造流程需要一定的设备基础，巨大的资金投入成为中小企业进入制造业的阻碍，产能共享极大带动了中小型企业的发展。

（2）生产环境中制造商+共享平台服务模式创造的社会价值体现在通过产能共享实现了资源的有效配置，促进了制造业快速发展，并进一步为社会进步提供了助力。

制造商+共享平台不仅降低了大企业的设备闲置率、增加了经济利润，而且能够带动中小型企业发展，制造企业之间设备、资源、生产能力等的共享带动了整个制造业的良性循环。制造业是国民经济发展的重要支柱，虽然制造企业之间的共享相比于整个制造业产值来说规模较小，但有助于拓展经济增长空间、扩大了产业投资领域、降低了创新门槛，为社会发展增添了活力和力量。

3. 市场环境中的制造商+共享平台服务模式分析

从市场环境的视角分析制造业与共享经济的融合，体现在制造企业与终端顾客之间的交流互动中，典型案例如共享单车、共享汽车，都是企业直接面向顾客的共享模式。在市场环境中，制造商+共享平台服务模式将共享平台作为企业与制造商的沟通平台，顾客支付费用获得产品一段时间内的使用权，企业以顾客支付的费用作为利润来源。

1）市场环境中的制造商+共享平台服务模式

针对市场环境中制造商+共享平台服务模式的研究较多，其中以共享单车和共享汽车为例的研究占较大比例，如平台定价问题（Chen et al.，2019）、调度问题（Almannaa et al.，2020；Alvarez-Valdes et al.，2016）等。根据共享平台是否拥有资源，可以将共享分为轻资产运营模式和重资产运营模式两类。制造商+共享平台服务模式是企业通过建立共享平台将企业产品以使用权转移的形式获得利润的模式，模式运转的基础是提供足够的共享产品（图 8-12）。

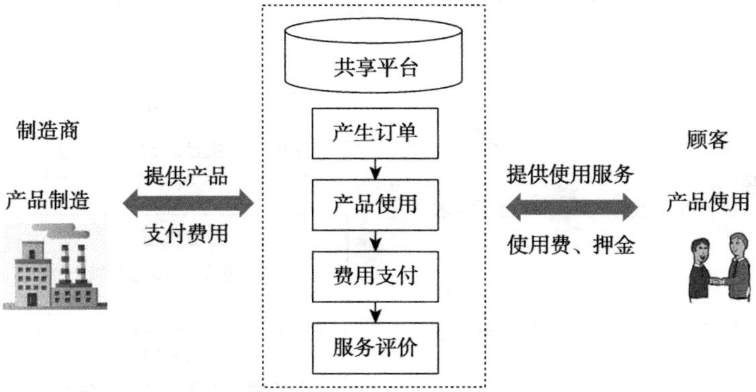


图 8-12　市场环境中的制造商+共享平台服务模式

在市场环境视角下，制造商+共享平台服务模式中的共享平台分为第三方平台和制造企业自建平台两种类型。第三方平台通常由互联网企业运营，平台与单个或多个制造商签订协议，平台以一定的价格购入产品，制造商则负责产品制造和供应。由于共享经济属于新兴产业，互联网企业往往先向制造企业支付一定比例的订金，产品共享盈利后再支付尾款。

由于互联网企业对制造业的生产过程、工艺流程理解欠缺，容易产生互联网运营的快速更新和制造业产品生产的周期性之间的矛盾，进一步出现前期大量投入资金、后期无法回收资金而产生资金流断裂的情况。2017 年底以前，ofo 和摩拜单车以向市场投放大量单车、发放骑行补贴等方式快速扩张，在短暂的蓬勃发展之后，ofo 宣布破产、摩拜被美团收购。

制造商+共享平台服务模式的另一种方式是由制造企业自主建立共享平台，对企业内产品通过共享的方式获得利润，这是企业重要的销售手段之一。制造企业自建共享平台的案例为德国汽车企业戴姆勒集团旗下的共享汽车品牌 Car2Go、宝马共享汽车，以及共享单车领域中的永安行公共自行车。能够自主建立共享平台的制造企业通常是具有一定顾客基础、技术实力及资源实力的龙头型企业，这种模式的优势是可以很好地控制资产运营，对产品的设计、生产流程更为清楚，且更容易对产品进行回收再制造。缺点是如果制造商没有顾客基础、供需匹配能力有限，会阻碍共享平台的发展。

2）市场环境中的制造商+共享平台服务模式价值

从生产环境的角度分析制造商+共享平台服务模式价值，主要围绕共享平台对制造业的促进作用及对终端顾客的价值创造展开分析。以共享单车为例，虽然共享单车目前仍有诸多管理漏洞，但其在蓬勃发展时期拉动已经不景气的自行车制造业，使之再次呈现在大众视野，也为市民解决了“最后一公里”的问题。市场环境中制造商+共享平台服务模式的价值可以从企业价值、顾客价值和社会价值三方面进行分析（图 8-13）。

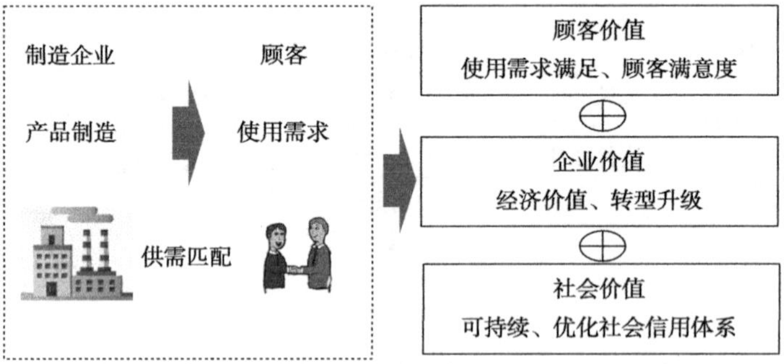


图 8-13 市场环境中的制造商+共享平台服务模式价值

（1）市场环境中制造商+共享平台服务模式的顾客价值体现在终端顾客的需求满足及共享产品使用过程中的体验价值上。对顾客而言，使用共享产品能够以较少的成本获得产品的使用权，如在汽车共享场景中，顾客只需要支付一段时间内的汽车使用费用，而不是购买一辆汽车便可满足汽车使用需求。从产品获取、产品使用到最后的产品归还，顾客在共享产品的整个消费和使用过程中都需要共享平台提供相应的支持服务，服务质量水平直接影响顾客满意度。

（2）市场环境中制造商+共享平台服务模式的企业价值主要体现在模式创新为制造商带来的经济价值和转型推动力上。对大多数制造企业而言，营销模式局限在传统零售渠道，制造商+共享平台服务模式为制造商拓宽了产品营销渠道，从而为制造商带来了经济价值。此外，共享平台需要物联网、大数据和全球定位系统等相关技术的支持，制造商+共享平台服务模式是信息化和工业化“两化融合”的重要体现，以新一代信息技术为技术支撑发展制造业能够促进制造业快速实现转型升级。

（3）市场环境中制造商+共享平台服务模式的社会价值主要体现在良好的平台运营能够实现社会资源的有效配置，优化社会信用体系。共享平台强调以“使用”代替“拥有”，鼓励市场环境中的顾客通过共享平台满足使用需求，而非购买产品，这种模式的良性循环可以降低资源消耗，实现社会的可持续发展。

共享平台基于大数据技术连接了制造商和顾客，使得制造商的订单情况和顾客的消费行为、消费记录、消费评价都可以追踪，这些数据可为制造企业策略的制定及其他顾客的消费提供参考信息。信息的双向延伸为制造企业和顾客之间的经济行为提供实际的数据信息，进一步优化社会信用体系，提升社会信用水平。

### 8.4.2 制造商+共享平台服务模式案例分析

2018 年起，我国共享经济保持高速增长，向生产制造领域加速渗透，并逐渐向共享经济集约化方向发展，注重共享经济的发展质量。共享经济与制造业的融合，体现在生产环境和市场环境两个方面。在生产环境中，制造业产能共享基础设施逐渐完善，已经成为制造业发展的新亮点；在市场环境中，以共享单车、共享汽车为典型代表的共享模式拓宽了制造业的营销渠道。以阿里巴巴平台上的“淘工厂”和共享单车为案例，对制造商+共享平台服务模式进行分析。

1. 案例 8.6：生产环境中的产能共享案例——淘工厂

阿里巴巴旗下 1688 事业部的淘工厂是一个连接淘宝卖家与工厂的平台，致力于解决两方面的问题：一是淘宝卖家找工厂难；二是帮助工厂增加订单、实现电商化转型。淘工厂整合各工厂的闲置档期，并将工厂与淘宝卖家匹配，实现供需双方的衔接。目前，淘工厂已经聚集了 1000 万家企业商铺，覆盖将近 30 个省区市，全球注册企业用户超过 1.2 亿人。淘工厂有以下特点[①]。

（1）邀请和吸引优质工厂入驻，并让工厂实行产品商品化、产能共享。平台审核工厂资质，工厂需开放近 30 天的空闲档期以方便平台对工厂的闲置产能进行聚集和整合，并以最快的速度帮助淘宝卖家匹配到合适的产能。

（2）柔性化生产程度越高，工厂越被优先推荐。这是根据淘宝平台的运营模式及淘宝卖家的需求确定的，部分淘宝卖家的店铺规模较小、对产品数量的需求量也较少、产品更新换代快，工厂的最低起订量、生产周期等因素直接影响到淘宝卖家的利润。

（3）平台提供交易撮合、交易安全保障及举报维权等服务。当工厂和卖家出现交易纠纷时，平台会依据合同规定和平台规则介入处理，保障工厂和卖家交易

① 国家信息中心分享经济研究中心 2018 年发布的《中国制造业产能共享发展年度报告（2018）》。

公平、安全。

2. 案例 8.7：市场环境中的共享平台案例——共享单车

2016 年至今，共享单车的发展经历了“大起大落”，从最初的蓬勃发展、多家企业激烈竞争，到后期多家单车平台破产。总体而言，在市场环境中，制造商+共享平台的运营模式仍然处于探索期，共享经济是新型产业形态，制造业和共享经济在融合过程中如何运营和管控等问题仍需要进行更深层次的讨论。以 ofo、摩拜单车和永安行为例，分析市场环境中制造商+共享平台服务模式。

ofo、摩拜和永安行这三家共享单车平台各有特色，在单车供应模式方面存在显著差异，具体如表 8-4 所示。

**表 8-4　三家单车平台运营分析**

| 单车平台 | 单车供应方式 | 其他业务形式 |
| --- | --- | --- |
| ofo | 与传统自行车制造商签订单，如上海凤凰自行车制造商、天津飞鸽自行车制造商等 | 无（破产） |
| 摩拜 | 根据顾客需求设计单车，富士康为其开辟自行车生产线，并向上游配件供应商采购相关配件，如轮胎、太阳能产品等 | 本身无其他业务形式，2018 年 4 月被美团收购 |
| 永安行 | 基于物联网、大数据技术进行公共自行车系统的研发、制造、安装和运营，且延伸出永安行共享自行车 | 公共自行车、共享汽车、永安行专车 |

ofo 前期大量扩张、抢占市场，最终导致资金链断裂，不仅无法退回顾客押金，更为自行车供应商带来巨大的灾难，许多小型自行车制造商濒临破产。摩拜单车以顾客满意度为核心，根据顾客需求设计单车，摩拜为与 ofo 抢占市场也投入大量单车，对城市公共交通系统带来安全隐患，后期被美团收购。永安行在共享经济领域的探索以公共自行车系统起步，由生产制造公共自行车、运营公共自行车系统，慢慢地向其他业务方向扩展。

在市场环境中，终端顾客需求具有个性化、多样化及周期性波动的特点，而产品制造需要一定的生产周期，制造商和平台运营商需要在这中间找到平衡点。盲目地投入大量产品占领市场虽然会得到短期的利益，但势必会造成资源浪费、投入成本过大的后果，不利于企业的可持续发展。

制造商+共享平台服务模式体现了共享经济在制造业领域的渗透，共享经济作为一种新业态，为制造业服务化转型发展模式创新提供了新思路。不论是生产环境中的产能共享，还是市场环境中共享平台的发展，都顺应了制造业服务化过程中资源整合、资源共享及利益相关者协同合作的迫切需求。以新技术为依托，制造商+共享平台服务模式将会以更高效的方式配置制造业资源，成为制造业服务化发展的重要推动力量。

## 8.5　本 章 小 结

面对传统制造业的升级压力及市场环境中日益多样化、个性化的顾客需求，制造业服务化转型是企业提升竞争力、谋求发展空间的重要途径。制造商+租赁服务模式、制造商+网络货运平台服务模式、制造商+共享平台服务模式的发展及创新性应用为制造业转型提供了思路及宝贵经验，制造业服务化转型应根据企业实际情况，结合当前社会环境、市场环境和技术环境，选择合适的服务化转型模式。

# 参考文献


Hey T, Tansley S, Tolle K. 2012. 第四范式：数据密集型科学发现. 潘教峰，张晓林，等，译. 北京：科学出版社.

白列湖. 2007. 协同论与管理协同理论. 甘肃社会科学，(5)：228-230.

边伟军，罗公利，肖焰恒. 2010. 科技创业企业生态群落孵化模式研究——以青岛创业园为例. 科技进步与对策，27(13)：89-93.

波特 M. 2014. 竞争优势. 陈丽芳，译. 北京：中信出版社.

蔡丽娟. 2017. 互联网+智能制造实现传统制造业服务化转型升级路径研究. 商场现代化，(11)：233-234.

蔡宁，吴结兵. 2002. 企业集群的竞争优势：资源的结构性整合. 中国工业经济，(7)：45-50.

蔡三发，王清瑜，黄志明. 2013. 制造服务化的核心过程探讨. 经济论坛，(6)：61-65.

蔡文，石勇. 2006. 可拓学的科学意义与未来发展. 哈尔滨工业大学学报，38(7)：1079-1086.

陈建忠，赵世明. 2020. 移动电子商务基础与实务. 北京：人民邮电出版社.

陈漫，张新国. 2016. 经济周期下的中国制造企业服务转型：嵌入还是混入. 中国工业经济，(8)：93-109.

陈天娇，胥正川，黄丽华. 2007. 情景感知服务的用户接受模型研究. 科技进步与对策，24(2)：142-147.

陈薇，李冬姝，张宏超. 2018. 制造企业技术创新与服务化转型协同效应研究——以海康威视为例. 生产力研究，(9)：144-146.

陈秀英. 2016. 制造业投入服务化对制造业价值链攀升影响的实证研究. 经济问题探索，(7)：112-118.

陈怡静. 2018. 无车承运人背景下公铁联运物流服务协同研究. 西南交通大学硕士学位论文.

陈媛媛，刘正捷. 2011. 移动情境感知及其交互研究. 计算机应用研究，28(12)：4420-4425.

程珊珊，朱景锋. 2012. 物联网情景感知技术在智能仓储领域的应用展望. 物联网技术，(5)：47-49.

楚明钦，刘志彪. 2014. 装备制造业规模、交易成本与生产性服务外化. 财经研究，40(7)：108-118.

戴维·弗雷德 R，戴维·福里斯特 R. 2017. 战略管理：概念部分. 李晓阳，译. 15版. 北京：清华大学出版社.

丁纯，李君扬. 2014. 德国“工业4.0”：内容、动因与前景及其启示. 德国研究，(4)：49-66，126.

董华，江珍珍. 2018. 大数据驱动下制造企业服务化战略：基于“服务悖论”克服的视角. 南方经济，(10)：132-144.
董津津，陈关聚. 2020. 技术创新视角下平台生态系统形成、融合与治理研究. 科技进步与对策，37(20)：20-26.
董宇鸿. 2010. 基于协同理论的产业集群效应研究. 河南工业大学学报（社会科学版），6(3)：46-48，93.
窦金花，覃京燕. 2017. 基于情境感知多维数据可视化的产品服务系统创新设计研究. 包装工程，38(2)：87-91.
杜维，马阿双. 2018. 制造企业服务化模式的特征与适用情境——基于多案例的探索性研究. 管理案例研究与评论，11(5)：469-478.
杜维，石梦婕. 2020. 失败学习模式与服务化程度匹配关系——基于中国制造企业的实证研究. 软科学，34(3)：63-69.
樊根耀，高原君，鲁利川. 2020. 共享出行的演化与创新. 长安大学学报（社会科学版），22(2)：38-47.
高觉民，李晓慧. 2011. 生产性服务业与制造业的互动机理：理论与实证. 中国工业经济，(6)：151-160.
高明晶. 2019. 供应链视角下制造企业服务化的价值创造. 物流工程与管理，41(9)：110-112.
高婴劢. 2015. 工业大数据价值挖掘路径. 中国工业评论，(2/3)：21-27.
高永梅，鲍福光. 2018. 融入位置情景的移动用户行为挖掘方法研究. 数学的实践与认识，48(16)：72-84.
顾基发，赵明辉，张玲玲. 2020. 换个角度看人工智能：机遇和挑战. 中国软科学，(2)：1-10.
郭澄澄. 2019. 全球价值链视角下我国制造业与生产性服务业协同机制及实证研究. 上海社会科学院博士学位论文.
哈肯 H. 2001. 协同学：大自然构成的奥秘. 凌复华，译. 上海：上海译文出版社.
韩江波，吴林，万丽. 2019. 制造业服务化：制造业高质量发展的路径研究. 创新科技，19(10)：28-36.
郝新军，姚树俊，同世隆. 2015. 服务型制造模式下价值共创网络研究. 科技进步与对策，32(9)：60-66.
胡查平，汪涛. 2016. 制造业服务化战略转型升级：演进路径的理论模型——基于3家本土制造企业的案例研究. 科研管理，37(11)：119-126.
胡查平，杨燕，胡琴芳. 2018. 制造业服务化战略类型、概念及其与特定能力的匹配关系探讨. 湖北经济学院学报，16(4)：70-78，128.
黄倩. 2012. 高新技术企业技术创新风险评估与应对研究. 华中师范大学硕士学位论文.
黄晓斌，马芳. 2009. 情景分析法在竞争情报研究中的应用. 情报资料工作，(6)：22-26.
姜毅. 2015. 社会化驱动的情境感知个性化信息服务研究. 华中师范大学博士学位论文.
金邹苹. 2018. 承运人规模不确定下无车承运人平台订单拍卖模式研究. 东南大学硕士学位论文.
康遥，陈菊红，同世隆，等. 2016. 服务化战略与服务绩效——价值共创调节效应. 软科学，30(3)：103-107.
蓝楠. 2016. TrueChoice：重新定义GE航空发动机售后服务体系. 航空维修与工程，(6)：18-19.
李刚，陈利军，陈倩，等. 2009. 经营租赁的真实动机——基于东方航空公司的案例研究. 管理世界，(S1)：121-128，134.
李刚，尹涛，李海强，等．2008．情景感知数据挖掘中隐私泄露限制方法探讨．计算机系统应用，(12)：35-38，20.
李海英．2019．数据服务跨境贸易及调整规则研究．图书与情报，(2)：11-15.
李建军，侯跃，杨玉．2019．基于情景感知的用户兴趣推荐模型．计算机科学，46：502-506，510.
李靖华，林莉，闫威涛．2017．制造业服务化的价值共创机制：基于价值网络的探索性案例研究．科学学与科学技术管理，38(5)：85-100.
李靖华，宿慧芳．2015．前后台组织配置、呼叫中心服务能力与制造服务化．技术经济，34(10)：1-9.
李松庆，梁碧云．2012．制造业服务化概念和演进阶段的研究综述与展望．商业时代，(35)：116-117.
李泽红，檀晓云．2018．大数据资产会计确认、计量与报告．财会通讯，(10)：58-59，129.
李政，周希禛．2020．数据作为生产要素参与分配的政治经济学分析．学习与探索，(1)：109-115.
梁泰鹏．2018．基于模块化的制造商产品服务渠道优化模式研究．东南大学硕士学位论文.
林德格伦 M，班德霍尔德 H．2003．情景规划：未来与战略之间的整合．郭小英，郭金林，译．北京：经济管理出版社.
林飞腾．2020．大数据资产及其价值评估方法：文献综述与展望．财务管理研究，(6)：1-5.
林丽敏．2019．日本制造业："回归"抑或"从未失去"．现代日本经济，(5)：70-82.
林一，刘越，王涌天，等．2016．一种增强现实分场景推送情景感知服务的方法．软件学报，27(8)：2115-2134.
令狐克睿，简兆权．2018．制造业服务化升级路径研究——基于服务生态系统的视角．科技管理研究，(9)：104-109.
刘斌，魏倩，吕越，等．2016．制造业服务化与价值链升级．经济研究，(3)：151-162.
刘丛，黄卫来，郑本荣，等．2017．考虑营销努力和创新能力的制造商激励供应商创新决策研究．系统工程理论与实践，37(12)：3040-3051.
刘峰．2007．中医脉象描述特点及全方位脉象仪器检测研究．北京中医药大学博士学位论文.
刘继国，李江帆．2007．国外制造业服务化问题研究综述．经济学家，(3)：119-126.
刘建国．2012．制造业服务化转型模式与路径研究．技术经济与管理研究，(7)：121-124.
刘建国．2016．商业模式创新、先动市场导向与制造业服务化转型研究．科技进步与对策，33(15)：56-61.
刘建华．2014．工程机械行业融资租赁探讨——以卡特彼勒租赁公司为例．财会通讯，(26)：13-15.
刘文华，任利成，王刊良．2011．基于服务能力和关系资本的服务商选择研究——决策者个体视角．技术经济，30(6)：106-114.
刘旭，柳卸林，韩燕妮．2015．海尔的组织创新：无边界企业行动．科学学与科学技术管理，36(6)：126-137.
刘永，郭怀成，王丽婧，等．2005．环境规划中情景分析方法及应用研究．环境科学研究，18(3)：82-87.
卢秉恒，李涤尘．2013．增材制造(3D 打印)技术发展．机械制造与自动化，42(4)：1-4.

卢俊义，王永贵. 2011. 顾客参与服务创新与创新绩效的关系研究——基于顾客知识转移视角的理论综述与模型构建. 管理学报，8（10）：1566-1574.

罗建强，赵艳萍，程发新. 2013. 我国制造业转型方向及其实现模式研究——延迟策略实施的视角. 科学学与科学技术管理，34（9）：55-62.

罗建强. 2015. 服务型制造企业服务衍生的存在性研究. 科学学与科学技术管理，36（12）：119-127.

罗军. 2018. 服务化发展与制造业全球价值链地位——影响机制与门槛效应. 当代财经，（11）：100-110.

迈尔-舍恩伯格 W，库克耶 K. 2013. 大数据时代：生活、工作与思维的大变革. 盛杨燕，周涛，译. 杭州：浙江人民出版社.

马迎贤. 2005. 资源依赖理论的发展和贡献评析. 甘肃社会科学，（1）：116-119，130.

宁连举，孙中原，袁雅琴，等. 2020. 基于交易成本理论的商业生态系统形成与演化机制研究. 经济问题，（6）：8-18.

牛晓鹏. 2018. 普适计算环境下人体行为识别及情景感知研究. 北京科技大学博士学位论文.

派恩 B J，吉尔摩 J H. 2012. 体验经济. 毕崇毅，译. 北京：机械工业出版社.

潘辉，汤毅. 2018. 美国“制造业回归”战略最新进展及对华经济效应分析. 河北经贸大学学报，39（4）：66-72.

彭诚信. 2020. 数据利用的根本矛盾何以消除——基于隐私、信息与数据的法理厘清. 探索与争鸣，（2）：79-85，158-159，161.

戚聿东，肖旭. 2020. 数字经济时代的企业管理变革. 管理世界，36（6）：135-152，250.

钱平凡，钱鹏展. 2017. 平台生态系统发展精要与政策含义. 重庆理工大学学报（社会科学版），31（2）：1-9.

钱雨，张大鹏，孙新波，等. 2018. 基于价值共创理论的智能制造型企业商业模式演化机制案例研究. 科学学与科学技术管理，39（12）：123-141.

秦丽. 2020. 持续创造用户需求，卡萨帝发布全场景高端生态解决方案. 电器，（7）：56.

覃京燕，陶晋，房巍. 2007. 体验经济下的交互式体验设计. 包装工程，（10）：200-201，220.

青木昌彦，安藤晴彦. 2003. 模块时代：新产业结构的本质. 周国荣，译. 上海：上海远东出版社.

卿前龙，李江帆. 2003. 服务质量及其度量模型. 世界标准化与质量管理，（6）：21-23.

任磊，任明仑. 2019. 基于情景感知的制造组合服务自适应决策机制. 控制与决策，34（6）：1277-1285.

宋宇，嵇正龙. 2020. 论新经济中数据的资本化及其影响. 陕西师范大学学报（哲学社会科学版），49（4）：123-131.

苏惠明. 2020. 大数据视域下的企业孵化生态建设. 中小企业管理与科技（中旬刊），（2）：44-45.

苏立君. 2017. 逆全球化与美国“再工业化”的不可能性研究. 经济学家，（6）：96-104.

孙斌. 2009. 基于情景分析的战略风险管理研究. 上海交通大学硕士学位论文.

孙林岩，李刚，江志斌，等. 2007. 21 世纪的先进制造模式——服务型制造. 中国机械工程，（19）：2307- 2312.

孙其博，刘杰，黎羴，等. 2010. 物联网：概念、架构与关键技术研究综述. 北京邮电大学学报，33（3）：1-9.

索姆 O，柯娜尔 E. 2016. 德国制造业创新之谜：传统企业如何以非研发创新塑造持续竞争力. 工业 4.0 研究院，译. 北京：人民邮电出版社.

陶飞，刘蔚然，刘检华，等. 2018. 数字孪生及其应用探索. 计算机集成制造系统，24（1）：1-18.
托夫勒 A. 2018. 未来的冲击. 黄明坚，译. 北京：中信出版社.
万兴，邵菲菲. 2017. 数字平台生态系统的价值共创研究进展. 首都经济贸易大学学报，19（5）：89-97.
汪月鹏. 2016. 智能家居系统中情景感知技术的研究与应用. 北京工业大学硕士学位论文.
王春福. 2017. 大数据与公共政策的双重风险及其规避. 理论探讨，（2）：39-43.
王丹. 2019. 世界一流制造企业服务化转型升级. 清华管理评论，（7/8）：122-130.
王国庆，吴婷. 2019. 制造业企业服务化路径研究. 商场现代化，（6）：85-87.
王海杰，宋姗姗. 2019. 互联网背景下制造业平台型企业商业模式创新研究——基于企业价值生态系统构建的视角. 管理学刊，32（1）：43-54.
王厚双，盛新宇. 2020. 德国制造业参与全球价值链分工特征及对中国的启示. 经济体制改革，（3）：160-166.
王建伟. 2018. 赢在平台：解锁工业互联网的动力密码. 北京：人民邮电出版社.
王文宾，达庆利，聂锐. 2011. 考虑渠道权力结构的闭环供应链定价与协调. 中国管理科学，19（5）：29-36.
王晓萍，任志敏，张月月，等. 2019. 基于服务化战略实施的制造业价值链优化升级：价值增值的视角. 科技管理研究，39（5）：110-115.
邬贺铨. 2014. 大数据思维. 科学与社会，4（1）：1-13.
巫月娥. 2019. 顾客参与价值共创对顾客忠诚的影响——基于互联网+大规模定制模式的研究. 重庆邮电大学学报（社会科学版），31（2）：101-109.
吴兰贞. 2013. 基于生态系统视角的科技园区培育机制与发展模式研究. 吉林大学硕士学位论文.
吴婷. 2019. 供给侧改革下制造业企业服务化的升级机理研究. 当代经济，（9）：28-30.
吴晓强，张春友，侍红岩. 2019. 情景感知在农业物联网中的应用研究. 物联网技术，（1）：34-36.
武文珍，陈启杰. 2012. 价值共创理论形成路径探析与未来研究展望. 外国经济与管理，（6）：66-73，81.
解季非. 2018. 制造企业服务化路径选择研究. 中国管理科学，26（12）：135-145.
奚洁人. 2007. 科学发展观百科辞典. 上海：上海辞书出版社.
夏至诚. 2020. 科技创新孵化生态建设探讨. 中国管理信息化，23（8）：172-173.
肖挺. 2019. 组织生态视角下制造企业服务化影响因素分析. 科研管理，40（6）：153-163.
谢嘉劼. 2016. 工业大数据在智能制造中的应用价值. 数字通信世界，（9）：38-40.
谢科范. 1999. 技术创新风险管理. 石家庄：河北科学技术出版社.
谢世良. 2017. 资本创新论. 中共中央党校博士学位论文.
谢治菊. 2018. 大数据优化政府决策的机理、风险及规避. 行政论坛，25（1）：60-66.
熊彼特 J A. 2017. 经济发展理论. 王永胜，译. 上海：立信会计出版社.
徐宗本，冯芷艳，郭迅华，等. 2014. 大数据驱动的管理与决策前沿课题. 管理世界，（11）：158-163.
许琳. 2013. 生产者责任延伸视角的再制造的生产决策与租赁渠道研究. 南京航空航天大学硕士学位论文.
许耀文. 2016. 基于动态协同的制造企业竞争力演化机理及培育研究. 哈尔滨理工大学博士学位论文.
许灼炎. 2018. 基于制造商服务能力的区域多物流中心协同调度模型研究. 东南大学硕士学位论文.

杨才君，高杰，孙林岩．2011．产品服务系统的分类及演化——陕鼓的案例研究．中国科技论坛，（2）：59-65.
杨超，贺俊，黄群慧，等．2018．日本制造业海外布局策略及其借鉴意义．国际经济合作，（1）：51-55.
叶雅珍，刘国华，朱扬勇．2019．数据资产相关概念综述，计算机科学，46（11）：20-24.
佚名．2015．红领集团：领跑“互联网+服装定制”．纺织机械，（7）：22-23.
余菲菲，董飞．2019．平台生态系统下我国中小制造企业与互联网融合发展路径研究．科技进步与对策，36（20）：77-84.
俞立平，邱栋，彭长生．2020．产业创新速度、要素投入与创新成果．山西财经大学学报，42（10）：83-94.
俞立平，宋夏云，储望煜．2018．产业创新速度的作用机制及要素投入效应．中国科技论坛，（8）：34-41.
袁静．2018．国内外情景感知服务研究综述．国家图书馆学刊，（3）：39-47.
袁勇，王飞跃．2016．区块链技术发展现状与展望．自动化学报，42（4）：481-494.
曾经莲，简兆权．2017．互联网环境下产品服务系统研究：企业—顾客—环境价值共创视角．中国科技论坛，（8）：87-93.
张宝建．2019．“双创”背景下企业孵化生态体系构建．中国科技论坛，（3）：7-9.
张富禄．2019．德国制造业转型发展的基本经验及启示．中州学刊，（3）：29-34.
张辉．2003．产业集群竞争力的内在经济机理．中国软科学，（1）：70-74.
张磊，刘长庚．2017．供给侧改革背景下服务业新业态与消费升级．经济学家，（11）：37-46.
张莉．2019-10-28．资源、资产、资本：数据的价值．中国计算机报，（012）.
张培，李楠．2018．生产性服务外包中价值共创与商业模式创新．管理案例研究与评论，11（3）：221-233.
张培，张丽平，李楠．2019．制造业服务化演进特征与逻辑框架．科技和产业，19（11）：16-21.
张晴云．2019．我国现代服务业与先进制造业协同发展研究．重庆工商大学硕士学位论文.
张雯．2019．数字资本主义的数据劳动及其正义重构．学术论坛，（3）：106-111.
张亚明，张一丹，刘海鸥．2018．移动商务用户情景感知服务采纳行为研究．情报科学，36（3）：87-92，111.
张越，赵树宽．2014．基于要素视角的商业模式创新机理及路径．财贸经济，（6）：90-99.
赵林度．2019．数据—价值—驱动：医疗服务资源均等化．北京：科学出版社.
赵林度．2020．资产与权利：健康数据银行．北京：科学出版社.
赵树宽，郝陶群，李金津．2008．基于 logistic 模型的企业生态系统演化分析．工业技术经济，27（10）：70-72.
赵振．2016．“互联网+”下制造企业服务化悖论的平台化解决思路．科技进步与对策，33（6）：76-83.
仲秋雁，郭艳敏，王宁，等．2012．基于知识元的非常规突发事件情景模型研究．情报科学，30（1）：115-120.
周大鹏．2016．服务化——制造业的创新之路．上海：上海社会科学院出版社.
周佳盛．2017．制造业服务化动力与路径分析．现代商贸工业，（2）：49-50.
朱勤，孙元，周立勇．2019．平台赋能、价值共创与企业绩效的关系研究．科学学研究，37（11）：2026-2033，2043.
宗蓓华．1994．战略预测中的情景分析法．预测，（2）：50-51，55，74.

左文进，刘丽君．2019．大数据资产估价方法研究——基于资产评估方法比较选择的分析．价格理论与实践，（8）：116-119，148．

Adner R，Kapoor R．2010．Value creation in innovation ecosystems：how the structure of technological interdependence affects firm performance in new technology generations. Strategic Management Journal，31:306-333.

Agrawal V V，Bellos I．2017．The potential of servicizing as a green business model．Management Science，63（5）：1545-1562.

Allon G，Federgruen A．2009．Competition in service industries with segmented markets．Management Science，55（4）：619-634.

Almannaa M H，Elhenawy M，Rakha H A．2020．Dynamic linear models to predict bike availability in a bike sharing system．International Journal of Sustainable Transportation，14（3）：232-242.

Alonso-Rasgado T，Thompson G，Elfström B O．2004．The design of functional（total care）products．Journal of Engineering Design，15（6）：515-540.

Alvarez-Valdes R，Belenguer J M，Benavent E，et al. 2016. Optimizing the level of service quality of a bike-sharing system．Omega，62：163-175.

Amina E，Anouar A，Abderahim T. 2019．A context-aware reference architecture for ambient assisted living information systems．International Journal of Information Technology and Computer Science，11（2）：9-20.

Avlonitis G J，Papastathopoulou P G，Gounaris S P．2001．An empirically-based typology of product innovativeness for new financial services：Success and failure scenarios．Journal of Product Innovation Management，18（5）：324-342.

Baines T，Lightfoot H，Peppard J，et al．2009．Towards an operations strategy for product-centric servitization. International Journal of Operations and Production Management，29（5）：494-519.

Baines T，Lightfoot H. 2013. Made to Serve：How Manufacturers Can Compete Through Servitization And Product-service Systems．Chichester：Wiley.

Balaji M S，Roy S K．2017．Value co-creation with Internet of things technology in the retail industry．Journal of Marketing Management，33（1/2）：7-31.

Barbarosoğlu G，Arda Y．2004．A two-stage stochastic programming framework for transportation planning in disaster response．Journal of the Operational Research Society，55：43-53.

Barkhuus L，Dey A K．2003．Is context-aware computing taking control away from the user? Three levels of interactivity examined//Dey A K，Schmidt A，McCarthy J F. UbiComp 2003：Ubiquitous Computing．Berlin：Springer：149-156.

Battisti G，Stoneman P．2010．How innovative are UK firms? Evidence from the fourth UK community innovation survey on synergies between technological and organizational innovations．British Journal of Management，21（1）：187-206.

Berg M，Posner M J M，Zhao H．1994．Production-inventory systems with unreliable machines．Operations Research，42（1）：111-118.

Boone T，Ganeshan R，Jain A，et al．2019．Forecasting sales in the supply chain：consumer analytics in the big data era．International Journal of Forecasting，35（1）：170-180.

Boyt T, Harvey M. 1997. Classification of industrial services: a model with strategic implications. Industrial Marketing Management, 26(4): 291-300.

Champiri Z D, Shahamiri S R, Salim S S B. 2015. A systematic review of scholar context-aware recommender systems. Expert Systems with Applications, 42(3): 1743-1758.

Chen G W, Lv G Y. 2013. Replenishment policy must distinguish in auto industry—cost and service paradox perspective. Harbin: Conference on Management Science and Engineering 20th Annual Conference Proceedings.

Chen Y J, Wang D, Chen K H, et al. 2019. Optimal pricing and availability strategy of a bike-sharing firm with time-sensitive customers. Journal of Cleaner Production, 228: 208-221.

Cheng C Y, Barton D, Prabhu V V. 2010. The servicisation of the cutting tool supply chain. International Journal of Production Research, 48(1): 1-19.

Chesbrough H. 2010. Business model innovation: opportunities and barriers. Long Range Planning, 43: 354-363.

Chesbrough H. 2011. Open Services Innovation: Rethinking Your Business to Grow and Compete in a New Era. New York: Johy Wiley & Sons.

Chou Y C, Chung H J. 2009. Service-based capacity strategy for manufacturing service duopoly of differentiated prices and lognormal random demand. International Journal of Production Economics, 121(1): 162-175.

Claro D P, Oliveira Claro P B. 2010. Collaborative buyer-supplier relationships and downstream information in marketing channels. Industrial Marketing Management, 39(2): 221-228.

Coase R H. 1937. The nature of the firm. Economica, (16): 386-405.

Colombo-Mendoza L O, Valencia-García R, Rodríguez-González A, et al. 2015. RecomMetz: a context-aware knowledge-based mobile recommender system for movie showtimes. Expert Systems with Applications, 42(3): 1202-1222.

Coreynen W, Matthyssens P, van Bockhaven W. 2017. Boosting servitization through digitization: pathways and dynamic resource configurations for manufacturers. Industrial Marketing Management, 60: 42-53.

Das A, Narasimhan R. 2000. Purchasing competence and its relationship with manufacturing performance. Journal of Supply Chain Management, 36: 17-28.

de Oliveira D T, Cortimiglia M N. 2017. Value co-creation in web-based multisided platforms: a conceptual framework and implications for business model design. Business Horizons, 60(6): 747-758.

Dey A K. 2000. Providing architectural support for building context aware applications. PhD Thesis Georigia Institute of Technology.

Fan Y S, Huang K M, Tan W, et al. 2015. Domain-aware reputable service recommendation in heterogeneous manufacturing service ecosystem. International Journal of Computer Integrated Manufacturing, 28(11): 1178-1195.

Fang E E, Palmatier R W, Steenkamp J B E M. 2008. Effect of service transition strategies on firm value. Journal of Marketing, 72(5): 1-14.

Forkmann S, Henneberg S C, Witell L, et al. 2017. Driver configurations for successful service infusion. Journal of Service Research，20（3）：275-291.

Fry T D，Steele D C，Saladin B A. 1994. A service-oriented manufacturing strategy. International Journal of Operations and Production Management，14（10）：17- 29.

Gadrey J，Gallouj F，Weinstein O. 1995. New modes of innovation：how services benefit industry. International Journal of Service Industry Management，6（3）：4-16.

Gebauer H，Edvardsson B，Gustafsson A，et al. 2010. Match or mismatch：strategy-structure configurations in the service business of manufacturing companies. Journal of Service Research，13（2）：198-215.

Gebauer H，Fleisch E，Friedli T. 2005. Overcoming the service paradox in manufacturing companies. European Management Journal，23（1）：14-26.

Gebauer H. 2008. Identifying service strategies in product manufacturing companies by exploring environment-strategy configurations. Industrial Marketing Management，37（3）：278-291.

Ghose A，Han S P. 2011. An empirical analysis of user content generation and usage behavior on the mobile Internet. Management Science，57（9）：1671-1691.

Guajardo J A，Cohen M A，Netessine S. 2016. Service competition and product quality in the US automobile industry. Management Science，62（7）：1860-1877.

Hara T，Arai T. 2012. Encourage non-designer's design：continuous value creation in manufacturing products and services. CIRP Annals，61（1）：171-174.

Heinonen K，Strandvik T，Voima P. 2013. Customer dominant value formation in service. European Business Review，25（2）：104-123.

Holdowsky J，Mahto M，Raynor M，et al. 2015. Inside the Internet of Things（IoT）：A Primer on the Technologies Building the IoT. Dallas：Deloitte University Press.

Homburg C，Hoyer W D，Fassnacht M. 2002. Service orientation of a retailer's business strategy：dimensions，antecedents，and performance outcomes. Journal of Marketing，66（4）：86-101.

Hong J Y，Suh E H，Kim S J. 2009. Context-aware systems：a literature review and classification. Expert Systems with Applications，36（4）：8509-8522.

Iyanna S. 2016. Insights into consumer resource integration and value co-creation process. Journal of Applied Business Research，32：717-728.

Jacobs M，Vickery S K，Droge C. 2007. The effects of product modularity on competitive performance—do integration strategies mediate the relationship？International Journal of Operations & Production Management，27：1046-1068.

Johnstone S，Wilkinson A，Dainty A. 2014. Reconceptualizing the service paradox in engineering companies：is HR a missing link？IEEE Transactions on Engineering Management，61（2）：275-284.

Jost P J，Süsser T. 2020. Company-customer interaction in mass customization. International Journal of Production Economics，220：107454.

Kahn B K，Strong D M，Wang R Y. 2002. Information quality benchmarks：product and service performance. Communications of the ACM，45（4）：184-192.

Kharlamov A A，Parry G. 2021. The impact of servitization and digitization on productivity and profitability of the firm：a systematic approach. Production Planning & Control，32（3）：185-197.

Kinnunen R E. 2011. Servitization of manufacturing companies-framework for analyzing servitization capabilities. Espoo：Aalto University.

Klepper S，Simons K L. 1997. Technological extinctions of industrial firms：an inquiry into their nature and causes. Industrial and Corporate Change，6（2）：379-460.

Kohtamäki M，Partanen J，Parida V，et al. 2013. Non-linear relationship between industrial service offering and sales growth：the moderating role of network capabilities. Industrial Marketing Management，42（8）：1374-1385.

Langerak F，Hultink E J，Robben H S J. 2004. The impact of market orientation，product advantage，and launch proficiency on new product performance and organizational performance. Journal of Product Innovation Management，21（2）：79-94.

Lee J，AbuAli M. 2011. Innovative Product Advanced Service Systems（I-PASS）：methodology，tools，and applications for dominant service design. The International Journal of Advanced Manufacturing Technology，52（9/10/11/12）：1161-1173.

Li J H，Lin L，Chen D P，et al. 2015. An empirical study of servitization paradox in China. The Journal of High Technology Management Research，26（1）：66-76.

Lusch R F，Vargo S L，O'Brien M. 2007. Competing through service：insights from service-dominant logic. Journal of Retailing，83（1）：5-18.

Lusch R F，Vargo S L. 2006. Service-dominant logic：reactions，reflections and refinements. Marketing Theory，6（3）：281-288.

Ma J F，Kremer G E O. 2016. A sustainable modular product design approach with key components and uncertain end-of-life strategy consideration. The International Journal of Advanced Manufacturing Technology，85：741-763.

Mathieu V. 2001. Product services：from a service supporting the product to a service supporting the client. Journal of Business & Industrial Marketing，16（1）：39-61.

Mesak H I，Zhang H K，Pullis J M. 2010. On optimal service capacity allocation policy in an advance selling environment in continuous time. European Journal of Operational Research，203（2）：505-512.

Min L X，Wang J Q，Luo Q. 2015. Does the servitization strategy improve the performance of manufacturing enterprises in China?. American Journal of Industrial and Business Management，5（5）：281-287.

Nambisan S，Siegel D，Kenney M. 2018. On open innovation，platforms and entrepreneurship. Strategic Entrepreneurship Journal，12（3）：354-368.

Narasimhan C，Papatla P，Jiang B J，et al. 2018. Sharing economy：review of current research and future directions. Customer Needs and Solutions，5：93-106.

Nofal R，Calicioglu C，Aljuhmani H Y. 2020. The impact of social networking sites advertisement on consumer purchasing decision：the mediating role of brand awareness. International Journal of Data and Network Science，4（2）：139-156.

Oliva R，Kallenberg R. 2003. Managing the transition from products to services. International Journal of Service Industry Management，14（2）：160-172.

Olivas F，Aragonez O. 2013. Plug and play-modular building solutions to reduce lead time，cost and increase flexibility. Orlando：Cement Industry Technical Conference.

Olsen T L, Tomlin B. 2020. Industry 4.0: opportunities and challenges for operations management. Manufacturing and Service Operations Management, 22 (1): 113-122.

Opresnik D, Taisch M. 2015. The value of big data in servitization. International Journal of Production Economics, 165: 174-184.

Örsdemir A, Deshpande V, Parlaktürk A K. 2019. Is servicization a win-win strategy? Profitability and environmental implications of servicization. Manufacturing & Service Operations Management, 21 (3): 674-691.

Parida V, Burström T, Visnjic I, et al. 2019. Orchestrating industrial ecosystem in circular economy: a two-stage transformation model for large manufacturing companies. Journal of Business Research, 101: 715-725.

Parry G, Bustinza O F, Vendrell-Herrero F. 2012. Servitisation and value co-production in the UK music industry: an empirical study of consumer attitudes. International Journal of Production Economics, 135 (1): 320-332.

Payne A F, Storbacka K, Frow P. 2008. Managing the co-creation of value. Journal of the Academy of Marketing Science, 36 (1): 83-96.

Peillon S, Pellegrin C, Burlat P. 2015. Exploring the servitization path: a conceptual framework and a case study from the capital goods industry. Production Planning & Control, 26: 1264-1277.

Peterson R E. 1974. A cross section study of the demand for money: The United States, 1960-62. The Journal of Finance, 29 (1): 73-88.

Pfeffer J, Salancik G R. 2003. The External Control of Organizations: A Resource Dependence Perspective. New York: Harper & Row.

Prahalad C K, Ramaswamy V. 2004. The Future of Competition: Co-creating Unique Value with Customers. Boston: Harvard Business School Press.

Raddats C, Easingwood C. 2010. Services growth options for B2B product-centric businesses. Industrial Marketing Management, 39 (8): 1334-1345.

Reim W, Sjödin D R, Parida V. 2019. Servitization of global service network actors-a contingency framework for matching challenges and strategies in service transition. Journal of Business Research, 104: 461-471.

Reiskin E D, White A L, Johnson J K, et al. 1999. Servicizing the chemical supply chain. Journal of Industrial Ecology, 3 (2/3): 19-31.

Rong K, Wu J X, Shi Y J, et al. 2015. Nurturing business ecosystems for growth in a foreign market: incubating, identifying and integrating stakeholders. Journal of International Management, 21 (4): 293-308.

Rosa M, Barbosa M A C, Teixeira M. 2019. Service-based manufacturing systems: modelling and control. International Journal of Production Research, 57 (11): 3421-3434.

Rothenberg S. 2007. Sustainability through servicizing. MIT Sloan Management Review, 48 (2): 83-89.

Rui S S, da Silveira G J C. 2017. Capability antecedents and performance outcomes of servitization: differences between basic and advanced services. International Journal of Operations & Production Management, 37 (4): 444-467.

Rui S S, da Silveira G J C. 2019. The relationship between servitization and product customization strategies. International Journal of Operations & Production Management, 39 (3): 454-474.

Schilit B, Adams N, Want R. 1994. Context-aware computing applications. Santa Cruz: First Workshop on Mobile Computing Systems and Applications.

Schilit B N, Theimer M M. 1994. Disseminating active map information to mobile hosts. IEEE Network, 8 (5): 22-32.

Somers L, Dewit I, Baelus C. 2018. Understanding product-service systems in a sharing economy context-a literature review. Procedia CIRP, 73: 173-178.

Spohrer J, Maglio P P, Bailey J, et al. 2007. Steps toward a science of service systems. Computer, 40 (1): 71-77.

Steiner M, Eggert A, Ulaga W, et al. 2016. Do customized service packages impede value capture in industrial markets?. Journal of the Academy of Marketing Science, 44 (2): 151-165.

Tansley A G. 1935. The use and abuse of vegetational concepts and terms. Ecology, 16: 284-307.

Tao F, Cheng J F, Qi Q L, et al. 2018. Digital twin-driven product design, manufacturing and service with big data. The International Journal of Advanced Manufacturing Technology, 94: 3563-3576.

Tukker A, Tischner U. 2006. Product-services as a research field: past, present and future. Reflections from a decade of research. Journal of Cleaner Production, 14 (17): 1552-1556.

Tukker A. 2004. Eight types of product-service system: eight ways to sustainability? Experiences from suspronet. Business Strategy and the Environment, 13 (4): 246-260.

Vandermerwe S, Rada J. 1988. Servitization of business: adding value by adding services. European Management Journal, 6 (4): 314-324.

Vargo S L, Lusch R F. 2004. Evolving to a new dominant logic for marketing. Journal of Marketing, 68: 1-17.

Vargo S L, Lusch R F. 2011. It's all B2B … and beyond: toward a systems perspective of the market. Industrial Marketing Management, 40 (2): 181-187.

Vargo S L, Lusch R F. 2016. Institutions and axioms: an extension and update of service-dominant logic. Journal of the Academy of Marketing Science, 44 (1): 5-23.

Vinh T Q, Thinh P T D. 2019. Advertisement system based on facial expression recognition and convolutional neural network. Ho Chi Minh: 19th International Symposium on Communications and Information Technologies (ISCIT).

Wang P P, Ming X G, Zhang D, et al. 2011. Inventory control policy of service parts under the background of service-embedded manufacturing. Advanced Materials Research, 201/202/203: 2509-2512.

Wiesner S, Thoben K D. 2017. Requirements for models, methods and tools supporting servitisation of products in manufacturing service ecosystems. International Journal of Computer Integrated Manufacturing, 30 (1): 191-201.

Xiao X, Wang S F, Zhang L J, et al. 2019. Complexity analysis of manufacturing service ecosystem: a mapping-based computational experiment approach. International Journal of Production Research, 57 (2): 357-378.

Xu X F, Sheng Q Z, Zhang L J, et al. 2015. From big data to big service. Computer, (7): 80-83.

Yin X L, George Zhang Z. 2019. On Downs-Thomson paradox in two-tier service systems with a fast pass and revenue-based capacity investment. Journal of the Operational Research Society, 70 (11): 1951-1964.

Zhang W, Shi Y J, Yang M Y, et al. 2017. Ecosystem evolution mechanism of manufacturing service system driven by service providers. International Journal of Production Research, 55 (12): 3542-3558.

Zhang X Y, Ming X G, Liu Z W, et al. 2019a. State-of-the-art review of customer to business (C2B) model. Computers & Industrial Engineering, 132: 207-222.

Zhang Y P, Tao F, Liu Y, et al. 2019b. Long/short-term utility aware optimal selection of manufacturing service composition toward industrial Internet platforms. IEEE Transactions on Industrial Informatics, 15 (6): 3712-3722.

Zheng M K, Ming X G, Li G M. 2017. Dynamic optimization for IPS2 resource allocation based on improved fuzzy multiple linear regression. Mathematical Problems in Engineering, 2017: 1-10.

Zhong R Y, Newman S T, Huang G Q, et al. 2016. Big data for supply chain management in the service and manufacturing sectors: challenges, opportunities, and future perspectives. Computers & Industrial Engineering, 101: 572-591.

Zuboff S. 2015. Big other: surveillance capitalism and the prospects of an information civilization. Journal of Information Technology, 30 (1): 75-89.